古典文献说赤城

王金富题

第三辑

王金富 辑点校注

中国文史出版社

目 录
CONTENTS

杂史类

1. 《中堂事记》 ……………………………… 王恽/元/1125
2. 《北征记》 ……………………………… 杨荣/明/1132
3. 《北使录》 ……………………………… 李实/明/1142
4. 《续藏书》 ……………………………… 李贽/明/1147
5. 《西园闻见录》 ……………………………… 张萱/明/1150
6. 《名山藏》 ……………………………… 何远乔/明/1167

地理类一

1. 《山海经》 ……………………………………… /1181
2. 《水经》 ……………………………………… /1184
3. 《水经注》 ……………………………… 郦道元/北魏/1186
4. 《太平寰宇记》 ……………………………… 乐史/北宋/1192
5. 《元一统志》 ……………………………… 孛兰肹等/元/1198
6. 《圣朝混一方舆地胜览》 …… 刘应李原编，詹友谅改编/元/1200

7. 《寰宇通志》 ·· 陈循等/明/1204

8. 《大明一统志》 ·································· 李贤等/明/1212

9. 正德《宣府镇志》 ······························ 王崇献/明/1222

10. 嘉靖《宣府镇志》 ······························ 孙世芳/明/1296

11. 《九边图说》 ···································· 霍冀/明/1419

12. 《殊域周咨录》 ·································· 严从简/明/1428

13. 《宣大山西三镇图说》 ···················· 杨时宁/明/1451

14. 《长安客话》 ···································· 蒋一葵/明/1497

15. 《全边略记》 ···································· 方孔炤/明/1506

16. 《北游录》 ·· 谈迁/清/1545

17. 《读史方舆纪要》 ···························· 顾祖禹/清/1547

18. 康熙《畿辅通志》 ································

 ··················· 于成龙、格尔古德等监修，郭棻总纂/清/1564

19. 《增订广舆记》 ·································· 蔡方炳/清/1584

20. 雍正《畿辅通志》 ································

 ········· 唐执玉、刘于义、李卫监修，田易、陈仪等纂/清/1589

21. 乾隆《口北三厅志》 ········· 金志章原修，黄可润增修/清/1626

雜史類

1.《中堂事记》

【题解】 《中堂事记》3卷，王恽撰。王恽（1227～1304年），字仲谋，卫州汲县（今河南省卫辉）人，元代名臣，号秋涧、秋涧老人、秋涧翁等，《元史》有传。

《中堂事记》记载王恽作为元世祖建国的见证者与参与者，以日志形式记录在中统元年初（1260年）春三月十七日至中统二年八月二十七日这段时间内，于中书省内所见所闻政事，及随从元世祖北上途中所见所闻。前部分为王恽见到的建国初国家对行中书省的建立、相关官员的任命及相关法令的颁布，而从"二月癸巳朔"开始，即为王恽随元世祖向北到开平的行程录，即《开平纪行》。该部分除了每日政事记载外，还包括途中所经之地的介绍。文中所引多为原始公文、档案，翔实可信，对研究蒙元初典章制度和中统初年忽必烈推行汉法的情况，具有重要的参考价值。中堂，元代对"任职中书省"的沿称。

本辑辑录了《开平纪行》部分，此次行程为西出东还，即从燕京（北京）出发，经南口、居庸、怀来、统幕店（土木）、新保安、宣德州（宣化）、青麓（青边口）、定边（静边城，张家口东北90里）、金莲凉陉（沽源金莲花滩）、旧桓州，到达开平，返回经牛群头、云州，沿龙门河（白河）到达碧落崖（滴水崖），过十八盘抵燕京。因返回时途经云州、赤城等地，故辑录王恽随元世祖从大都出发录起，至抵燕京为止。

《中堂事记》载于《秋涧先生大全文集》第80至82卷，新文丰出版公司1985年出版的《元人文集珍本丛刊》第二册收录影印本《秋涧先生大全文集》，本辑据该本辑录此次行程内容。标题为编者附加。

杠侍上人於此遂置酒相別比旧朔風振野吹砂碛

射人殆劲矢然寒巳不可勝矣

廿日庚戌詣都堂辭諸相南歸

廿一日辛亥辰刻向都西門出是夜宿桓州

廿二日壬子抵舊桓州

廿三日癸丑前次牛群頭取直東南下崖嶺夜半宿

山南農家明日甲寅宿雲州張繼先家

廿五日乙卯自望雲次龍門河南行入寒山峪遇大

兩甜寒山迤鋪午霽渡泥澗人馬縱而下挽而上登

靖邊北嶺有虎突起澗東嘯而去人馬危俟碑易投宿

碧落堂下崖峻絕方廣如畫屏然泉流縈帶環山根

一區秋稼巳熟黄雲滿川盖朔方之武陵溪也

《中堂事记》书影

◎北上滦京（卷80《中堂事记中》，第367~369页）

二月癸巳朔[①]。五日丁酉[②]，行省官奉旨北上。后三日，恽与偕行者周定夫，巳刻，遇河南经略使史公于居庸南口。相与迎谒道左，公问祃相所在，曰次西南土楼村，公相见而去。知车驾回銮，北兵已败，遁去，行者居者为熙然也。前次北口店，复有旨"山北寒冱，可缓来"。遂还。是日遇张国公于中店，说见赍亡金实录赴省呈进。省官时缮写进读《大定政要》，得此，遂更为补益之。

二十二日，役来趣阖省北上。越三月壬辰[③]，五日丙寅未刻，丞相祃祃与同僚发自燕京[④]。是夕，宿通玄北郭。偕行者：都事杨恕[⑤]，提控术甲谦[⑥]，详定官周止[⑦]，省掾[⑧]王文蔚、刘杰。

六日丁卯午，憩海店。距京城廿里。凡省部未绝事务，于此悉行次遣，是晚宿南口新店，距海店七十里。

戊辰卯刻，入居庸关。世传始皇北筑时，居庸徙于此，故名。两山巉绝，中若铁峡，少陵云："硖形藏堂隍，壁色立积铁"[⑨] 者，盖写真也。控扼南北，实为古今巨防。午憩姚家店，是夜宿北口军

① 二月癸巳朔，中统二年二月，1261 年 3 月 3 日。

② 五日丁酉，1261 年 3 月 7 日。

③ 壬辰，应是"壬戌"之误。三月壬戌，1261 年 4 月 1 日，农历三月初一日。

④ 燕京即今北平市。辽曰析津府，为南京，又称燕京。金曰大兴府，为中都。元建新都于大兴东北，曰大都，亦号燕京，大兴府仍旧。明称北京顺天府，清因之。

⑤ 杨恕，字诚之，杨云翼第二子。正大四年经义进士及第。中统二年任燕京行省左司都事，后为翰林待制，移易州。

⑥ 提控，即提控令史。《通典》"职官"："汉置兰台令史，尚书令史，掌文书，次于郎。"《续通典》"职官"："唐制：三省六部及台监，皆有令史及中书令史。少或四五人，多或三四十人……元中书省六部及台监，各有令史，少或二人，多或五人。"术甲谦，字和之，辽东人。

⑦ 详定官，即后日之详定使。《新元史官志》："详定使……掌详定四方献言，择其善者闻于上。"周止，字定夫，滨州人。

⑧ 省掾，《元史官志》："中书……汉人省掾六十人，左司三十九人，右司二十一人。"《辞海》："佐治之吏，正曰掾，副曰属。"

⑨ 少陵，杜甫之自号。该句出自杜甫诗《铁堂峡》。

营。月犯东井钺星①，或者云斧钺用兵之兆。距南口姚店，三十里而远。

己巳辰刻，度八达岭。于山两间俯望燕城，殆井底然。出北口，午憩棒棰店。天容日气，与山南绝异，以暄凉校之，争逾月矣！午饭榆林驿。其地大山北环，举目已莽苍沙碛，盖古妫川地也。是夜宿怀来县，南距北口五十三里。县东南里许，有酿泉，井水作淡鹅黄色，其曰"玉液"即此出也。官为置务，岁供御醪焉。

庚午②，泊统墓店③。询其名，土人云：店北旧有统军墓，故称。是夜宿雷氏驿亭④，地形转高，西望鸡鸣山，南眺桑干上流，自奉圣东诸山下注，白波汹涌，若驱山而东，鸡鸣山⑤者，昔唐太宗东征，至其下，闻鸡鸣故名。东南距怀来七十里而远。

辛未午刻，入宣德州。申刻使者也鲜乃至，传旨趣令诸官速赴行殿。是夜宿考工官刘氏第。

十一日壬申候祃相为一日留，盖有所需也。距雷氏驿九十里。

癸酉，行六十里，值雪，宿青麓⑥。

十三日甲戌，至定边城⑦憩焉，盖金所筑故城也。是夜宿黑崖子，距青麓九十里。

十四日乙亥，抵确场峪，盖金初南北互市之所也。是夜露宿双城北十里小河之东，南距黑崖甸北一百有五里。

① 东井，星名，即井宿。《星象统笺》："井宿之内，星座十九，原星六十三，增星百四十。宋志曰：井宿十八座，乃祇论所属之星，不及井宿也。"钺，亦星名，为井宿十九之一。

② 庚午，1261年4月9日。

③ 统墓店，在今怀来县西。又称土木，土幕，统漠。明英宗被也先俘虏处

④ 雷氏驿，亦名雷家驿，雷家站，即今之新保安。雷又作"漯"。《扈从集》及元人中晚诗集，皆称雷家驿。

⑤ 鸡鸣山，北魏已有此名，古称磨笄山，山侧即鸡鸣驿。

⑥ 青麓，即青边口，又曰镇宜台口。

⑦ 定边城，即静边城。在今张家口东北九十里，遗址犹存。

十五日丙子，停午，至察罕脑儿[1]，时行宫在此。申刻，大风作，玄云自西北突起，少顷四合，雪华[2]掌如，平地尺许。乱滦河而北，次东北土壤下。群山纠纷，川形平易，因其势而广狭焉。泉流萦纡，揭衣可涉，地气甚温，大寒扫雪，寝以单韦[3]，煦如也。沙草蕤[4]茂，极利畜牧。按地志，滦野盖金人驻夏金莲[5]、凉陉一带，辽人曰王国崖者是也。……

十六日丁丑，上遣参知政事张易。廉名辖[6]，廉名希宪，字介甫，瀚海人。□资沉毅，临大事不可夺，其廉正有大臣风节。传旨尉谕行省官。时御道不启，拜觐者皆俟，故留八日而发。距双城七十里。

二十三日甲申，次鞍子山，南距滦河四十里。

二十四日乙酉，次桓州故城[7]，西南四十里有李陵故台，道陵敕建祠宇，故址尚在。未刻，朔风发发，雨雹交作，传令："方春牧马不胜寒，克[8]瘦弱者，悉用毡毳荅[9]覆其背，否者以法从事。"

二十六日丁亥……晨霜蔽野，如大雪，日极高，阴凝始释。距

---

① 察罕脑尔，蒙古语察罕，或记作查干，意为白色；淖尔、脑儿或诺尔，意为湖沼、海子；察罕脑尔，合译白海、白泺。考古学者谓囫囵诺尔（位于沽源县平定堡镇。此诺尔古时当兼有今公鸡、小泉子（水泉）两诺尔为大水泊）东北有大宏城子，系金之景明宫，而大宏城子东北傍近闪电河（即上都河之讹，乃滦河上游）之小宏城子，乃元之察罕脑尔行宫。

② 雪华，即雪花。

③ 单韦，单层之皮被褥。《辞海》"韦"："熟治之兽皮也。"

④ 蕤，音 rǒng。鸟兽细软而茂密的毛。

⑤ 金莲，即金莲川，今名金莲花滩，在今沽源县。

⑥ 名辖，应为"右辖"之误。右辖，右丞的别名。左右丞管辖尚书省事，故右丞称右辖。

⑦ 桓州故城，在今独石口东北一百八十里，蒙人呼为库尔巴尔哈孙城，故址犹存。《读史方舆纪要》："桓州故城，本乌桓所居，金置桓州，亦曰威远军，治清寒县。州有二城，南为新城，北为故城，相去三十里。"

⑧ 克，贾敬颜《五代宋金元人边疆纪行记十三种疏证稿·开平纪行》（中华书局，2004 年 8 月，第 325 页）据意改作"尤"。

⑨ 荅，用同"搭"。

鞍子山廿有五里。是日完州人高道字道之，来自和林城。说迤北正三月间，地草自燃。东自和林，西至炊州。其燃极草根而止，水温处愈甚。人往来者，须以毡濡水，覆其上可越。又有黑风，掠人面如灼，兵械及山椒，遇夜皆有火出。在山者，如列炬然。或者云，火兵象，皆彼自焚消铄之兆。

二十七日戊子，次新桓州，西南十里外，南北界壕尚宛然也。距旧桓州三十里。

申刻，欻①有兔自北来。入王相帐中，获焉。公曰："兔阴类，性狡，一举而得，吾事其有解矣。"

二十八日己丑②，饭新桓州。未刻，扈从銮驾，入开平府，盖圣上龙飞之地。岁丙辰，始建都城，龙岗蟠其阴，滦江经其阳。四山拱卫，佳气葱郁。都东北不十里，有大松林，异鸟群集，曰"察必鹘"者，盖产于此。山有木，水有鱼，盐货狼籍，畜牧蕃息，大供居民食用。然水泉浅，大凉负土，夏冷而冬冽，东北方极高寒处也。按方志，盖东汉乌桓地也，距新桓州四十有五里。

◎南返燕京（卷82《中堂事记下》，第390页）

二十日庚戌③，诣都堂，辞诸相南归。

廿一日辛亥辰刻，由都西门出，是夜宿桓州④。

廿二日壬子，抵旧桓州。

廿三日癸丑，前次牛群头⑤，取直东南下崖岭⑥，夜半宿山南农家，明日甲寅，宿云州张继先家。

---

① 欻，音 xū。忽然："神山崔巍，欻从背见。"

② 二十八日己丑，1261 年 4 月 28 日，农历三月二十八。

③ 二十日庚戌，1261 年 9 月 16 日，农历八月二十。

④ 桓州，指新桓州。

⑤ 牛群头，在察罕诺尔东北。《扈从集》："至失八儿秃，地多泥淖，又名牛群头……驿路至此相合……至察罕诺尔。"

⑥ 崖岭，疑即偏岭。盖此处正当南北通衢，南至云州为一日程也。

廿五日乙卯，自望云沿龙门河①南行。入寒山峪，遇大雨，憩寒山递铺。午霁，渡泥涧，人马缒而下，挽而上，登靖边北岭，有虎突起涧东；啸而去，人马为辟易，投宿碧落崖②下。崖峻绝，方广如画屏然，泉流萦带，环山根一匝。秋稼已熟，黄云满川，盖朔方之武陵溪也③。

廿六日丙辰，下十八骨了，泥滑不能骑，比至平地，仆马为痛矣。行约两舍，抵田家止宿。

廿七日丁巳，宿北口小店。明日逾灰岭，试桃花峪温汤。山间殊有奇观，石为盘涡，如碧玉盆者非一。寿藤④灌木交荫，左右其水泉，盖潞河之上源也，是晚宿新店，又二日，至燕京。自中元九月，奉檄北上，至是年辛酉九月，凡十有三月，实历三百八十四日。

---

① 龙门河，即沽河，为白河上源，又称龙门川，以水出龙门峡下而得名，即今白河。
② 碧落崖，即今后城镇滴水崖。
③ 朔方，北方。武陵溪，典出陶渊明之《桃花源记》。
④ 寿藤，生长年岁长久之藤。唐元结《送谭山人归云阳序》："近峻公有泉石老树，寿藤萦垂。"

2. 《北征记》

【题解】 《北征记》1 卷，明杨荣撰。杨荣（1371~1440 年），字勉仁，初名子荣，福建建安（今建瓯）人。建文二年（1400 年）进士，历内阁学士、大学士，官至工部尚书。曾多次随明成祖北征蒙古。卒谥文敏。

永乐二十二年（1424 年），杨荣第五次随明成祖北征蒙古阿鲁台，记其始末成此书。记事始于该年夏历正月，终于八月，对此次北征的起因、经过，以及明成祖在归途中去世、匿丧还京事，记载甚悉。是研究十五世纪初明朝与蒙古战争的第一手资料。

由于《北征记》所记明成祖第五次北征蒙古全部过程，为确保事件的完整性，故本辑据上海古籍出版社《续修四库全书》第 433 册第 129 页至 134 页史部杂史类《北征记》全部录入，与赤城无关部分亦未取舍。

永乐二十二年春正月甲申①，大同、开平守将并奏虏寇阿鲁台所部侵掠边境。初，忠勇王金忠来归，屡言阿鲁台弑主虐人，违天逆命，数为边患，请发兵讨之，愿身为前锋自效。上曰："兵岂堪数动？朕固厌之矣，何况下人？"忠曰："虽天地大德无物不容，其如边人荼毒何时可已？"上曰："卿意甚善，但事须有名。文帝尝言汉过不先，姑待之。"至是，召公、侯、大臣计之，且告之忠勇王之意。

乙酉，群臣奏曰："忠言不可拒，逆贼不可纵，边患不可坐视，用兵之名不得避也。惟上决之。"上可其奏。即日，敕缘边诸将整兵以俟。

---

① 永乐二十二年春正月甲申，1424 年 2 月 7 日，正月初七日。

府都督僉事仍掌陝西行都司事

戊午勑各城堡嚴哨探謹守備

己未發七木次長安嶺享諸將

壬戌

發長安嶺次赤城

萬壽聖節禮部尚書呂震奏百官行賀禮詔却不受遂

癸亥次雲州

乙丑發雲州次雲門　丁卯發雲門次獨石

丙午發獨石次隰寧忠勇王所部指揮同知把里禿等

復以勇謀者言虜去秋聞朝廷出兵挾其屬以遁及冬大

《北征记》书影

丙戌，敕山西、山东、河南、陕西、辽东五都司各选马步兵，择将统领，以三月至北京。山西行都司兵命都督李谦统领，以三月至宣府，必士马精强，兵甲坚利。不如令者诛。

二月丁未，朔。

三月丁丑，朔。大阅，命安远侯柳升领中军，遂安伯陈英副之；英国公张辅领左掖，成国公朱勇副之；成山侯王通领右掖，兴安伯徐亨副之；武安侯郑亨领左哨，保定侯孟瑛副之；阳武侯薛禄领右哨，新宁伯谭忠副之；宁阳侯陈懋、忠勇王金忠率壮士为前锋，安顺伯薛贵、恭顺伯吴克忠、都督李谦等各领兵从。上谕诸将曰："为君奉天爱人为本。朕临御以来，视民如子，内安诸夏，外抚四夷，一视同仁，咸期生遂。彼为民患，则亦不赦。逆贼阿鲁台始以穷蹙来归，抚之甚厚，豺狼野心，不知感德，积久生慢，反恩为雠，侵扰边疆，毒害黎庶，违天负恩，非一而足。朕再出师，捣其巢穴，焚其积聚，寇之微命，危如丝发。当其时，从将士之志，寇岂复有生理？但体上帝好生之仁，驱而逐之，亦冀万一其能改也，而兽心终焉不变，今朕必往伐之。朕非好劳恶逸，盖志在保民，有非得已。尔等从朕，咸能奋力成功，高爵重赏不汝吝。如方命失机，则军法亦不汝贷。其懋哉！"

四月戊申，以亲征胡寇告天地、宗庙、社稷，遣官祭旗纛、山川等神。诏皇太子监国。

己酉，车驾发北京，次唐家岭。

癸丑，发唐家岭，次龙虎台。遣太常寺臣祭告居庸山川。

乙卯，发龙虎台，度居庸关，次岔道。

丙辰，次怀来。

丁巳，次土木。升陕西行都司指挥刘广为右军都督府都督金事，仍掌陕西行都司事。

戊午，敕各城堡严哨瞭，谨守备。

己未，发土木，次长安岭。享诸将。

壬戌，万寿圣节。礼部尚书吕震奏百官行贺礼，诏却不受。遂发长安岭，次赤城。

癸亥，次云州。

乙丑，发云州，次云门。

丁卯，发云门，次独石。

庚午，发独石，次隰宁。忠勇王所部指挥同知把里秃等获虏谍者，言虏去秋闻朝廷出兵，挟其属以遁。及冬大雪丈余，孳畜多死，部曲离散。比闻大军且至，复遁往答兰纳木儿河，趋荒漠以避。所以遣谍者，虑闻之不实耳。上曰："然则寇去此不远。"遂命诸将速进。以获谍功，升把里秃为指挥佥事，余皆升一等，各赐白金有差。

辛未，次西凉亭。

甲戌，发西凉亭，次开安。

五月乙亥，朔。次威虏镇。

丁丑，发威虏镇，次环州。

戊寅，次双塔。

己卯，次开平。是日雨，士卒有后至而沾湿者。时其地尚寒，上见之，指视诸将曰："士卒者，将士所资以成功名。抚之至则报之厚。古人有言，'视卒如婴儿，可与赴深溪；视卒如爱子，可与之俱死。'今方用此辈为国家除残去暴，其可不恤！"

甲申，召学士杨荣、金幼孜至幄中，谕之曰："朕昨夕三鼓，梦有若世所画神人者告朕曰：'上帝好生。'如是者再，此何祥也？岂天属意此寇部属乎？"荣等对曰："陛下好生恶杀，格于天。此举固在除暴安民，然火炎昆冈，玉石俱毁，惟陛下留意。"上曰："卿言合朕意。岂以一人有罪，罚及无辜！"即命草敕，遣中官伯力苟及所获胡寇赍往虏中。谕部落曰："往者阿鲁台穷极来归，与朕所以待穷者之归，皆尔等所知，天地鬼神实鉴临之，此何负彼？而比年以来，寇我边鄙，虔刘我烝黎，累累不厌，其孰之过也？朕间者虽以天人之怒，再率六师往行天讨，当是时，如狗将士之志，奋雷霆之威，彼之危犹洪炉片雪，岂复有余命哉！朕体上帝好生之仁，惟剪其枝叶，毁其藏聚，驱出诸旷远之地，岂徒全其余息，犹冀其或改而自新也。乃兽心弗悛，日增月益。比吾边氓之困其荼毒者，殆非一所。夫为恶有本，今王师之来，罪止阿鲁台一人，其所部头目以下，悉无所问。有能彼顺天道，输诚来朝，悉当待以至诚，优与恩赉，仍授官职，听择善地安生乐业。朕之斯言，上通天地，毋怀二三，以贻后悔。"

乙酉，命安远侯柳升等率军士拾道中遗骸，为丛冢瘗之，上亲为文祭焉。

丁亥，发开平，次洪平镇①。

戊子，召诸将谕曰："古谓武有七德，禁暴诛乱为首。又谓止戈为武。盖以止杀非行杀也。朕为天下主，华夷之人，皆朕赤子，岂间彼此哉！今之罪人惟阿鲁台，余胁从之众，悉非得已，不可以同日语。自今凡有归降者，宜悉意，无令失所；非持兵器以向我师者，悉纵勿杀，用称朕体天爱人之意。"

己丑，发武平镇，次威信戍。

辛卯，发威信戍，次通州甸②。

壬辰，次长乐镇。文渊阁大学士杨荣、金幼孜侍，上曰："汉高祖过柏人，虑迫于人。今朕至长乐，思与天下同乐，何时而庶几也？"荣等对曰："有志者事竟成，陛下圣志如此，天下必助顺矣。"

癸丑③，次香泉泊。

甲午，次还翠冈。

---

① 洪平镇，下文作"武平镇"。

② 通州甸，下文作"通川甸"。

③ 癸丑，按前后日程排序，应为癸巳。

乙未，次永宁戍。

丙申，次清平镇，即元之应昌路。是日雨，重车皆后。上谕诸将曰："辎重者，六军所恃为命。兵法无辎重粮食、无委积皆危道。曹操所以屈袁绍者，先尽其辎重。今诸军皆至，而重车在后，尔等独不远虑耶？"遂命分兵迎之。

丁酉，宴随征文武大臣，命内侍歌太祖高皇帝御制词五章。因举爵谕诸大臣曰："此先帝垂谕创业守成之难，而示戒荒淫酗酗之失也。朕嗣先帝鸿业，兢兢焉惟恐失坠。虽今军旅之中，君臣杯酒之欢，不敢忘也。尚相与共勉之。"英国公张辅等稽首对曰："敢不钦遵圣训！"

戊戌，次威远川。

己亥，宴文武大臣。上曰："朕仰循皇考之意，自制词五章，以奉天法祖、勤政恤民为言，亦将以垂示吾子孙，俾有所警饬。"遂命内侍歌之。群臣俯首听毕，皆叩头言："皇上深思远虑，前古帝王之所不及。"上悦，悉沾醉而罢。

庚子，次阳和谷。

辛丑，次双泉海。

壬寅，次览秀川。

癸卯，次锦绣冈。

六月甲辰，朔。次祥云屯。

乙巳，次锦云碛。

丙午，次翠玉峰。敕宁阳侯陈懋、忠勇王金忠等曰："用兵之道，贵乎先知。古之贤将所以动而胜人者，先知敌之情也。今兴师远出而未悉贼情，何以成功？朕以前锋全尔，尤宜昼夜用心。其精择勇智，广布侦逻，如有所得，星驰奏来，朕懔俟焉。"

丁未，次鸣王润。

戊申，次清漠川。

己酉，次和鸾谷。

庚戌，次紫驼冈。

辛亥，次清泉泊。

壬子，次通流涧。

癸丑，次金沙泺。宁阳侯陈懋等得胡寇马九匹来进，上曰："丑虏多诈，安知非以是诱我也？"敕懋等益加防慎，不可怠忽。

甲寅，次秀水河。

乙卯，次玉垒峰。

丙辰，次宝屏山。谕诸将曰："今既深入虏地，尤须谨备，严哨瞭，肃部伍，明约束，昼夜无怠。孔子行军，必临事而惧。孙吴兵法，无恃其不来，恃吾有以待之。必敬慎如此，庶几万全。"

丁巳，次凌云峰。

戊午，次玉沙泉。上以答兰纳木儿河已近，令诸将各严兵以俟。是时，将士皆踊跃思奋，上闻之喜曰："兵可用矣！"

己未，次龙武冈。命宁阳侯陈懋、忠勇王金忠率师前进，且戒之曰："若遇贼，宜审机行事。如两锋相当，彼投戈下马者，皆良民，勿杀；如其来敌，先以神机铳攻之，长弓劲弩继其后。遇阿鲁台亦勿杀，生擒以来。"

庚申，次天马峰。上以大军继进数十里，懋等遣人奏言："臣等已至答兰纳木儿河，弥望惟荒尘野草，虏只影不见，车辙马迹亦多漫灭，疑其遁已久。"上遣英国公张辅、成山侯王通等分兵山谷大索，仍命宁阳侯陈懋、忠勇王金忠前行觇贼，车驾进驻河上以俟。

壬戌，发河上，次苍石冈。英国公张辅等相继引兵还，奏曰："臣等分索山谷，周回三百余里，一人一骑之迹无睹，必其遁久矣。"

癸亥，次连秀坡。宁阳侯陈懋、忠勇王金忠亦还，奏曰："臣等引兵抵白邱山，咸无所遇，以粮尽故还。"于是英国公张辅等奏曰："假臣等一月粮，率骑深入，罪人必得。"上曰："今出塞已久，人马俱劳，虏地早寒，一旦有风雪之变，归途尚远，不可不虑。卿等且休矣，朕更思之。"

甲子，次翠云屯。召英国公张辅等曰："昨日之言，朕思之不可易也。古王者制夷狄之患，驱之而已，不穷追也。且今孽虏所存无几，茫茫广漠之地，譬如一粟于沧海，可必得耶？吾能失有罪，诚不欲重劳将士。朕志定矣，其旋师。"于是兵部尚书李庆等进曰："王者之思，畏则舍之。今已铲虏之穴，破虏之众，塞北万里无虏迹，虽有数辈，如犬羊栖栖，偷生穷漠之境，陛下天地大德，宁当尽杀之耶？"上悦，遂命班师。

乙丑，召诸将议分兵两路南归。于是上率骑士东行，命武安侯郑亨等领步卒西行，期会开平。

丙寅，发翠云屯，次苍玉涧。谕诸将曰："今大军南还，将士既未尝见敌，必有怠心，寇综迹诡秘，不可轻忽，须严兵以殿后。仍戒饬军中，昼夜警备，当如寇至。"

丁卯，次清流峡。

戊辰，次富平川。

己巳，次长清戍。

庚午，次怀柔甸。

壬申，发怀柔甸，次宁远镇。

七月甲戌，朔。

乙亥，发宁远镇，次回流湾。

丙子，次清虏镇。

丁丑，次哨石川。

戊寅，次群玉峰。

己卯，次双岛。

庚辰，次清水源。道旁有石崖数十丈，命大学士杨荣、金幼孜刻石纪行，曰："使万世后知朕亲征过此也。"

辛巳，次丰润屯。

壬午，次长林壑。

癸未，次广平川。

甲申，次达安镇。

乙酉，次通精戍。其地平广，多糜子。军士有驰骑犯之者，上适见之，急下令止之。谓诸将曰："能种是者，必安业于此，不为寇矣；而不见人者，必闻大军至，惧而逃。今纵骑犯之，非仁。其禁之士卒凡有种艺而无居人者皆勿犯，违者斩。"

丙戌，次盘石镇。

丁亥，次翠微冈。上御幄殿，凭几而坐，大学士杨荣、金幼孜侍。上顾问内侍海寿曰："计程何日至北京？"对曰："其八月中矣。"上颔之。既而谕荣等曰："东宫历涉年久，政务已熟，还京后，军国事悉付之，朕惟优游暮年，享安和之福矣。"荣对曰："殿下孝友仁厚，天下属心，允称皇上之付托。"上喜，顾太监马荣，赐荣、幼孜羊酒而退。

戊子，次双流泺。以旋师，遣礼部尚书吕震赍书谕皇太子，并诏告天下。

己丑，次苍崖戍。上不豫，下令大营五军将士，严部伍，谨哨瞭，毋忽。

庚寅，次榆木川。上大渐，召英国公张辅受遗命，传位皇太子。且云丧服礼仪，一遵太祖皇帝遗制。

辛卯，上崩。内臣马荣、孟聘等以六师在远外秘不发丧。密召大学士杨荣、金幼孜入议，丧事逐一遵古礼。含敛毕，载以龙舁，所至朝夕上食如常仪。

壬辰，灵舁次双笔峰。大学士杨荣、太监海寿奉遗命驰讣皇太子。

癸巳，次连云碛。

甲午，次黑河戍。

乙未，次宣威镇。

丙申，次广漠川。

丁酉，次青杨峡。

戊戌，次闻喜冈。

己亥，次白沙河。

庚子，次香泉泊。

辛丑，次通川甸。

壬寅，次武平镇。武安侯郑亨等所领官军皆至。

八月癸丑，朔。龙輴度开平，次双塔。

甲辰，次威虏镇。

乙巳，次西凉亭。

丙午，次隰宁。

丁未，次云州。

戊申，次赤城。

己酉，次雕鹗。皇太孙奉皇太子命至，自北京哭迎。军中始发丧，六军号痛，声彻天地。

庚戌，次怀来。

辛亥，入居庸关，文武百官衰服，军民耆老僧道人皆素服哭迎。

壬子，及郊，皇太子、亲王以下素服哭迎。至宫中，奉于仁智殿，加敛奉纳梓宫。

3.《北使录》

【题解】　《北使录》1卷，又名《使北录》《虚庵李公奉使录》《李侍郎使北录》，李实撰。李实（1415～1485年），字孟诚，四川合州（今重庆合川）人，正统七年（1422年）进士。后授礼科给事中。正统己巳土木之变，明英宗羁留蒙古。景泰元年（1450年），景帝便擢李实为礼部右侍郎任正使，以大理寺少卿罗绮为副，出使蒙古。七月初一日出发，十一日到达也先营地，与也先进行了商谈，又看望了上皇明英宗。此次出使虽未迎回英宗帝，但对后来英宗复辟立下功劳。同年十月，升为右都御史，巡抚湖广。李实出使瓦剌归来，记其出使经过、旅途见闻、与蒙古瓦剌太师也先的交涉谈判、探视被俘中的明英宗，以及与也先论辩之语等，著成《北使录》1卷。李实是一位正直的官员，肯说实话。出使蒙古时，向明英宗直言"昔日任用非人，当引咎自责，谦退避位"，《北使录》把那些"谤汕诬蔑"明英宗的话都载入其中。于是，以其所著《北使录》多"妄谬夸大之言"，除名，斥为民，"永不叙用"。天顺七年（1463年）九月，又逮入狱，不久释为民。成化元年（1465年）正月，令冠带闲住，八年六月起复，后被劾致仕。二十一年八月二十七日卒于家。《北使录》是出使蒙古经过的专题著述，其中还记有李实途中所作的诗章，表达了他关心国计民生的胸怀。本辑重点选入李实出使途经赤城所作诗词，故选入别集类。

　　本辑据《虚庵李公奉使录》（1996年8月齐鲁书社《四库全书存目丛书》影印本，史部第46册）辑录李实从京师出使瓦剌，途经雕鹗、赤城、云州、独石等所记部分内容。

上皇經過日幾番回首望京華

過鵰窩堡十里乏馬一疋宿荒初五日天曉忽者

達賊二十人各張弓弩一人仗劍而前衝入帳前

完者脫歡怱臨答話詢知可汗所差尚書阿魯述

等先送使臣平章皮兒馬黑麻赴京奏事在彼等

候阿魯述下馬作禮復送二十里而別賦云

胡騎長驅入帳來張弓仗劍怒如雷譯知兩國通

和好長嘯一聲作禮回

同日過雲州夜值雨赤城溫泉口四十里宿荒盜

李实《北使录》书影

◎《虚菴李公奉使录》（第106～107页，节录）

正统己巳夏，瓦剌脱卜花王及太师也先背逆天道，侵临边境，声息日至。时，太监王振专权，请上出征迤北。吏部尚书王直及大小群臣极谏，不从。是秋七月十六日，上躬率六军起行，往征虏罪，直至大同。命平乡伯领军与虏战，败绩，回至宣府。八月十三日，过鸡鸣山，遇寇，命郕国公朱勇出战，亦败。十五日，至土木地方。也先人马四围，大战，大军倒戈，自相蹂践；虏寇大肆杀戮，邀留上驾。十六日，边报飞至，奔溃回京者，皆残伤裸体。京师恐怖。太后命皇弟郕王监国政。九月初六日，即皇帝位，大赦天下，上太上皇帝尊号改元。

景泰庚午六月二十六日戊戌①，瓦剌为头知院差参政完者脱欢五人，赍番文②赴京请和。

二十七日，上御文华殿，文武大臣恳请差人往虏中议和，迎太上皇帝，未允。即时，上命太监兴安传旨："要于大臣中务选如富弼、文天祥者遣之。"

二十八日，礼部以三品以上官具名封进。点差时，李实任礼科都给事中。上命兴安召实，问其乡贯③。实曰："某④原籍四川重庆府合州人，由壬戌科进士。"传旨曰："恁⑤累进章朝廷，素知忠节。上欲遣使虏中，如何？"实曰："某虽才识不周，适朝廷多事之秋，安敢辞。"谅亦不辱君命。兴安欣然入内复命。少顷，奉圣旨："李实升兵部右侍郎，做正使；罗绮升右少卿，做副使；马显升指挥，做通事。便写敕与他去，钦此。"本日进本讨马匹等物。内开与也先相见之礼，及马价、岁币八事等因。奉上旨："李实所奏，俱系与脱

---

① 景泰庚午六月二十六日戊戌，1450年8月3日。

② 番文，旧称少数民族或外国的文字材料。

③ 乡贯，籍贯。

④ 某，自称的谦辞。

⑤ 恁，音nín。古同"您"。

脱卜花也先对面之辞，难以预度，悉令正使李实临机应变。"本上，钦改礼部右侍郎。

三十日，给银三十两，大红织金孔雀圆领玉带一条，纻丝衣服一套，御马监坐马二匹，帐房、酒脯①等物。

七月初一日，早辞。上御左顺门，召实等面谕曰："你（左口右每）去脱脱不花王也先那里，勤谨辨事，好生说话，不要弱了国志。"领赍达达可汗、太师也先、瓦剌知院敕书三道，及各人银三百两，彩缎二十四表里。本日同房使参政完者脱欢侍郎等五人共一十六人启行。宿榆河驿。上命光禄寺官设席饯行。

初二日，居庸关给价钞命镇守佥都御史王竑辨酒官管待②使臣。

初三日，宿怀来卫，令总兵官杨进管待。

初四日，离怀来。赋云：

晓出怀来望北行，西风凉吹马蹄轻。虏营迎复吾皇驾，会见生民亨太平。

本日过长安岭。赋云：

盘旋层上长安岭，偏觉驱驰路转赊。遥忆上皇经过日，几番回首望京华。

过雕窝堡十里，乏马一匹，宿荒。

初五日，天晓，忽有达贼二十人，各张弓弩，一人仗剑而前冲入帐前。完者脱欢急与答话，询知可汗所差尚书阿鲁述等，先送使臣平章皮儿马黑麻赴京奏事，在彼等候。阿鲁述下马作礼，复送二十里而别。赋云：

胡骑长驱入帐来，张弓仗剑怒如雷。译知两国通和好，长啸一声作礼回。

同日，过云州，夜值雨，赤城温泉口四十里宿荒，盗去马三匹。

---

① 酒脯，酒和干肉。后亦泛指酒肴。
② 管待，款待。

初六日，过独石卫，见也先人马驼车运粮。有感赋云：

道经独石停征骑，世事皆非实可伤。守将肆贪营第宅，近臣徒力保边疆。人家已尽遭兵火，仓廪犹存助敌粮。回首具封希上旨，用惩有罪表忠良。

相离城北五里，宿荒。虏人喜悦歌唱，欢饮乳酥。其夜，盗去马六匹。至晓，脱欢等追赶得获，射死三人，生擒三人。审是宣府出哨健步，各笞五十放回。过万里城甚有驼乘。

初七日，过开平卫。赋云：

万里穷荒极远游，风凉露冷正高秋。山行野宿浑忘险，腥饮膻食止解愁。驼马连营输馈饷，犬羊夹道喜歌讴。虏酋悔过重朝贡，早奉銮舆复帝州。

初八日，宿兴和卫东海子边。……

4.《续藏书》

【题解】 《续藏书》27卷，明李贽编。李贽（1527～1602年），号卓吾，福建泉州人，是明代杰出的思想家。出生在一个已经破落的航海商人的家庭，念过私塾。中举后，历任河南辉县教谕及小京官，后为云南姚安知府。在北京、南京，他接受王阳明的学说，并结交了焦竑、耿定理等人；在姚安钻研了佛藏。这几十年的小官生活，使李贽逐渐接触明代社会的实际，目击嘉、隆以来的阶级矛盾和阶级斗争，了解到当时的政治腐败和黑暗，他不满于儒家的说教，尤其痛恶程朱的假道学。他敢于"独创特解""别出手眼""抨击道学，抉摘情伪"，以其辛辣的笔锋，雄辩无敌，同封建统治者和伪道学家宣战，终于以76岁的高龄被封建统治者迫死在通州狱中。

李贽的著作甚多，流传很广，其中《藏书》和《续藏书》这两部巨著，论兴亡、评人物，自称为一家之言，并奠定了他作为晚明杰出史学家的地位。两书共95卷，从战国直到他那个时代，共写了1200余位人物。

《续藏书》是李贽晚年撰写的一部专记明初至万历年间各类人物的传记体断代史。全书取材于明代的人物传记和文集，记载了明神宗以前的四百余人的事迹。该书刊刻于李贽死后九年即万历三十九年（1611年）。此书体例上无世纪，仅有列传，全书分"名臣""功臣""内阁辅臣"三类。

本辑据明刻本《续藏书》卷13辑录《颖国杨武襄公》一文。

潁國楊武襄公

事　景陵　裕陵　景帝

公名洪六合人祖政立功世漢中百戶公嗣官調開

平機變敏捷善用計出奇兵擣虛或夜劫營累功陞

都指揮正統元年內臣韓政院驚疏公短、上詰二

內官曰此必小人左右次、　上又每舉公功勵諸將、

公益自奮公守邊屯營專用鐵蒺藜毒以都督守獨

石敗虜宣府大石門寶昌州捕虜阿剌台打剌花斬首

功二百正統十三年封昌平伯食祿千石充總兵鎮

宣府虜畏公呼楊王十四年虜入敗我土木、　上皇

《续藏书》书影

◎颖国杨武襄公　事　景陵　裕陵　景帝（卷13《勋封名臣》）

公名洪，六合人。祖政立功，世汉中百户。公嗣官，调开平。机变敏捷，善用计，出奇兵捣虚，或夜劫营。累功升都指挥。正统元年，内臣韩政、阮鹅疏公短。上诘二内官曰："此必小人左右汝。"圣明。上又每举公功励诸将，公益自奋。

公守边、屯营，专用铁蒺藜。寻以都督守独石，败虏宣府、大石门、宝昌州，捕虏阿台打剌花，斩首功二百。

正统十三年，封昌平伯，食禄千石。充总兵，镇宣府。虏畏公，呼杨王。十四年，虏入，败我土木。上皇道宣府，北狩去。公闭城门，逮系诏狱。是年十月，虏犯京师。出公狱中，与孙镗、范广等率兵一万，击虏涿州、紫荆等处，遂至固安。大捷，捕虏阿归等四十八人，斩首功四百八十，邀还俘掠人万计，马牛羊弓刀数万。虏去，进侯。

景泰二年，赐世券，还镇宣府。卒，赠颖国公，谥武襄。

公纪律严明，将士用命。敬慎自将，不敢专杀，宣德、正统、景泰间称名将。诸大臣皆重公威略，每左右公。初，指挥杜衡诬公，尚书魏原即讯雪公，贬衡广西。部卒李友全诬公，上付公自治，公以故感激。也先之难，奋不顾身，转战千里。一时诸将，公功为最。

公子杰，嗣侯。言臣家一侯、三都督，诸苍头得官旗者十六人，乞停苍头职役。是。许之。未几，杰庶兄俊，嗣侯。俊先以擒叛喜宁功，升都督。

5.《西园闻见录》

【题解】 《西园闻见录》107卷，史料汇编。明张萱辑。约成书于天启七年（1627年）。

张萱，字孟奇，亦作梦奇，号九岳，别号西园。生卒年不详。广东博罗人。万历十年举人，二十六年任内阁制敕房中书，参与纂修正史，并侍经筵。在内阁8年中，阅读了历朝实录等史书，并节录了自洪武迄隆庆朝实录，凡300卷，取名为《西省日抄》，又据此编成《西省识小录》100卷，两稿后佚。三十九年擢为贵州平越知府，尚未赴任而被罢归家。此后，建园榕溪之西，终年徜徉其中，足不出户，手不释卷，被称为西园公。在此园内，张萱苦心20余年，完成了《西园闻见录》一书。

《西园闻见录》分为3编，内编25卷，外编77卷，杂编5卷。在编排上，作者采用"以事为纲，以人为纬"的方法，按类收录有关人物，每类又分前言与往行两部分，分别记载有关人物的言行。该书的内容，大抵上起洪武，下迄万历。内编记录了有关伦理道德、为人处世方面的言行，其内容有孝顺、友爱、闺范、教训等100类。外编按照职官的次序，依次记载了内阁、翰林、六部、台谏、外臣及内臣等方面的朝政大事，节录了有关章奏。其主要包括宰相、翰林、经筵日讲等154类。杂编记叙了术数、医药、堪舆等12类。

《西园见闻录》广泛地收集了有关资料，博采众书，节录了大量章奏。有些内容"多非今日所习见，则原书已亡，幸赖此书而存者，信为考明事者所必参稽。"可以说该书"足与沈德符《万历野获编》竞爽"。但是该书在引用他书之时，并未注明引文的出处，这是其不足之处。1940年，哈佛燕京学社铅印本《西园闻见录》，本辑据该

嘉靖中今自東路起四海冶鎮南墩西至永寧盡界北路起滴水崖而
北而東而南至龍門城盡界爲邊幾七百里創修石牆添設墩臺又自
四海冶迤南渤海所迤北建墩防守隆慶間宣大挑修邊濠蓋造營房
砌獨石馬營二城又北路龍門所自盤道墩起迤靖胡堡大衝口止建
設外邊一道益以墩臺東北一路有迤道互相應援且拓地百里以資
屯牧見存城堡七十一座大同城堡六十四座敵臺墩臺共九百餘座
嘉靖中於邊牆衝口等處添設空心磚臺三百座山西三關惟偏老沿
邊地方自蕨菜茆起至老牛灣止邊長一百一里有奇添設磚包空心
樓實心樓各十五座敵臺二百一十六座見存城堡墩臺隘口空心敵
臺三千七百一十處延綏邊牆六百七十一里墩臺院墩院塞城垣六十
十座石砌土築大川河口水洞連臺石券關門溝水口水閘水口水眼
連絡布置又於延綏榆林神木定邊城四道築空心敵臺見存城共九
二座民塞堡城塞城共二百座寧夏城堡九十四座關城六座敵臺墩
臺五百餘座關隘三十六處固原城堡八十五座戰敵等臺八十二座

《西园闻见录》书影

本辑录有关赤城内容。为确保史料的完整性，其中《宣府镇》一条全文照录。

◎九边总论（卷52，《兵部一·边防前上》，第4135~4136页）

前言

□□□曰：《易》称：王公设险，以守其国。《传》云：天子有道，守在四夷。至哉言乎！周固封疆、备边境、完要塞、谨关梁、塞豀径、扼走集①，而掌固②司险举不废职③，迨其季世④冠带⑤之国七、燕、赵、秦边胡，始筑长城拒守，秦并六合，起临洮边东余万里，又渡河取高（关）［阙］、陶山、北假，筑亭障，是后世驱胡资。汉筑朔方，唐堑五原、灵武，东汉宅雒已失全险，宋捐燕云卒焉。斩祚我太祖高皇帝迅扫胡元⑥，妥欢既窜，爱猷再遁。文皇帝三驾虏庭，阿鲁台奉款，然而边防之制，视古特加焉。高皇帝既定天下，即元故都，设北平都司，文皇帝因奠鼎为今都，宸山负海⑦，固拟于崤（幽）［函?]⑧，本太行、雁门诸山，塞垣连络，险由天造。居庸东折，玉带神领，若抱若拱，九陵⑨在焉。故居庸为京师北门，隶昌平，密迩蓟州，蓟、昌俱畿内要地，故未称镇。蓟之称镇，自庚申，皆嘉靖中虏警时所建置者也。国初设大宁都司、营州等卫，

---

① 走集，边界要塞；交通要冲。《左传·昭公二十三年》："正其疆埸，修其土田，险其走集，亲其民人。"杜预注："走集，边竟之垒壁。"

② 掌固，官名。唐代尚书省等中央部门的属官。

③ 废职，玩忽职务；擅离职守。

④ 季世，末代；衰败时期。

⑤ 冠带，本指服制，引申为礼仪、教化。《韩非子·有度》："兵四布于天下，威行于冠带之国。"

⑥ 胡元，对元朝的贬称。

⑦ 宸，音yǐ。依。背靠。清朱彝尊《日下旧闻·形胜》："京师宸山带海，有金汤之固。"负海，背靠大海。

⑧ 崤函，崤山和函谷。自古为险要的关隘。函谷东起崤山，故以并称。

⑨ 九陵，高山峻岭。

与辽宣东西并峙，为外边。又起古北口至山海关，增修险隘为内边。永乐间，以兀良哈扈靖难①功，畀②以大宁、白云、红螺地，东起广前屯历嘉峰近宣府为朵颜，自黄泥洼逾沈阳铁岭至开原为福余，由锦义度辽至白云山为大宁，号三卫。徙大宁都司于保定，散兴营诸卫于畿甸，循居庸左转为渔阳、卢龙，当山海之际古渝关也。控遏辽左为辽镇，辽东孤悬千里，三面濒夷，一面阻海，特山海关一线路内通前代皆郡县。我朝尽改置卫，独于辽阳开原设安乐、自在二州，处内附夷人。其外附者，东北则建州、毛怜、女直等卫，西北则朵颜、福余、（秦）［泰］宁三卫。右转循太行西南包平原沃野，带络数十城为古燕赵郊，而宣府、大同握重兵镇焉。宣府汉上谷，大同汉云中也。国初设卫开原，东接大宁，西联独石，而开平、兴和、万全为要地，后大宁畀虏，兴和亦废，开平孤立难守，宣德中徙镇独石，宣府称重镇云。……

◎三卫（卷 52《兵部一·边防前上》）

前言

○申用懋③曰：……又曰：史车二夷故朵颜种，嘉隆间相继内附④，移住边内周（四）［四］沟、滴水崖、龙门所南山一带，受我抚赏。万历十八年，安兔勾引叛去后，以计擒史二官儿子红亥等，顺义擒献史二官儿我列等，其部落仍来归，安插永宁，哱啰⑤长安岭各地方，迄今照旧抚赏。（第 4172 页）

---

① 靖难，平定变乱。《警世通言·杜十娘怒沉百宝箱》："到永乐爷从北平起兵靖难，迁于燕都，是为北京。"

② 畀，音 bì。赐，赐与，给予；付与。

③ 申用懋（1560～1638 年），明苏州府长洲人，字敬中，号元渚。申时行子。万历十一年进士。除刑部主事，累官兵部职方郎中，擢太仆少卿。熹宗时以右佥都御史巡抚顺天，忤魏忠贤，罢归。崇祯初历兵部侍郎、尚书。

④ 内附，归附朝廷。

⑤ 哱啰，音 pò luó。古时军中的一种号角，用海螺壳做成。

○尹耕曰：开平元之上都也，滦水绕南，龙冈翼北，形胜之地也。元人以之肇基①，成化北（代）［伐］往来由之。东路以接大宁；西路以接独石。巨镇隐然，屏我山后，遇有警急则宣、辽有首尾之援；居常防戍则京师得封殖之固。夫国家定鼎北平，不患于带几之无凭，而患于肩背之失恃。大宁既委三卫，开平复移独石，遂使京师之地仅存藩篱，所关岂细微哉！究论则屯田便宜于转输，一劳可以永利。大宁要害于开平，易置亦颇非难。五原在丰胜之外，沙碛之间，昔人且犹开渠屯田，以规全利。何龙冈之沃，滦水之润，开平独不可田邪？又失开平则后背虽空，尚有宣府独石之固，失大宁则左肩全弱，宣辽隔绝矣。故曰："开平可田，屯田可也。不可田则易置大宁可也。"昔刘秉忠诸人皆于开平树艺卜隐，则开平无不可田之地。开平为元故都，山水之秀，壤城郭宫阙而留其民居以为三卫，则三卫亦无不乐从之理。二策无不可就也。土人称禄驰驱边塞，悉心经营。然禄知仅于封疆之小利，昧于夷夏之大防；知惩目前之纷，援而忽继世之权变。开平孤远，不易守矣，而北门单弱之不恤；饷道艰难，不易致矣，而屯田开垦之不求；割弃境土三百余里，不之惜矣，而易置三卫之不讲。此所以效成一时而祸伏异日，恩加于近塞而谋失远猷。智者穷源，不能无慨也。（第4175～4176页）

◎宣府镇（卷53《兵部二·边防前下》，第4224～4238页）

前言

○景泰元年，于公谦曰：宣府、大同地方，即日达贼侵扰，去来不常，或攻围城池，或剽掠人畜，或以轻骑袭我辎重，或以人少扰我官军，声东击西，出此入彼，边民不得耕种，士以不得休息。臣窃料此贼必欲搔扰大同、宣府，使我公私匮乏，不能固守，此其

---

① 肇基，谓始创基业。

奸计不浅，有必来侵犯京师之意。今朝廷所委任者，石亨、杨洪、柳溥、孙镗、卫颖、范广、张（轨）［轨］数臣，其次则署都督佥事张义、雷通诸人。今虏势猖獗，边务方殷，京师军马虽已操练颇有次第，然万人之命悬于一将，将有必战之心，则士有效死之力。苟计不先定，心不齐一，彼此异见而将无必战之心，上下隔绝而士无效死之力。缓急之间，恐误大计。乞敕石亨、杨洪、柳溥、孙镗、卫颖、范广、张（轨）［轨］、张义、雷通等，各陈己见，以为今日虏势如此之猖獗，边务如此之不宁，当何处置，可得宁妥？万一虏寇侵犯京师，或近畿州县，及山西等处地方，当何设法御敌战守？或除战守之外，别有何策可以安边保民？不须会同计议，文饰虚词，务在各出己长，直言无隐。令石亨等各另具题，封进皇上圣断择其可行者，请敕各官遵守施行，若是果有窒碍，亦照各官陈奏，必其上为朝廷分忧，下为边境除患，不许面为承顺，退有后言，敌既至互为异同，以误国家大计。况耕当问农，织当问婢，今日之事，若不责成于石亨、杨洪诸人，而欲臣等书生之浅见加以议论，则是徒为纷纷，而未能济事也。臣材本庸劣，叨掌兵机，切见方今边务，诚为危急，思患预防，间不容发。万一事无豫定，仓卒生变，臣虽万死，不足以赎。

○李公秉[1]曰："臣闻制胜之固莫先于讲武以练兵，安边之策尤莫先于据险以固守。照得独石、马营等处城池，形势险隘，官军颇多，战守有人。若贼寡则有寡不敌众之心，不敢轻进；势众则有腹背受敌之患，不敢深入。又有都督孙安在彼提督，号令颇严，官军知畏，纵有警急，亦无足虑。所可虑者，惟宣府而已。窃照宣府迤北沿边一带，大小白羊口当各青边、张家等口中间多有通行人马去处。正统初年，该太监兴安、尚书魏源亲诣彼处，相度形势，筑立

---

① 李秉（1408～1489 年），明山东曹县人，字执中。明朝中期名臣。

城堡，调拨精锐马步官军，轮流守备，以绝边衅，固安人心。续该兵官杨雄奏准，将大小白羊等城堡原守官军马匹归并葛峪堡操练，此因青边口、张家口、西阳河等处城堡系紧要去处，仍前守备，不曾归并。后因达贼犯边，前项城堡无人守备，俱各废弛，及照青边等处，内近宣府，外通沿河十八村等处。况往宣府等处军余，俱由彼处出入，前去马石等营盘运粮米，被达贼抢掳者甚多。此等之人深知向导是以被掳，军余王春等入境，奸细由此进入。其原立城堡若不仍前复设调拨军马，照旧守备，非惟无以严边防，诚恐有以启贼意。臣屡以此事与镇守总兵等官柏玉等极陈利害，商确施行，柏玉等佥曰：可行。独总兵官纪广执迷不从，说称沿边墩台俱有守哨官军，便不守只也不防。臣窃虑沿途墩台相离，通人马去处城堡少者四五里，多者数十里，纵有奸细乘夜进入，守墩之人岂能望瞭。及照原守城堡，即今见存其守备官军俱存宣府等处团操，前项城堡缺人守备，倘有奸细投间抵隙因而入境，窥探虚实，贻患非轻。臣叨居言路之官，滥膺参赞之任，义所当言，岂敢缄默。如蒙乞敕兵部行移镇守等官，将不系归并团操，青边等口紧要去处，量拨官军马匹仍前修守。分委都指挥或的当指挥一员专一在彼提督精锐马步官军轮流守备，仍行见在参将杨龙量带官军于墩空添筑墩台，以便瞭望。其归并大小白羊等处遗下城堡隘口，仍分守备万全右卫都督江福、葛峪堡都指挥杨文、提督墩台都指挥梁泰等严督该管官军常川①远在哨探，以备不测，不许怠忽，以堕贼计。务要关防周密，而严谨堤备，相机行事，而边境无虞。仍行都督纪广从长斟酌，如果要害去处可以不设守备，本官别有御寇长策，令其明白奏请定夺，具题奏。奉圣旨：兵部知道。钦此。

○□□□曰：分守独石、[马]营等处少监吉英题，称会同分守

---

① 常川，经常；连续不断。

左参将杨绅议得，所守独石、马营等处俱系极边冲要重地，达贼犯边速如风雨，彼时镇守内外参将等官杨洪等遇有声息，便得径自具奏，不敢误事。自成化十三年，一例禁约，不许径奏。臣等勘得独石至长安岭，过居庸关到京，路道如弓弦之直，不过半日程期，凡报声息最为便当。其独石至宣府，往回将六百里，若有声息紧急，待镇守等官会议，然后奏报到京，其迟误军情，理势必至，若不预陈下情，贻害非细。乞敕兵部计议，如独石遇有紧急边情，除开报宣府镇守等官知会外，仍令臣等本处径自星驰奏报，庶使边务先得。上闻路道不致往复，奏抄到部，参照宣府地方，当朝廷北关各路分守参将等官皆听宣府镇守、总兵、巡抚等官总制，凡有声息报到，军马应手即可立刻随具奏闻于分当然若论调发援兵，亦非一蹴能到，本部比□计虑，议奏节省驿传，一以为总制官员朝廷取信得以专制任事，一以不使听受节制官员开旁门捷径沮坏边务。今吉英与杨绅议奏前情，合无行令宣府镇守、总兵、巡抚等官廖亨等转行吉英、杨绅，今后遇有本处达贼入境，听其一面共差一人赍奏施行，一面驰报廖亨等发兵应援，其余传报炮火等项常事，照旧驰报廖亨等即刻处置，不许失误军情。

○魏焕曰：宣府汉上谷郡也。国初常忠武王破虏于漠北，即元之上都。设开平卫守之，置八驿，东则凉亭、沈阿、赛峰、黄崖四驿，接大宁、古北口，西则桓州、威虏、明安、隰宁四驿，接独石。太宗文皇帝三犁虏庭，皆自开平、兴和、万全出入，尝曰：灭此残虏，惟守开平、兴和、大宁、辽东、甘肃、宁夏，则边境可求无事矣。后大宁既以与虏，兴和亦废，而开平失援难守。宣德中，乃徒卫于独石，弃地盖三百里。土木之变，独石八城皆破，虽旋收复，而宣府特重矣。今边人谓独石不如开平险隘可守，宣府山川纠纷，地险而狭，分屯建将，倍于地镇，是以气势完固，号称易守。然去京师不四百里，锁钥所寄，要害可知。北路独石、马营一带，地虽悬远，然南阻长安岭，虏难径下。中路之葛峪、大白阳、青边诸堡，西路之柴沟、洗马林、万全诸城，南路之东、西顺圣，皆称虏冲，警屡至焉。东路永宁、四海冶及龙门所，则三卫窥伺之地，而四海冶上通开平大路，下连横岭儿，又要地矣。易曰：王公设险，以守其国。今考塞垣所处，险亦几尽，第时异势，殊有不可不为之经画者，若曰补长峪城、镇边城之募军，浮图峪、插箭岭之防守，留茂山卫京操之方，以益紫荆。筑李信屯交界之堡，以固两镇，此岂容已乎。且宣府之兵，素称敢战矣。乃近年参将都勋，出境烧荒，遇虏二十骑而溃，关山王经前后陷没，此犹可诿也。若滴水崖郭举之叛，及诸军告粮而噪，则渐不可长，况伊迩①大同，耳目习染，可不虑哉，是故有抚绥之将，而后有节制之兵。有节制之兵，而后有疆圉之固。筹宣府者，此其大计矣。至以边储一节，则员外杨守谦所论，盖得权宜之术，附见于后，以备一时参考云。守谦曰：尝谓弘治中，宣府各城粟荛之积，多至有六七年者，少亦不下三四年，今则止数月耳。仓廒仅存瓦砾，场地鞠为茂草②，或势家佃以为业，然则饱歌腾槽之势，安得而复见哉。边镇敝坏，亦至此极矣。赖国威灵，侥幸无事，使遇也先火筛之变，将何以待之，司国计者不可不深长思也。宣府至京师仅三百余里，有必不得已之事，则乞运之策可行也。此盖先朝所已试者亦一时拯溺救焚③之方云。又按边军月饷法曰：折色④六月，本色⑤者六月，在边者折银七钱，在内折银六钱。又曰本折间支。此诸边之通例也。然春夏之月，禾稼未登，粟

---

① 伊迩，近，将近，不远。《诗·邶风·谷风》："不远伊迩，薄送我畿。"

② 鞠为茂草，谓杂草塞道。形容衰败荒芜的景象。鞠，通"鞠"。《晋书·石勒载记》："诚知晋之宗庙鞠为茂草，亦犹洪川东逝，往而不还。"

③ 拯溺救焚，拯：救；焚：被火烧；溺：落水者。救助被火烧火燎烧和被水淹的人。比喻救人于危难之中。

④ 折色，旧时谓所征田粮折价征银钞布帛或其他物产。亦用以称俸禄折发钱钞。

⑤ 本色，自唐末至明清原定征收的实物田赋称本色；如改征其他实物或货币，称折色。

价腾踊，边臣苦于蓄积之未多也。则固与之折银，秋冬之月粟价稍平，仓廪稍积，则始与之本色，当其腾踊也。银钱或止易粟六七升，或曰四五升，是一月折银，犹不足半月之粟。如之，何其不饥而疲且至死也。欲责其死绥之节，不亦叹哉！说者谓宜于岁例之外，每镇发银十余万两。遇大熟之岁，则于岁例招买之外，籴粟六七万两，中熟亦籴三四万两，俱别储之。每春夏粟价腾踊，若岁例之粟，尚足支持者勿动，惟腾踊之甚，不可支持者，借支二三月，秋熟之后，即于岁例内招买者补偿，仍别储之。如此则士得实惠，而所省亦且数倍，即有重大虏患，征发旁午①，缓急亦有所济矣。此诚今日之急务，而司国计者所当讲求云。

〇王琼曰：宣府南至居庸关不及二日之程，北去虏地近者仅百里许，故宣府守臣奏报，境外虏众住牧，则京师亦当为之备。正统己巳，虏骑直犯京师，由内无备也。正德八九年间，虏营移住威宁海子，在宣府、大同之间，离边不远，常由大白羊口入寇，宣府游击将军倪镇、张勋御之，败死。由顺圣川入寇蔚州等处，又过雁门寇太原，本处官军皆不能御，遣咸宁侯仇钺、都督白玉、温恭相继出征，所统皆京营弱兵，调遣分布，不得机宜。令右都御史丛兰总制宣府、大同、山西三镇军务，牵制太甚，二年之间，縻费钜万，未得机会与虏一战。正德十年，虏众西移住牧河套为患陕西。十一年春，复过河东住威宁海子，琼得报即奏，请于团营，选将练兵，阴仿屯兵细柳之计。是年秋，虏贼又由大白羊口入寇，逼近居庸，时都督刘晖等即统兵出关，辽东兵外其营官军出者不过六千，亦皆精锐可用，马亦膘壮，既出与宣府兵合，军威大振，虏营西移住大同境外，刘晖等亦袭而西驻兵大同，虏忽起营北去，近边哨无烟火，方议班师。虏乃由大同西间道入偏头关寇镇西，是时延绥劲兵骁将

---

① 旁午，亦作"旁迕"。交错；纷繁。四面八方；到处。

先已调山西三关内外按伏，遂得合兵一战，虏贼大遭挫衄遁去。虽曰天意，谓无人谋不可也。况自初出至班师，首尾统三月，费亦不多，虏贼自镇西一败五六年来，不敢复出，山西三关岂非有所惩哉。正德十二年，虏营仍住威宁海子，本部预奏设备视正德十一年尤为周密，大同镇巡官哨探分布亦中机宜，适车驾幸阳和，虏贼入应州，辽东兵已在阳和，待奏方发稽迟，大同总兵官亦在阳和回迟，杭雄等虽遇战不获，大捷，惜哉！

　　○叶盛曰：宣府在居庸西北，其东自永宁卫南口起，迤西至西阳河南土山台、大同天城卫界止，一千九百七十三里三百二十六步，沿边腹里墩台隘口八百二十二座处，有镇守［镇］朔将军、总兵官、副总兵、左右参将、参将，所统万全都指挥使司为卫所者十有九，为城、为宿兵墙堡者共三十二。盖中军，宣府前、左、右三卫，兴和守御所城一，赵（州）［川］、大小白羊、葛峪、常峪、青边口堡六。北路，口外开平卫在独石城、龙门守御所在李家堡，有龙门卫城，有马营、云州、赤城、雕鹗堡，又有长安岭、怀来卫中所，通为城堡者八。东路，怀来、永宁、隆庆州左右、保安五卫，美峪守御所，又有守隆庆州、永宁（州）［卫］后所，隆庆、保安二州，永宁一县，而总为城者五。西路，万全左右、怀安、保安右四卫；城三，柴沟、西阳河、洗马林；新河、张家口二堡五。南路，蔚州卫、广昌守御所二城，又有顺圣川东城、旧弘州西城，而直隶隆庆卫在居庸，粮刍亦属宣府。广灵、灵丘二县隶大同府，则惟发军守戍焉。成化元年，修饬旧有拒敌仅五十二，屯堡七十九，新增筑屯堡五百七十二。新旧屯堡编以千文，起'天'字屯堡，止'于'字屯堡，通七百三座。增补虏使边氓往来孔道暖铺，通前后共六十九座。编第用字，则知、仁、圣、义、忠、和、孝、友、睦、姻、任、恤、礼、乐、射、御、书、数、文、行、忠、信、教、杜、子、美、上、韦、左、相、八、荒、开、寿、域、一、气、转、鸿、钧、霖、

雨、思、贤、佐、丹、青、忆、老、臣、岂、是、池、中、物、由、
来、席、上、珍、庙、堂、知、至、理、风、俗、尽、还、淳云。
各属原额屯操守战官军、舍、余、土兵等六万六百六十六员名。是
年报夏季数，除逃亡外，实五万七千二百六十一员名，实食粮文武
官吏军兵五万四千八十八员名，骑操走递马驴二万三千四百八十二
匹头，边储细粮一百五十五万九千二百五十九石三斗九升三合二勺，
马料豆四十万七千一百六十四石二升二合七勺，银一十一万三百八
十七两六厘，绵布三十七万二千八百六十七匹二丈四尺四寸，绵花
三十五万二千七百一十八斤二两三钱，马草六百一十三万九千六百
八十二束六分。奉敕（管）［官］田者，是年买补官牛五千七百一
头，作一千八百九十八具零二头，垦地四千一百六十九顷六十亩，
收粮七万一百二石二斗九升一合，买马一千五百一十九匹，详见
《玉音碑》。碑文所遗，则是岁饲牛所余藁秸八万九千一百五十六束
一分，每束一十七斤重，易银二千五百二十两四钱七分，俱充公用。
卫所公务牛四百八十四头，地三百六十一顷八十五亩，得粮八千九
百五十二石一斗三升四合。驿站公务九十五头，地九十一亩，得粮
一千八百一十二石六斗三升二合。卫所以给公私百需站道，以为慰
劳行役之费，亦肇自是年，继是而有为则月益而岁增矣。

〇楮宝曰：南路顺圣川西城连接本镇西阳河及大同、天城、阳
和，边外考虏贼大举之坦途，往年多由此入犯紫荆关、蔚州、顺圣
川等处。近年西路添设李信屯守把隘口似矣，但西有地名铁里门一
带，直通西阳河边外，平漫无险可恃，亦难防守，识者犹有忧焉。
若于天城镇、安宁镇二堡之北修复大边，筑垣三十里，发兵守之，
两镇皆有赖，而紫荆、倒马等关可无深入之患矣，不然祸岂止于宣
大已耶。宝为此惧，尝告于都御史王公深然之，已尝会同总督尚书
翟公徽参议苏君偕大同参议李君会勘议助彼功三之一焉。彼固尚尔
徐徐为之何哉？况二堡多膏腴之田，土人利之，虽经虏患，岁尝募

人自卫，而不舍去，若复益之以垣，则乐耕牧之利者，虽无兵而守自固也，亦何惮而不为耶。此区区于顺圣川、怀安左等卫，刍粮积之又不得不广也。宣府去京师不四百里，锁钥所寄。北路独石、马营一带阻长安岭，虏难径下。中路之葛峪、大白阳诸堡，西路之柴沟、洗马林、万全诸城，南路之东西顺圣，皆虏出入孔道。东路永宁、四海冶，北路龙门所，则三卫窥伺之地。而四海冶上通开平大路，下连横岭儿，有不可不为之经画者。故补长峪城镇之募军，重浮图峪插箭岭之防守，留茂山卫京操之士，以益紫荆，筑（本）[李] 信屯交界之堡，以固两镇，修张家口、洗马林、西阳和诸处，以塞中路之窦，修永宁墩、长安岭、龙门卫内垣，以扼京后之冲，策宣府者，此其大计矣。

○徐文靖[①]公曰：按宣府乃古冀州所分幽、并之地，在战国为燕、赵，秦为上谷郡，汉、唐以来皆领属县，石晋时没于契丹，转而为金，终宋之世，不入中国，元累改为顺宁府。我国朝混一疆宇，徙其民于内郡。洪武间改称宣府，宣德中设万全都司统诸卫所，而内属于后军都督府，宿以强兵，统以主将，监以内外重臣，遂屹然为朔方一巨镇。历累朝列圣百有余年，声教所被，人物日蕃[②]，文轨[③]日盛，自有山川以来所未（有）[见][④] 也。

○申用懋曰："汉上谷郡，国初即元上都，设开平卫，以控扼北虏。东有大宁，西有独石，以犄角，开平自大宁徙，兴和废，开平

---

① 徐文静，即徐溥（1428～1499 年），字时用，号谦斋，南直隶宜兴县溪溪（今宜兴宜城镇溪隐村）人。景泰五年（1454 年），徐溥廷试一甲第二名（榜眼），授翰林院编修。历任左庶子、礼部右侍郎、文渊阁大学士、礼部尚书、太子太傅户部尚书兼武英殿大学士、首辅等职。弘治七年，加少傅吏部尚书谨身殿大学士。弘治十一年二月，加少师兼太子太师华盖殿大学士。弘治十二年病逝，卒后特赠太师，加特进左柱国，谥文靖。该文摘录徐溥为正德《宣府镇志》所作的《序言》。

② 蕃，众多。

③ 文轨，文字和车轨。古代以同文轨为国家统一的标志。语本《礼记·中庸》："今天下车同轨，书同文。"

④ 据正德《宣府镇志·序》改。

孤立难守。宣德中弃地三百余里，移守独石，独石挺出山后，虏犯
必经，宣之北门胡虏充斥矣。东起永宁抵昌镇、黄花镇界，西至西
阳河堡抵大同天城界，边长一千二百余里。境边外有虏酋黄台吉、
青把都等部落住牧。查得独石口、葛峪、万全（石）［右］卫、裴
沟、龙门、靖胡、四海冶、马营、镇安、滴水崖、赤城、新河口、
新开口、膳房、张家口、洗马林、西阳河俱极冲。"

往行。阙。

◎北虏（卷55《兵部四·边防后下》，第4340页）

前言

○申用懋曰：世居我迤北者，故元裔也。元自崇礼侯潜居应昌，
不数传被弑者，五维时瓦剌称强，小王子之势，又浸盛小王子之歹
颜罕者，袭小王子而世其号，生子男十一，咸勇悍善战，其第三子
阿著亦称小王子，生子七，其住牧河套者，吉囊也。俺答则住丰州
者也。住阳和后口葫芦海子者，兀慎打儿汗喇布台吉也，老把都台
吉则住独石后三间房，那林台吉则住独石正北地名我力速也，住青
山后正北地名十字索儿，大者我把汗黠剌台吉也。……

◎墙堑（卷55《兵部九》，第4625～4626页）

往行

魏焕曰：战国时天下冠带之国①七，而秦、赵、燕边于夷狄。诸
戎亦各分散，自有君长，莫能相一。其后义渠筑城郭以自守，而秦
灭之，始于陇西、北地、上郡，筑长城以拒胡。赵破林胡、楼烦筑
长城，自代并阴山下至高阙为塞，而置云中、雁门、代郡。燕破东
胡，却地千里，亦筑长城自造阳至襄平，置上谷、渔阳、北平、辽

---

① 冠带之国，冠带：帽子，带子。指讲礼仪的国家和习于礼教的人民。

东郡。秦始皇三十二年巡北边，遣蒙恬将兵三十万伐匈奴，收河南地，为四十四县，筑长城，起临洮至辽东，延袤万余里。恬居上郡统治之。唐中宗景龙二年，初，朔方军与突厥以河为境。时，默啜悉众西击突骑施。朔方总管张仁愿请乘虚夺取漠南地。筑三受降城，中城南直朔方，西城南直灵武，东城南直榆林，皆据津要，置烽堠千八百所。由是突厥不敢度山南牧，减镇兵数万人。我国朝扫除夷虏，恢复中原，申命致讨以靖边宇。一时虏酋远遁穷荒，仅存喘息。于是设东胜城于三降城之东，与三降城并，东联开平、独石、大宁、开元，西联贺兰山、甘肃北山，通为一边。地势直则近而易守。后多失利，退而守河，又退而守边墙。……

◎修边（卷61《兵部十》，第 4632 ~ 4635 页）

前言

张涛曰：尝躬历边口，亲窥形胜，据所目击近口处所，车马常到其墙，或以圆石或以乱石堆累数尺，压以木板，仍累石块，高旷可睹，此谓有形之墙。雪雨积久，木料自烂，即木不烂，虏抽为薪，每致石倾，反助虏梯磴，其有无石无木，仅仅覆土数簣①，插以木枝，网以绳索，微如菜园护鸡篱落，此谓有形之墙。华夷有界，戎马难防。夫边墙最重修筑为紧不意，往时恃款弛备②，一至此极。臣观中人之家，及窭户竹篱茨堑，亦以为急。堂堂中国守在四夷，累朝三墙仅存其一，而其一又圮废，如此匪今抚道锐意堤防，其谓桑土绸缪③何矣。臣查宣镇边墙，东自四海冶火焰山起，接上土北路④、中路抵平远堡，延袤一千二百四

---

① 簣，音 kuì。古代盛土的筐子。

② 弛备，放松戒备。

③ 桑土绸缪，《诗·豳风·鸱鸮》："迨天之未阴雨，彻彼桑土，绸缪牖户。"朱熹集传："土，音杜。桑土，桑根皮也……我及天未阴雨之时，而往取桑根以缠绵巢之隙穴，使之坚固，以备阴雨之患。"后遂以"桑土绸缪"喻勤于经营，防患未然。

④ 上土北路，"土"字疑为衍文。

十三里，其间低残者居多，而上北路为甚，倘一创修，屹然金汤，狡酋窥伺何从著足，不为此务，仅靠金缯①。臣虽至愚，亦欲借箸。说者谬谓边墙难修，动艰土石，不知何山无石，何山无土，有石石砌，有土土筑。旧时压木陋规迁就，细石必不可用。本处且有一种黄土坚凝如脂，参以沙土石灰三合灌填，铜墙铁壁，不翅牢固。说者谬难石灰，十山之内六处可炼柴，取本山又最容易。说者谬谓艰水，夫秦人水窖当春积雨，终年不乏，诚依山凹堤为大池，漫以三和灰土打成底壁，先秋肇工，来春来夏盈溢荡池，水可胜用乎。十里一池，一池工费或五六十金，多或百金，通计一千二百里，内有近水者不池，不近水者为池，然亦不过七八十池耳。此费七八千金，有何难办。但板筑之役，非贤非能，必不可任。臣窃筹之城，工千二百里，其总督抚道镇协百里，一督者参游十里，一督者守备操防分遴得人一年，办石、办灰池水，三五月成新墙矣。后有殊宠成有殊勋劳来鼓舞，岂患乏人。其抚道镇协，时省驺从如先年孰琥城大同故事，轻乘一骑，或肩舆躬出相劝，犒用牛酒，军民和会当诵灵城。说者谬难钱粮，夫马市所省，岁浮十万以饷，不给系分司借去，得有饷到便可抵还。见今太仓暨各省直又共欠宣饷一百二十五万七千一百余，只烦题追半那，凑饷半那，筑墙勾当有余其银，即以厚膳八万军兵月粮如故，而此增益之，即工为守。比及城完，张家口一丸泥塞，岁省金缯不可数计。臣估算边墙姑以一丈言之，基广一丈四尺，顶广一丈，高一丈七八尺，石土灰水等项不过费银三两。一百八十丈为一里，一里费五百四十两，一千里该银五十四万余两。如是则宽，使宽用万，无不足矣。国家岂少此等切费，而坐失长策乎。臣知城边易，而城边之人难，如今日督抚道镇公忠清慎理，国如家，加衔久任，特赐玺书宠为劳慰，城成延赏，斯其简任又在庙谟耳。蓟镇城堡三百八十五座，空心敌台一千二百四十座。昌平城堡二十八座，空心敌台、守边墩台约三百余座。

---

① 金缯，黄金和丝织品。泛指金银财物。缯音 zēng。

万历初增筑滦河以东，居庸以西及松棚诸台二百座，曹家寨将军台地跨山横筑内城守以七台。辽东城堡二百七十九座，空心敌台、边腹敌台墩台二千八百余座，隆庆间置造各城堡四面悬楼十数座。万历初造空心敌台，两座之间砖与乱石为墙，台墙相连，以便固守。改建定边右卫于凤凰镇，移卫治仓学于宽奠堡。保定边城一百三十一座，城堡十六座，空心敌台、旧敌台共一千余座。嘉靖间，倒马、龙泉故关等处增置敌台，使烽火相望。万历初马水口、紫荆、倒马等关建空心敌台三百五十六座。宣府嘉靖中，今自东路起四海冶镇南墩，西至永宁尽界，北路起滴水崖而北而东而南，至龙门城尽界为边，几七百里，创修石墙，添设墩台。又自四海冶迤南，渤海所迤北，建墩防守。隆庆间，宣大挑修边濠，盖造营房，砌独石、马营二城。又北路龙门所自盘道墩起，迤靖胡堡大衙口止，建设外边一道，益以墩台。东北一路有迳道互相应援，且拓地百里以资屯牧，见存城堡七十一座，大同城堡六十四座，敌台墩台共九百余座。……

◎班军（卷65《兵部十四》，第4853页）

前言

商辂曰：大同、宣府、独石、马营等处原操官军在边年久，屡经战阵。自正统十四年，达贼侵犯，或有漫散赴京，或因头目带领，久已夤缘偷安内地。今宣府独石等处，多系各处所发并河南轮班官军在彼操守。此属既无室家可恃，又无田地可耕，因循度日，悬望更替，欲为久远之计难矣。若复姑息因循听令各官巧立游击等项名色，占留在京，不行发遣，则边境城池愈见空虚，设有贼情，将何备御，且京师聚众百万，纵得此属不见其多，不过为诸头目营干家事而已，若边城得此官军，可以壮威武，御贼寇，使其成家业，为永远之计，其为益孰大哉。

6. 《名山藏》

【题解】 　《名山藏》109 卷，明何乔远著。何乔远（1558 ～
1632 年），字稚孝，号匪莪，福建晋江人。是晚明东南沿海一位史
学大家，在当时学术有相当大的影响，但由于何乔远在清朝乾隆时
期受到政府打压，所以人们对他知之甚少。

明朝不修国史，遂以实录充当国史，无奈实录之修每掺入政治
考量或夹杂私人感情，致明中叶之后私修国史风气逐渐兴盛。何乔
远是晚明私人修史的一个杰出代表，感慨这种状况之余，就立志修
撰一部当代史，以弥补官方的不足。万历五年，何乔远得到蜀中陈
玉晶所抄实录。万历十四年，中进士任仪制司郎中，得以见大量史
料。万历二十四年，辞官归，里居 20 年，遂完成此书。

《名山藏》的体例特点是：似纪传体而又非纪传体。它不称纪、
传、表、志，而一律称"记"，以"记"为基本构成单位，把全书
分成 37 "记"，或者说 37 个专题，以此来综合叙述有明 13 朝历史。

《名山藏》，崇祯十三年正式刊刻，又钱谦益、李建泰作序。清
代多次被禁毁，流传不广。本辑据 1997 年北京出版社《四库禁毁书
丛刊》史部第 46 ～ 48 册影印崇祯刻本《名山藏》辑录有关赤城
内容。

◎丁丑①，燕王大谕将吏，起兵靖难，次通，指挥胜等以通降，
王使其将指挥能等攻蓟，指挥安等攻居庸，皆拔之。生擒马宣，俞
瑱走，依宋忠于怀来，王与其将马云、徐祥攻之，宋忠佯言怒其将

———————

① 建文元年七月丁丑，1399 年 8 月 10 日。

群臣扇及宴扇題御製二詩分賜諸大臣顏彪等勤

龍山等處獷人直抵潯梧廉諸處皆擊勝之賜獎勑

禁在外大小衙門毋增置夾棍等件刑具八月虜入

獨石馬營命脩牆垣屯堡墩臺壕塹于諸邊九月乙

未聖烈慈壽皇太后崩壬申上御西角門諭禮部曰

大行皇太后遺誥服制二十七日除朕不忍朕仍素

冠服視事西角門爾群臣以素服朝參待山陵祔廟

畢乃用淺色衣服以朝都指揮僉事門達請別置錦

衣獄從之四出獄訟甚繁云　時達等錦衣遣校尉　征進兩廣總兵官顏

彪贊理軍務右僉都御史葉盛等獻所殺潮州及賊

《名山藏》书影

士曰：公等父兄家北平，燕尽杀之矣，速报仇诸军，或疑或怒。燕王使其前锋用家帜先登，城中子弟望见帜皆喜，无斗心，忠败。奔入城急匿厕，燕军捕出之，并获瑱兵，势大振。于是，山后诸州皆不守，而开平、龙门、上谷、云中守将往往降附矣。谷王橞震惊，率眷属奔于京师。（卷5《典谟记五·建文君》，史部第46册第204页）

◎七月丁卯①，次开平，宴劳将士，分所获给军。上曰：朕在塞外久素食，非乏肉也，念士不能甘。侍臣曰："比见陛下服御供具贬于将帅。"上曰："朕往时在军皆然，此行尤念士。"改开平李陵驿为威虏驿。壬申，次盘谷镇。敕宁夏备御都指挥王俶曰："朕闻能特命镇守之。"癸酉②，次独石，止群臣远迎驾。甲戌，次龙门。皇太子使使进袍服，请上更。上曰：将士衣久弊，入关赐之，朕乃更。壬午，至北京。癸未，宴群臣，从征居守皆预③。甲午，大赏功。（卷7《典谟记七·成祖文皇帝二》，史部第46册第245页）

◎二十年正月己未朔……三月，令有司遇饥荒急迫赈，而后奏闻阿鲁台犯兴和，杀守将都指挥焕，上亲征之，议遂决命皇太子监国④。戊寅，车驾发北京。辛巳，驻跸鸡鸣山，虏闻夜遁。癸未，驻跸宣府。甲申，犒将士。四月，敕皇太子凡官军以罪系者，悉送军前立功。命太医院分医生朝夕行营，有疾者与善药。己亥，敕前锋都督朱荣等勤哨瞭、慎设伏。辛丑⑤，驻跸龙门，收遁虏遗马二千余

---

① 七月丁卯，永乐八年七月丁卯，1410年8月2日。
② 癸酉，1410年8月8日。
③ 预，安乐。唐玄应《一切经音义》卷十七引《苍颉篇》："预，安也。"《玉篇·页部》："预，宴也，乐也。"
④ 监国，监管国事。太子代君主管理国事称"监国"。
⑤ 永乐二十年四月辛丑，1422年5月5日。

匹。癸卯，万寿节，礼部请贺。上曰：朕不获①，祇拜宗庙，兼念从征士卒之苦，何乐于心？此行驱虏安边共效忠勇，所以贺也，令民以军饷役塞外者，复之一年。乙卯②，驻跸云州，阅兵。是月也，皇太子赈颍州饥。五月丁巳朔，令将士军行不得离队五十丈收放马驴，亦毋得远离营。乙丑，度偏岭，命将士猎道傍山下。曰：非好猎也，以缮士怒。丙寅，驻跸隰宁，敕开平备御成安侯亮曰：虏至，勿战固守，俟大军。城中民禁之远出，屯堡无要害者，悉徙入城。……庚戌③，次云州，禁官军践伤田稼。皇太子遣驸马都尉沐昕，赵王高燧遣长史赵季通，六部臣推侍郎郭敦，进贺平胡表至。九月丁巳，度居庸关，次龙虎台，飨随驾将较，北京文武大臣迎驾见。……（卷8《典谟记八·成祖文皇帝三》，史部第46册第259～260页）

◎四月④，赠从靖难之战没者以亲征，命皇太子监国。乙酉，发北京。己未⑤，次长安岭，享诸将。壬戌，万寿圣节，车驾次赤城，礼部请贺。上曰："朕方劳于师。"庚午，车驾次隰宁，忠勇王所部获虏谍云：阿鲁台且度塔兰纳木儿河，趣漠北以避。……己酉⑥，龙暑次雕鹗，皇太孙至始发丧。辛亥，臣民迎哭居庸关。壬子，及郊，皇太子、亲王及群臣衰服哭迎。至大内，奉安仁智殿。加敛，纳梓宫。九月壬午，上尊谥曰：体天弘道高明广运圣武神功纯仁至孝文皇帝，庙号太宗。十二月庚申，葬长陵，寿六十五。世宗十七年，加上尊谥曰：成祖启天弘道高明肇运圣武神功纯仁至孝文皇帝。

臣乔远曰：明兴二百余年于兹，臣子论及成祖，尚有武未尽善

---

① 不获，不得，不能。

② 永乐二十年四月乙卯，1422年5月19日。

③ 永乐二十年八月庚戌，1422年9月11日。

④ 永乐二十二年四月，1424年。

⑤ 永乐二十二年四月己未，1424年5月12日。

⑥ 永乐二十二年八月己酉，1424年8月30日。

之疑，岂知高帝闳谟远烈，非成祖继之，则都必不北，虏必不威，四夷必不宾服，中外制度必不晏然一尊于后世。夫拘挛之行，岂所以论上圣之主哉？成祖居以唐太宗自拟，有唐家法，则匪我侪，盖汤武①耶！盖汤武耶！（卷8《典谟记八·成祖文皇帝三》，史部第46册第262～264页）

◎四月②，命阳武侯禄、丰城侯贤等筑独石、云州、赤城、雕鹗堡，赐之《出（事）[车]》之诗。……六月，敕许廓蠲河南三年以前逃民逋租。独石、云州、赤城、雕鹗城堡成，遂弃开平。（卷10《典谟记十·宣宗章皇帝》，史部第46册第281～282页）

◎是日③，虏奉车驾次九十九个海子。癸酉，次柳原。甲戌，次黑河。刘安述出见太上皇语于朝，王谕安曰：闻虏围拥一人，称是至尊，尔等出朝，与之货物不虑，诱耶，杨洪盖远避之，尔何无谋，中国惟知社稷为重。总督独石等处备御右少监陈公言，虏中阿剌知院率众围龙门，射矢系书言讲和。下兵部尚书于谦曰：虏诈但防兵。（卷12《典谟记十二·英宗睿皇帝二》，史部第46册第309页）

◎八月④，虏入独石、马营，命修墙垣、屯堡、墩台、壕堑于诸边。（卷14《典谟记十四·英宗睿皇帝三》，史部第46册第336页）

◎虏入马营齐家沟、赤城袁家墩等处，宣府游击将军署都督佥事周玉败之，诏与实授，当先官军升赏有差⑤。（卷16《典谟记十

---

① 汤武，商汤与周武王的并称。
② 宣德五年四月，1430年。
③ 正统十四年八月壬申，1448年9月16日。
④ 天顺六年八月，1462年。
⑤ 该条为成为十年十二月事，1474年。

六·宪宗纯皇帝二》，史部第 46 册第 358 页）

◎九月①，分守独石、马营右少监崔荣，署都指挥佥事吴俨，追虏被围，弃而逃。上怒逮狱论斩，荣求于近幸乃自讼。上曰：念其追敌非坐视者，于是荣、俨并得降级。（卷 16《典谟记十六·宪宗纯皇帝二》，史部第 46 册第 370 页）

◎八月②，虏数寇独石、万全及甘肃、山丹、永昌等处。北虏小王子伯颜猛可遣使来朝。（卷 18《典谟记十八·孝宗敬皇帝一》，史部第 46 册第 390 页）

◎二年正月、二月③……虏寇宣府独石、马营。（卷 18《典谟记十八·孝宗敬皇帝一》，史部第 46 册第 390 页）

◎十月④，虏入宣府龙门所，复入大同分水岭。（卷 18《典谟记十八·孝宗敬皇帝一》，史部第 46 册第 392 页）

◎七月⑤，虏数入宣府龙门、独石等处。……十二月，虏入宣府龙门所等处。（卷 18《典谟记十八·孝宗敬皇帝一》，史部第 46 册第 395 页）

◎九年……四月⑥，虏入平虏，杀千户一人，虏数入云州等

---

① 成化十八年九月，1482 年。
② 弘治元年八月，1488 年。
③ 弘治二年二月，1489 年。
④ 弘治五年十月，1492 年。
⑤ 弘治八年七月，1495 年。
⑥ 弘治九年四月，1496 年。

堡。……八月，虏数寇庄浪卫永昌、凉州等处。虏突入宣府独石界。九月，虏两入密云、古北口。十月，虏入宣府。命赈恤泸州及新津诸县之被水者。十一月，虏入四海治堡，复入广武营。（卷18《典谟记十八·孝宗敬皇帝一》，史部第46册第395页）

◎六月①，虏数入宣府独石等处，复入古浪、庄浪、良州、永昌、山丹境。（卷18《典谟记十八·孝宗敬皇帝一》，史部第46册第397页）

◎十一年正月②……虏寇龙门等卫，复寇高台、云州二堡。（卷21《典谟记二十一·武宗毅皇帝二》，史部第46册第430页）

◎九月③，虏犯龙门所。（卷21《典谟记二十一·武宗毅皇帝二》，史部第46册第431页）

◎三月庚子④……都给事中汪玄锡等言，非制不报。以太监侯钦守备万全左卫，冯敬分守万全右卫，叶森分守独石、马营，王忭镇守甘肃，刘德分守凉州，李昕监枪宁夏，自内旨。（卷21《典谟记二十一·武宗毅皇帝二》，史部第46册第434页）

◎九月⑤，宣府谍报虏众数万寇镇安、云州，将逼居庸。上曰：边报或地异之应，朕当叩道祈天，此未必不因套妄之，致彼久知矣，

---

① 弘治十一年六月，1498年。
② 正德十一年正月，1516年。
③ 正德十一年九月，1516年。
④ 正德十三年三月庚子，1518年4月10日。
⑤ 嘉靖二十七年九月，1548年。

不转测之乎。况虽铣死言囚恐不臣①，余孽为其报复，不无兵部其示万达等，毋忘国之家，忘民之己，猜疑听授邪孽，必欲欺君逞忿，王宪可脱神鬼之诛，未可逭也。（卷25《典谟记二十五·世宗肃皇帝四》，史部第46册第496页）

◎八月②，万寿节……虏俺答大纠诸部入寇独石边外，犯宣府西河，遂引而东驻大兴州。（卷25《典谟记二十五·世宗肃皇帝四》，史部第46册第498~499页）

◎八月万寿节……庚申③，月食。虏犯宣府赤城等处，游击董一奎等帅兵御却之，把总冯尚才战死。（卷27《典谟记二十七·世宗肃皇帝六》，史部第46册第526页）

◎三月④，虏突犯宣府龙门等处，总兵马芳等追袭，胜之。（卷28《典谟记二十八·世宗肃皇帝七》，史部第46册第544页）

◎昌平伯杨洪，六合人，祖政立功，世汉中百户，洪嗣官调开平，累功都指挥。正统初，以都督守独石，败虏宣府大石门、宝昌州。捕虏阿台打剌花，斩首功二百。十三年，封伯，禄千石，充总兵镇宣府。十四年，坐英宗驾，陷虏，逮系狱，虏犯京师，出狱立功，与孙镗、范广等击虏涿州、紫荆等处，遂至固安，大捷，捕虏阿归等四十八人，斩首功四百八十，邀还，俘掠人万计，马牛弓刀数万，虏退，进侯。景泰二年，赐世券，还镇宣府。卒，赠颍国公，予谥子杰嗣侯，卒，亡子。庶兄俊，先以擒叛者喜宁功，升都督，

---

① 不臣，不称臣屈服。汉桓宽《盐铁论·本议》："匈奴背叛不臣，数为暴于边鄙。"
② 嘉靖二十九年八月，1550年。
③ 嘉靖三十七年八月庚申，1558年9月27日。
④ 嘉靖四十五年三月，1566年。

坐罪论死，得降都督佥事，嗣侯，卒，复坐法当死，失侯，子珍嗣。天顺元年，坐党附子谦伏诛，珍戍广西。天顺八年，赦还，授龙虎指挥使，孙越调开平。（卷42《勋封记下》，史部第47册第11页）

◎万全都司 宣德五年分直隶及山西等处卫所添。

万全左卫，万全右卫，宣府前卫，宣府左卫，宣府右卫，怀安卫，开平卫，延庆左卫，旧为大宁左卫，又为营州左护卫，属北平行都司。延庆右卫，旧为大宁右卫，又为营州右护卫，属北平行都司。龙门卫，保安卫，保安右卫，上二卫旧为在京天策卫。蔚州卫，旧属山西行都司。永宁卫，怀来卫。

兴和千户所，美峪千户所，四海冶千户所，广昌千户所，旧属山西都司，后改。长安千户所，云（川）［州］千户所，龙门千户所。（卷47《舆地记下·北京》，史部第47册，第87页）

◎金幼孜，名吉，以字行，新淦人。父守正学问该博，洪武初辟为郡学训导。幼孜从聂铉受《春秋》得其微旨。建文元年，以进士乙科授户科给事中。太宗即位，简求文学，改翰林简讨，亡何，复精简七臣处之，内阁幼孜与数月，升侍讲。仁宗，为太子翰林、春坊、司经局之臣，日讲经史，太子前其时，解缙讲《书》，杨士奇讲《易》，胡广讲《诗》，幼孜讲《春秋》。永乐五年，升右春坊右谕德仍兼侍讲，车驾巡京征虏，皆幼孜与胡广、杨荣扈从，累升文渊阁大学士，仍兼翰林学士。宫车晏驾于榆木，幼孜与荣典断丧礼。仁宗即位，进户部右侍郎，前官如故，逾月升太子少保兼武英殿大学士，专典内制。元年，命兼礼部尚书，三俸并支赐诰授资善大夫，追封三代。宣德初，为册使封王妃于宁夏，所过询民兵休戚，还奏上嘉纳之。复扈从巡边至宣府，寻卒。幼孜为人简易，沉嘿乐善，泛爱文章，丰畅求请遍四方，眷遇虽隆，自处抑谦，临终有请为求恩泽者，幼孜曰：此君子所耻言。赠荣禄大夫、少保，谥文靖，赐祭葬。幼孜扈从北征有二录，今录其前篇。永乐八年二月丁未，上征虏驾出德胜门，幼孜与胡公光大出安定，是日也。……七月一日丙寅，次武平镇，北京官进表至。丁卯，次开平。营（千）〔斡〕耳朵，华言宫殿也，盖元时旧址，荒台断础，零落烟草间。戊辰，驻跸开平。己巳，次环州，召赐瓜果。庚午，次李陵驿，连渡数河，河水深漫马上靴，登岸脱靴而倾水，晚，次宁安驿。壬申，经元西凉故亭，晚次盘谷镇。癸酉①，入峡中，两山相夹。上曰：险若是，即虏骑千群，岂能至纵至断其归路矣。晚次独石。甲戌，次龙门，两山对峙，石崖千仞，水流其中，道出焉。上曰：断此，孰渡者。光大曰：崖砥可以碑。上曰：朕意如此。乙亥，次燕然关。丙子，次长安岭，方出险。丁丑，次镇安驿。戊寅，次怀来。己卯，次永安甸，召赐瓜果。庚辰，度居庸关，上令幼孜三人识关内桥数，自八达岭出关，凡二十三桥。晚次龙虎台。辛巳，次清河。壬午，驾入京。

郎曰：臣读《北征录》，见成祖君臣之契文，知封燕之日奉太祖命深入逐虏，尽悉其山川险要矣。天生神武，焚城犁庭，岂偶然哉！是以备载之。（卷60《臣林记五·金幼孜》，史部第47册第248~254页）

◎十四年七月②，诱胁群胡大举入寇，脱脱不花王寇辽东，知院阿剌寇宣府，围赤城，又别遣人寇甘州，也先自寇大同。偏将吴浩战死猫儿庄，羽檄纷至，太监王振方用事，执文皇帝宣宗故事劝上亲征，群臣伏争不得也。……（卷108《王享记四·北狄》，史部第48册第280页）

---

① 永乐八年七月癸酉，1410年8月8日。
② 正统十四年七月，1449年。

◎其秋①，虏犯宣府，入镇安堡，经云州、永（定）［宁］、隆庆、怀来等处，屠堡数百，杀掠人民数万，关辅大震。二十八年，把总指挥江瀚、董旸与战滴水崖，没全军，虏遂东犯永宁。大同总兵周尚文、宣府总兵赵国忠追败之。（卷108《王享记四·北狄》，史部第48册第287页）

◎三十八年②……是岁，山西佥事张时破虏于龙门。时，易州人。传闻虏至，私与部将计，虏入必先掠龙门。龙门，宣府右臂也。龙门失守，虏必乘胜南下，逼近红门，此为患不少。乃自选骑卒，得士百余人，趋援龙门。俄虏果大至，凡数万，会日暮，分屯夹道为营，营长可数十里。时复私计曰：虏至，不知我有备，且贼虽众，屯夹道，道挟难猝，聚可掩击也。因出死士数十人，夜袭虏营，营中大乱，首尾不得相救，尽获骡马牛羊以归。台吉闻之大骇，黎明悉众来攻龙门，时令集民闲车环以为营，以五色彩绘画龙文衣车上，出城中老弱守之，而以精骑自将而前与台吉战，大破台吉兵于龙门之野。我兵锐甚，往往驰载入虏壁，斩骑将，骑坠辄刺杀之。有捕虏者，谓台吉言，我累岁盗边，莫我抗今，若此固愤不肯退，及遥望见后车，车画五彩龙文，势甚状，望之如山，业思为遁计，适城中樵夫为虏所得，问得虚车状，虏乃大笑，复奋我兵犹殊死战，不可败，相持至暮，所击杀无数，我兵死者亦百数十人，虏困罢去，卒，保龙门之。（卷108《王享记四·北狄》，史部第48册第290页）

---

① 嘉靖二十七年，1548年。
② 嘉靖三十八年，1559年。

地理類一

1.《山海经》

【题解】　《山海经》是一部流传了两千余年的上古时期的典籍，成书以来，就一直是一部充满着争议的著作。由于内容被认为荒诞不经，其地位一直沉浮不定：时而由于特殊的历史境遇而获得人们的宠爱，时而又因其与社会文化氛围的格格不入而被打入冷宫。总的来说，古人对于《山海经》的评价褒贬不一，以贬斥居多。可是，在现当代的社会文化背景之下，《山海经》这部内容磅礴的古书地位发生了翻天覆地的变化，在诸多领域成为文人学者的研究热点。日本学者小川琢治提出"要之中国上古之地志，在《禹贡》反甚有可疑。而从来中国学者不信之《山海经》，却大有可采。其研究东亚之地理及历史上，决不可忽"。当代著名的历史地理学家谭其骧认为《山海经》中的《五藏山经》"基本上是一部反映当时真实知识的地理书"。他的这一观点对学术界影响深远。由此，《山海经》的史料价值得到史学家的普遍肯定。

《山海经》全书共18卷39篇，计3万多字。在先秦古汉语中，陆地隆起高耸的地貌叫"山"，人和物的聚集众而广叫"海"，划分山系、区域叫"经"。因此，"山、海、经"的原意是："山、水、人、物和区域的划分。"在这些篇目中，它把中国划分成南、西、北、东、中五大区域，并记载了每个区域中主要的山系、河流、矿产、动植物以及村落分布、民俗祭祀等。关于《山海经》的作者和成书年代亦是众说纷纭，郭璞认为乃禹益所作而后人有妄增部分，成书于虞夏之际，为先秦古书。朱熹、胡应麟等则认为《山海经》成书于战国末期，是"战国好奇之士"所作，否认了禹益所作的可能性。毕沅的《山海经新校正》综合诸家之说，认为《山经》部分

北山經 ｜ 卷之三 ｜ 一

又北三百五十里曰梁渠之山無草木多金玉修水

出焉而東流注于鴈門其水其獸多居暨其狀如彙而

赤毛〔彙似鼠赤毛如彙音渭〕其音如豚有鳥焉其狀如夸父

或作舉父

四翼一目犬尾名曰囂其音如鵲食之已腹痛

可以止衕〔洽洞下也音洞〕

又北四百里曰姑灌之山無草木是山也冬夏有雪

又北三百八十里曰湖灌之山其陽多玉其陰多碧

多馬湖灌之水出焉而東流注于海其中多鱓魚〔亦字〕

有木焉其葉如柳而赤理

文光堂藏本郭璞注《山海经》书影

为禹益所作，《海外经》和《海内经》是周秦人所述，《大荒经》则出自刘秀之手，等等。尽管各家的具体意见是不相同的，但已达成共识：《山海经》的著者不是一人，成书年代也不是一时。

本辑据文光堂藏本郭璞注《山海经》影印本辑录有关赤城内容。

◎北山经（卷3《北山经》）

又北三百八十里，曰<u>湖灌</u>之山。其阳多玉，其阴多碧、多马。<u>湖灌</u>之水出焉，而东流注于海，其中多鳝①。亦鳝鱼字。有木焉，其叶如柳而赤理。②

---

① 鳝，原字为"左鱼右旦"，检《中华字海》，该字同"鳝"，故用"鳝"字代替。
② 谭其骧《长水粹编》第326页《论＜五藏山经＞的地域范围》载："第十四湖灌山，'湖灌之水出焉，而东流注于海'。水即沽水，今白河，东南流至天津入海；山即今河北独石口北白河发源处，沽源县境内大马群山。"谭其骧《长水集（下）》第51页《＜山经＞河水下游及其支流考》一文载，"湖灌水，《北次二经》自南而北第十四山曰湖灌之山，'湖灌之水出焉，而东流注于海'。此水当即《汉志》《说文》之沽水，《水经》之沽河。盖缓呼之为湖灌，急呼之则为沽。今上游曰白河，下游称北运河。湖灌水入海，与《汉志》沽水'东南至泉州入海'，《说文》沽水'东入海'同。湖灌水虽独流入海，但其在汉泉州县境内之河口段，与河水河口段相去甚近，河水必时或决入湖灌水，湖灌水于《水经》称沽河当于此。"按谭氏之解释沽水之'沽'字即为'湖灌'（huguan）急读为'沽'（gu）音而形成，形成时间应在黄河决入湖灌水之时。

2. 《水经》

【题解】 《水经》是中国记述河道水系的最早专著，关于该书的作者，是个颇有争议的问题。自中唐杜佑始，一千多年来尽管学人探索不懈，但至今仍聚讼纷纭，未有定论。《唐六典·工部·水部员外郎》注作汉桑钦撰；《隋书·经籍志》作晋郭璞注；《旧唐书·经籍志》作郭璞撰；《新唐书·艺文志》则称此书为"桑钦水经"，但又说"一作郭璞撰"；《通志·艺文略》作汉桑钦撰，晋郭璞注。清胡渭据郦道元《水经注》河水、易水、浊漳水等篇均引及桑钦，如经出自桑钦，当不直举其名，故断定《水经》非桑钦所撰。阎若璩据郭璞注《山海经》引《水经》多处，而《水经·济水注》又引郭璞，也断定《水经》非郭璞所撰。《四库全书总目提要》据地名沿革，认为撰者"大抵三国时人"；胡渭认为"创自东汉而魏、晋人续成之，非一时一手作"。

虽然自《水经》成书以来对其作者的看法存在着很大的差异，但其书在中国古代地理学史上的首创价值却是毋庸置疑的。《水经》以水道为纲，每水单独成篇，记述其源流和流经的地方，并旁及地域的遗闻逸事和山川景物。《唐六典》注称其"引天下之水百三十七"，每水各成一篇。《水经》开创了水志的记述体裁，确立了以水证地的方法。但它内容简单，所记水道繁简不等。此书篇幅，隋、唐各志等均作3卷。本辑据国家数字图书馆网站中华古资源库（善本书号：08095，出版发行项：明正德十三年（1518年）盛夔，版本：刻本）辑录有关沽水内容。

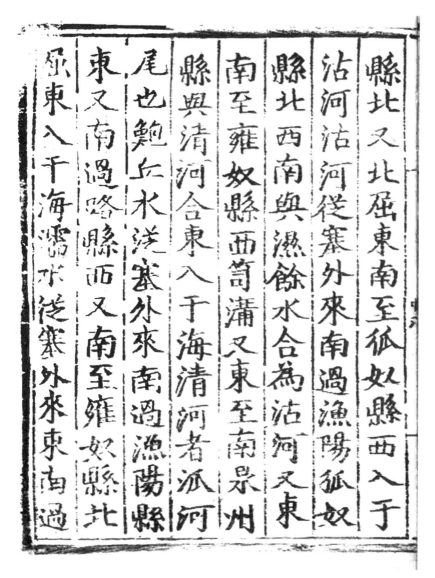

明刻本《水经》书影

◎沽河（卷2）

沽河，从塞外来。南，过渔阳狐奴县北。西南，与湿余水合，为沽河。又东南，至雍奴县西笥沟。又东至南泉州县，与清河合。东，入于海。清河者，沽河尾也。

3.《水经注》

【题解】　《水经注》40卷，北魏郦道元著。郦道元，字善长，北魏涿州郦亭（今河北涿州南）人。生年尚难确定。史书仅记载于孝昌三年（527年）被害于阴盘驿亭（今陕西临潼县东）。出身仕宦之家，少年时随父官居山东，喜好游历，酷爱祖国锦绣河山，培养了"访渎搜渠"的兴趣。成年后承袭其父封爵，封为永宁伯，先后出任太尉掾、治书侍御史、冀州镇东府长史、颍川太守、鲁阳太守、东荆州刺史、河南尹、黄门侍郎、侍中兼摄行台尚书、御史中尉等职。他利用任职机会，周游了北方黄淮流域广大地区，在实地考察中广泛搜集各种资料，以补文献不足，从而完成了举世无双的地理名著《水经注》。

《水经注》是以《水经》所记水道为纲，《唐六典》注中称《水经》共载水道137条，而《水经注》则将支流等补充发展为1252条。今人赵永复将全书水体包括湖、淀、陂、泽、泉、渠、池、故渎等算入，实记2596，倍于《唐六典》之数。注文达30万字。涉及的地域范围，除了基本上以西汉王朝的疆域作为其撰写对象外，还涉及当时不少域外地区，包括今印度、中南半岛和朝鲜半岛若干地区，覆盖面积实属空前。所记述的时间幅度上起先秦，下至南北朝当代，上下约2000多年。书中广征博引典籍，辑录汉魏金石碑刻、民间歌谣、谚语方言、传说故事等，内容相当丰富。故其对历史、地理、水利、文学、语言等学科的研究都具有重要的价值。

《水经注》成于何年，历来各家说法纷纭，迄无定论。但卷内出现的最后一个年代是延昌四年，而郦道元遭萧宝夤杀害，则在孝昌三年，故其成书必在515年以后，527年以前。《水经注》书成以

餘水于縣西南東入沽河故地理志曰濕餘水自軍

都縣東至潞南入沽是也案潞今漢書作潞

沽河從塞外來

沽河出禦夷鎮西北九十里丹花嶺下東南流大谷

水注之水發鎮北大谷溪西南流逕獨石北界石孤

生不因阿而自峙案阿近刻又南九源水注之案源近刻

說作水導北川左右翼注八川共成一水案八近刻說作入

泉

故有九源之稱其水南流至獨石注大谷水大谷水

又南逕獨石西又南逕禦夷鎮城西魏太和中置以

《水经注》书影

1187

后，由于当时尚未发明印刷术，书籍的流传只能靠传抄，所以，当时流传的只能是 40 卷《水经注》的抄本。传至宋初，已缺 5 卷，后有人将剩下的 35 卷析为 40 卷，又选经传抄翻刻，《水经注》遂失其真。从宋开始，《水经注》出现了钞本和刊本两大类，二者并行流传；也是从宋代开始，《水经注》开始出现残缺，其版本变得多样化复杂化。此后，《水经注》在校勘和复原中产生了诸多不同版本，并流传绵延开去。1948 年 12 月北京大学《水经注》版本展览上，展出各种版本（包括钞本、稿本）9 类 41 种。如大典本（为《永乐大典》），黄本（为明黄省曾校），吴本（明吴琯校）等。又《水经注》文字生动，内容丰富，后世推崇，无与伦比，竟以"圣经贤传"和"宇宙未有之奇书"等喻之。因此吸引了历代读者的爱好和研究，形成了一门专门的学问——郦学。同时也涌现出一大批郦学家，如明代的黄省曾、吴琯、朱谋㙔等，清代全祖望、赵一清、戴震、顾炎武等，以及近现代的杨守敬、熊会贞、王国维、陈桥驿等。

本辑据《四部丛刊》史部景印武英殿聚珍版戴震校《水经注》辑录有关赤城内容。标题后所标页码为古籍中缝处所标页码。

◎《漯水注》（卷 13，第 21~23 页）

又东过涿鹿县北……

西迳大翮、小翮山南，高峦截云，层陵断雾，双阜共秀，竞举群峰之上。郡人王次仲，少有异志，年及弱冠①，变苍颉②旧文为今隶书。秦始皇时官务烦多，以次仲所易文简，便于事要，奇而召之，

---

① 弱冠，古时以男子二十岁为成人，初加冠，因体犹未壮，故称弱冠。《礼记·曲礼上》："二十曰弱，冠。"孔颖达疏："二十成人，初加冠，体犹未壮，故曰弱也。"后遂称男子二十岁或二十几岁的年龄为弱冠。

② 苍颉，传说中远古时人。黄帝之史官。始作汉字。一说，为伏羲以前或炎帝之世或神农、黄帝之间人。或以为即史皇。当为古代整理文字之代表人物。

三征而辄不至。次仲履真怀道①，穷数术之美。始皇怒其不恭，令槛车送之。次仲首发于道，化为大鸟，出在车外，翻飞而去，落二翮于斯山，故其峰峦有大翮、小翮之名矣。《魏土地记》曰：沮阳城东北六十里有大翮、小翮山，山上神名大翮神，山屋东有温汤水口。其山在县西北二十里，峰举四十里，上庙则次仲庙也。

◎《沽河》（卷14，第3～5页）

沽河从塞外来。

沽河②出御夷镇西北九十里丹花岭下，东南流，大谷水注之。水发镇北大谷溪，西南流，迳独石北界，石孤生，不因阿而自峙。案："阿"近刻讹作"河"。又南，九源水③注之，案："源"近刻讹作"泉"。水导北川，左右翼注，八川共成一水，案："八"近刻讹作"入"。故有九源之称。其水南流，至独石注大谷水。大谷水又南迳独石西，又南迳御夷镇城西，魏太和中置，以捍北狄也。又东南，尖谷水注之，水源出镇城东北尖溪，西南流迳镇城东，西南流注大谷水，乱流南注沽水。又南出峡，夹岸有二城，案：近刻脱"夹"字。世谓之独固门。以其藉险凭固，易为依据，案："据""据"古字相通。岩壁升耸，案："岩"近刻讹作"兼"。疏通若门，故得是名也。沽水又南，左合乾溪水，引北川西南迳一故亭东，又西南注沽水。沽水又西南迳赤城东，赵建武年，并州刺史王霸为燕所败，退保此城。城在山阜之上，下枕深隍，案："枕"近刻讹作"抗"。溪水之名，藉以变称，故河有赤城之号矣。沽水又东南与鹊谷水合，水有二源，南即阳乐水也，案：

---

① 履真，践行率真之德。怀道，胸怀治道。

② 沽河，《注释》本作"沽水"。

③ 九源水，《注笺》本、项本、张本、《大明一统志》郑一直隶顺天府《山川》沽水引《水经注》、万历《顺天府志》卷一《山川》沽水引水《水经注》、康熙《畿辅通志》卷四《山川》顺天府沽水引《水经注》、《天府广记》卷三十六《川渠》沽水孙承泽引《水经注》均作"九泉水"。

《濡水注》内又别有"阳乐水"，此水《汉志》作"乐阳水"。出<u>且居县</u>。《地理志》曰：水出县东，南流迳<u>大翮山</u>、<u>小翮山</u>北，_{案："东南流"近刻作"东北流"。}历<u>女祁县</u>故城南。《地理志》曰：<u>东部都尉治</u>，<u>王莽</u>之<u>祁县</u>也。世谓之<u>横水</u>，又谓之<u>阳田河</u>。_{案："田"近刻讹作"曲"。}又东南迳一故亭，又东，左与<u>候卤水</u>①合，_{案："候"近刻讹作"旧"，下同。}水出西北山，东南流迳<u>候卤城</u>②北，城在<u>居庸县</u>西北二百里，故名云<u>候卤</u>，<u>太和</u>中，更名<u>御夷镇</u>。又东南流注<u>阳乐水</u>。<u>阳乐水</u>又东南傍<u>狼山</u>南，_{案："傍"字上近刻衍"迳"字。}山石白色特上，_{案：近刻脱"白"字。}亭亭孤立，超出群山之表。又东南迳<u>温泉</u>东，泉在山曲之中。又迳<u>赤城</u>西，屈迳其城南，东南入<u>赤城河</u>。河水又东南，右合<u>高峰水</u>，水出<u>高峰戍</u>东南，城在山上，其水西南流，又屈而东南，入<u>沽水</u>。<u>沽水</u>又西南流出山，迳<u>渔阳县</u>故城西，而南合<u>七度水</u>。水出北山<u>黄颁谷</u>，故小谓之<u>黄颁水</u>，东南流注于<u>沽水</u>。<u>沽水</u>又南，<u>渔水</u>注之，水出县东南平地泉流，西迳<u>渔阳县</u>故城南。<u>应劭</u>曰：在<u>渔水</u>之阳也。_{案：近刻脱此九字。}考诸地说，则无闻；_{案：此下近刻衍"所识释"三字。}脉水寻川，则有自。_{案：近刻讹作"考地寻川，则有应氏自"。}今城在斯水之阳，有符应说，<u>渔阳</u>之名当属此，<u>秦</u>发闾左戍<u>渔阳</u>。即是城也。<u>渔水</u>又西南入<u>沽水</u>。_{案："渔水"近刻讹作"渔阳"。}<u>沽水</u>又南与<u>螺山</u>之水合，水出<u>渔阳城</u>南小山。《魏土地记》曰：城南五里有<u>螺山</u>，其水西南入<u>沽水</u>。<u>沽水</u>又南径<u>安乐县</u>故城东。《晋书·地道记》曰：<u>晋</u>封<u>刘禅</u>为公国。俗谓之<u>西潞水</u>也。

南过<u>渔阳狐奴县</u>北，西南与<u>湿余水</u>合，为<u>潞河</u>。_{案："潞"近刻讹作"沽"。}

<u>沽水</u>西南流迳<u>狐奴山</u>西，又南迳<u>狐奴县</u>故城西。<u>渔阳太守张堪</u>，

---

① 候卤水，《大典》本、吴本、《注笺》本、项本、《五校》钞本、《七校》本、张本均作"旧卤水"。

② 同上各本，均作"旧卤城"。

于县开稻田，教民种殖，百姓得以殷富。童谣歌曰：桑无附枝，麦秀两歧，张君为政，乐不可支。视事八年，匈奴不敢犯塞。沽水又南，阳重沟水注之，水出狐奴山，南转迳狐奴城西，案：近刻讹作"南"。王莽之所谓举符也。侧城南注，右会沽水。沽水又南，湿余水注之。沽水又南，左会鲍丘水，世所谓东潞也。沽水又南迳潞县为潞河。案：近刻讹作"为有潞名潞河也"。《魏土地记》曰：城西三十里有潞河是也。

又东南至雍奴县西，为笥沟。案：近刻脱"为"字。

漯水入焉，俗谓之合口也。又东，鲍丘水于县西北而东出。案：近刻"出"下有"焉"字，衍。

又东南至泉州县，与清河合，东入于海。清河者，派河尾也。

沽河又东南迳泉州县故城东，王莽之泉调也。沽水又东南合清河，今无水。清、淇、漳、洹、滱、易、涞、濡、沽、滹沱①，同归于海。案："淇"近刻讹作"湛"。故《经》曰派河尾也。

---

① 黄本、吴本、沈本均作"滹池"。

4.《太平寰宇记》

【题解】　《太平寰宇记》200 卷，乐史撰。乐史（930～1007年），字子正，抚州宜黄县（今属江西）人，是北宋著名的历史地理学家和文学家。初仕南唐李氏，官至秘书郎，入宋历仕太祖、太宗、真宗三朝。他的青年时代，就是在五代十国的乱世中渡过的，他不但目睹战乱之害，身经分裂之苦，而且亲身经历了从战乱到统一太平的过渡。所以，他希望国家统一，政治安定是十分自然的。

《太平寰宇记》约始作于太平兴国四年（979 年），成书于雍熙四年（987 年）以后。书名冠以"太平"二字，一则说明本书始作年代，二则表明当时是太平盛世。

《太平寰宇记》是北宋初期一部著名的全国性地理总志，在中国历史地理科学史上占有重要地位。他的价值，不仅在于它"沿波讨源，穷本知末"，记载了五代以前的历史地理变化，更重要的是它反映了唐宋间封建社会政治经济的新发展。《太平寰宇记》基本上继承了自汉以来正史地理志的老传统，即以宋初统辖的全国疆域为叙述范围，以道为纲，以县为目，在其下分别叙述历代建置沿革，并于州县之下"附有户口数字，山岳破降的方位，水道的源流，水利的设施，具有历史意义的城、邑、乡、聚，重要的关、寨、亭障，著名的祠庙、古迹，当地的特产，官家设置在各地的工矿企业等等"。它还沿袭了《元和郡县志》每州附注州境、四至八到的体制。但是，《太平寰宇记》不是照抄照搬前人的著作，它在内容、体例和考证等方面都向前发展了一步。

太平寰宇記卷之七十一

河北道二十

嬀州　營州　檀州、

燕州　威州（自威州以下三十二州廢）

嬀州

嬀州理懷戎縣今　禹貢冀州之域星分尾宿虞舜暨周

則為幽州之域帝王世紀云涿鹿于周官幽州之

域也春秋戰國並屬燕國漢書地理志云燕有上

谷秦置三十六郡為上谷郡地漢為潘縣地晉屬

廣甯郡後魏孝明帝廢之北齊置北燕州隋廢屬

《太平寰宇记》书影

《太平寰宇记》初刻本极少，流传不广，到明代，海内宋版已无踪影。明末清初刊本不一，已残缺不全，无足本。清初已缺8卷。光绪九年（1883年），历史地理学家杨守敬任清政府驻日本公使黎庶昌随员时，在日本枫山官库发现宋刊残本《太平寰宇记》，从中补辑到五卷半书，后来黎庶昌把它刻入《古逸丛书》中。本书至今还缺两卷半。本书现流行有钞本1种和刻本3种，钞本为清初朱彝尊所见江苏仁和朱氏影钞旧本；刻本一为乾隆五十八年（1793年）江西崇仁乐史后裔所刻之乐氏祠堂本；一为嘉庆八年（1803年）南昌万廷兰刻本，万氏刻本出版后始见乐氏祠堂本，故臆改错改之处颇多；一为光绪八年金陵书局刻本，此本汇集各本之长处，是比较好的一个精校本。

本辑据清光绪八年金陵书局本《太平寰宇记》辑录有关赤城内容，以台湾商务印书馆《景印文渊阁四库全书》本（以下简称"文渊阁四库本"）参校。标题后页码为古籍中缝处所标页码。

◎妫州（卷71，第1~4页）

○妫州，妫川郡。今理怀戎县。① 《禹贡》冀州之域。星分尾宿②。虞舜暨周则为幽州之域。《帝王世纪》云："涿鹿于《周官》，幽州之域也。"③ 春秋、战国并属燕国。《汉书·地理志》曰："燕有上谷。"秦置三十六郡，为上谷郡地。汉为潘县地④晋属广宁郡。后魏孝明帝废之。北齐置北燕州。隋废，属涿郡。唐武德七年⑤，讨平高

---

① 妫川郡，文渊阁四库本作"妫州郡"。今理怀戎县，四库本作"今治怀戎县"。非双行夹注，以正文大字出现。

② 星分尾宿，文渊阁四库本作"星分尾斗"。

③ 涿鹿于周官幽州之域也，同《太平御览》卷15引《帝王世纪》，万本"周官"下有"职方氏"三字，《库》本作"涿鹿于周，实幽州之域也"。

④ 汉为潘县地，文渊阁四库本作"潘县汉时地。"

⑤ 唐武德七年，624年。

开道，置北燕州，因齐旧名，领怀戎一县。贞观八年①，改为妫州，因其中妫水为名。长安二年②，移治旧清夷军城，兼管清夷军兵万人。天宝元年③，改为妫川郡④。乾元元年⑤，复为妫州。

元领县二。今一：怀戎。

一县废：妫川⑥。

四至八到：南至东京。缺。西南至西京一千八百五里。西南至长安二千七百四十五里。东至檀州二百五十里。南至幽州二百九十里。西至蔚州二百九十里。北至张说新筑长城九十里，又云至广辽城⑦旧名白云城一百八十里⑧。东南至幽州一百五十里。西南至蔚州二百四十里。东北至长安城为界九十八里⑨。

户：唐天宝户二千二百六十三。

风俗。同幽州。……

土产：麝香，桦皮，胡鹿⑩，人参。

○怀戎县。二乡。本汉潘县也，属上谷郡。《晋太康地志》："潘县更属广宁郡。"魏孝昌中废。高齐天保六年⑪，于此置怀戎县。唐武德七年，改置北燕州。贞观八年，改北燕州为妫州，县属不改。……

---

① 贞观八年，634 年。

② 长安二年，702 年。

③ 天宝元年，742 年。

④ 妫川郡，文渊阁四库本作"妫州郡"。

⑤ 乾元元年，758 年。

⑥ 妫川，文渊阁四库本作"妫州"。

⑦ 广辽城，《新唐书》卷 39《志第二十九·地理三》："又北有广边军，故白云城也。"应为"广边城"，"广辽城"疑误。

⑧ 白云城，万本、《库》本皆作"云城"，未知孰是。

⑨ 东北至长安城为界九十八里，按《通典》卷 178《州郡》八：妫川郡（妫州）"东北到长城界九十八里。"疑此"长安城"为"长城"之误，"安"为衍字。

⑩ 胡鹿，原校："按《元和郡县志》作'胡禄'，疑为'蓋'字，未详。"按今本《元和郡县图志》妫州已佚，《新唐书》卷 39《地理志》三亦作"胡禄"。

⑪ 高齐天保六年，555 年。

大翮山、小翮山①。上有王仲庙。仲，字次仲，年少入学而远，常先到，其师怪之，谓不归，使人候焉，实在家。等辈常见次仲捉一小棘木，长三尺余，至著屋间欲取，辄不见。及年弱冠，变苍颉旧文为今隶书。秦始皇时，官务繁多，次仲为文简略，赴急用之，大喜②使征不至。始皇大怒，诏槛车送之，次仲吟咏化为大鸟，出车外，翮翮然高飞，徘徊长引，至（宇）〔于〕西门山③落二翮，因名二山④。今水旱祭之。蔡邕文曰："上谷王次仲变古成隶，终古行焉。"……

燕长城。《史记》云："燕筑长城，自造阳至襄平。"造阳即妫之地名也⑤。……

造阳。按《汉书》："武帝破匈奴，取河南地⑥，汉亦弃上谷之斗辟县造阳地以与胡⑦。"韦昭云："地名，在上谷。"《晋太康地志》云："在五原塞之北九里，谓之造阳。⑧"此疑误矣。

○妫川县。一乡。唐天宝后析怀戎县置，寻废。

---

① 大翮山、小翮山，文渊阁四库本作"大翮山"。

② 赴急用之大喜，按《水经㶟水注》作"便于事要，奇而召之"。《太平御览》卷45作"赴急用之，大嘉"，"嘉"，与此"喜"异。

③ 翮翮然高飞徘徊长引至于西门山，"于"，底本作"宇"，据《库》本及《太平御览》卷45改。万本作"翮翮然高飞而去"。另"西门山"，文渊阁四库本作"西门上山"。

④ 因名二山，文渊阁四库本作"因名二翮山"。

⑤ 造阳即妫之地名也，文渊阁四库本作"造阳即燕之地名"。

⑥ 取河南地，万本据《汉书》卷94《匈奴传》上此句下补"筑朔方，复缮故秦时蒙恬为塞，因河为固"。

⑦ 汉亦弃上谷之斗辟县造阳地以与胡，文渊阁四库本无"汉"字。

⑧ 在五原塞之北九里谓之造阳，万本据《通鉴地理通释》引《晋太康地志》改为"自北地郡行九百里，得五原塞，又北出九百里得造阳"。按《通典·州郡》八引《晋太康地志》云"在五原塞之北"。此"九里"当有舛误。

◎檀州（卷71，第9~10页）

〇密云县。九乡。本汉厗音狄奚切。奚县也，《汉书·地理志》："厗奚属渔阳郡。"

螺山水。亦名赤城河，即沽水也，东北塞外流入。

5.《元一统志》

【题解】 《元一统志》为元代官修全国地理书，始于元世祖至元二十二年（1283年），至三十一年成书。稍后得《云南图志》《甘肃图志》《辽阳图志》，因倡议重修，由孛兰肹、岳铉等主其事。元成宗大德七年（1303年）纂修成书，凡1300卷，定名为《大元大一统志》。元顺帝至正六年（1346年）由杭州刻版。全书分为建置沿革、坊郭乡镇、里至、山川、土产、风俗形胜、古迹、人物、仙释等目。

《大元大一统志》在明朝中叶已散佚，后来内阁大库出元至正刻本残帙7卷，常熟瞿氏旧藏抄本9卷，嘉庆间吴县袁廷梼家抄本35卷等。今虽已佚残无几，但它取材广泛，资料丰富，体例严密，卷帙浩繁，为元以前历代全国总志所不及，在中国历代总志的编撰史上，占有重要地位。其对明清两代《一统志》的编撰起了开创体例的作用，且对其他方志的修纂也有很大影响。《元史·地理志》多取材于此书，《大明一统志》亦以此书为蓝本。

金毓黻先生致力于该书的辑遗与研究达数年之久，成《大元一统志》残本15卷、辑本4卷、考证1卷、附录1卷，载于《辽海丛书》第十集。后来，赵万里先生汇辑残本、抄本、《永乐大典》等各种明清典籍的佚文，编为《元一统志》辑本10卷，由中华书局上海编辑所于1966年出版发行。本辑据中华书局本辑录有关赤城内容。

◎**上都路**。领院一、县一、府一、州四。州领三县；府领三县二州，州领八县。（卷1，第62~63页）

警巡院

开平县

顺宁府_{领县三州二}

　　宣德县 宣平县 顺圣县

　　奉圣州_{领县三}

　　　永兴县 缙山县 怀来县

　　蔚州_{领县五}

　　　灵仙县 灵丘县 飞狐县 定安县 广灵县

兴州_{领县二}

　　兴安县 宜兴县

松州

桓州

云州_{领县一}

　　望云县

◎风俗形势（卷1，第65页）

蔚州之民，性质无诐，去华从俭，以耕织为生。《寰宇通志》八一引《元志》。《明一统志》二一引《元志》。

缙山县，缙山县原隶奉圣州。延祐三年升为州，改名龙庆州，隶大都路。明永乐中改隆庆州。隆庆初改延庆州。南据居庸之翠，北距龙门之险。《寰宇通志》七引《一统志》。《明一统志》五引《元志》。

◎古迹（卷1，第65页）

古长城。按山林地志集略云：望云县有古长城，六国时在此。唐长城广袤接于枪杆山岭，在奉圣州之东六十里。《永乐大典》八〇九〇城字引《元一统志》

赤城。按山林地志集略云：赤城乃古蚩尤所居处，在奉圣州东一百五十里。望云县即今云州。同上。

6. 《圣朝混一方舆胜览》

【题解】　《圣朝混一方舆胜览》原名应为《大元混一方舆胜览》，是目前所知现存惟一一部完整的元代地理总志，主要载于类书《新编事文类聚翰墨大全》及《群书通要》，此外还有少量单行本。但各种版本都不属作者名，故历代著录此书者，除明代高儒《百川书志》卷5作"宋省轩刘应李编"外，皆作"佚名"或"无名氏"撰。原编刘应李，熊和《序》说刘应李力学善文，所造甚深，大概指刘应李精于经学、文学，编撰《翰墨大全》只是他"游艺之末"，业余爱好而已。从内容来看刘应李于地理并无很深研究，疏漏错误在所有之。以致后来多人进行删订改编。其中泰定年间建阳麻沙吴氏友于堂刊詹友谅编撰的《新编事文类聚翰墨大全》将《大元混一方舆胜览》删节改编，压缩为上、中、下3卷，各卷标题改为《圣朝混一方舆胜览》，即为现在传世版本。詹友谅其人，史志无传，其署名自称"建安后学詹友谅益友编"，则"益友"为其字，建宁路建安县人，可能是刘应李的学生。故该书2003年四川大学出版社出版由郭声波整理的《大元混一方舆胜览》封面属"（元）刘应李原编，詹友谅改编，郭声波整理"字样。

《圣朝混一方舆胜览》的初刊是在大德十一年（1307年），政区资料截止于大德七年底。内容分为腹里及辽阳、镇东、陕西等12行省，西域诸小国部落，共14部分，每部分分为若干道肃政廉访司或宣慰司、宣抚司，其下再分若干路或直隶府州（散府州），有些路下又再分若干小州。路、府、州之下，则设置若干事类栏目，如"县名""沿革""郡名""风土""形胜""景致""名宦""人物""题咏"等。

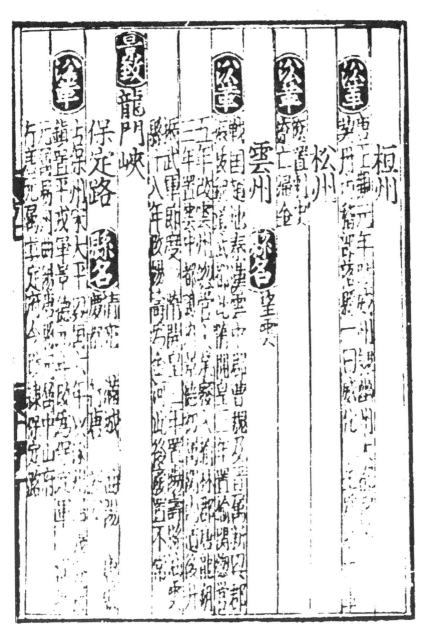

《圣朝混一方舆胜览》书影

　　《圣朝混一方舆胜览》收录在《北京图书馆古籍珍本丛刊》（书目文献出版社）、《续修四库全书》（2002 年上海古籍出版社）等书中，本辑据《续修四库全书》第 1220 册子部类书类第 512 页《新编事文类聚翰墨》后乙集卷上《圣朝混一方舆胜览》卷上辑录有关赤城内容。

　　◎**上都路**中统五年中书省奏：开平府，阙庭所在，加号上都。

　　○开平府……

　　○宣德府

　　县名：顺圣。宣平。宣德。

　　沿革：大金为宣德州。隶西京道。

　　景致：天德山。燕然山。汉窦宪击单于，大破之，登－－－①，刻石勒功，纪汉威德。平地林。凉亭。

　　○奉圣州……

　　○蔚州……

　　○兴州……

　　○桓州……

　　○松州……

　　○云州

　　县名：望云。

---

　　①　原书作符号"－－－"，按全书体例，意即"燕然山"三字的省略。

沿革：<u>战国赵地</u>①。<u>秦</u>、<u>汉云中郡</u>。<u>曹魏</u>及<u>晋</u>属<u>新兴郡</u>。<u>振拔魏</u>②<u>道武</u>都此。<u>隋开皇</u>三年置<u>榆关</u>总管，五年，改<u>云州</u>总管，<u>大业</u>废入<u>榆林郡</u>。<u>唐龙朔</u>三年，置<u>云中</u>都护府，<u>景德</u>初③，属<u>关内道</u>，后升<u>振武军</u>节度。<u>隋开皇</u>三年置<u>阳寿县</u>、<u>油云县</u>，十八年改<u>阳寿</u>为<u>金河</u>，此后废置不常。

景致：<u>龙门峡</u>。

----

① 笔者注："战国赵地"及以下所有沿革内容均不属本书所指云州，而指的是今山西省大同市一带。按《史记·匈奴传》载："赵武灵王亦变俗胡服，习骑射，北破林胡、楼烦。筑长城，自代并阴山下，至高阙为塞。而置云中、雁门、代郡。"这里的云中是指今内蒙古托克托东北。北魏拓跋珪于公元 398 年自盛乐迁都平城，改号皇帝，平城即今大同市。隋开皇五年置云州总管府，至唐代云州与云中郡二名更换无常。等等，以及后面指云中都护府、关内道、振武军节度、阳寿县、油云县等均与指山西大同及附近一带，与今河北省赤城县云州无涉。而本文所说云州，即辽金时望云县，元中统四年（1263 年）升望云县为云州，至元末。不同时期两个"云州"的混淆，以至明代嘉靖《宣府镇志》可能以此为据，建置沿革中大量引用了以下所载内容，导致后世志书中出现诸多舛误。

② 振拔魏，应为拓拔魏。"振"为"拓"之误。

③ 景德初，郭声波整理《大元混一方舆胜览》（四川大学出版社，2003 年）作"麟德初"。并在卷末校勘记载，麟：各本作"景"。按振武节度始置于唐德宗时，而景德乃宋真宗年号，显见"景德"有误。今考云中都护府于唐高宗麟德二年改为单于大都护府，始属关内道，故知"景"当为"麟"之误，因改。

7.《寰宇通志》

【题解】　　有明一代，一般认为是以《明一统志》为官修地理总志代表，实际上，在《明一统志》之前，明朝政府还修有另一部全国地理志——《寰宇通志》。

发生在明英宗正统十四年（1449 年）的"土木之变"对整个国家而言，都足以引起强烈耻辱感，帝国上下人心惶惶。危急时刻登基的景泰帝和大臣们意识到稳定首都和明朝中政局才是眼前最紧迫的任务，在这样的大环境下，修纂一部地理总志便显得有必要了。通过志书的修纂，可以宣扬天朝上国的威严和博大，在全国上下形成一股向心力和自豪感，以冲淡"土木之变"带来的阴影。于是于景泰五年（1454 年）七月命少保兼太子太傅、户部尚书陈循等率其属纂修天下地理志，历时两年，于景泰七年修成。

就在《寰宇通志》书成的第二年，英宗发动"夺门之变"，重夺皇位。英宗重登皇位后，一方面着手清洗景泰朝旧臣。另一方面不想让景帝"人以书传"，留下修书的美名，将《寰宇通志》毁版，随即下令重修《明一统志》。《寰宇通志》已经刊成，但并没有流传。此后《大明一统志》修成，《寰宇通志》遂不为世人所知。

整个明朝，《寰宇通志》一直深藏大内，直到嘉靖、万历年间才流入民间，但由于是禁书，除了个别藏书家之外，大多数学者并不了解《寰宇通志》。抗日战争期间，郑振铎先生在上海与张元济、张寿镛、何炳松等人组成"文献保存同志会"，负责将因为战乱而流散四方的江南各大藏书家的珍藏收购保存，《寰宇通志》就收在《玄览堂丛书续集》中。

本辑据 1947 年国立中央图书馆出版，正中书局印行《玄览堂丛书续集》收录之明景泰间内府刊初印本《寰宇通志》影印本辑录有关赤城内容。

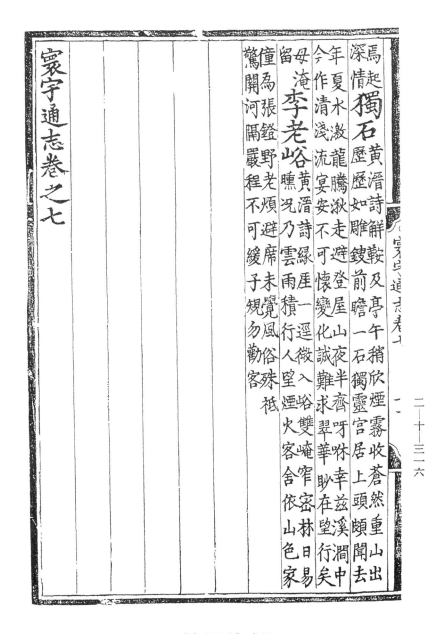

馬起 獨石 歷歷如雕鍥，鞍及亭午稍欣，煙霧收蒼然重山出

深情 黄潛詩，餅鞍前瞻一石獨靈宮居上頭，頗聞去

年夏水激龍騰漱走，不可避登屋，山夜半齊呼咻，幸兹溪澗中

今作清淺流，宴安不可懷，變化誠難求，翠華眇在望日矣

母淹 李老岭 曠況乃雲綠崖，雨積風一逕人微入峪，雙崦窄密林日易

留爲張鎰，野老不煩避席，子未覺勿勸俗客殊祗

驚開河隔野程，嚴程不可緩

寰宇通志卷之七

二十三二六

《寰宇通志》书影

1205

◎建置沿革（卷7《万全都指挥使司·建置沿革》，第 305～308 页）

万全都指挥使司。《禹贡》冀州之域，天文尾分野；战国属燕。秦为上谷郡地。汉魏为下落县地，属幽州。晋末为冯跋所据。元魏置文德县。唐升武州。后唐改毅州。石晋以赂辽，辽改归化州，又改德州。金改宣德州，属大同府，又改宣化州，寻复为宣德州。元初为宣宁州，寻改为山西东路总管府，中统元年改宣德府，属隆兴路，后改属上都留守司。国朝洪武四年，尽徙其民于关内，府县遂废；洪武二十六年，改为万全都指挥使司，领卫十五，守御千户所三，堡五，其蔚州、隆庆左、永宁、保安四卫，广昌、美峪二千户所散建于各州县者，详见各州县志。东南至京师四百五里，南至南京三千八百五十里。东至永宁、四海冶三百三十里，南至广昌千户所四百五十里，西至怀安卫枳儿岭一百六十里，北至常峪口四十里。

○开平卫指挥使司，在宣府城东北三百里云州之独石，卫旧在元之上都，宣德五年筑城，移建于此。

○龙门卫指挥使司，在宣府城东百二十里，本元龙门县地，国朝宣德六年建卫于此。

○龙门守御千户所，在宣府城东北二百四十里，本元云州地，国朝宣德六年筑城堡建所。

○长安岭堡，在宣府城东北百四十里，元为怀来、龙门二县界，旧名枪竿岭，国初置丰峪驿，永乐九年改今名，筑城堡分兵守备。

○雕鹗堡，在宣府城东北百七十里，本元云州之雕窠。国初置浩岭驿，宣德五年筑城堡，分兵守备。

○赤城堡，在宣府城东北二百里，本元云州之赤城站。国初置云门驿，宣德五年筑城堡，分兵守备。

○云州堡，在宣府城东北二百一十里，古望云川地，元为云州。国朝置云州驿，宣德五年于河西大路筑城堡，分兵守备；景泰五年增置管新军千户。

○马营堡。在宣府城东北二百六十八里，本元云州大猫儿峪。国朝宣德七年筑城堡，建哨马营，分兵守备。

◎山川（卷5《万全都指挥使司·山川》，第308~311页）

○大海陀山，在怀来卫城东北三十里，高百仞许，下有龙潭，祷雨有应。

○毡帽山，在开平卫城西北十里，望之如帽。

○东山，在开平卫城东三十里，极高峻，上有墩可瞭三百余里。

○红石山，在龙门卫城东五里，上产红石，可供玩好。

○大松山，在龙门卫城西十里，上有古松一株，盘曲森耸，故名。永乐中驻跸于此。

○双峰山，在龙门卫城北二十里，两峰相向，高出众山。

○聚阳山，在龙门千户所城东南三十里，相传尝有仙人修炼于此。

○西高山，在龙门千户所城西，登其巅四面可远顾。

○赤城山，在赤城堡东五里，山石多赤，故名。

○玉石沟山，在赤城堡西七十三里。

○金阁山，在云州堡西南十五里，前有游仙峪。

○龙门山，在云州堡东北五里。两山对峙若门，大川出其下，故又名龙门峡。

○浩门岭山，在雕鹗堡北二十五里，上有松数百株，郁然苍秀。

○枪竿岭，即长安岭。元马祖常诗：有岭名枪竿，其上若栈阁。白云乱石齿，青峰转帘脚。

○李老峪，在长安岭堡北三十里。

○望国崖，在望云川东北。

○东河，在赤城堡东，自独石、云州东南流经古北口，为通州白河上源。

○西河，在赤城堡西，合温泉东流，分为二：一从西北入城，一从城南流合东河。

○南河，在雕鹗堡南，自剪儿峪、狗儿村合流至此，东南流，入通州白河。

○韭菜川，在开平卫城东，发源东山，流经城南合毡帽川。

○<u>龙门川</u>，在<u>云州堡</u>东，合<u>独石</u>、<u>红山</u>二处之水，从<u>龙门峡</u>南下，故名。

○<u>大海陀潭</u>，在<u>雕鹗堡</u>东三十里，<u>大海陀</u>崖谷间有泉，下汇为潭，旱岁祷雨辄应。

◎土产（卷7《万全都指挥使司·土产》，第311页）

○粱米、榛子、地椒、黄鼠。以上各卫皆出。

◎学校（卷7《万全都指挥使司·学校》，第311页）

○<u>开平卫</u>学。在卫治东，<u>正统</u>八的建。

◎书院（卷7《万全都指挥使司·书院》，第311~312页）

○<u>独石书院</u>，在<u>开平卫</u>治东南隅，<u>景泰</u>四年建。

○<u>西关书院</u>，在<u>龙门卫</u>治东南。

○<u>云州书院</u>，在<u>云州堡</u>东南。

○<u>东庄社学</u>，在<u>龙门千户所</u>治南。

○<u>赤城社学</u>，在<u>赤城堡</u>。

○<u>马营社学</u>，在<u>马营堡</u>西隅。

○<u>雕鹗社学</u>，在<u>雕鹗堡</u>。

○<u>长安社学</u>。在<u>长安岭堡</u>。已上学俱本朝建。

◎馆驿（卷7《万全都指挥使司·馆驿》，第312页）

○<u>云川驿</u>①，在<u>赤城堡</u>东门外。

○<u>丰峪驿</u>，在<u>长安岭堡</u>南门外。

○<u>开平驿</u>。在<u>开平卫</u>城西南隅。

---

① 云川驿，为"云门驿"之误。详见本篇《建置沿革》："赤城堡……国初置云门驿。"

◎堂亭（卷7《万全都指挥使司·堂亭》，第312页）

○**读书堂**，在龙门卫城内东北，景泰五年因旧改建。

○**咏归亭**，在赤城堡西温泉上，正统四年重建。

○**嘉禾亭**，在赤城堡南三里，景泰五年堡西郊产嘉禾，因以名亭。

○**屡丰亭**。在马营堡南门外，旧为将帅游息所，景泰五年参政叶盛以其地累岁丰稔①，扁②今名。

◎井泉（卷7《万全都指挥使司·井泉》，第313页）

○**洪赞井**，在长安岭堡，元陈孚诗：洪赞山岧峣，势如舞双凤；大井千尺深，窈然见空洞。

○**鹰窝山泉**，在长安岭堡西北三里，引流入堡中汇而为池，可给居人。

○**温泉**，一在宣府城东汤池山上，一在赤城堡西十五里，冬夏皆可浴。

○**暖汤**。《一统志》：在云州宝济乡，一处出泉，凡七十二眼。

◎寺观（卷7《万全都指挥使司·寺观》，第313页）

○**镇疆寺**，在开平卫城内西北，旧名华严寺。正统三年建，七年重修。

○**静宁寺**，在赤城堡南门内之西，正统五年建。

○**普济寺**，在龙门卫治东，正统十一年重修。

○**虔化寺**，在龙门千户所城内东北，正统十一年重修。

○**灵真观**。在云州堡金阁山之阳，旧为云溪观，元赐今名。

◎祠庙（卷7《万全都指挥使司·祠庙》，第313页）

○**独石神庙**，在开平卫城南独石上，正统七年建，祀土神。

○**温泉神庙**。在赤城堡西温泉上，正统六年重修，祀泉神。

---

① 丰稔，犹丰熟。《后汉书·法雄传》："在郡数岁，岁常丰稔。"李贤注："稔，熟也。"

② 扁，在门户上题字。《说文·册部》："扁，署也。"王筠句读："题署也。"《续汉书·百官志五》："皆扁表其门，以兴善行。"

◎坟墓（卷7《万全都指挥使司·坟墓》，第313~314页）

○义塚。凡九：一在怀安卫西北一里，一在开平卫西二里，一在龙门卫城北三里，一在龙门千户所城北四里，一在赤城堡东北四里，一在云州堡西北三里，一在马营堡东北一里，一在雕鹗堡西南三里，一在长安岭堡北二里，皆景泰五年敕造，收葬遗骨之莫辨者。

◎古迹（卷7《万全都指挥使司·古迹》，第314页）

○赤城，《山林地志集略》：赤城古蚩尤所居之处。

○古长城，《山林地志集略》：望云县有古长城。

○广边城，《寰宇记》：在怀来县。

○开平城，在宣府城东北七百里，元中统间为开平府，寻升为上都，岁一幸焉。国朝置开平卫，宣德间以艰于馈饷，移卫于独石，城犹存之，南有东凉宁、西凉亭，元主幸上都驻跸处。

○独石，在开平卫城南，一石屹起平地，上平可构数楹，今上建神庙。

○石笋。在长安岭上悬崖之旁，有石突出，高丈许，其形类笋，因名。

◎题咏（卷7《万全都指挥使司·题咏》，第315~316页）

○宿赤城站①。元陈益稷诗：涂山执玉会诸侯，宴罢回程宿岭头；白海雨来云漠漠，赤城秋入夜飕飕；皇图万里乾坤阔，客路几年身世浮；驿吏惊呼诗梦破，一声鸡唱隔云州。马易之诗：休驾赤城馆，凭轩望前山；飞雨西北来，乱洒石壁间；风寒树摵摵，水落沙班班②；牛羊尽归村③，微灯④掩松关；野老苦⑤留

---

① 诗题，蒋易《元风雅》（江苏古籍出版社《宛委别藏》，第821页）诗题作"上都回宿赤城站"。

② 班班，乃贤《金台集》（《四库全书荟要》集部别集类，下同）作"斑斑"。

③ 村，乃贤《金台集》作"栅"。

④ 灯，乃贤《金台集》作"镫"。镫，油灯，也作"灯"。

⑤ 苦，乃贤《金台集》作"颜"。

客，及此农事闲；倾①筐出山果，浊酒聊慰颜；移樽②对金阁，灵宫郁屏岩③；安得吹箫人，乘鸾月中还。

〇长城。元陈孚诗：驱车出长安，饮马长城窟；朔云黄浩浩，万里见秋鹘；白骨渺何处？腥风卷寒沙；蒙恬剑下血，化作川上花；祖龙一何愚，社稷付征杵；长城土未乾，秦宫已焦土；千载不可问，似闻鬼夜哭；矫首武灵源，红霞满川谷。

〇赤城。元黄溍诗：鸡鸣秣吾马，晚饭山中行；何以慰旅怀，赤城有嘉名；滩长石齿齿，树细风泠泠；时见岩壁间，粲若丹砂明；温泉发其阳，揭诃勤百灵；前峰指金阁，真境摽④殊庭；白道人迹稀，青崖云气生；信美无少留，缅焉起深情。

〇独石。黄溍诗：解鞍及亭午，稍欣烟雾收；苍然重山⑤出，历历如雕镂；前瞻一石独，灵宫居上头；颇闻去年夏，水激龙腾湫；走避登屋上，夜半齐呀咻；幸兹溪涧中，今作清浅流；宴安不可怀，变化诚难求；翠华眇⑥在望，行矣毋淹留。

〇李老峪⑦。黄溍诗：缘崖一迳⑧微，入谷双崦窄；密林日易曛，况乃云雨积；行人望烟火，客舍依山色；家僮为张镫⑨，野老烦避席；未觉风俗殊，祗⑩惊关河隔；严程不可缓，子规勿劝客。

---

① 倾，乃贤《金台集》作"顷"。
② 樽，乃贤《金台集》作"尊"。
③ 岩，乃贤《金台集》作"玩"。
④ 摽，黄溍《文献集》（《四库全书荟要》集部别集类，下同）作"标"。摽，古同"标"。
⑤ 重山，黄溍《文献集》作"众山"。
⑥ 眇，黄溍《文献集》作"渺"。
⑦ 诗题，黄溍《文献集》作"李老谷"。
⑧ 迳，黄溍《文献集》作"径"。
⑨ 镫，黄溍《文献集》作"灯"。
⑩ 祗，黄溍《文献集》作"秪"。

8.《大明一统志》

【题解】 《大明一统志》是一部明代修成的全国性总志，是研究明史的重要史料之一。该书的修撰缘起可以追溯到永乐十六年（1418年）。当时，明太宗遣官分赴天下郡县，采集各地遗事、搜罗各种方志、图经，期望以此为基础修撰一部总志，但此书未及修成，太宗已驾崩于北征蒙古的归途中。土木之变后，景帝为强化其继承帝位的正统性，以继述太宗之志为名，于景泰七年（1456年）修成《寰宇通志》119卷。一年后，夺门之变爆发，英宗复辟，改元天顺。天顺二年八月，再度君临天下的英宗下令将《寰宇通志》毁版，并同样以继述太宗之志，命吏部尚书李贤为总裁，其余均为修《寰宇通志》的原班人马重修，天顺五年（1461年）四月全书完成，赐名《大明一统志》，勒为90卷，颁行天下，这就是流传到今天的《大明一统志》。

《大明一统志》的修纂与前志相隔不过两年，这在历史上是没有过的，两年的时间各方面情况变化不大，没有必要另纂新志，何须重劳臣下。英宗这样做当然事出有因，主要是出于政治上的考虑，那就是"恶其书成于景帝"，英宗不承认景帝政权，并削其行事之迹，当然也不愿这个时期的官书广为流传。英宗意在消除景帝的政治影响，在这种思想指导下，纂修工作也必然是草率的，《大明一统志》在《寰宇通志》的基础上略加删改和增减，"三阅寒暑"，仓促成书。这种状况加上纂修不得其人，粗制滥造，注定了此书的质量不高。《大明一统志》某些方面虽有错误和不足，但总的看来，但仍不失为我国古代地志文献宝库中的一份重要遗产。

《大明一统志》在天顺五年刊行后，又经数次增补翻刻，弘治十

山

聚陽山 在龍門千戶所城東南三十里相傳嘗有仙人脩煉於此

西高山 在龍門千戶所城西登其巔可遠顧

赤城山 在赤城堡東五里山石多赤故名

玉石溝山 在赤城堡西七十三里

金閣山 在雲州堡西南一十五里元於此建崇真觀長春洞前有遊仙峪

龍門山 在雲州堡東北五里兩山對峙高數百尺望之若門塞外諸水出其下故又名龍門峽

野狐嶺 在萬全右衛城北三十里勢極高峻風力猛烈鷹飛遇風輒堕地

蕁麻嶺 在萬全左衛城北八十里本朝楊士奇詩平生不解談孫武奇詩也到蕁麻塞上來

浩門嶺 在鵰鶚堡北二十五里上有松數百株欝然蒼秀

長安嶺 即槍竿嶺元馬祖常詩有嶺名槍竿其上若棧閣曰

李老峪 在長安嶺堡北三十里元黃溍詩綠崖一逕微入谷雙崿窄容雲亂石嶒青百株欝然蒼秀峯轉帘脚

四库本《明一统志》书影

《大明一統志卷五》二十

之上都城內宣德五年築城移建于此

龍門衛在宣府城東一百二十里本唐龍門縣屬武州後唐屬毅州遼屬歸化州金屬宣德州元屬宣德入宣德縣本朝宣德六年建衛於此

興和守禦千戶

大龍門守禦千戶所在宣府城東北二百四十里元為懷來龍

所興左衛所建于此本朝永樂元年移大龍門守禦千戶所附郭永樂元年移于此

宣德六年築城堡建所本朝

長安嶺堡在宣府城東北一百四十里本元雲州地本朝

門二縣界舊名搶竿嶺元改令名築城堡分兵守備

驛永樂九年改令名築城堡分兵守備

鵰鶚堡在宣府城東北一百七十里本元雲州之鵰窠本朝初置鎮嶺驛宣德五年築城堡分兵守備

赤城堡在宣府城東北二百里本元雲州之赤城站本朝

朝府城東北二百里本元雲州後慶縣

雲州堡在宣府城

縣屬奉聖州元於縣置雲州望雲縣

府金屬奉聖州元於縣置雲州望雲縣遠開泰中置望雲縣本朝初置雲川

朝府城東北二百一十里古望雲地遠開泰中置望雲縣本朝初置雲

馬營堡在宣府城東北宣府城

分州驛宣德五年於河西增管新軍千戶

州驛宣德五年於河西增管新軍千戶分兵守備景泰五年增管

宣德七年築城堡建哨馬猫兒峪分兵守備本朝

六十八里本元雲州建哨馬猫兒峪分兵守備本朝

天顺本《大明一统志》书影

八年有慎独斋刻本，嘉靖三十八年又有归仁堂刻本。万历十六年修版重印万寿堂刻本等，这些大体都系坊所翻刻，其中多夹杂进明中后期的建置，已不尽是原本的真面目，清《文渊阁四库全书》在收录《大明一统志》时还将书名改为《明一统志》，略去"大"字，表现了新朝对胜国的尊大。尤有甚者，清初文网严密，影响所及，《大明一统志》虽未列入禁书，但书名"大明"二字，坊间挖改为"天下"二字，题作《天下一统志》。入清以后，一统志虽未遭查禁，惟不得携带出境。康熙时曾发生过一起朝鲜使臣私买一统志书事件，在当时引起轩然大波，当事人受到清廷的严厉制裁。《清圣祖实录》卷152康熙三十年七月乙丑条有明确的记载。

本辑据台湾商务印书馆《景印文渊阁四库全书》本《明一统志》辑录有关赤城内容，《景印文渊阁四库全书》本是以万历万寿堂为底本，与天顺五年内府刻本有很大不同，故本辑又与天顺本进行互校。

◎**万全都指挥使司**。东至四海（治）［冶］① 三百三十里，南至枳儿岭一百六十里②，北至长峪口四十里，自都司至京师三百五十里，至南京三千八百五十里。（卷5《万全都指挥使司·建置沿革》，《景印文渊阁四库全书》第472册，第149页）

○建置沿革（第149~150页）

《禹贡》冀州之域，天文尾分野③。战国属燕。秦为上谷郡地。

---

① "四海治"，天顺原刻本（以下简称天顺本）作"四海冶"，是也。

② 天顺本作"南至广昌千户所四百五十里，西至枳儿岭一百六十里"。

③ 尾，星名。二十八星宿之一，东方苍龙七宿的第六宿。有星九颗。《淮南子·时则》："孟春之月，招摇指寅，昏参中，旦尾中。"高诱注："尾，东方苍龙之宿也。"分野，与星次相对应的地域。古以十二星次的位置划分地面上州、国的位置与之相对应。就天文说，称作分星；就地面说，称作分野。如：以鹑首对应秦，鹑火对应周，寿星对应郑，析木对应燕，星纪对应吴越等。《国语·周语下》："岁之所在，则我有周之分野也。"韦昭注："岁星在鹑火。鹑火，周分野也，岁星所在，利以伐之也。"

汉为下落县地，属幽州。东汉、魏因之。晋末为冯跋所据。后魏于此置文德县，历后周不改。唐升武州，仍置县，唐末改毅州。五代时唐复为武州，晋以赂辽，辽改归化州，后改德州。金天眷初改宣德州，属大同府，大定中又改宣化州，寻复为宣德州。元初为宣宁州，寻改为山东路总管府，中统初改宣德府，属上都路，至元中以地震改顺宁府，领宣德、宣平、顺圣三县。本朝洪武四年①尽徙其民于关内，府县俱废，二十六年置万全都指挥使司，领卫十五，守御千户所三，堡五，其蔚州、延庆左②、永宁、保安四卫，广昌、美峪二千户所散建于各州卫③。

　　开平卫，在宣府城东北三百里云州之独石。卫旧在元之上都城内，宣德五年筑城，移建于此。

　　龙门卫，在宣府城东一百二十里。本唐龙门县，属武州。后唐属毅州，辽属归化州，金属宣德州，元省入宣德县。本朝宣德六年④，建卫于此。

　　龙门守御千户所，在宣府城东北二百四十里。本元云州地，本朝宣德六年筑城堡建所。

　　长安守御千户所⑤，云州守御千户所⑥，

　　长安岭堡，在宣府城东北一百四十里。元为怀来、龙门二县界，旧名枪竿岭。本朝初置丰峪县⑦，永乐九年改今名，筑城堡分兵守备。

　　雕鹗堡，在宣府城东北二百七十里⑧。本元云州之雕窠。本朝初置浩岭驿，宣德五年筑城堡，分兵守备。

　　赤城堡，在宣府城东北二百里。本元云州之赤城站。本朝初置云门驿，宣

① 洪武四年，1371 年。
② 延庆左，天顺本作"隆庆左"。
③ 各州卫，天顺本作"各州县"。
④ 宣德六年，1431 年。
⑤ 天顺本无"长安守御千户所"条。
⑥ 天顺本无"云州守御千户所"条。
⑦ 丰峪县，天顺本作"丰峪驿"，是也。
⑧ 二百七十里，天顺本作"一百七十里"。

德中筑城堡，分兵守备。

云州堡，在宣府城东北二百一十里。古望云川地，辽开（太）[泰] 中置望云县。金属奉圣州。元于县置云州，后废县。本朝初置云州驿，宣德五年于河西大路筑城堡，分兵守备，景泰五年①增管新军千户。

马营堡。在宣府城东北二百六十八里。本元云州大猫儿（谷）[峪]。本朝宣德七年筑城堡，建哨马营，分兵守备。

○郡名（第 150 页）

上谷。秦名。

○形胜（第 150～151 页）

前望京都，后控沙漠，左扼居庸之险，右拥云中之固。《旧志》。北边重镇。同上。

○风俗（第 151 页）

习俗同雁门。《唐志》。人性鸷悍②，不惮战阵，喜立功业，勤俭务农，无浮末③之习。《地志》。

○山川（第 151～152 页）

大海陀山，在怀来卫城东北三十里。极高峻许④，下有龙潭，祷雨有应。

毡帽山，在开平卫城西北一十里，远望如帽。

东山，在开平卫城东三十里。极高峻，上有墩可瞭三百余里。

红石山，在龙门卫城东五里。上产红石，可供玩好。

大松山，在龙门城西一十里⑤。上有古松一株，盘曲森耸，故名。永乐中驻跸于此。

双峰山，在龙门卫城北二十里。两峰相向，高出众山。

聚阳山，在龙门千户所城东南三十里。相传尝有仙人修炼于此。

---

① 景泰五年，1454 年。
② 鸷悍，凶猛强悍。
③ 浮末，旧指工商行业。古代以农为本，工商为末，以其追逐浮利，故称。
④ 极高峻许，天顺本作"高百仞许"。
⑤ 清《龙门县志·山川志》大松山条作"城西四十里"。

西高山，在龙门千户所城西。登其巅可远顾。

赤城山，在赤城堡东五里。山石多赤，故名。

玉石沟山，在赤城堡西七十三里。

金阁山，在云州堡西南一十五里。元于此建崇真观，长春洞前有游仙峪。

龙门山，在云州堡东北五里。两山对峙，高数百尺，望之若门，塞外诸水出其下，故又名龙门峡。

浩门岭，在雕鹗堡北二十五里，上有松数百株，郁然苍秀。

长安岭，即枪竿岭，元马祖常诗：有岭名枪竿，其上若栈阁。白云乱石齿，青峰转帘脚。

李老峪，在长安岭堡北三十里。元黄溍诗：缘崖一径微，入谷双崦窄。密林日易曛，况乃云雨积。行人望烟火，客舍依山色。家僮为张灯，野老烦避席。未觉风俗殊，只惊关河隔。严程不可缓，子规勿劝客。

望国崖，在望云川东北。去保安州东北四十五里①。

独石，在开平卫城南。一石屹起平地，上可构数楹，因建神庙。元黄溍诗：解鞍及亭午，稍欣烟雾收。苍然重山出，历历如雕镂。前瞻一石独，灵官居上头。颇闻去年夏，水激龙腾湫。走避登屋山，夜半齐呀咻。幸兹溪涧中，今作清浅流。晏安不可怀，变化诚难求。翠华渺②在望，行矣毋淹留。

东河，在赤城堡东。自独石、云州东南流经古北口，为通州白河上源。

西河，在赤城堡西。合温泉东流，分为二：一从西北入城，一从城南流合东河。

南河，在雕鹗堡南。自剪儿峪、狗儿村合流至此，东南流入通州白河。

韭菜川，在开平卫城东。发源东山，流经城南合毡帽山。

龙门川，在云（川）[州]堡东。合独石、红山二处之水，从龙门峡南下，故名。

望云川，在云州堡境。辽于此置望云县，金因之，元云州治此，后县废。

---

① 望国崖在望云川东北，距保安州甚远，此说疑为误。

② 渺，天顺本作"眇"。

大海陀潭，在雕鹗堡东三十里。大海陀崖谷间有泉，下汇为潭，旱岁祷雨辄应。

洪赞井，在长安岭堡。元陈孚诗：洪赞山岧峣，势如舞双凤。大井千尺深，窈然见空洞。

鹰窝山泉，在长安岭堡西北三里。引流入堡中，汇而为池，可给居人。

温泉，有二：一在宣府城西南顺圣废县东二里，下流半里渗入于地；一在赤城堡西一十五里，冬夏皆可浴。

暖汤，在云州堡宝济乡。一处出泉，凡七十二眼。

赤城汤。在宣府城东一百四十里。水自龙门镇北乡赤城寺侧山根涌出，暴热而流，傍有一冷泉，浴之者可愈疾①。

○土产（第 152 页）

银，宣府城北一百二十里牙恰村及云州堡马峪、石堠峪俱出。

铜，宣府城东八十里龙门镇南乡出。

大赭石，宣府城东龙门镇东乡出。

磁石。宣府东龙门镇进阳村出。

○学校（第 152 页）

开平卫学，在卫治东，正统八年建。

龙（开）［门］卫学②。

○书院（第 152～153 页）

独石书院，在开平卫治东南隅，本朝建。

西关书院，在龙门卫治东南。

云州书院，在云州堡东南。

东庄社学，在龙门千户所治南。

赤城社学，在赤城堡。

马营社学，在马营堡西隅。

---

① 赤城汤与上温泉之一"赤城堡西一十五里"者为同一地。
② 天顺本无"龙门卫学"。

雕鹗社学，在雕鹗堡。

长安社学。在长安岭堡。已上①学俱本朝建。

○宫室（第 153 页）

读书堂，在龙门卫城内东北，本朝因旧改建。

咏归亭，在赤城堡西温泉上，正统四年②因旧重建。

嘉禾亭，在赤城堡西南三里③。景泰五年堡西郊尝产嘉禾，因以名亭。

屡丰亭。在马营堡南门外，旧为将帅游所，本朝参政叶盛以其地累岁丰
稔，扁④今名。

○寺观（第 153 页）

镇疆寺，在开平卫城内西北，旧名华严寺，正统二年⑤重建，改今名。

静宁寺，在赤城堡南门内之西，正统五年建。

普济寺在龙门卫县治东。

虔化寺，在龙门千户所城内东北，二寺俱正统十一年因旧重修。

灵真观。在云州堡金阁山之阳。旧为云溪观，元改今名。

○祠庙（第 153 页）

独石神庙，在开平卫城南独石上。正统七年建，祀土神。

温泉神庙。在赤城堡西温泉上。正统六年因旧重修，祀泉神。

○古迹（第 153~154 页）

赤城，《地志》云："赤城乃古蚩尤所居之处。"元黄溍诗：鸡鸣秣吾马，
晚饭山中行。何以慰旅怀，赤城有佳名。滩长石齿齿，树细风冷冷。时见岩壁间，
粲若丹沙明。温泉发其阳，撝诃勤百灵。前峰指金阁，真境摽殊庭。白道人迹稀，
青崖云气生。信美无少留，缅焉起深情。

---

① 已，古同"以"。用于"已上""已下"等语里。表示时间、方位、数量的界限。
《孙子·作战》："故车战，得车十乘已上，赏其行得者。"
② 正统四年，1439 年。
③ 赤城堡西南三里，天顺本作"赤城堡南三里"。
④ 扁，匾额，题字长方形牌子。后作"匾"。
⑤ 正统二年，天顺本作"正统三年"。

长城，《地志》云："望云县有古长城。"又《唐志》："怀戎县北九十里有长城，开元中张说筑"。

广边城，在怀来卫。唐置为镇。北至张说所筑长城九十里①。

龙门废县，在宣府城东一百二十里。本晋县，辽属奉圣州，金属弘州，元并入宣德县。

御庄，在云州堡。五代时属契丹，先是耶律贤其父遇害，沦落民间，居处于此。逮②穆宗受祸，国人访贤，立为国（王）［主］③，以其旧居之地号曰"御庄"。

石笋。在长安岭上悬崖之旁，有石突出，高丈许，其形类笋，因名。

○名宦（第 154 页）

本朝

薛禄，以阳武侯挂镇朔大将军印，宣德中建议徙旧开平城、独石等堡④，以便戍守。

杨洪。宣德中镇守独石，屡败敌兵⑤，历升左都督，镇守宣府，号令严明，士卒畏服，为辕门翘楚⑥，进封昌平侯。

---

① 按顾氏《读史方舆纪要》："广边城，在卫（指怀来卫）北。唐置广边镇，亦曰广边军。……《唐会要》：'怀戎县北有广边军，故白云城也。'宋白曰：'军在妫州北百三十里，近雕窠村。'盖即今之雕鹗堡。"编者按《一统志》作"在怀来卫"，《纪要》作"在怀来卫北"，二者仅差一"北"字，《一统志》不准确。《一统志》"北至张说所筑长城九十里"，从字面上看，当指广边军而言，按广边城在雕鹗堡附近，其《一统志》实际为相对"怀来卫"而言。张说所筑长城当指今长安岭一带，但目前还没有定论。

② 逮，及；及至。《尔雅·释言》："逮，及也。"

③ 国王，天顺本作"国主"，是也。国主，小国之君的称号。

④ "徙旧开平城、独石等堡"，疑"旧开平城"后阙"于"字。

⑤ 敌兵，天顺本作"虏寇"。清初书籍，避讳"胡""虏""夷""狄"等字，如遇这些字或作空白，或改易形声。如以"夷"为"彝"，以"虏"为"卤"等。清四库全书收录《明一统志》时，疑将"虏寇"改作"敌兵"。

⑥ 辕门翘楚，辕门，领兵将帅的营门。翘楚，语本《诗·周南·汉广》："翘翘错薪，言刈其楚。"郑玄笺："楚，杂薪之中尤翘翘者。"本指高出杂树丛的荆树。后用以比喻杰出的人材或突出的事物。

9. 正德《宣府镇志》

【题解】 《宣府镇志》10卷，"明曹南王崇献编次，郡人杨百之校正"，是志的后序时间为正德九年（1514年），文中内容的最后叙事至嘉靖二十年（1541年）（卷6《宦绩》有"嘉靖二十年"字样），且明显有补刻的字迹的差异，故定为正德刊刻，嘉靖修订，简称正德本。

王崇献，字季征，曹县人。弘治九年进士，历礼部主事，以刘谨擅权，引疾归，谨衔之，削籍为民。谨诛，改兵部主事，时山东、江浙多寇乱，崇献条上六事，悉见采用。累迁尚宝御，后引疾去。嘉靖擢右佥都御史，巡抚宁夏，乞归卒。有《韵语拾遗》传世。卷末王崇献正德甲戌后序谓："正德甲戌仆以公务适兹土……乃取旧志披阅……乃延致范行生相与讨论，而序次之，凡三易其稿，乃克成编"。

正德《宣府镇志》应是在马中锡《宣府镇志》基础上修订的。《宣府镇志》的修纂发端于景泰年间至成化初年，历任巡抚都御史多有筹备。李秉"创为手稿"，叶盛"撰次成编"，前后跨越3朝20多年时间，其稿本经由监察御史李经、太监孙振等保存。弘治九年（1496年），马中锡巡抚宣府，他在公务之余修订宣府镇志，"以复旧规而加新闻"，看来是已经比较成型的完整著述。还特请当朝内阁大学士徐溥、刘健为《宣府镇志》作序。从序中大体可知是志稿的内容结构。"观是志者，考沿革知建制之难；览形势则思保守之生；稽古迹则有所而为宜；征文献则有所取而为鉴；凡为学为仕，以自附于所谓人物，所谓名宦，由今之世以溯于古之人物志……地里、名物之细，以为虚文也哉。""凡其地之沿革，俗之美恶，以及疆域、

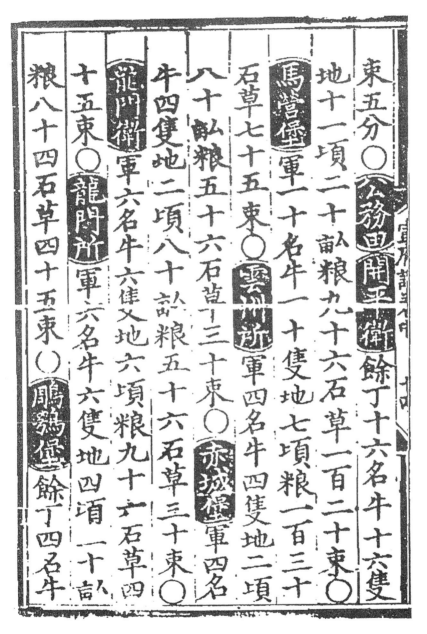

束五分○〔公務田開王衛〕餘丁十六名牛十六隻

地十一項二十畞糧九十六石草一百二十束○

石草七十五束○〔雲川衛〕軍四名牛四隻地二項糧一百三十

馬營堡軍一十名牛一十隻地七項糧一百三十

八十畞糧五十六石荳十三十束○〔永城堡〕軍四名

牛四隻地二項八十畞糧五十六石草三十束○

龍門衛軍六名牛六隻又地六項糧九十六石草四

十五束○〔龍門所〕軍六名牛六隻地四項一十畞

糧八十四石草四十五束○〔鵰鶚堡〕餘丁四名牛

正德《宣府镇志》书影

形胜、宦绩、物产，靡不粲然明备。"可以猜知镇志的体例符合规范。可能是志只是手稿或未最终完成，或未进行刊刻，未得传世。正德本《宣府镇志》以徐溥、刘健为马中锡《宣府镇志》所作的序为序，让后人们对马中锡《宣府镇志》才有所了解。

正德《宣府镇志》比较全面系统地记载了明朝正德以前宣府镇的政治、经济、军事、文化和社会状况，部分内容延续到嘉靖初年，具有重要的史料价值。其最大优点是保留了"丰富而珍稀的军事和经济史料"。如"关隘""墩台""武备""军储"等，内容具体而详实，可补正史中的缺失和简略。是志还列有《烧荒》一目，记"每年冬十月初，间以草枯为始，本镇统领官军出境焚烧野草，使鞑贼不能南牧……"详细记载了当时用"烧荒"措施来御敌的经过，史料价值颇高，堪称明代地方志中的上品，一直为研究明史的学人们所珍视。

正德《宣府镇志》长期为海内孤本，近年收入《南京图书馆孤本善本丛刊》的"明代孤本地方志专辑"，得以少量刊行，人们才觅其真容。

本辑据2003年5月南京图书馆编、线装书局出版《南京图书馆孤本善本丛刊》之"明代孤本方志专辑"——《宣府镇志》辑录有关赤城内容。

◎建置沿革（上卷，卷1《建置沿革》）
○北路
独石，元置独石站。国朝洪武初，即元上都设开平卫。宣德五年，移卫城此。

马营，元名大猫儿峪。

赤城，元置赤城站，俱云州属地，隶上都路。

云州，秦汉属云中郡。曹魏及晋属新兴郡。拓拔魏道武都此。

隋开皇三年，置榆关总管；五年，改云州总管；大业间废，入榆林郡。唐龙朔三年，置云中都护府；景德初属关内道，后升振武军节度。按《方舆胜览》云：隋开皇三年，置阳寿县、油云县；十八年，改阳寿为金河，此后废置不常①。又按《元史·地理志》云：上都路领云州，古望云川地。契丹置望云县。至元二年②，州存县废；二十八年，复升宣德之龙门镇为望云县，隶云州。一云辽望云州③，金因之，元为云州，国朝景泰五年设所。

龙门卫城，元为龙门县，属新州④，隶宣德府；至元二年省，入宣德县；二十八年，又割龙门县属云州⑤，隶上都路。国朝宣德六年⑥设卫。

长安领⑦，元名枪竿岭，又名桑乾岭。以东属怀来，以西属龙门。国朝永乐九年⑧，改今名。弘治三年，改长安所。

◎疆域分野至到附（上卷，卷1《疆域分野、至到附》）

---

① 以上所载云州沿革，并非今赤城县之云州，为山西省大同市沿革。山西省大同市，秦汉时称平城，北周称云中，隋称云内，唐置云州治云中，五代石敬瑭将燕云十六州割让给契丹，云州在内，辽改云州为西京，设西京道，置大同府，始称大同。而今赤城县之云州，辽始置望云县，元在望云县地置云州，明洪武初云州废，景泰间置云州千户所。正德《宣府镇志》不知有两云州，特注之。

② 至元二年，1265 年。

③ 望云州，疑为望云县之误。

④ 属新州，是唐代事，新州割让契丹后，辽将新州改为奉圣州，如此"元为龙门县，属新州"前后矛盾。

⑤ 至元二年省龙门县入宣德县，降为镇，龙门县已不复存在，何谓"二十八年，又割龙门县属云州？"当为升宣德县之龙门镇为望云县，改隶云州。

⑥ 宣德六年，1431 年。

⑦ 领，山岭。后作"岭"。元周伯奇《六书正讹·梗韵》："领，山之高者曰领，取其象形也。别作岭"《史记·货殖列传》："领南、沙北固往往出盐。"按清王鸣盛《十七史商榷》卷二十八："《史记·货殖列传》：'领南、沙北固往往出盐。'古无岭字，只作领。"《汉书·严助传》："今发兵行数千里，资衣粮，入越地，舆轿而隃领。"颜师古注："项昭曰：领，山领也。"

⑧ 永乐九年，1411 年。

○东据黑山，南距紫荆关，西据枳儿岭，北据西高山，东南距居庸关，西南尽顺圣川，西北跨德胜口距野狐岭，东北据独石。广四百九十里，袤八百六十五里①。

○北路

东接潮河川，西距金阁山，南据长安领，北据毡帽山。广六十里，袤一百八十里。

◎郡名（上卷，卷1《郡名》）

○北路

独石，环城诸山，多土莽。城南百步外，一石巍然，其色苍秀可爱，因以名城。

文城，城北一里有山，孤耸特异，前栅墙一道，乾艮②隅二水东西抱城，交流而南，有类'文'字。

星山，俗传以独石为星陨而成，因以号其地，俱开平卫。

柳营，以其城多产柳，而演武之所尤多，故名马营堡。

望云，云州堡。

赤城，以其城傍赤山得名，相传为古蚩尤所居之处。

霞城，台州有赤城山，而孙绰《天台赋》有曰："赤城霞起以建标"，因亦名之，俱赤城堡。

西关，以西有龙门关，故名龙门卫。

东庄，以其地旧号东龙门，又名李家庄，故名东庄，龙门所。

雕窠，西南半里许有石崖。相传前代尝有雕结窠，因以名地，习讹为雕鹗，雕鹗堡。

---

① 该条为宣府镇疆域。

② 乾艮，乾音qián，代表西北方。《汉书·礼乐志》："至武帝定郊祀之礼，祠太一于甘泉，就乾位也。"颜师古注："言在京师之西北也。"艮，音gèn，指东北方。《后汉书·崔骃传》："遂翕翼以委命兮，受符守乎艮维。"李贤注："艮，东北之位。谓（崔）篆为千乘太守也。"

长安。<small>太宗文皇帝大驾过岭，改今名，长安所。</small>

◎治属（上卷，卷1《治属》）

○北路

独石城，开平卫，<small>辖五所。</small>清泉堡。

马营堡。

云州城，云州所，镇安堡。

赤城，镇宁堡。

龙门城，龙门卫，<small>辖四所。</small>金家庄。

李家庄堡，龙门所，牧马堡。

雕鹗堡，滴水崖堡。

长安岭堡，长安所。

◎形胜（上卷，卷1《形胜》）

○飞狐、紫荆控其南，长城、独石枕其北，左挹居庸之险，右结云中之固，群山叠嶂，盘据错峙，足以拱卫京师，而弹压胡虏，诚北边重镇也。

○北路，重山突出，俯垂北荒①，真足以拊胡虏之背，而扼其吭。相传以为本镇地形类"虎"，此为虎首，其信然与。

◎山川（上卷，卷1《山川》）

○北路

独山，<small>在独石城南百步外屹起平地，上可构数楹，因建神庙。</small>

棋盘山，<small>独石城南四十里，上有石棋盘。</small>

东山，<small>独石城东三十里，为境内山之最高者，巅有墩可瞭三百里外开平、</small>

---

① 北荒，指北方少数民族所居的广大地区。

海子诸处。

　　毡帽山，独石城西北十里，状如笠。

　　南屏山，旧开平城南四十里。

　　卧龙山，旧开平城北三里，元上都北镇龙岗，即此山也。

　　偏岭山，独石城正北四十五里。

　　崆峒山，独石城东南十里。

　　常宁山，独石城西十里。

　　牛心山，旧开平城东四十里。

　　青山，独石城东北八里。

　　尖山，独石城东北三十里。

　　总高山，独石城东北十里。

　　东胜山，独石城东五里。

　　太保峪，独石城西南十五里，内有古墓、石羊，岂前代尝有官太保者，葬于此欤。

　　韭菜冲，独石城东八里，发源东山，连接墩下至城南，合毡帽川南下。

　　毡帽川，独石城西北八里，发源偏岭墩下。

　　独石泉，独石城东北隅，极澄澈，其甘如饴，满而不溢。

　　兔儿河，发源开平废县西南上沙窝中，东流合入滦河。

　　簸箕河，**闾河**，**香河**，俱发源开平废县东北松林中，南流合入滦河。

　　东山，马营堡东三里，其上柏桧森然，白鹤恒来栖止。

　　红山，马营堡东南二十里，极高，赤色。

　　雷山，马营堡东五十里，上建雷神庙，下有积雪坚冰。

　　纱帽山，马营堡北二里，形如纱帽。

　　苍崖，马营堡南二十五里，上有飞泉。

　　桦皮岭，马营堡北五十里，多产桦木。

　　东河，从纱帽山下发源，南合红山泉，今涸。

　　红泉，在红山下，东流合大河，入龙门峡。

神泉，马营堡北三里，池方一亩，其水涌出转流成河，浴之能愈疾。

金阁山，云州堡西南十五里。

龙门山，即龙门峡，堡东北五里，两山对峙若门，而大川出于其下。

棋盘山，云州堡东北四十里，山峰高处人鲜能到，有方石如棋局，然俗传尝有仙弈棋于此。

舍身崖，云州城北五里。

游仙峪，在金阁山前。

东猫儿峪，龙门峡北十里。

拂云堆，云州堡北四里。

金莲川，云州堡东北一百里，产黄花，状若芙蓉而小，俗呼为金莲川。

龙门川，云州堡东北五里，合独石、红山二水，从龙门峡西下。

鸳鸯泊，云州堡西北一百余里境外，周围八十里其水停积不流，自辽金以来，为飞放之所。

琼泉，在长春洞前。

暖汤，云州城西南十五里，一泉七十二窍。

大岭山，赤城堡西二十里，高耸三十余丈，转运经行者，恒病于上下。天顺间，参将黄瑄命工穿为大路，人甚称便焉。

赤山，赤城东五里，山石多赤。

浩亹山，① 音门，城西南十五里，多松。

野鸡山，赤城堡西北七十里，多产野鸡。

青山，赤城西北四里。

红山，赤城东四里。

偏头山，赤城堡北六十里。

刘不老山，赤城堡西北四十里。

青羊塞山，赤城堡西南十五里。

---

① 　亹，音 mén，峡中两岸对峙如门的地方。又音 wěi，勤勉不倦貌。行进貌。

玉石沟山，赤城西七十里。

滦山，赤城东一里，东南流入古北口，为通州白河上源。

西河，赤城西南一里，合温泉，东流分引，一从城西北暗沟入城，一从城南合东流。

汤泉，一名黑龙泉，赤城西南十五里，穴口周围二丈许，其沸若汤，四时不变，可以澡浴，居人过客利之。旁有冷泉，性与尤异。

红山泉，红山下南流，合东河。

大松山，龙门城西十里，山坡曼衍，上有古松一株，盘曲森耸，因名。永乐中驻跸于此。

红石山，龙门城东五里，产红石，可资妆饰之用。

娘子山，龙门城西二十里，极高，无险恶之势，故名。

双峰山，龙门城北二十里，两峰巍然相向，高出众山之表。

塔儿沟山，龙门城西十五里，两峰极高，各有浮屠一座，元丁酉年建。

剪子峪，龙门城东二十余里，即大岭山。其形如剪，故名。

清水河，龙门城南□百步。

娘子山泉，在娘子山下，泉水溢出势甚浩瀚，可资灌溉，□□祷之即雨。正统十四年竭，今渐有溢出之势。

聚阳山，龙门所城东南三十。相传尝有仙人修炼于此。

红山，龙门所城北七里，其山西南面皆红石。

七峰山，龙门所城东北百余里。

东高山，龙门所城东一里。

西高山，龙门所城北二里许，登其巅可眺远。

北高山，龙门所城北二十里，其山极高，五六月冰雪犹存，接云州界。

鹰窝山，龙门所城东东南四里许。

鹰嘴山，龙门所城西南十里，远望若鹰嘴然。

孔宠山，龙门所城南十五里，山崖有孔，六七尺许，透明。

笔架峰，龙门所城南十五里。

黑峪，<u>龙门所</u>城南十里。

龙王嵯，<u>龙门所</u>城西北八里，其山嵯峨高耸，六月间云从此出，则暴雨至。

磨盘嵯，<u>龙门所</u>城西十里，其山如磨盘。

燕子窝石，在<u>黑峪</u>，有石形如燕子窝，内可容数十人。

狮子石，<u>龙门所</u>城东四十里，其形如狮子。

仙鹤洞，在<u>黑峪</u>，其洞最深，常有鹤栖宿于内。

样田河，发源从<u>独石</u>境外，合<u>马营</u>、<u>云州</u>、<u>赤城</u>诸水，至城南二十里，其势渐大。

滦河，<u>龙门所</u>城东十五里。

东庄泉，<u>龙门所</u>城东二里。

凉水泉，<u>龙门所</u>城东南七十里，其水极凉。

汤泉，<u>龙门所</u>城东五十余里。

龙王池，在<u>鹰嘴山</u>大石下，其深莫测，石上有龙王庙，旱祷即应。

大岭山，<u>雕鹗堡</u>东二十里。

香炉山，<u>滴水崖堡</u>东七里。

滴水崖，又名<u>碧落崖</u>，在<u>雕鹗堡</u>东四十里，石崖滴水，去地百余仞，隆冬不冻。

拂云堆，<u>雕鹗堡</u>北三里。

南河，<u>雕鹗堡</u>南一里，自<u>剪子峪</u>、<u>狗儿村</u>合流入境，东南入<u>通州白河</u>。

凤凰山，<u>长安所</u>城南百步。

八仙山，<u>长安所</u>城西二里，其峰顶高耸有八，中有石室，深二丈，阔七丈。

东山，<u>长安所</u>城东三十里。

马鞍山，<u>长安所</u>城西南三里，形如马鞍，因名。

松山，<u>长安所</u>城东南一里。

长安岭山，<u>长安所</u>城当其中，旧名<u>枪竿岭</u>，以山下石崖傍有石笋拔地丈余，故名。

<u>双尖山</u>，<u>长安所</u>城北十里。

<u>龙潭山</u>，<u>长安所</u>城西一里，山畔有瀑布泉。

<u>石盘山</u>，<u>长安所</u>城东南二十五里。

<u>狮子峪</u>，<u>长安所</u>城北三十里，中有大石若狮子形。

<u>李老峪</u>，<u>长安所</u>城北三十里。

<u>鹰窝山泉</u>，<u>长安所</u>城西北三里，作木槽，春夏引流从北城下暗沟入内，作方池积水，以给居人之用。

<u>东洪赞泉</u>。<u>长安所</u>城西南十里，亦作木槽，春夏引流，而南十里，凿池积水，行者利之。

◎城堡（上卷，卷2《城堡》）

○北路

<u>独石城</u>，高四丈，周围五里九十二步，城楼四，角楼四，城铺八，门三：东曰"常胜"、南曰"永安"、西曰"常宁"。

<u>清泉堡</u>，旧在<u>独石城</u>北十五里，<u>景泰</u>四年筑，<u>弘治</u>年移于<u>独石城</u>东南十里，添兵戍守，领以把总官，属<u>独石</u>辖。

<u>马营堡</u>，高二丈七尺，周围六里五十步，城楼四，角楼四，城铺二十四，门四：东曰"宣文"、南曰"广义"、西曰"昭武"、北曰"怀仁"，<u>宣德</u>七年筑。

<u>云州所城</u>，高二丈八尺，周围三里一百五十八步，城楼三，角楼四，城铺十七，门二：东曰"镇清"、南曰"景和"。<u>宣德</u>五年筑。

<u>镇安堡</u>，在<u>云州</u>城东三十里，<u>成化</u>八年筑，<u>弘治</u>六年展筑，立把总官戍守，十年再□，属<u>云州</u>堡辖。

<u>赤城堡</u>，高二丈九尺，周围三里一百四十八步，城楼二，角楼四，城铺十四，门二：东曰"崇宁"、南曰"大定"。

<u>镇宁堡</u>，在<u>赤城堡</u>西四十八里，<u>弘治</u>十一年都御史<u>马中锡</u>会议修筑，设把总戍守，属<u>赤城</u>辖。

<u>龙门卫城</u>，高二丈五尺，周围四里十三步，城楼二，角楼四，城铺二十六，门二，南曰"迎恩"，东曰"广武"，<u>宣德</u>六年筑，南一关。

<u>金家庄堡</u>，在<u>龙门卫城</u>北五十里，周围一里二十步，东一门楼，铺八。<u>弘治</u>十四年设把总官领兵戍守，属<u>龙门卫</u>辖。

<u>龙门所城</u>，高二丈六尺，周围四里九十步，城楼七，角楼三，敌台楼八，城铺十五，门二：南曰"敷化"、北曰"统正"。南一关，高二丈，周围一里三十步。

<u>牧马堡</u>，在<u>龙门所城</u>北十五里，周围二里，南一门。<u>弘治</u>十年修，设把总官领兵戍守，属所城辖。

<u>雕鹗堡</u>，高二丈八尺，周围二里一百二十步，城楼二，角楼四，城铺六，门二：南曰"临清"、西曰"清远"。

<u>滴水崖堡</u>，在<u>雕鹗堡</u>东六十里，<u>弘治</u>九年展筑，设官军戍守，属<u>雕鹗堡</u>辖。

<u>长安所城</u>，高三丈，周围五里十三步，城楼四，城铺十三，门二：南曰"迎恩"、北曰"洪辰"。

<u>韭菜冲堡</u>、<u>毡帽山堡</u>、<u>观音堂堡</u>、<u>马营沟堡</u>、<u>东猫儿峪口堡</u>、<u>黄土岭堡</u>、<u>伴壁店堡</u>、<u>三山堡</u>、<u>松树堡</u>、<u>君字堡</u>、<u>仓上堡</u>、<u>羊房堡</u>、<u>旧站堡</u>、<u>李和堡</u>、<u>预设砦</u>，正德九年，都御史<u>丛兰</u>添设。<u>左所堡</u>、<u>右所堡</u>、<u>前所堡</u>、<u>中所堡</u>、<u>后所堡</u>、<u>羊房堡</u>、<u>兴仁堡</u>、<u>老幼屯堡</u>、<u>郭家屯堡</u>、<u>柳林屯堡</u>、<u>新堡子</u>、<u>张浩冲堡</u>、<u>东山堡</u>、<u>糖房堡</u>、<u>郑家庄堡</u>、<u>卜家庄</u>、<u>红山堡</u>、<u>三岔堡</u>、<u>防患堡</u>、<u>防虏堡</u>、<u>东山砦</u>、<u>预宁砦</u>、<u>青松砦</u>、<u>黄沟砦</u>、<u>预障砦</u>、以上九堡，俱总制<u>丛兰</u>添设。<u>韩家冲堡</u>、<u>蒋家堡</u>、<u>石灰窑堡</u>、<u>样田堡</u>、<u>上马鞍山堡</u>、<u>下马鞍山堡</u>、<u>五里庄堡</u>、<u>八里庄堡</u>、<u>十里庄堡</u>、<u>三岔口堡</u>、<u>下狗儿村堡</u>、<u>大岭堡</u>、<u>上狗儿村堡</u>、<u>尹家庄堡</u>、<u>盘道堡</u>、<u>拒敌堡</u>、<u>东水泉堡</u>、<u>韩家庄堡</u>、<u>周村堡</u>、<u>朱家营堡</u>、<u>王吉庄堡</u>、<u>玉泉堡</u>、<u>白塔堡</u>、<u>大堡</u>、<u>东站堡</u>、<u>西站堡</u>、<u>近北庄堡</u>、<u>蝦蟆口堡</u>、<u>汤池口堡</u>、<u>上仓堡</u>、<u>下仓堡</u>、<u>瓦房沟堡</u>、<u>蔡家庄</u>

堡、郭家庄堡、贾浩庄堡、西水泉堡、青松堡、大屯堡、青罗口堡、上庄堡、仓上堡、王良堡、火烧庄、李家堡、鞠家堡、浩门堡、康家堡、大榆树堡、狗儿村堡、水碾堡、陈家庄堡、李茂堡、孤山堡、东庄堡、黎家堡、向阳村堡、行字堡、小雕鹗堡、藏家梁堡、防掠堡、红石砦、以上二二堡，总制丛兰添设。头营堡、二营堡、井儿洼堡、麻峪口堡、新井庄堡、东山庙堡、东洪站堡、西洪站堡、斗子营堡、高柞子堡、窑子沟堡、防胡堡、石河堡。以上二堡，俱正德九年总制都御史丛兰添设。

◎坛壝[1]（上卷，卷2《坛壝》）

○北路

厉坛六。一在独石城西三里，景泰年建。一在云州堡北一里，景泰七年建。一在龙门所堡北一里。一在长安岭堡北二里。一在赤城堡东南二里。一在龙门卫城北三里，景泰五年[2]建。

◎学校科贡、恩例附（上卷，卷2《学校科贡、恩例附》）

○北路

开平卫儒学。在卫治东，正统八年[3]杨洪建，成化十三年[4]守备绳律修，弘治年太监唐禄重修。

马营堡社学，在察院西。二贤书院。在社学西，为范文正公、欧阳文忠公设。

云州所社学，在堡西南隅，书院。在堡东南隅。

赤城堡社学。在南门东。

---

① 壝，音wěi。坛、墠（音shàn，古代祭祀或会盟用的场地）的通称。也特指周围有矮垣的坛。

② 景泰五年，1454年。

③ 正统八年，1443年。

④ 成化十三年，1477年。

<u>龙门卫儒学</u>。在城东门内，即旧社学地。<u>弘治元年</u>①巡抚都御史<u>张锦</u>设。

<u>龙门所社学</u>。在所治街南。

<u>雕鹗堡</u>（设）［社］学，<u>长安所社学</u>。俱<u>景泰</u>五年，参政<u>叶盛</u>建。

<u>滴水崖堡社学</u>。<u>弘治</u>六年建。

◎公署（上卷，卷2《公署》）

北路

○独石城

察院，在南门内西街。<u>正统</u>七年<u>杨洪</u>建。内臣公廨，在鼓楼西。参将府，在城内东南。<u>正统</u>□年<u>杨洪</u>建②，<u>弘治</u>三年<u>绳律</u>重修。参将公廨，在参将府东。分司，在察院西。公馆，在察院南。开平卫，在城东门街北，俱<u>正统</u>七年建。经历司、镇抚司、五千户所附。官店，在广积仓前。药房，在城南门内，俱<u>景泰</u>五年建。备荒仓，在卫治内。广积仓，在城西北隅。草场，在南门外街西，俱<u>宣德</u>五年建。演武厅。在城南一里。<u>正统</u>五年建，<u>成化</u>十年重修。

○马营堡

察院，在堡内西南，<u>正统</u>八年<u>杨洪</u>建。分司，在堡内大街东，<u>宣德</u>七年<u>杨洪</u>建。药房，在察院东。官店，在广盈仓东，俱<u>景泰</u>五年参政<u>叶盛</u>建。广盈仓，在堡西南隅，<u>宣德</u>五年建。备荒仓，在西门内，<u>成化</u>十年建。草场，在堡内西山上。演武厅。在堡南百步许，<u>正统</u>十四年都指挥<u>杨俊</u>建。

○云州堡

察院，在东门内。分司，在察院西，俱<u>景泰</u>五年建修。所治，在堡内西，<u>景泰</u>五年建，<u>成化</u>十四年降印，吏目厅、镇抚厅附。官店，在堡东北隅。药房，在驿西，俱<u>景泰</u>五年建。神枪库，在堡东北隅。云州堡仓，在堡西北，指挥<u>杨俊</u>建。云州堡察院，在东门内。分司，在察院西，俱<u>景泰</u>五年建修。所治，在堡内西，<u>景泰</u>五年建，<u>成化</u>十四年降印，吏目厅、镇抚厅附。官

---

① 弘治元年，1488年。

② 按清《赤城县志·建置志》作"参将署，在开平城，正统六年建"。

店，在堡东北隅。**药房**，在驿西，俱景泰五年建。**神枪库**，在堡东北隅。<u>云州堡仓</u>，在堡西北隅，俱<u>宣德</u>五年建①。**备荒仓**，在所治内。**草场**，在堡东北隅，俱<u>宣德</u>五年建。**演武厅**。在堡东北二里。

○赤城堡

察院，在堡东门内，<u>宣德</u>六年建。**分司**，在城南门东。**公馆**，在城东南隅。**官店**，在广备仓前。**药房**，在鼓楼前，俱景泰五年建。**广备仓**，在城西北隅，<u>宣德</u>五年建。**草场**，在城南门内，<u>景泰</u>五年建。**演武厅**。在城南二里，<u>宣德</u>七年建。

○龙门卫城

察院，在城东南隅，<u>宣德</u>六年建。**分司**，在城东南隅。**公馆**，在南关内。**卫治**，在城西北隅，经历司、镇抚司、四千户所附，俱景泰五年建。**军器库**，在卫治东北，<u>景泰</u>三年建。**神枪库**，在城东南隅，<u>景泰</u>五年建。**官店**，在城西北隅。**药房**，在卫治东，俱景泰五年建。**广盈仓**，在城西南隅，<u>宣德</u>五年建。**备荒仓**，在卫后，<u>成化</u>年建。**草场**，在城东关，<u>天顺</u>年建。**演武厅**。在城东三里，<u>景泰</u>三年重修。

○龙门所城

察院，在四牌楼东，景德②五年建。**分司**，在谯楼后，<u>正统</u>四年建。**内臣公廨**，在钟楼西。**所治**，在东门街北，吏目厅、镇抚厅附，<u>正德</u>六年重修。**公馆**，在武安王庙东，<u>正统</u>四年建。**神机库**，在城西北隅。**军器局**，在四牌楼西，俱<u>正统</u>六年建。**官店**，在龙门仓南。**药房**，在所治街南，俱景泰五年建。**龙门仓**，在城东北隅，<u>宣德</u>七年建。**备荒仓**，在所治内，<u>成化</u>七年建。**草场**，在城西南隅。**演武厅**。在城南门外，<u>正统</u>四年重修。

---

①　以上云州堡察院、分司、所治、官店、药房、神枪库、云州堡仓刻印重复，惟云州堡仓备注有别，前为"在堡西北，指挥杨俊建"，后为"在堡西北隅，俱宣德五年建"。

②　有明一代未有"景德"年号，按清《赤城县志·建置志》废署，巡按察院署，一在龙门所，景泰五年建。但未注明出处。景德当为景泰之误。

○雕鹗堡

察院，在堡中大街北，天顺七年①建。分司，在堡西门内，正统十一年建。神枪库，在堡东南隅，成化七年建。药局，在仓前。官店，在仓前，俱景泰五年建。雕鹗堡仓，在分司西，宣德五年建。备荒仓，在火神庙后，成化十年建。草场，在堡东北隅，景泰五年建。演武厅。在堡南半里许，宣德五年建。

○长安所城

察院，在社学东，景泰三年建。分司，在城南门内。所治，在城南门内，景泰五年建。火药局，在城内西。药房，在城南门内。官店，在城中街西，景泰五年建。长安岭仓，在城西北隅，景泰二年建。备荒仓，在城西北隅。草场，在仓前，景泰五年建。演武厅。在城北三里，正德二年建。

◎驿传（上卷，卷2《驿传》）

北路

○独石城

开平驿，在城西南，正统元年改建。知字暖铺，城南十里黄土岭堡内。仁字暖铺，城南二十里三山堡内。圣字暖铺。城南三十里猫儿峪堡内。

○马营堡

忠字暖铺，在堡南十里。和字暖铺。在堡南二十里，俱景泰四年建。

○云州所堡

云州驿，在鼓楼西，宣德五年建。孝字暖铺，堡南十里。友字暖铺。堡北十里。

○赤城堡

云门驿，在城东门外，景泰五年重建。恤字暖铺，在堡西二里。礼字暖铺，在堡西三十里。书字暖铺，在城南十里。数字暖铺。在城东北十里。

---

① 天顺七年，1463 年。

○龙门卫

乐字暖铺，在城东北三里。射字暖铺，城东十里。御字暖铺。城西十里。

○龙门所

睦字暖铺，城南十里。姻字暖铺，城南二十余里。任字暖铺。城西北三十里。

○雕鹗堡

浩岭驿，在分司东，宣德五年建。文字暖铺，堡北十里。行字暖铺，堡南十里。数字暖铺。堡南二十里，俱景泰五年建。

○长安所

丰峪驿，旧在南门外，景泰二年徙置南门内。信字暖铺，城北二十里。教字暖铺，城北十里。物字暖铺，城南十里。忠字暖铺。城南四十里。

◎关隘（上卷，卷3《关隘》）

北路

○龙门卫

汤池口，在城南四十里。蝦蟆口。在城南三十里。

○长安所

施家口，三岔口。

◎墩台（上卷，卷3《墩台》）

北路

○开平卫，东自云州起，西至马营止，地远一百三十九里一十六步。沿边墩台共六十一座，守瞭官军四百六十一员名。腹里墩四十四座，守瞭官军二百三十员名。小松林墩、宁虏墩、镇安门墩、青石嵯墩、接嵯墩、青泉墩、镇虏墩、接连墩、安宁墩、安静墩、上韭菜墩、平定墩、桦林墩、镇胡墩、正韭菜墩、小尖山墩、尖山墩、水泉墩、永护墩、镇北墩、镇岭墩、双盘道墩、瞭川墩、平静墩、安庆墩、平戎墩、威房墩、深沟墩、东凉墩、韭菜南墩、永丰墩、西凉墩、瞭远墩、青远墩、羊川墩、镇宁口墩、镇宁墩、双望墩、正盘道墩、永宁墩、偏岭儿墩、永镇墩、镇门大墩、镇门墩、柳河墩、棠梨墩、永庆墩、镇边墩、望海墩、镇海墩、永定墩、平房墩、平胡墩、宁静墩、镇房墩、镇川墩、高山墩、赛峰墩、石磋墩、新安墩、望川墩、右系沿边①。棋盘山墩、镇宁墩、槐家冲墩、东平墩、总高东胜墩、平夷墩、青山墩、镇冲口墩、白塔儿墩、山泉墩、宁镇墩、境宁墩、旧庄墩、毡帽山墩、镇塞墩、灭胡墩、接胡墩、永静墩、保安墩、窑子头墩、宁塞墩、境安墩、西宁墩、火石沟墩、北山墩、永安墩、东北栅子墩、东北山墩、东山墩、常胜墩、镇口墩、分岭墩、总接墩、沙岭墩、兔儿墩、敌胜墩、西冲墩、大岭墩、独石墩、三山墩、长宁墩、西山墩、石厂墩②。右系腹里。

○马营堡，东自独石界起，西至赤城界止，地远一百二十二里三十步，沿边墩四十六座，守瞭官军二百八十八员名，腹里墩三十四座，守瞭官军一百四十六员名。镇疆墩、孤石墩、镇远小墩、望川墩、香台墩、镇远大墩、三台墩、五台墩、大石磋墩、镇门墩、十台墩、小石门墩、雷山墩、盘道墩、旧小石门墩、八台墩、九台墩、兔鹊嵯墩、威远墩、沙岭墩、小尖山墩、水泉墩、漫岭墩、十四台墩、石糟墩、静房墩、十七台、桦林墩、驮腰墩、桦皮岭墩、二十台墩、小团山墩、双盘道墩、大团山墩、漫岭新墩、三十六台墩、大莽崖墩、厦儿岭墩、青石磋墩、三十四台墩、狮子墩、三十六台墩、磨儿嵯墩、三十七台墩、三十九台墩、磨台嵯新墩、右系沿边。沙沟墩、东山墩、三岔口墩、柴沟墩、石塘墩、三岔口东墩、

---

① 因古籍竖排，依右向左，故称"右系"。今改横排依左向右，即为"上系"。下同，不再标注。

② 以上"腹里墩四十四座"，实载43座。

西梁墩、中高墩、卞家堡墩、红山墩、镇口墩、三盘碾墩、四望墩、总望墩、刁家梁墩、鹰窝墩、王英墩、松树堡墩、撞胡墩、陡岭墩、镇房新墩、总高墩、羊房墩、金家梁墩、镇宁墩、西宁墩、东北角墩、水口墩、窑上墩、南菜园墩、圆头墩、西南角墩、西北角墩、北菜园墩。右系腹里。

○云州所，北自独石界起，南至（隆）〔龙〕门所界止，地远九十二里八十步。沿边墩台二十四座，宁瞭官军一百二十四员名。腹里墩台二十三座①，守瞭官军七十四员名。镇界墩、镇胡墩、驼腰墩、小松林墩、新镇墩、大松林墩、大松林台、镇北墩、镇北口墩、虎山墩、陆文冲墩、平顶墩、盘道墩、尖山墩、定远墩、平朔墩、盘道口墩、静东墩、三岔墩、镇边墩、镇虏墩、三岔口墩、擒胡墩、镇远墩、右系沿边。镇堡墩、打罗墩、望远墩、镇口墩、盘道岭墩、驼房墩、窑子口墩、龙门口墩、庙后墩、站后墩、金阁观墩、双护墩、孙化墩、大庄窠墩、苇子墩、总镇墩、烟梁墩、镇川墩、镇岭墩、清远墩、打罗栅墙墩、永安墩。右系腹里。

○赤城堡，北自马营界起，南至龙门卫界止，地远四十里二百三十步。沿边墩一十九座，守瞭官军一百员名。腹里墩三十三座，守瞭官军八十九员名。擒胡台、偏头山墩、镇虏墩、小石嵯墩、小石嵯新墩、野鸡山墩、野鸡山新墩、镇寇墩、野鸡山门墩、红石嵯墩、玉石沟墩、静西墩、玉石墩、镇夷墩、宁月墩、小平顶墩、常岭墩、新安墩、松林墩、右系沿边。石门墩、镇远墩、真武庙墩、红山嘴墩、旧后所墩、镇路墩、瞭远墩、平梁墩、盘道墩、镇门墩、柴家墩、镇西墩、黄土梁墩、永兴墩、赵家梁墩、分镇墩、柴家新墩、宁静墩、黄土山墩、将军庙墩、柳河墩、袁家墩、城北东墩、青山墩、堂子口墩、西冲中墩、总镇墩、浩门墩、青罗墩、镇川墩、

---

① "腹里墩二十三座"，以下实载22座。

磨石梁墩、红石窑墩、沃麻坑墩。右系腹里。以上二座俱正德九年总制都御史丛兰添设。

　　○龙门卫，北自赤城桦林墩界起，至宣府八角台界止，地远五十六里三百三十六步。沿边墩二十八座[1]，守瞭官军夜不收二百八十六员名。腹里墩三十三座[2]，守瞭官军一百一十八员名。盘道墩、威镇新墩、威镇墩、制胜墩、静远墩、人头草墩、总镇墩、太平竿墩、平梁墩、镇静墩、北高山墩、驮腰墩、安边墩、北新墩、镇虏墩、镇疆墩、东高山墩、石门墩、鹰窝墩、车头沟墩、镇寇墩、制虏墩、镇西墩、杨家冲墩、镇边墩、黑山儿墩、永安墩、分镇墩、泰安墩、东梁墩，右系沿边。乾柴岭墩、交界墩、总照墩、平顶口墩、永平墩、镇宁墩、剪子峪北墩、石嵯墩、起风口墩、塔儿顶墩、双顶墩、塔儿领墩、镇安墩、镇胡墩、大岭墩、下剪子峪墩、双望墩、水泉墩、闫文道梁墩、盘道墩、大木梁墩、剪子峪南墩、老王沟墩、许家冲墩、永定墩、杨家冲墩、总楼墩、城北墩、城西墩、城南墩、城东墩。右系腹里。

　　○龙门所，北自云州界起，南至雕鹗界止，地远一百一里一百八十步。边墩四十八座，守瞭官军二百四十九员名。腹里墩三十五座，守瞭官军九十六员名。双泉口墩、灭胡墩、灭胡口墩、白塔儿墩、镇宁墩、白塔儿口墩、七峰口墩、七峰墩、镇胡墩、青峰口墩、青峰墩、镇远墩、镇夷墩、关子口墩、镇夷口墩、沙沟口墩、中胜墩、张锁住冲墩、堂子口墩、正东墩、正东口墩、狮子墩、狮子口墩、朝阳墩、朝阳口墩、接连墩、靖宁墩、威镇墩、磨石口墩、石峰墩、石峰口墩、平胡墩、平胡口墩、三岔墩、孤石口墩、松林墩、松林口墩、镇边墩、镇虏墩、升平墩、升平口墩、庆阳墩、盘道墩、庆阳口墩、乱泉寺墩、总制墩、乱泉寺口墩、镇靖墩，右系沿边。北

---

① "沿边墩二十八座"，以下实载 30 座。
② "腹里墩三十三座"，以下实载 31 座。

高山墩、三十九号墩、三十八号墩、双井儿墩、窑子冲墩、接边墩、镇江墩、关子口墩、鹰窝墩、沙沟墩、盘道墩、堂子口墩、旧庄墩、平房墩、黑峪中口墩、永安墩、双盘道墩、瞭远墩、总接墩、镇戎墩、云州岭墩、羊房墩、西山嵯墩、西北角墩、镇安墩、东北角墩、北栅子门墩、护城墩、红山儿墩、东栅子门墩、东南角墩、南栅子门墩、西北角墩、接嵯墩、右系腹里。镇冲二墩。正德九年总制都御史丛兰添设。

　　〇雕鹗堡，自大岭暗炮起，至永宁界止，地远一百四十一里。墩二十六座，守瞭官军七十三员名。腹里墩十座①，守瞭官军四十二员名。石墙儿墩、盘道岭墩、许家冲新墩、镇口墩、高陵口墩、许家冲旧墩、接嵯墩、盘道岭二墩、酒务头墩、高陵栅口墩、七号墩、双望墩、袁矮子旧墩、东安墩、平定口墩、大屯墩、靖胡墩、青罗口墩、冯家冲墩、冯家冲二墩、靖虏墩、镇止墩、青白口墩、宁塞墩、宁界墩、靖川墩，右系沿边。三岔口墩、正北墩、大雕鹗墩、仓上旧墩、仓上新墩、西北角墩、西南角墩、东北角墩、东南角墩。右系腹里。

　　〇长安所，自石盘口起，至雕鹗界止，地远五十二里。沿边墩四座，守瞭官军一十七员名。腹里墩十一座，守瞭官军三十四员名。东山庙墩、李老峪墩、双尖山墩、石盘口墩、右系沿边。东山墩、西山墩、护城墩、截路墩、镇泉墩、护水墩、平山墩、镇安墩、镇门墩、松山墩、镇远墩。右系腹里。

　　◎祠庙寺观、楼阁、冢墓附（上卷，卷3《祠庙寺观、楼阁、冢墓附》）

---

　　① "腹里墩十座"，以下实载9座。

北路

〇开平卫

文庙，在卫治东，正统八年杨洪建，成化十三年绳律重修。

真武庙，在城内北，正统五年建。

旗纛庙，在真武庙东，正统五年杨洪建。

东岳庙，在城东北隅，正统四年建，弘治二年移置东门外山上。

城隍庙，在城西南隅，正统五年建。

火神庙，在城东北，正统十一年建。

独石神庙，在独石上，正统七年建。

马神庙，在西门内，正统五年建。

武安王庙，在南门月城内，正统八年建。

昌平侯祠三，一在文庙内，一在参将公廨内，俱弘治年建；一在镇疆寺后，正统三年建。

镇疆寺，在城西北隅，本旧华严寺，正统三年重建，改今名。已上各寺庙弘治年俱重修。

鼓角楼，在城中，成化年修，弘治年修。

钟楼，在鼓角楼北。

义冢。在城西一里，景泰五年建。

〇马营堡

真武庙，在鼓楼北。

东岳庙，在东山上。

城隍庙，在西门内，宣德七年建。

旗纛庙，在堡北门东，宣德七年建。

火神庙，在堡东北隅，宣德七年建。

武安王庙，在堡东三里。

马神庙，在明真观东。

明真观，在北门东，正统十四年建。

鼓角楼，在堡中。

钟楼，在鼓角楼北，俱宣德七年建。

义冢，在堡北三里，景泰五年叶盛建。

屡丰亭。在演武厅南，景泰五年叶盛建。

○云州所堡

真武庙，在堡内北，正统十年建。

城隍庙，在堡西北隅。

旗纛庙，在堡内东。

马神庙，在堡东南隅，俱宣德五年建。

武安王庙，在堡内西，成化二十三年建。

义烈祠，在分司南，景泰二年建。

护国寺，在堡东北五里，至元二年建。旧名云水庵，弘治二年重建，改今名。

灵真观，在金阁山阳，元为云溪观，后改崇真宫，正统六年重修，改今名。

鼓楼，在堡中，正统二年建。

钟楼，在城东南隅。

义冢，在堡西北三里，景泰五年建。

祁真人墓。在金阁山前。

○赤城堡

城隍庙，在城西北隅，宣德五年建。

旗纛庙，在城西北隅，正统三年建。

马神庙，在城内东，正统三年建。

武安王祠，在南门月城内，正统九年建。

温泉神祠，在温泉上，正统六年建。

昌平侯祠二，在静宁、瑞云二寺内。

瑞云寺，在汤泉东百余步，正统年建。

静宁寺，在城南门内西，正统五年建。

鼓角楼，在城中，正统四年建。

义冢，在城东北四里，俱景泰五年叶盛建。

心远堂，在城中，景泰四年叶盛建。

咏归亭，在汤泉上，正统四年建。

嘉禾亭。在城南三里，景泰五年叶盛建。

○龙门卫

文庙，在东门内。

城隍庙，在城西南隅，宣德七年建。

旗纛庙，在卫治内，景泰四年建。

马神庙，在城东北隅，景泰二年建。

武安王庙，在城内西，正统三年建。

龙神祠，在关厢东门外，正统年建。

昌平侯庙，在普济寺内，正统十一年建。

普济寺。在城内东，本古华严寺故址，中有浮屠，高百尺，名宝峰。正统十一年都督杨洪建，敕赐寺名曰"普济"，塔曰"重光"。

○龙门所

真武庙，在城西北隅，宣德年建。

城隍庙，在城西南隅。

旗纛庙，在城东门街北。

火神庙，在城西北隅，宣德七年建。

马神庙，在城东南隅，宣德八年建。

龙王庙，在城北一里许，正统三年建。

武安王庙，在城中，正统七年建。

昌平侯祠，在虔化寺内，正统十年建。

虔化寺，在城东北隅，正统十一年建。

谯楼，在城中，正统十一年建。

1245

钟楼，_{在谯楼西北，正统五年建。}

义冢。_{在城北四里，景泰五年建。}

○雕鹗堡

城隍庙，_{在堡西南隅。}

真武庙，_{在堡中大街北。}

旗纛庙，_{在堡东北隅，正统五年建。}

马神庙，_{在堡西南隅，宣德五年建。}

武安王庙，_{在文字铺南，宣德五年建。}

火神庙，_{在堡东南隅。}

义冢。_{在堡西南三里，景泰五年建。}

○长安所

城隍庙，_{在城西北隅，宣德六年建。}

真武庙，_{在城北十里。}

旗纛庙，_{在所治西，景泰五年建。}

马神庙，_{在城内东，正统十一年建。}

武安王庙，_{在城南门外，洪熙元年①建。}

龙王庙，_{在城南三里。}

鼓楼，_{在城内东山坡，景泰五年建。}

钟楼，_{在城东南隅，正统十二年建。}

义冢。_{在堡西北三里，景泰五年建。}

◎坊牌（上卷，卷3《坊牌》）

北路

○开平卫

永安坊、长胜坊、长宁坊，_{在鼓楼东、南、西三面，成化年立。}

---

① 洪熙元年，1425 年。

耀奎坊，在儒学东，正统七年为举人胡贯立。

澄清坊，在城东南。

振武坊。在城西南，俱正统三年立。

○赤城堡

奉宣坊、共泰坊、永丰坊，在堡中通衢东、南、西三面。

迎恩坊、澄清坊、镇静坊，在南门内南、东、西三面。

○龙门卫

飞胜坊，在城南门内，成化十四年为举人魏清立。

澄清坊。在察院西，成化二年立。

○龙门所

升阳坊、敷化坊、登丰坊、统政坊。在城中通衢。

○长安所

承恩坊，在城南门内，成化九年立。

永安坊。在城北门内，成化十五年立。

◎桥梁（上卷，卷3《桥梁》）

北路

○开平卫

顺济桥。在城南三里许。

○赤城堡

镇虏桥。跨东河，成化二十三年建。

○龙门所

样田河桥。在样田堡后四里许。

◎田赋土贡、草场附（中卷，卷4《田赋土贡、草场附》）

○北路屯田

开平卫，军舍余丁三百七名，地一百五十三顷，粮六百一十四石，草四千六百五束。

云州所，舍余三十名，地一十五顷，粮六十石，草四百五十束。

龙门卫，军舍余丁三百四十九名，地一百三十七顷四十五亩，粮一千九十八石，草四千一百一十七束五分。

龙门所，军余九十二名，地二十二顷五十亩，粮一百八十八石，草七百五束。

长安所，军舍余丁一百五十三名，地四十七顷五十亩，粮五百七十石，草一千四百二十五束。

○地亩粮

开平卫，三百六十石五斗八升七合六勺。

马营堡，八十一石九斗六升。

云州所，六十八石四升。

赤城堡，四十二石二合五勺。

龙门卫，三百八十八石八升三合。

龙门所，二百四石七斗六升三合。

雕鹗堡，五百八十二石三升七合四勺。

长安所，二百二十五石三斗六升。

○团种

开平卫，军余四百八十二名，牛四百八十二只，地三百三十七顷四十亩，粮四千六百二十石，草一百二十束。

马营堡，军余五百一十二名，牛五百一十二只，地三百六十五顷四十亩，粮五千二百七十八石，草三千八百四十束。

云州所，舍余一百二十二名，牛九十五只，地六十六顷五十亩，粮八百四十五石六斗，草七百三束五分。

赤城堡，舍余一百五十四名，牛一百二十七只，地八十八顷九十亩，粮一千七十八石，草九百五十二束五分。

龙门卫，舍余一百九十七名，牛一百九十七只，地一百九十七顷，粮一千六百五十六石，草一千四百七十七束五分。

龙门所，舍余三百三十一名，牛二百一十九只，地一百五十一顷二十六亩三分，粮二千四百一十六石七斗二升，草一千六百三十六束九分。

雕鹗堡，舍余六十九名，牛六十九只，地四十二顷，粮五百五十二石，草四百五十束。

长安所，军五十七名，牛五十七只，地三十九顷九十亩，粮九百一十二石，草四百二十七束五分。

○公务田

开平卫，余丁十六名，牛十六只，地十一顷二十亩，粮九十六石，草一百二十束。

马营堡，军一十名，牛一十只，地七顷，粮一百三十石，草七十五束。

云州所，军四名，牛四只，地二顷八十亩，粮五十六石，草三十束。

赤城堡，军四名，牛四只，地二顷八十亩，粮五十六石，草三十束。

龙门卫，军六名，牛六只，地六顷，粮九十一石，草四十五束。

龙门所，军六名，牛六只，地四顷二十亩，粮八十四石，草四十五束。

雕鹗堡，余丁四名，牛四只，地二顷八十亩，粮三十二石，草三十束。

长安所，军四名，牛四只，地二顷八十亩，粮六十四石，草三十束。

○驿传田

开平卫，军四名，牛四只，地四顷二十亩，粮四十八石，草三十束。

云州所，军四名，牛四只，地二顷八十亩，粮五十六石，草三十束。

赤城堡，军四名，牛四只，地二顷八十亩，粮五十六石，草三十束。

龙门卫，军二名，牛二只，地二顷一十亩，粮三十二石，草十五束。

雕鹗堡，军四名，牛四只，地四顷二十亩，粮六十四石，草三十束。

长安所，军四名，牛四只，地二顷八十亩，粮六十四石，草三十束。

○草场

独石城，牧马草场一十二。一在麻地沟，地七十五顷。一在黄家冲，地五十二顷。一在明嵯儿，地四十顷。一在鄢家湾，地九十九顷九十八亩。一在李木匠沟，地九十七顷八十九亩。一在刘太保沟，地九十八顷。一在怀家冲，地九十八顷三十亩。一在董家沟，地一百一十顷。一在大王庙，地一百三十顷。一在窑子沟，地一百五十顷。一在黄土堡，地九十五顷。一在邹家沟地，八十顷。

开平驿，牧马草场二。一在头炮儿沟，一在马营沟，共地二十三顷七十亩。

马营堡，牧马草场一十一。一在红山嘴高山梁，地七十顷。一在邓安儿大梁山，地六十顷。一在张安梁，地五十顷。一在苏家梁，地三十顷。一在毛家冲，地四十顷。一在苏家梁，地六十顷。一在杨虎沟，地五十顷。一在杨虎儿沟，地八十顷。一在李牢冲，地六十顷。一在侯家冲，地四十顷。一在王线沟，地五十顷。

云州堡，牧马草场二。一在夏家冲，地一十五顷。一在龙门口甘家冲，地四顷八十亩。

赤城堡并云门驿，牧马草场六。一在欧阳冲，地六顷。一在杨家冲，地四顷。一在黄土岭，地四顷。一在王家冲，地三顷。一在大峪冲，地八顷。一在云门驿小峪冲，地三顷。

龙门所，牧马草场四。一在双井儿，地二顷三十亩。一在青羊冲，地二顷二十亩。一在椴木冲，地二顷二十亩。一在云州岭，地二顷五十亩。

龙门卫，牧马草场五。一在城南斗子营，地一十五顷。一在城东段家沟，地七顷。一在城西趄柳树，地五顷。一在山忽坡，地一十二顷。一在烟子沟，地一十三顷。

雕鹗堡，牧马草场四。一在西咸场，周围四千七百五十步。一在城西苗家沟，周围二千四百一十八步。一在城东朱家沟，地方宽阔沿山。一在城北赵家沟，地方宽阔沿山。

浩岭驿，牧马草场三。一在咸场，周围一千三十步。一在火烧沟，周围一千九百七十步。一在大石头沟，周围二千七百一十步。

长安岭，牧马草场二。一在城北二里。一在李老峪，离城二十里，共地一十九顷四十五亩。

丰峪驿，牧马草场。在本驿东南十里瓦房沟庙儿岭，地一十顷三十亩。

◎土产（中卷，卷4《土产》）

○北路

石属，磁石、大赭石。俱龙门卫出。

谷属，粟、黍、稷、麦、不多。荞麦、元许有壬糁面诗：坡远花全白，霜轻实便黄。杵头麸退墨，砲齿雪流香。玉叶翻盘薄，银丝出漏长。元宵贮膏火，蒸黑笑南乡。南乡乔面黑，甚熟则坚实。若瓦石可代，陶盏贮膏火。豌豆、蚕豆、各城堡俱出。梁、黑豆、蜀秫。长安所出。

果属，榛、杏、桃、李、沙果。龙门卫、长安所出。

木属，松、柏、榆、柳、杨、桑、楸、桦、椴。

蔬属，葱、蒜、韭、元许有壬诗：西风吹野韭，花发满沙陀。气校荤蔬媚，功于肉食多。浓香跨姜桂，馀味及瓜茄。我欲收其实，归山种涧阿。茄、蕨、芥、莴、苣、萝卜、元许有壬诗：性质宜沙地，栽培属夏畦。熟登甘似芋，生荐脆如梨。老病消凝滞，奇功直品题。故园长尺许，青叶更堪斋。菠薐、蔓菁、莙荙、苦苣、白菜、元许有壬诗：土羌新且嫩，筐筥荐纷披。可作青菁饭，仍携玉版师。清风牙颊响，真味士夫知。南土称秋末，投籝要及时。沙菌、元许有壬诗：牛羊膏润足，物产借英华。帐脚骈遮地，钉头怒戴沙。斋厨供玉食，橐索出毡车。莫作垂涎想，家园有莫邪。胡萝卜、黄花菜。

花属，葵、山丹、石竹、胭脂。

草属，艾、马兰、地椒。元许有壬诗：冻雨催花紫，轻风散野香。刺沙尖叶细，敷地乱条长。楚客收成裹，奚童撷满筐。行厨供草具，调鼎尔非良。右四类各城同。

药属，芍药、苍术、黄芩、知母、柴胡、桔梗、杏仁、郁李仁，各城俱出。黄精、独石、马营出。甘草、麻黄、马营、赤城、龙门、雕鹗出。藁本、独石、龙门、长安所出。升麻、马营、赤城、龙门、雕鹗、长安所出。威灵仙、马营、雕鹗、长安所出。防风、大戟马营、赤城出。藜芦、马营、龙门、长安所出。贯仲、马营、龙门所出。地榆、牛蒡子、五味子、酸枣仁、俱龙门卫、长安所出。苦参、秦艽、草乌、狼毒、茵陈、远志、沙参、车前子、俱马营出。大黄、赤城出。细辛、甘松、龙门所出。

禽属，鸦、鹊、雀、鸟、雉、鸠、鹰、喜鹊、雕、麻鹊、沙鸡、野鸡、鹖鸡、啄木、半痴。

兽属，虎、豹、熊、鹿、獐、麂、狼、狐、兔、豺、獾、黄羊、元许有壬诗：草美秋先膬，沙平夜不藏。解绦文豹健，畲炙宰夫忙。有肉须供世，无魂亦似獐。少年非好杀，假尔试穿杨。秋羊、有壬诗：塞上寒风起，庖人急尚供。戎盐春玉碎，肥荤压花重。肉净燕支透，膏凝琥珀浓。年年神御殿，颁馂每沾侬。黄鼠、有壬诗：北产推珍味，南来怯陋容。瓠肥宜不武，人拱若为恭。发掘怜禽狝，招徕或水攻。君毋急盘馔，幸自不穿墉。野马、青羊。

家畜。八城堡俱与镇城同。

◎武备（中卷，卷5《武备》）
○军士
北路，原额官军二万九千二百一十员名。

北路，存籍官军二万五千五百八员名，操备官军一万三千六十四员名，杂差官军一万二千四百四十四员名。实有官军一万五千一十一名。操备官军一万七百二十五员名，杂差官军四千二百八十六员名。

独石城，存籍官军八千八百三十员名，操备官军二千六百四十一员名，杂差官军六千一百八十九员名。实有官军四千三百四员名。操备官军二千四百九十七员名，杂差官军一千八百七员名。

清泉堡，存籍官军二百五十七员名，实操官军二百五十二员名。

龙门卫城，存籍官军三千五百八十八员名，操备官军一千五十七员名，杂差官军二千五百三十一员名。实有官军一千七百四十三员名。操备官军一千四十七员名，杂差官军六百九十六员名。

马营堡，存籍官军三千二百七十三员名，实操官军二千二百八一一员名。

赤城堡，存籍官军一千五百九十七员名，操备官军一千二百三十四员名，杂差官军三百六十三员名。实有官军一千三十一员名。操备官军八百八十二员名，杂差官军一百四十九员名。

长安岭堡，存籍官军一千一百六十六员名，操备官军三百六十六员名，杂差官军八百员名。实有官军五百二员名。操备官军三百六十六员名，杂差官军一百三十六员名。

雕鹗堡，存籍官军六百五十九员名，操备官军三百一十员名，杂差官军三百四十九员名。实有官军六百五十一员名。操备官军三百一十员名，杂差官军三百四十一员名。

龙门所，存籍官军二千三百三十三员名，操备官军一千五十九员名，杂差官军一千二百七十四员名。实有官军一千六百二十九员名。操备官军九百五员名，杂差官军七百二十四员名。

牧马堡，存籍官军二百一十二员名，实操官军二百一员名。

镇安堡，存籍官军四百四十九员名，实操官军二百九十八员名。

滴水崖堡，存籍官军五百一十三员名，实操官军四百八十九员名。

云州堡，存籍官军一千七百九十员名，操备官军八百五十二员名，杂差官军五百四十员名。实有官军八百七十四员名。操备官军四百四十一员名，杂差官军四百三十三员名。

金家庄堡，存籍官军四百一十二员名，实操官军三百七十一员名。

镇宁堡，存籍官军四百二十九员名，实操官军三百八十五员名。

○马匹

北路，原额官军骑操马八千一百九十二匹，实有官军骑操马六千七百七十七匹。

独石城，原额官军骑操马二千四百九十四匹，实有官军骑操马二千八十一匹。

清泉堡，原额官军骑操马一百三十九匹，实有官军骑操马一百二十四匹。

马营堡，原额官军骑操马一千八百九十一匹，实有官军骑操马一千四百六十六匹。

云州堡，原额官军骑操马三百四匹，实有官军骑操马二百四十七匹。

镇安堡，原额官军骑操马二百一十六匹，实有官军骑操马九十三匹。

赤城堡，原额官军骑操马四百一十四匹，实有官军骑操马三百四十七匹。

镇宁堡，原额官军骑操马二百九十五匹，实有官军骑操马二百七十六匹。

龙门城，原额官军骑操马七百二十一匹，实有官军骑操马六百二十七匹。

金家庄堡，原额官军骑操马二百一十七匹，实有官军骑操马一百八十七匹。

龙门所，原额官军骑操马七百六十四，实有官军骑操马六百四十一匹。

牧马堡，原额官军骑操马一百二十六匹，实有官军骑操马一百二十三匹。

雕鹗堡，原额官军骑操马二百六匹，实有官军骑操马一百九十匹。

滴水崖堡，原额官军骑操马一百七十匹，实有官军骑操马一百五十九匹。

长安岭堡，原额官军骑操马二百三十九匹，实有官军骑操马二百一十二匹。

〇烧荒。每年冬十月初，间以草枯为始，本镇统领官军出境焚烧野草，使达贼不能南牧。起于正统年，总兵官统领官军五千员名，由青边口出境，经三岔沟、黄草滩，至上各河，且行且焚，至晚回兵，凡二日。副总兵官统领本营官军三千员名，由大白阳口出境，经瓦庙儿、孤榆树，至上各河与总兵官会兵，且行且焚，至晚回兵，凡二日。旧游击将军统领本营官军三千员名，由张家口出境，经红崖儿，至羊圈沟，且行且焚，至晚回兵，凡二日。新游击将军统领本营官军三千员名，由青边口出境，经三岔沟至红崖儿，与旧游兵会兵，且行且焚，至晚回兵，凡二日。北路参将统领本路官军三千余员名，由独石地方出境入马营堡，由马营堡地方出，入赤城、龙门等处，且行且焚，至晚回兵，凡二日。西路参将统领本路官军三千余员名，由膳房堡口出境，入洗马林等堡口，洗马林堡口出境入柴沟等堡，且行且焚，至晚回兵，凡二日。东路参将统领本路官军三千余员名，由永宁城出境，入四海冶堡，且行且焚，至晚回兵，凡二日。

◎风俗（中卷，卷5《风俗》）

〇北路

其地极寒，霜雪既早，人多于山泽业，农暇则讲武，不惮勤苦，而勇锐敢战，其俗被学校之化，渐有中州之风。

山高风烈，人性刚猛，知慕忠义可与为守。

◎古迹（中卷，卷5《古迹》）

○北路

云州所城。白城，在堡东北一百里境外，金世宗纳凉之所，章宗生于此。又有黑城，距西南九十里。望云川，即所境。兴州城，在堡东五百五十里境外，本汉上谷郡女祁县地，唐为奚地，金为兴州，元因之，领兴安、宜兴二县，今废。宜兴废县，在堡东四十五里境外，金（太）［泰］和中置，寻废，元至元初复置，属兴州，今废。长春洞，在金阁山西崖。泰和宫。在金莲川，金章宗与李妃避暑于此，今废。

龙门卫。羊城。在城东南三十里，相传为苏武圈羊之所。

龙门所。浴堂，在城东五十里境外山麓，其水四时沸，元置堂澡浴，今废。明真观，在聚阳山下。报恩寺，在七峰山下。银矿场，在样田屯，元煎销①银场，旧址犹存。景泰年勘验，其洞如井，至其下百孔丛穿，莫知所□，独一大洞，行约八九里，至河宽丈余，水流有声，其深莫测，上有独木桥，人皆畏怖，不敢渡银砂，绝无想□矿也。歇马台。在城东五十里境外，相传为萧太后歇马之处，遗迹犹存。

长安所。芦城，在城东三十里，有番字碑文。秦长城，在城南三里许，东西横八十余里。洪赞井，旧有三处，今废。思泉井。城南二十五里，元大德五年，怀远大将军镇江路前达鲁花赤马薛里吉思凿，今废。

◎景致（中卷，卷5《景致》）

○北路八景

独石春耕，马营夏牧，东庄秋饷，西关冬衣，云州晓角，赤城昼漏，雕鹗夜雨，长安晴日。

---

①　煎销，熔化。

◎宦迹（卷6《宦绩》）

○国朝

游击将军

郤永，字世延，龙门卫人，都指挥同知，正德五年①。

靳英，开平卫人，都指挥佥事。

都司掌印官

马升，都指挥使，宣德五年始设万全都司，八年升参将，分守赤城，正统年复□都司。

张寿，开平卫人，都指挥佥事，天顺七年②。

郑祥，字廷瑞，开平卫人，署都指挥佥事，成化十一年③协理军政，十七年升任。

黄镇，字宗岳，龙门卫人，都指挥佥事，弘治二年④。

王本，字□之，开平卫人，都指挥佥事，弘治十七年，正德九年复任。

郤永。字世延，龙门卫人，都指挥同知，弘治十七年协理军政，正德四年升任。

协理军政官

尹升。开平卫人，荐升署都指挥佥事，成化二十一年。

○东路

国朝

分守参将

杨洪，开平卫指挥使充游击将军提督，宣德十年。

朱谦，开平卫人，都指挥佥事，成化二十年。

绳律，开平卫人，都指挥佥事，成化二十一年。

黄镇。字宗岳，龙门卫人，都指挥佥事，弘治十年。

---

① 正德五年，1510 年。

② 天顺七年，1463 年。

③ 成化十一年，1475 年。

④ 弘治二年，1489 年。

守备官

永宁城。尹升，开平卫指挥使，成化九年。朱辅。开平卫指挥使，弘治二年。

保安旧城。李谦。开平卫指挥佥事，弘治二年。

保安新城。邓英，龙门卫人，都指挥佥事，成化六年。黄镇。龙门卫人，都指挥佥事，成化二十年。

隆庆州城。汪溶，开平卫指挥佥事，天顺元年。于升。龙门所指挥佥事，成化十五年。

四海冶堡。王俊。开平卫指挥使，成化二十年。

〇南路

国朝

分守参将

马经。开平卫人，都指挥佥事，正德六年。

守备官

东城。张广，龙门卫人，署都指挥佥事，弘治四年。

蔚州城。马经，开平卫人，都指挥佥事，正德五年。曹泰。龙门卫指挥同知，正德六年。

广昌所。王琬。龙门卫指挥佥事，弘治六年。

〇西路

国朝

分守参将

张林，龙门卫人，都指挥佥事，景泰五年①。

刘宝。开平卫人，都指挥使，正德三年。

守备官

万全右卫。张铠。龙门卫指挥佥事，弘治十年。

———————————

① 景泰五年，1454 年。

新河口堡。葛镇。开平卫指挥佥事，正德七年。

万全左卫。宁汉。龙门卫人，都指挥佥事，正德七年。

怀安城。张林。龙门卫人，都指挥佥事，正统十四年①。

柴沟堡。杨信。开平卫人，都指挥佥事，正统十四年。

洗马林堡。王琬。龙门卫指挥佥事，成化十四年。

张家口堡。刘忠。开平卫人，都指挥佥事，正德二年。

○北路

辽

张俭。宛平人，端愨不事外□为云州幕官，辽主猎云中，故事长□当有所献，节度使进曰：臣境无他产，惟幕僚张俭一代之宝□，以为献，因召见。容止村野，访及世务，上奏三十余事，由是笼遇特异。

元

贺仁杰，上都留守开平府尹，车驾春秋行幸出入，供亿②未尝缺乏，世祖嘉之。

贺胜，上都留守兼开平府尹，通商贾柳豪纵出纳，裁量有度，供亿不匮，民赖以安。

达礼麻识理，字遵道，怯烈白氏其先北方大族，七世祖居开平，达礼麻识理幼颖敏，从师授经史，过目辄领解。至正五年，经筵③选充译史历官，至上都留守兼开平府尹，加荣禄大夫。

朵栾帖睦而，字惟时，木华黎诸孙。至正二十年，寇犯云州之赤城，朵栾帖睦而统精兵与知院也连、达鲁花赤絜来、知州孙善、同知安僧、镇抚哈剌台等讨平之，残寇东走潮河川云州以宁。州人勒石纪功，题曰："平云州之记"。碑石尚存，字多剥落。

---

①　正统十四年，1449 年。

②　供亿，指所供给的东西。

③　经筵，汉唐以来帝王为讲论经史而特设的御前讲席。宋代始称经筵，置讲官以翰林学士或其他官员充任或兼任。宋代以每年二月至端午节、八月至冬至节为讲期，逢单日入侍，轮流讲读。元、明、清三代沿袭此制，而明代尤为重视。除皇帝外，太子出阁后，亦有讲筵之设。清制，经筵讲官，为大臣兼衔，于仲秋仲春之日进讲。

赵致安，中山人，前燕南进士。至正中牧守云州，建庙学，蠲徭役，以作兴云州八乡之学者。

阎完。龙门县尹。

国朝

分守内臣成化五年以前，为镇守。正统年为守备。

韩政，都知监左少监，正统元年。

陈公，右少监，景泰年。

弓胜，奉御，天顺年。

黄整，奉御，天顺年。

阮禄，右监丞，天顺年。

张铨，奉御，天顺五年。

进保，奉御，天顺七年。

刘祥，左少监，成化三年。

吉英，右少监，成化年。

崔荣，右少监，成化年。

李锦，左少监，成化年。

杨聪，都知监右监丞，弘治元年。

唐禄，内官监左少监，弘治九年任，十二年。

李增，都知监右监丞，正德二年。

姚远，印□监太监，正德五年。

满隆，正德□年。

郭源。御马监太监，正德十年。

文职

尹聪，户部郎中参谋军务，正统年。

叶盛。山西布政司参政协赞军务，景泰初事儿镇城，宦迹类下。

分守参将

郭亮，永平卫人，成安侯。永乐九年①同都指挥齐安镇守旧开平，多效劳绩，俱卒于任。

杨洪，宣德、正统年，详具人物类。

赵文，龙门卫人，都指挥，正统年。

孙安，都督，景泰初。

周贤，宣府前卫人，都督佥事，景泰五年。

江福，都督同知，天顺初。

黄瑄，天顺七年，详具人物类。

李刚，怀安卫人，都督佥事，成化二年②。

杨伸，成化十四年，详具人物类。

吴俨，京卫人，都指挥佥事，成化十六年。

朱谦，开平卫人，都指挥佥事，成化年。

盛忠，京卫人，都指挥佥事，成化年。

绳律，开平卫人，都指挥佥事，骁勇善战，且能兴学育材，弘治元年③。

白玉，宣府前卫人，都指挥佥事，弘治八年。

杨彪，都指挥佥事，弘治十年。

杨英，宣府右卫人，都指挥佥事，弘治十二年。

王本，开平卫人，都指挥佥事，正德三年。

郤永，龙门卫人，都指挥同知，正德五年。

詹冕，万全右卫人，都指挥佥事，正德六年。

江桓。都指挥佥事，正德十年。

协同分守官

李延，开平卫人，都指挥佥事，成化二年。

---

① 永乐九年，1411 年。
② 成化二年，1466 年。
③ 弘治元年，1488 年。

孟玺。保安右卫人，都指挥金事，成化十年。

守备内臣

龙门所城

马良，内使，正统四年。

陈箇包，内使，正统十二年。

陈庄，内使，景泰三年①。

曹广，都知监奉御，天顺六年。

王顺，都知监右监丞，成化十三年。

张成，都知监太监，成化十七年。

陶亮，都知监左监丞，成化二十三年。

谢铨，都知监太监，弘治六年。

徐玉，都知监右监丞，弘治七年。

赵勇，都知监左监丞，正德五年。

陈举，都知监左监丞，正德七年。

刘增。都知监右少监，正德十年。

守备官

开平卫

单祯，都指挥，景泰年。

张林，龙门卫人，都指挥金事，景泰年。

张杰，都指挥，景泰年。

郑祥，本卫人，都指挥金事，天顺元年。

程道，保安卫人，都指挥金事，天顺年。

郭瑄，保安卫人，都指挥金事，成化年。

李英，怀安卫指挥使，成化年。

刘通，本卫指挥金事，成化年。

---

① 景泰三年，1452年。

华宏，<u>忠义卫</u>人，都指挥佥事，<u>成化</u>二十二年。

孙良，<u>万全右卫</u>人，都指挥佥事，<u>弘治</u>二年。

陈广，<u>宣府前卫</u>人，都指挥佥事，<u>弘治</u>二年。

王本，本卫人，都指挥佥事，<u>弘治</u>二年。

马经，本卫人，都指挥同知，<u>正德</u>三年。

吴琦，<u>锦衣卫</u>人，都指挥佥事，<u>正德</u>三年。

刘能，本卫指挥佥事，<u>正德</u>四年。

陈玉，本卫人，都指挥佥事，<u>正德</u>五年。

李贤。<u>保安卫</u>指挥使，<u>正德</u>七年。

马营堡

杨洪，<u>开平卫</u>指挥佥事，<u>宣德</u>元年。

杨俊，<u>洪子</u>，都指挥佥事，<u>正统</u>年。

周贤，<u>宣府前卫</u>人，都指挥，<u>景泰</u>三年。

张林，<u>龙门卫</u>人，都指挥佥事，<u>景泰</u>六年。

王林，<u>怀来卫</u>指挥使，<u>景泰</u>七年。

刘政，<u>开平卫</u>人，都指挥同知，<u>天顺</u>二年。

蒋良，<u>蔚州卫</u>人，都指挥佥事，<u>成化</u>元年。

张寿，<u>开平卫</u>人，都指挥佥事，<u>成化</u>二年。

郑祥，<u>开平卫</u>指挥使，<u>成化</u>四年。

绳律，<u>开平卫</u>指挥同知，<u>成化</u>十二年。

李英，<u>怀安卫</u>人，都指挥佥事，<u>成化</u>十三年。

张澄，<u>隆庆左卫</u>都指挥佥事，<u>成化</u>十五年。

唐璟，<u>龙门卫</u>人，都督佥事，<u>成化</u>二十年。

高钺，<u>宣府前卫</u>人，都指挥同知，<u>成化</u>二十一年。

姚信，<u>宣府左卫</u>人，都指挥同知，<u>弘治</u>二年。

陈广，<u>宣府前卫</u>人，都指挥佥事，<u>弘治</u>九年。

丁森，<u>隆庆左卫</u>指挥佥事，<u>弘治</u>十二年。

秦宣，万全右卫署都指挥佥事，弘治十三年。

张勋，永宁卫指挥使，正德二年。

张勇，宣府前卫人，都指挥佥事，正德五年。

王来。开平卫指挥使，正德五年。

云州堡

刘忠，隆庆左卫指挥佥事，正统二年。

沈礼，开平卫指挥使，景泰二年。

王荣，都指挥佥事，景泰五年。

张虎，开平卫指挥佥事，景泰六年。

谢春，开平卫指挥同知，成化五年。

苏荣，宣府左卫指挥佥事，成化八年。

刘通，开平卫指挥同知，成化十年。

汪瓛，开平卫指挥同知，成化十五年。

周伯熊，万全左卫指挥佥事，成化二十一年。

丁铭，宣府右卫指挥佥事，成化二十一年。

刘泉，蔚州卫指挥使，弘治元年。

李循，开平卫指挥同知，弘治四年。

邓林，保安卫指挥使，弘治六年。

韩洪，蔚州卫指挥同知，弘治八年。

王来，开平卫指挥同知，弘治九年。

王继，开平卫指挥同知，弘治十二年。

黄宣，龙门所指挥佥事，正德三年。

朱彬，开平卫人，都指挥佥事，正德四年。

王林，宣府前卫人，都指挥同知，正德五年。

韩雄，开平卫指挥佥事，正德五年。

遅宣，宣府左卫指挥同知，正德六年。

余震。宣府左卫人，都指挥使，正德九年。

赤城堡

郑祥，开平卫人，都指挥佥事，景泰二年。

阎敏，怀来卫指挥佥事，景泰四年。

吴良，怀来卫指挥同知，景泰五年。

王荣，都指挥佥事，天顺元年。

刘政，开平卫人，都指挥同知，天顺元年。

李谦，开平卫指挥佥事，成化二年。

庞玉，怀安卫指挥佥事，成化九年。

姚信，宣府左卫人，都指挥佥事，成化十六年。

楚玉，怀安卫指挥佥事，成化二十年。

秦宣，万全右卫指挥佥事，成化二十三年。

陈雄，宣府左卫指挥，弘治四年。

杜钰，隆庆右卫指挥，弘治五年。

郑杰，祥子指挥，弘治八年。

黄宣，龙门所指挥，弘治九年。

刘能，开平卫指挥，正德三年。

孙宾，开平卫指挥，正德五年。

靳英。开平卫指挥，正德七年。

龙门卫

黄瑄，本卫人，都指挥佥事，景泰四年。

吴升，兴和所指挥使，成化元年。

陶洪，蔚州卫指挥使，成化五年。

张玺，宣府前卫人，都指挥，成化六年。

杜荣，万全右卫指挥，成化六年。

王珏，怀安卫人，都指挥，成化十八年。

张广，本卫人，都指挥，成化二十一年。

宋辅，隆庆左卫人，都指挥，弘治元年。

张雄，怀安卫人，都指挥，弘治元年。

陈雄，都指挥，弘治六年。

张锟，保安右卫指挥，弘治九年。

杨玉，宣府左卫人，都指挥佥事，弘治十二年。

宋赟，怀安卫人，都指挥佥事，正德三年。

孙琦。宣府前卫人，都指挥佥事，正德七年。

龙门所城

杜福，都指挥佥事，宣德七年。

鲁宣，指挥同知，正统四年。

王贵，都指挥使，正统十年。

张寿，开平卫人，都指挥使，景泰二年。

王祥，都指挥使，天顺六年。

阎敏，怀来卫指挥佥事，成化元年。

吴升，指挥使，成化六年。

朱谦，开平卫指挥使，成化十年。

唐璟，龙门卫人，都指挥佥事，成化二十年。

张澄，隆庆左卫人，都指挥佥事，成化十九年。

姚信，宣府左卫人，都指挥佥事，成化二十年。

高钺，宣府前卫人，都指挥佥事，弘治二年。

朱永，保安卫人，都指挥佥事，弘治四年。

邓林，保安卫指挥使，弘治四年。

李循，开平卫指挥同知，弘治十年。

陈雄，宣府左卫人，都指挥佥事，弘治元年。

穆荣，开平卫指挥使，弘治十年。

黄宣，龙门所指挥佥事，弘治十八年。

王继，开平卫人，都指挥佥事，正德三年。

刘忠。开平卫指挥同知，正德七年。

雕鹗堡

姚宣，宣府左卫指挥同知，景泰二年。

郑祥，开平卫指挥使，天顺八年。

尚德，宣府右卫指挥佥事，成化三年。

蔡俊，开平卫指挥佥事，成化十三年。

杜荣，万全右卫指挥使，成化十四年。

黄镇，龙门卫人，都指挥佥事，成化十六年。

范鈇，怀来卫指挥佥事，成化二十年。

谷荣，宣府前卫指挥佥事，成化二十二年。

李英，龙门所指挥使，弘治二年。

郝俊，宣府前卫人，都指挥佥事，弘治九年。

孙宾，开平卫指挥同知，弘治十七年。

吴琦，锦衣卫人，都指挥佥事，正德三年。

张暠，保安右卫人，都指挥佥事，正德五年。

庞隆。宣府左卫人，都指挥佥事，正德七年。

长安所

陈英，怀安卫指挥使，正统四年。

常贵，金山卫指挥使，景泰元年。

安英，宣府前卫人，都指挥佥事，景泰二年。

申义，开平卫人，都指挥佥事，景泰四年。

赵升，宣府前卫指挥佥事，成化元年。

董霖，开平卫指挥佥事，成化六年。

朱谦，开平卫指挥使，成化八年。

于升，龙门所指挥佥事，成化十年。

程玺，宣府左卫指挥佥事，成化二十一年。

胡瀞，万全右卫人，都指挥佥事，弘治二年。

陈杰，宣府右卫指挥佥事，弘治四年。

苏霖，宣府左卫指挥佥事，弘治六年。

马经，开平卫指挥使，弘治十年。

康节，永宁卫指挥佥事，弘治十七年。

葛镇，开平卫指挥佥事，弘治十七年。

魏玺，宣府前卫人，都指挥佥事，正德五年。

张铠。龙门卫指挥佥事，正德八年。

掌印官

开平卫

杜衡，指挥佥事，永乐四年。

李延，指挥，正统七年。

马宣，指挥使，景泰元年。

尹升，指挥使，天顺元年。

马经，指挥使，弘治八年。

葛镇，指挥佥事，弘治十年。

刘琪。指挥佥事，正德四年。

云州所

汪瑄，正千户，景泰五年。

汪升，瑄子，成化十四年。

汪镇，升子，弘治三年。

龙门卫

张成，指挥使，宣德七年。

张铎，成子，成化七年。

张升，铎子，成化九年。

孟锐，指挥使，弘治十四年。

葛琪。指挥佥事，正德五年。

龙门所

刘升，副千户，天顺年。

马政，_{副千户，弘治十年。}

居祥，_{副千户，弘治十八年。}

何英。_{副千户，正德五年。}

长安所

姜智，_{正千户，成化十二年。}

张英。_{副千户，弘治十三年。}

儒学官

开平卫学

程豫，_{河南人，成化年。}

方义，_{陕西人，成化年。}

翟赟，_{泰州人，弘治十八年。}

李秉彝，_{山西稷山人，正德四年。}

聂冕，_{湖广人，正德元年。}

龙门卫学

雷美，_{河南孟津人，弘治元年。}

温夔，_{山西夏县人，弘治十二年。}

刘塘。_{山东寿光人，正德四年。}

◎人物（中卷，卷7《人物封官、流寓、仙释附》）

○国朝

将官

孙刚，由宣府前卫千户累升都指挥佥事，守备永宁。正统十四年，领兵策应云州城陷而死。景泰元年，朝廷遣礼部官，致谕祭褒赠一级子升二级。

张玺，字廷用，由宣府前卫指挥使累升都指挥同知，历守龙门、保安新城，转理都司军政，寻充右参将分守大同西路地方。

姚信，由宣府左卫指挥使累升都指挥佥事，历守赤城、龙门所、宣府中路、马营，寻充左参将分守宣府北路，升副总兵，协守大同。

陈广，字克宽，由宣府前卫指挥使授都指挥佥事，历守怀安、独石、马营，寻充大同游击将军。

陈雄，字世英，荣昌伯曾孙，由宣府左卫指挥使累升都指挥同知，历守顺圣、永宁、赤城、龙门，寻充左参将分守宣府西路。

高钺，字廷威，由宣府前卫指挥使累升指挥同知，历守马营、龙门所、怀安、保安新城，寻协同大同西路参将，分守平虏等城。

杨英，字世杰，以父琳死敌，授都指挥佥事，守备怀安，转理都司军政，寻充左参将，分守宣府北路，升宁夏副总兵，功升都督同知，镇守西安，转镇湖广。

杨玉。字汝栗，由宣府左卫指挥使守备龙门城，寻充左参将，分守宣府西路。

○东路

国朝

将官

向通，隆庆左卫指挥同知。正统十四年，随都指挥孙刚领兵策应云州城破而死。景泰元年，诏遣礼部官谕祭褒赠一级子升二级。

张澄，由隆庆左卫指挥使，功升都指挥佥事，历守马营、龙门所，转理都司军政，掌印，寻充宣府游击将军，转辽东分守副总兵。

王杰。以父升战死，授都指挥佥事，历守龙门、中路，寻充右参将，分守南路。

○西路

国朝

将官

詹冕，由万全右卫指挥升都指挥佥事，充参将，分守北路。

李刚，字用中，由怀安卫指挥使，功升都指挥同知。正统己巳，怀来惊移。景泰初奉敕安插多效勤劳，诏升都指挥使。成化年充右参将，镇守宣府西路。降敕谕曰："朝廷闻尔谋勇过人，特兹简任"。未几，转左参将，镇守北路，以擒斩功，奉敕奖谕曰："竭力拒守，略无疏虞，而有劳绩。足见尔能，进阶都督佥事"。

张雄。由怀安卫指挥佥事，升都指挥同知，历守怀安、龙门，寻充宣府游击将军。

○北路

元

石抹明安，桓州人，性宽厚，不拘小节。归蒙古，立战功累官蒙古汉军兵马都元帅，封邵国公。自从军旅，料敌制胜，算无遗策，虽祁寒盛暑，未尝不与士卒均劳役，其得金府库珠玉锦绮，不以纤毫为己有。

耶律伯坚。桓州人，气豪侠，喜与名士游。用荐举入官，为工部主事。至元中，转保定清苑县尹，以兴利除患为务。凡郡府赋役，于县有重于他县者，辄曰："宁得罪于上，不可得罪于下。"必诣府力争之。民亲戴之如父母，为立石颂德。

国朝

将官

杨洪，字宗道，初以指挥使充游击将军，寻充参将，镇守本路，升镇宣府。善用人，信贤赏罚，威慑北虏，虏以"杨王"称。累官昌平侯，卒封颖国公，谥武襄。

杨俊，字文英，洪子。由舍人①累官都指挥佥事，守备马营，升同知，镇守居庸关，升都督佥事，充右参将，镇守宣府，以擒叛贼喜宁，功升右都督加忠能入京，充游击将军，兼理前府事，寻袭昌平侯爵。

杨杰，字文成，俊弟，袭昌平侯爵。

杨能，字文敬，洪从子。由舍人累官都指挥使，充游击将军，升都督佥事，充右参将，镇守宣府，升同知，转左参将，再转副总兵，升左都督，挂镇朔将军印，升武强伯。性质英□，行师严整。

---

①　舍人，官名。《周礼·地官·舍人》："舍人掌平宫中之政，分其财守，以法掌其出入者也。"本宫内人之意，后世以为亲近左右之官。明清内阁中书科设中书舍人，掌书写诰敕。宋元戏曲小学中称官家子弟，犹言"少爷"。陆澹安《戏曲词语汇释》："舍人，原是官名，宋元时官僚子弟习称'舍人'，等于'公子'……或简称'舍'。"

杨信，字文实，洪从子。由舍人累官彰武伯，追封彰武侯，谥威毅。

张顺，由总旗累官都指挥佥事，协同参将，分守宣府西路，兼守备万全左卫柴沟堡。

李延，由指挥使功升都指挥佥事，掌都司印，转宣府北路，协同参将分守，复转都司掌印，再转中路协同参将。

杨伸，洪从子，由舍人累官都指挥佥事，充参将。廉以律己，威以制下，治属无敢私一军一马者。

杨质，信孙，袭彰武伯爵，坐京营。

刘宁，字世安，政子。由指挥使累升都指挥使，守备宣府中路，寻充游击将军，迁大同副总兵，升总兵官，挂平羌将军印，镇守甘肃，官至左都督。

朱谦，由指挥使荐升署都指挥佥事，理都司军政，转掌印，寻充左参将，分守宣府北路，转东路。

绳律，由指挥佥事累升都指挥佥事，充右参将，分守宣府东路，转升左参将，分守北路。

王本，由指挥使升都指挥佥事、守备，转都司掌印，寻充左参将，分守宣府北路。

马经，由指挥使升都指挥佥事，守备长安岭，转理都司军政，寻充右参将，分守宣府南路，俱开平卫人。

赵文，由指挥使升都指挥佥事，协同参将分守北路。

张林，由指挥使历官都督佥事，守备怀安、独石、马营，寻充右参将，镇守宣府西路。

黄瑄，字美玉，由副千户累官都指挥佥事。持己勤慎，莅下宽平，历守备、参将、副总兵官，始终一律，人不受扰。

唐璟，由指挥使累升都督佥事，历守龙门所、马营。

黄镇，字宗岳，瑄子。由指挥使功升都指挥佥事，历守雕鹗、保安新城。旧掌都司印，寻充右参将，分守宣府东路，转副总兵，协守大同，转宣府，以所值不偶，遂称疾请□。

郤永，字世延，由指挥使功升都指挥佥事，推理都司军政，升同知，转掌印，充左参将，分守独石，转宣府游击将军。征流贼有功，累官右都督，留镇河间等府，推挂征西将军印，镇守大同，转镇宣府，挂镇朔将军印，寻改镇宁夏。

靳瑛。开平卫人，荐升署都指挥佥事，充宣府游击将军。

举人

胡贯，正统丁卯科，任河州学训导。

徐演，景泰庚午科，任刑部主事，升广西按察佥事。

魏清，成化丁酉科，俱开平卫学。

张棻。字克恭，正德庚午科，龙门卫学。

监生

王伦，成化三年①贡。

翟祥，成化五年贡，任济宁州吏目。

潘源，成化七年贡，任山西汶水县主簿。

杨杰，成化十一年贡。

郭德，成化十三年贡，任高密县主簿。

葛升，成化十五年贡，任深阳县主簿。

胡渊，成化十七年贡，任直隶溧阳知县。

尹安，成化十九年贡。

王纪，成化二十一年贡，任陕西文县知县。

周琮，成化二十三年贡，任四夷馆译字官。

黄镒，弘治二年②贡。

郭俊，弘治四年贡，任浙江余杭县丞。

黄明，弘治六年贡，任山西永和知县。

陈荣，弘治八年贡。

杭洪，弘治九年贡，任宁波府照磨。

---

① 成化三年，1467 年。
② 弘治二年，1489 年。

智海，<u>弘治十年</u>贡。

王能，<u>弘治十一年</u>贡。

胡山，<u>弘治十三年</u>贡。

黄钺，<u>弘治十四年</u>贡，任<u>浙江嘉兴县</u>主簿。

杨仪，<u>弘治十六年</u>贡。

胡溥，<u>弘治十八年</u>贡。

成谅，<u>正德四年</u>①贡。

窦俊，<u>正德六年</u>贡，俱<u>开平卫</u>学。

黄锦，<u>弘治三年</u>贡，任<u>山东新泰</u>知县。

艾纶，<u>弘治五年</u>贡，任<u>陕西隆德</u>知县。

林浹，<u>弘治七年</u>贡，工诗词，精篆隶，持己端谨，任<u>苏州崇明县</u>丞，卒于官。

曹贤，<u>弘治十年</u>贡。

潘敬，<u>弘治十一年</u>贡。

陈璧，<u>弘治十二年</u>贡。

魏真，<u>弘治十三年</u>贡。

王懋，<u>弘治十五年</u>贡，任<u>莱阳县</u>学训导。

萧贤，<u>弘治十七年</u>贡。

金绣，<u>正德元年</u>贡。

朱玫，<u>正德三年</u>贡。

魏廷仁，<u>正德五年</u>贡，任<u>山东胶州</u>学训导。

裴倧，<u>正德七年</u>贡，俱<u>龙门卫</u>学。

遇例出身

<u>刘守约</u>、<u>方员</u>、<u>门守仁</u>、<u>熊应弼</u>、<u>方贡</u>。俱<u>龙门卫</u>学。

---

① 正德四年，1509 年。

武举

刘宝。开平卫学生，中成化癸卯式，授旗手卫镇抚，以军功累升锦衣卫署都指挥佥事，充左参将，历守霸州、宣府西路。

孝子

王全，字求德，父义病，药不能愈，全割右膊肉和羹以进，疾愈。未几复作，又割肝进，不能愈，而卒。乃哀毁逾礼，水浆不入口者七日，穴地墓傍以居，躬自伐薪陶甓，誓完父墓。其母、兄往视得相见哭，妻来供糇粮，则登山避去，久以为常。一夕有虎哮吼，蹴其墓上，全号泣曰："勿惊吾父也。"虎遂去。闻者以为孝感。开平卫人。

杨清澄，父早卒，事母邵氏，备孝养，邵多病。清澄二十二岁，即绝酒肉，祈永母寿，母病，笃医药不痊，清澄割左膊肉为羹以进，病即愈，遂至寿康。

沈源，性孝，家贫，父母衣食极力营办。母得疾，源割左膊肉径寸作汤以进，疾遂痊。俱龙门卫。

张荣。字景芳，事亲不敢违颜色，继母姚爱之，似有知其非己出者。父没，停枢，邻人失火，延及之，家业颇盛，不暇顾，惟哭泣求人，舁枢而出，人贤之。龙门所人。

烈女

陈氏。指挥池信男①宽妻，时信监云州堡操练。正统己巳，北虏入寇，信统兵援马营急，宽亦随之，遗陈在室，贼攻云州城，陷，陈义不受辱，先将夫女弟及子女共九人缢死，然后从容自缢死。景泰初旌表。开平卫人。

节妇

陈氏，指挥鄢搏飞母，夫惟高出仕病死，陈誓不再适。从子戍开平，艰苦百出。正统四年，旌其门，年八十有四卒。

杨氏千户李宗妻，宗亡，年二十六，□屏粉黛，抚其幼敬，长袭父职。景泰三年，敬亦亡，遗一妇一孙，守节三十八年，家道严肃，间里重之。俱开平卫人。

---

① 男，儿子。《汉书·天文志》："钜鹿都尉谢君男诈为神人，论死，父免官。"颜师古注引孟康曰："男者，儿也。"

冯氏，名妙秀，年二十适百户王贤，居五岁，贤战死，冯事姑□养，卖衣买棺以葬。人皆称其贤。

冯氏，钱恂妻，恂卒，誓不二志，父母舅姑不能夺，恒以针□为养。

刘氏，名妙善，年十六归军校任怀，居五年，而怀死于王事，恐家人夺其志，乃断发自誓，奉舅姑极甘旨而自奉，则甚薄人以为难。俱马营城人。

高氏，总旗贺贵母，贺郁妻也，十六归郁，二十六其夫战而死，誓不再嫁，遗孤四，高躬织纴以资奉养，人悉贤之。

刘氏，副千户张洪妻，年二十三夫得疾将卒，语刘曰："我一岁而母亡，继母赵氏抚养成立，今我子方一岁，而我又亡，母老子幼，汝勿二志，使母子失所。"刘泣而诺之。时家且贫，刘以缝纫自给，事姑教子，孝慈两尽，守节三十余年卒。俱龙门卫人。

刘氏。舍人王洪妻，年二十四，洪病卒，遗孕未娩，后得孤，经抚育成立，孀居三十余年，克谨妇道。弘治十七年奏准旌表。龙门所人。

流寓①

张鉴，河南义封人，正统五年进士，谪②龙门后，以军功历升指挥佥事。

洪绳，字文纲，浙江人。景泰初以刑部主事谪龙门，善于启迪。

宋献，字文献，淮阴人。景泰年以言事切直谪龙门。

马真。字圣宗，德州学生员。正统年谪龙门，以军功升京卫百户。

◎制敕③（下卷，卷8《制敕》）

○皇帝敕谕，都指挥使余震，今命尔充游击将军统领原选官军三千员名，整点马匹、器械齐备，就于宣府地方用心操练，遇有贼寇侵犯，不分口外独石、马营、万全左右卫地方，即便统领前项官军往来截杀，以靖地方。如大同迤西延绥地方，或有报到紧急贼情，

---

① 流寓，指流落他乡居住的人。

② 谪，封建时代特指官吏降职，调往边外地方。

③ 制敕，皇帝的诏令。

尔须星驰前去策应，并力进剿，不许畏缩推避，致贻边患。尔受兹简任，尤须廉以律己，仁以抚下，勇以克敌，图称任使。凡战守机宜，仍听彼处镇守、总兵、巡抚等官节制，如或偏执己见，或部伍不整，号令不严，致坏边事，责有所归。尔其勉之慎之。故谕。

〇皇帝敕谕，都指挥佥事江桓，今特命尔充左参将，与太监郭一同分守独石、马营等处地方，往来城堡提督官军，整饬器械，防御贼寇，有警则相机战守，无事则留心抚恤。尤须持廉秉公，禁革下人，不许科扰役占①，致生嗟怨②。凡一应边务，须与远协同计议而行，毋得自分彼此，处置乖方。遇有紧急贼情，仍听宣府镇守、总兵等官节制调度。事有应议者，亦须从长计议，不许偏执己见，致误事机如违，责有所归。尔其勉之慎之。故谕。

◎诗（下卷，卷9《诗》）
〇妫川八景
海沱飞雨③ 赵羾 字云翰，河南祥符人，礼部尚书
郡山相囿独争高，怒拥玄云上碧霄。奋击毒雷驱海若，大施霖雨泻天瓢。岩前飞瀑飘银练，天外长虹卧锦桥。一勺乌龙潭上水，年年霮沛润枯焦。
〇永宁八景
海陀飞雨④
电掣紫金蛇，惊雷怒裂石。天外挂乌龙，黑风吹海立。八表布甘霖，平地水盈尺。顷刻天霁威，遥岑露寸碧。
〇独石　陈孚
何载天星堕绿苔，千寻化作铁崔嵬。风沙道上人谁识，曾见天

---

① 科扰，谓以捐税差役骚扰百姓。役占，也称占役，意为占用公务人员当差。

② 嗟怨，嗟叹怨恨。

③ 妫川八景，选其一。

④ 永宁八景，选其一。

台雁荡来。

○云州

天险龙门峡，悬崖兀老苍。千蹄天马跃，一寸地椒香。夜雪青毡帐，秋烟白土房。路人遥指语，十里是温汤

○赤城驿

一溪流水绕千峰，宛与天台景物同。魂梦不知家万里，却疑真在赤城中

○雕鹗道中

晓驰漠北暮居庸，千里山河一瞬中。江左故人知我否？马蹄声里过秋风。

○洪赞井有六七十丈者

洪赞山岩峣，势如舞双凤。大井千尺深，窈然见空洞。埑人驱十牛，汲以五石瓮，滴水宝如珠，一瓮十室共。我生海东头，涟漪饱清弄。尝闻惠山泉，万里驿骑送。急呼茗碗来，试作清净供。

○桑乾岭

昔闻桑干名，今日登桑干。桑干是否不必问，但觉两耳天风寒。大峰小峰屹相向，空际嵷谽一千丈。燕云回首夕阳间，长川历历平于掌。人家如蛎粘石壁，白土堆檐高半尺。门外毡车风雨来，平地轰轰惊霹雳。汉唐百战场，绿草今满碛。野夫耕田间，犹有旧铍戟。道傍谁欤三叹息，布袍古帽江南客

○李老峪闻杜鹃呈应奉凭昂宵

三月十九日，客行桑干坂。杜鹃啼一声，清泪悽以潸。故园渺何处，万里隔云巘。燕子三见归，我车犹未返。杜鹃尔何来，吊我万里远。同行二三子，相顾一笑莞。问我此何鸟，怪峨苦悲惋。掉头不复言，日落千山晚。

○还过龙门峡　马祖常

紫塞秋高风辇回，龙门有客去还来。荡摩日月昆仑折，吐纳风

云混沌开。天帝有神司主宰，地灵无力戴崔嵬。谁吹石濑成飞雨，不使时人污酒盃。

○枪竿岭　黄溍

忆昔赐第归，吾毋适初度。蹉跎岁月晚，今辰乃中路。居人夸具庆，游子惭叱驭。兹山称最高，扬鞭入烟雾。矗矗多峭峰，濛濛绕杂树。崎岖共攀援，踯躅频反顾。陈情未成表，登高讵能赋。独怜山下水，还向卢沟去

○和虞先生云州道上闻异香　莆田陈旅字众仲，国子监丞。

年年骑马蹋龙沙，金阁山前蒻帽斜。海上谁移千岁草，空中时度七香车。丹崖翠壁横秋野，玉磬琅璈出暮霞。我亦往年驰驿过，不知仙枣大如瓜。

○苏伯修往上京，王君实以高丽笠赠之，且有诗。伯修征和章因述往岁追从之，惊与今兹睽携之叹云尔。

往年饮马滦河秋，滦河斜抱石城流。清城丈人来水上，揭谢苏王曼硕、敬德、伯修、君实。皆与游。顾予滥倚桥门席，日斜去坐鼋峯石。夜深共饮明月樽，醉眠更听高楼笛。滦河九曲流溅溅，自我不见今三年。苏郎又扈属车去，伫望弗及心茫然。龙门峡中云气湿，山雨定洒高丽笠。别意遥怜柳色深，归心莫为鹃声急。龙门道中，夏月多杜鹃。不才未许收词垣，赋成何日奏甘泉。人言凡骨难变化，为我致意青城仙。旅时已注为史官，复敕留助教。

○云州　揭傒斯

南连鹊峪北龙门，一带风云际塞垣。草树每迎天仗过，河山高揖帝畿尊。两都形胜司津要，九域轮蹄据吐吞。谁道古阳居僻陋，圣朝今日是中原。

○云州感秋

天涯节序去匆匆，秋色人情特地同。昨日轩窗犹酷暑，今朝庭院已凄风。苍浪短发侵晨镜，牢落羁怀怯候虫。乡国三年归未得，

又将愁眼送归鸿。

○游云州金阁山游仙峪崇真观 洞明真人所据也。

路入林峦十里幽，忽惊华构讶瀛州。金峰突兀海鳌泣，玉室凿开山鬼愁。物外烟霞空揽结，壶中日月许迟留。赤城只在山门外，何必天台事远游。

○宿李老峪　冯海粟

野宿山前草树凉，行人六月絮衣裳。江东此际炎熇毒，汗出如浆事事妨。

○次龙门　金幼孜

远游真汗漫，幸喜卸征袍。日落军麾满，云横豹尾高。锦鞯鸣骣裹，玉椀荐葡萄。大将功成后，归来气更豪。

○发长安岭

回峰渺无际，峻岭疑接天。崖倾石魂礌，径转迷苍烟。车行何兀兀，鳞次陟层颠。陂陀翳榛莽，枯涩无流泉。旌旆亘长坂，冠盖来后先。险尽陟平陆，浩荡即长川。登高未成赋，此志何由宣。

○长安岭　赵羾

浮云西北倚重关，石磴盘回鸟道间。千步浑无十步稳，一夫能拒万夫还。绵延紫塞连青海，指点乌桓认黑山。接踵番儿皆内附，戍楼烽火尚防闲。

○口外八城八景诗 并序　叶盛

居庸以南率以既出关为口外，而关外则又惟以长安岭北至独石八城为口外，非以其孤悬北狄之境为特甚欤。

余来口外，适朝廷清明，边境遂以无事。暇日喜从旧将校问祖宗以来守边之法，与今日之所当为期，有所用力而未能也。足迹所至兴辄与俱，尝僭拟①八题，各赋七言近体诗一首留城中。八城者，

---

① 僭拟，越分妄比。谓在下者自比于尊者。

雕鹗即旧雕窠。长安岭即旧枪竿岭，又名桑干岭。马营旧为西猫儿峪，宣德中始营哨马。龙门在云州而差近，其龙门卫治赤城之西，即旧龙门县，今称西关，西有龙门关在焉，故曰西关。龙门所治赤城之东，称东龙门，又称李家庄，故曰东庄。独石、云州、赤城皆旧名。盖八城在亡元多为上都驿道，当时辞臣韵士如柳侍制、黄文献、虞道园、陈治中、监丞陈旅诸公往来皆有诗。然其地南弃而不治，则夫高城深池，以耕以守，可以伐骄孽之谋，可以为北门之屏蔽，可以固万年不拔之基业者，实自我朝始题各举其一，可以互见观者，以意求而不泥焉可也。

独石春耕

塞下膏腴万顷连，杂耕无数见人烟。满将丰稔期今岁，不把荒芜问往年。百困千仓同赤县，五风十雨荷皇天。汉庭诸将皆雄武，充国于今羡独贤。

马营夏牧

奚官前后引鸣箛，丰草甘泉去路赊。几队玉花冲暑雨，一团云锦下晴沙。良材未尽清时用，逸态偏宜老将夸。中有房精留不得，天门行驾六龙车。

东庄秋饷

军中足食仰天颜，万斛秋租出汉关。馈饷有程干国计，转输无力济民艰。飞刍合与坑灰冷，流马元同羽扇闲。日给五升应笑我，《伐檀》诗在莫教删。

西关冬衣

八月边风特地寒，赐衣先自出冬官。军容整肃纫缝好，圣泽汪洋制作宽。缓带书生初按节，白袍元帅旧登坛。残年要褫毡裘去，生致胡酋定不难。

云州晓角

小队巡行曙色深，角声齐起古城阴。风高杨柳终无赖，霜重梅花自不禁。慷慨平生忧国泪，凄凉此日望乡心。皇威早晚收残虏，归买吴牛听铎音。

赤城昼漏

玉帐牙旗丽碧霄，好风偏向昼前飘。沉沉刻漏初留听，滴滴恩波未易消。壮士从容看掉鞘，将军闲暇坐闻韶。合欢却忆西垣里，倏问铜签候午朝。

雕鹗夜雨

门掩斜阳驿马鸣，湿云将雨过寒城。苍茫不辨遮山色，飒杳惟闻满碛声，白骨精灵何处哭，青灯孤戍几家情。甲兵净洗知天意，万岁千秋乐太平。

长安晴日

星垂箕尾洞天开，况是晴云捧日来。直北关山同淑气，向南花鸟自春台。才看使者乘槎去，又报番王进马回。几度闲登最高处，分明楼阁见蓬莱。

○屡丰亭

战罢归耕事若何，丰年欢庆度关河。旧租未散千仓腐，新谷增收万顷多。拟咏《甫田》登雅乐，会看《良耜》奏清歌。陇头更卜明年事，依旧仁风转太和。

○嘉禾亭

天意人心两不违，大田呈瑞岂云私？黄云覆地几千顷，香穗同茎三两歧。《击壤歌》传丰稔岁，负戈人贺太平期。如何不作祯祥奏？犹恐多方尚阻饥。

○汤泉铭

口外有汤泉，在赤城西南半舍许，冬夏常沸，涌若汤，盖得气之灵者也。好事者，作堂以临之。于是乎，过而浴者得栖息焉。屡丰亭常来游于泉上数矣，间为作铭大书于堂之壁，时景泰乙亥八月三日也。铭曰："彼灵者泉，可（灌）［濯］可沿。维泉之燠，可沐可浴也。有振斯衣，有弹斯冠，乃清缨，乃浊足也。维泉之香，可酿可湘。维泉之浩，亦可以祷也。足我豪饮，时我雨旸。泉之灵兮，具其众好也。泉兮，泉兮，灵尔者神兮，乐尔者人兮。维人之身兮，日新又新兮。不愧尔神兮，庶以全夫天兮。"

○汤泉曲

巨灵擘石金虬沉，元气不消炎液深。百斛明珠自吞吐，暖香作雾重重阴。龙宫蛟室三千辈，夜雨丁东汉皋佩。湿云晴雪两相高，十里光摇绿萍碎。宝刀斫破苍崖痕，一泓皱玉秋温温。倒卷黄河海波热，寒冰掬出玻璃盆。仙台无尘白鸾下，露华月色空中泻。绣罗春服踏青泥，马头一碧山如画。

○又绝

一派灵泉昼夜流，无分冬夏与春秋，滔滔直接天河水，谁继张骞犯斗牛。

○西关社学

西关城里读书堂，济济青襟总俊良。教学莫言文艺好，要令风俗到虞唐。

○独石社学

独石岩岩镇紫台，边头学馆喜重开。中兴天子崇文德，行见三苗入觐来。

○马营社学

马营貔虎枕天戈，今日书生要决科。本与唐人风教别，不听弦管听弦歌。

○东庄社学

东庄东去接滦河，洙泗分流有慢波。下马来时须问道，源头活水意如何。

○赤城社学

赤城斗大甲兵余，闽粤潮州总未知。常充偶来师赵德，看他比屋事诗书。

　　○雕鹗社学

　　雕鹗山深山复山，频年战马不曾闲。今皇有道同文化，谢却孙吴慕孔颜。

　　○长安社学

　　长安百尺俯关楼，腾有书声彻上头。曾听入朝天使说，边州之学过中州。

　　○云州社学

　　云州自昔号名邦，新构书斋洞入窗。他日朝廷得贤士，才兼文武定无双。

　　○过长安岭

　　枪竿高处宿岚开，晴逼金乌引曙来。成动客车犹鼓角，山藏佛刹半楼台。水痕暖向河边泮，草色表连碛外回。南望五云长炫目，拟班鹓鹭谒蓬莱。

　　○过东庄有作① 　马中锡都御史

　　大阅逢秋日，名城奠朔方。塞云常作阵，沙鸟不成行。前队旌旗整，中军甲胄光。忽传飞骑报，哨得左贤王。

　　○过东庄有感二首和马都宪韵　陈玉字德卿，提学御史，累官兵部侍郎。

　　孤戍秋光澹，观风入此方。盘飧糸酥酪，书笼逐戎行。沙漠风烟净，山河日月光。何当文化溥，璧马看来王。

　　秋风侵袂荡，物态自遐方。红树明山色，黄云逐鹰行。川源容宪节，关隘耸威光。屏却毡裘远，中华自帝王。

---

　　① 检1997年7月齐鲁书社《四库全书存目丛书》集部第41册第407页影印首都图书馆藏明嘉靖十七年文三畏刻本马中锡《马东田漫稿》卷4，该诗题作"柴沟堡"，且诗后有"评云：此等作制宇宙间，自有数不胜□眼。"故该诗题有误。

○又一首

萧萧秋色满孤城，绝巘依稀见戍兵。濆洞尘沙随马去，崎岖山路载书行。寒风薄我真无赖，暖榻依人故有情。欲献平胡三十策，漫游应遣壮怀平。

○次前韵二首　广阳冯清字汝扬，兵部左侍郎，规划边务。

民瘼兼虏患，频岁苦边方。规画心千转，题封字几行。乾坤均德泽，草木被恩光。戴履含生暑，遭逢幸圣王。

经画营营念，无能惠一方。恩沾昂彑角，惭负缀鸳行。兵协阴阳妙，剑冲牛斗光。兇除报千古，朔漠誓擒王。

○次前韵二首　蓬莱宁杲字仲升，巡抚都御史。

抚治无长计，筹边羡大方。纪纲培世教，号令肃戎行。驱逐天骄远，瞻依帝德光。民风随处採，次第达明王。

古来称上谷，西北巨藩方。緫度分箕宿，关河自太行。但须勤抚镇，未敢异龙光。主上今神武，巍巍振百王。

○次前韵一首　凤阳曹璁管粮郎中。

萍踪成独笑，频岁走边方。民事叨膺命，朝绅愧列行。空怀经国计，谁照覆盆光。欲效监门疏，新图献圣王。

◎文（下卷，卷10《文》）
○开平卫新建庙学记　王直

开平卫治在独石，古云州之地也，距居庸关盖千余里①。游击将军左参将②左都督杨公作镇兹土③，士马精强，号令严整，夷狄畏

---

① "古云州之地也，距居庸关盖千余里"，清乾隆《赤城县志》卷8《艺文志》（以下简称《赤城县志》）作"距居庸关二百余里"。《宣府镇志》作"千余里"，误。
② 《赤城县志》无"左参将"三字。
③ 《赤城县志》无"土"三字。

服①，边尘不惊②。尝自念曰：此非③臣下之力也④。圣天子威德远扬⑤，致兹宁谧。故洪等⑥皆得相安于无事，当勉图所以报。今朝廷有兴学之令，而军中子弟多聪明才俊，讲武之暇，若⑦使更读儒书，益知尊君亲上，以攘外安内，岂⑧非万世之策哉？即奏疏请设学校如内郡。上从之。公遂以余力⑨伐材鸠工⑩，作大成殿、两庑、戟门、棂星门及神厨、神库，后作明伦堂，东西作志道、依仁二斋⑪，又作文昌庙⑫及教官之居。以<u>正统八年三月朔日</u>⑬经始，而以是年九月望日成⑭，总之为屋七十间，皆坚壮邃密，缭以周垣，圣贤像貌塑绘如制⑮。其诸器用，靡不毕具。又得<u>教授</u>杨文、训导綦俊为之师，愿学之士凡八十余人。讲诵圣经贤传，以明君臣之义，父子之亲，尊卑贵贱之等，是非好恶之公，体之以实心，见之于实行者⑯。深究⑰夫禁暴、戢兵、保大、定功、安民、和众、丰财之要，以达于时措之宜，将佐吏士环而听之，皆欢欣鼓舞，感上之德与公之赐，期必底于教之成而后已。

---

① 《赤城县志》无"号令严整，夷狄畏服"八字。

② "惊"，《赤城县志》作"警"。

③ "非"，《赤城县志》作"岂"。

④ 《赤城县志》无"也"字。

⑤ 《赤城县志》"圣天子"前有"实赖"二字。

⑥ 《赤城县志》无"洪等"二字。

⑦ 《赤城县志》无"若"字。

⑧ "岂"，《赤城县志》作"讵"字。

⑨ 《赤城县志》无"以余力"三字。

⑩ 鸠工，聚集工匠。

⑪ "志道、依仁二斋"，《赤城县志》作"明德、修道二斋"。

⑫ "文昌庙"，《赤城县志》作"文昌祠"。

⑬ 正统八年三月朔日，1443 年 3 月 31 日。

⑭ 正统八年九月十五日，1443 年 10 月 7 日。

⑮ 《赤城县志》无"坚壮邃密，缭以周垣，圣贤像貌塑绘"十四字。

⑯ 《赤城县志》无"者"字。

⑰ 《赤城县志》"深究"前有"若"字。

　　既而复相与请①曰："公之为此匙矣②，不托之金石，则后孰知其自公始乎③，且无以维持之，亦安能久而传誉哉④？宜有文以示后人⑤。"公于是遣其经历张魁来京师请予⑥文刻诸⑦石。

　　嗟夫！独石穷荒⑧绝域也，自昔以来⑨，荒烟野草，狐狸豺狼之迹交道⑩聚庐，托处之人无有也，恶睹⑪学校之教哉？

　　我朝列圣统临万邦，皇上继志述事⑫，仁行如春，威行如秋，薄海⑬内外无间。远近悉顺，悉臣然犹慎边防⑭，固封守，所以严华夷之限也⑮。而独石则以委公，宿重兵而镇之。莽然荒秽，垦为良田，由是⑯边庾充实，士气百倍，辅以奇谋异策⑰，坚甲利兵，故所向有功。今复设学，以教合文武二道而兼用之⑱，其⑲规模益远且大矣⑳。古之㉑欲用其㉒人者，必先教以仁、义、礼、智，而欲立师者，必

---

① "请"，《赤城县志》作"谋"字。

② "公之为此匙矣"，《赤城县志》作"公之举伟矣"。

③ "则后孰知其自公始乎"，《赤城县志》作"则熟知其自始"。

④ "传誉哉"，《赤城县志》作"不敝乎"。

⑤ "以示后人"，《赤城县志》作"以告来世"。

⑥ "予"，《赤城县志》作"余"。

⑦ 《赤城县志》无"诸"字。

⑧ 《赤城县志》无"穷荒"二字。

⑨ 《赤城县志》无"自昔以来"四字。

⑩ "道"，《赤城县志》作"而"。

⑪ "恶睹"，《赤城县志》作"乌观"。

⑫ 《赤城县志》无"万邦，皇上继志述事"八字。

⑬ "薄海"，《赤城县志》作"环海"。

⑭ 《赤城县志》无"远近悉顺，悉臣"六字。

⑮ 《赤城县志》无"所以严华夷之限也"八字。

⑯ 《赤城县志》无"由是"二字。

⑰ "奇谋异策"，《赤城县志》作"壮猷奇计"。

⑱ "之"，《赤城县志》作"焉"。

⑲ 《赤城县志》无"其"字。

⑳ 《赤城县志》无"大矣"二字。

㉑ 《赤城县志》无"之"字。

㉒ 《赤城县志》无"其"字。

以①悦②礼、乐、敦诗、书为上。今之道，犹古之道也，公其笃慎不忘从学，于是者亦务体其心而自勉，以成厥功。则上不负天子，而名立于后世矣。

公名洪，字宗道，广陵人③。后来继公者，其欲④体公之心哉！

〇八城社学诗引⑤　　淳安商辂翰林学士

《八城社学诗》八首⑥，协赞军务参政叶公所赋也。八城皆口外，曰西关、曰独石、曰马营、曰云州、曰东庄、曰赤城、曰雕鹗、曰长安岭，城各有学，盖参政请之于朝而建立者也。

参政既请⑦立八城社学，复各赋一诗，以见意上以颂国家崇文之盛，下以为诸生勤学之劝。其用心至矣。

八城本朔方⑧之地，武卫之设，盖以控制胡虏⑨，宜若无俟于学。然而，学者固结人心之本。使学校不立，则诗书之道废，利欲之心炽。虽有高城深池，谁与为守？前者己巳之秋，其事可鉴已⑩。参政协赞之暇，而汲汲⑪于社学之建，盖欲以诗书为甲胄，以⑫礼义为干橹⑬，使夫尊君亲上之义，昭然于人心，而战胜攻取之术，无烦

① 《赤城县志》"以"字前有"先"字。

② "悦"，《赤城县志》作"说"。

③ 《赤城县志》无"广陵人"三字。

④ 《赤城县志》无"欲"字。

⑤ 《赤城县志》标题作"八城社学诗序"。

⑥ 《赤城县志》无"八首"二字。

⑦ 《赤城县志》无"请"字。

⑧ 朔方，北方。《书·尧典》："申命和叔，宅朔方，曰幽都。"蔡沈集传："朔方，北荒之地。"

⑨ "八城本朔方之地，武卫之设，盖以控制胡虏"，《赤城县志》作"八城武卫，控制沙漠"。

⑩ "前者己巳之秋，其事可鉴已"，《赤城县志》作"前者己巳之事可鉴也"。

⑪ 汲汲，心情急切貌。《礼记·问丧》："其往送也，望望然，汲汲然，如有追而弗及也。"孔颖达疏："汲汲然者，促急之情也。"

⑫ 《赤城县志》无"以"字。

⑬ 干橹，小盾大盾。亦泛指武器。《礼记·儒行》："儒有忠信以为甲胄，礼义以为干橹；戴仁而行，抱义而处。"郑玄注："干橹，小盾、大盾也。"

于督劝①。然后阃外之寄②，始无负也已。孟子有言："壮者，以暇日修其孝弟③忠信，入以事其父兄，出以事其长上，可使制梃④以挞秦楚之坚甲利兵矣⑤。"噫！参政建学之意⑥，其殆此意乎⑦？虽固以人心，为制敌之本，然而文教既修⑧，则远人自服。昔禹征苗，有弗格⑨于奉辞伐罪之日⑩，而格于干羽⑪两阶之后⑫，尤以见文德之有益于人⑬，而武备之弗⑭足恃也。

参政之诗有"行见三苗入觐来"之句，岂非其所志者大耶？乡友洪文纲，教西关学，见吟八城诗，求题⑮，因为识此。

参政，名盛，字与中，姑苏人⑯，同⑰举进士，文学政事盖同年中之⑱杰然者也。

○重建西关社学记　商辂⑲

西关，龙门也。龙门以北为城堡八，皆武卫，无有司，比屋戍

---

① "督劝"，《赤城县志》作"劝督"。

② "寄"，《赤城县志》作"计"。

③ "弟"，《赤城县志》作"悌"。

④ 制梃，提着木棍。

⑤ 《赤城县志》无"矣"字。

⑥ "意"，《赤城县志》作"义"。

⑦ "其殆此意乎"，《赤城县志》作"其诚在于此乎"。

⑧ "虽固以人心，为制敌之本，然而文教既修"，《赤城县志》作"是故人心既固，则强敌难胜；文教既兴"。

⑨ 格，古时的刑具。《吕氏春秋·过理》："糟丘酒池，肉圃为格。"高诱注："格，以铜为之，布火其下，以人置上，人烂堕火而死。"

⑩ 《赤城县志》无"有""奉辞"三字。

⑪ 干羽，古代舞者所执的舞具。文舞执羽，武舞执干。指文德教化。

⑫ "后"，《赤城县志》作"余"。

⑬ "文德之有益于人"，《赤城县志》作"德化之为本"。

⑭ "之弗"，《赤城县志》作"未"。

⑮ "题"，《赤城县志》作"引"。

⑯ 《赤城县志》无"姑苏人"三字。

⑰ 《赤城县志》"同"前有"余"字。

⑱ "同年中之"，《赤城县志》作"一进"。

⑲ 清康熙《龙门县志》（以下简称《龙门县志》），标题《重建西关社学记》下有"景泰七年"四字，"商辂"前有"明大学士"四字。

卒匪居民。以故，缺学校，乏弦诵声。

正统初，尝一设学①，以教将士子孙②之在各卫者。然未几辄罢。已而，虏骑斥人散逸③，戍守且废，何有于学？参政叶盛与中奉命协赞军务，兴废举坠，逾年武备益□，戍守益固，边境晏然④，人以太和。参政意谓文事武备相为用久矣。武而匪文曷以导人心，迪彝教，使知尊君亲上之义之为重且急耶？于是，都御史⑤李公请复建八城堡社学。而西关之学独先就功。学旧在卫东南，今迁之东北，地宽广，面阳。前筑夫子燕居堂⑥，后为明伦堂，东西为"居仁""由义"二斋⑦。燕居东⑧为藏书之室，斋之旁⑨为游息之所。为屋总若干楹⑩，缭以周垣，启以重门，其南当通衢⑪。树坊牌二，曰"兴贤"，曰"西关"⑫。社学本龙门也，而曰"西关"者，卫之西有关焉⑬，参政公所更也⑭。

学既成，择老成通于儒者为社学师⑮。选将士子孙之俊秀者为弟子员，俾从游其中⑯。参政亲督率，作诗劝相⑰，出公帑羡积购书凡

---

① 《龙门县志》"学"前有"社"字。
② "子孙"，《龙门县志》作"子弟"。
③ "虏骑斥人散逸"，《龙门县志》作"城堡破弃"。
④ 《龙门县志》无"武备益□，戍守益固"八字。
⑤ 《龙门县志》"都御史"前有"谋之"二字。
⑥ "夫子燕居堂"，《龙门县志》作"礼殿，东西庑，神厨库，棂星、戟门"。
⑦ 《龙门县志》"居仁"前无"东西为"三字。
⑧ "燕居东"，《龙门县志》作"堂东"。
⑨ "斋之旁"，《龙门县志》作"堂西"。
⑩ "为屋总若干楹"，《龙门县志》作"射圃学舍亦森然"。
⑪ 《龙门县志》"南当通衢"前无"其"字。
⑫ "树坊牌二，曰'兴贤'，曰'西关'"，《龙门县志》作"树坊二，一曰兴贤，一曰崇化"。
⑬ 《龙门县志》无"焉"字。
⑭ "更也"，《龙门县志》作"画也"。
⑮ "社学师"，《龙门县志》作"之师"。
⑯ "选将士子孙之俊秀者为弟子员，俾从游其中"，《龙门县志》作"选将士子弟之俊秀者，从游其中"。
⑰ "劝相"，《龙门县志》作"相劝"。

五千余卷，俾之讲肄，于是弦诵相闻，礼义兴行，而边方之士始有文学之贵。其为风化之助大矣。诸生吴亮、黄用，相率①，同列磬石请为之记。予惟《禹贡》绥服，内三百里揆文教，外二百里奋武卫。内三百里非无武卫②，以文教为主；外二百里非无文教，以武卫为主。圣人严华夏③之辨如此。今兹龙门外控虏境④，实古绥服之地。武卫固，所当严文教，岂容或废。参政兴学之意，盖欲明《五典》以淑人心，使知纲常之所当尊，而君亲之不可或。后久安长治之道，无逾于此。继事⑤而当北门之寄者，恒以是用心，则礼乐可兴，风俗可淳。虽无兵而守固，胡虏⑥不足言矣。是役也，赞成之者，参将都指挥周贤；经营之者，守备都指挥黄瑄。协同指挥吴升，皆有功于是学。是皆宜书者也。因并记之。

〇云州义烈祠碑　叶盛

皇明以仁义立国，故有国以来余八十年，际天极地莫不臣妾。维是⑦己巳岁北虏作逆，犯云州，遂以失守。城陷之日，域中⑧死义者骈颈⑨接迹，皆不负所事，死于一日之间。呜呼！可谓烈也已！于是有以见我国家教化涵濡之盛。而虏骑之薄州城，不逾日而奔遁者，亦岂非英声义气阴折其心之所致耶？

皇帝嗣大历服之初，即举褒恤之典，以风厉⑩四方。未几，收复云州，一如其故，圣谟神断雄伟而深远矣。

————————

① "相率"，《龙门县志》无"相"字。
② 《龙门县志》"内三百里非无武卫"前有"此文以治内，武以治外之意。然"十二字。
③ "华夏"，《龙门县志》作"内外"。
④ "虏境"，《龙门县志》作"边境"。
⑤ 《龙门县志》无"事"字。
⑥ "胡虏"，《龙门县志》作"武事"。
⑦ "维是"，《赤城县志》作"惟是"。
⑧ "域中"，《赤城县志》作"城中"。
⑨ "骈颈"，《赤城县志》作"骈首"。
⑩ "厉"，《赤城县志》作"励"。

景泰改元之三年①，余来云州。二年，提督参将周君贤来与同事。经略之暇，询诸州人，得死义知名者九十人，因相与作而言曰："壮哉，若人之得其死也。推其志也，日月同其明，泰华同其高也。高城深池，不足同其固也；甲胄鈇钺②，不足同其威且强也。使当时皆若人，云州其有乱亡之祸③乎？不有以旌之，则将何以灵承上意，奖慰忠魂，揭万世人臣忠义之训哉！"土著官军④都指挥王荣，指挥沙泉刘宁，千户汪宣等又恳恳为言，乃相吉地，筑室数楹，题曰：义烈之祠。中主义烈之神，招魂以祀之。先是，赐祭有文者录其副而尊阁之。且为刻祠之碑。九十余人有右副使京兆谷春，都指挥金事齐东孙刚，千户池信子妇上党陈氏焉。陈氏死时，家人出战，独与诸幼居。若子二男二女，若姑侄男女五，皆陈氏手缢死，陈氏最后从容自缢死。盖其家十人，誓不受辱，长幼一心，皆死其卧榻前。春、刚守永宁，赴援来云州，与虏遇且战且行，以众寡不敌，入城皆缢死。其偏裨士卒亦多从之自缢死。春狷直而惠，永宁人至今思之。刚忠勇有材略，流辈所推云。九十余人氏名列诸碑阴。此独书三人者，以三人之事最有闻，而陈氏生气凛然。其能为⑤大丈夫之或不肯为，尤可壮也。祀之日有《迎送神》诗⑥，因并刻之。其辞曰：神之来兮，谷惨山愁。云黯黮兮，风悲秋。神之堂兮，新好且洁。清酒既倾兮，肥牺在列。神其伊谁兮，愍女娥皇。南雷兮许张。亦克有闻兮，承业与强。神归来兮故乡。神去兮⑦，白日晏俨，泰兮

① "三年"，《赤城县志》作"二年"。
② "鈇钺"，《赤城县志》作"铁钺"。鈇钺，斫刀和大斧。腰斩、砍头的刑具。泛指刑戮。《赤城县志》误。
③ 《赤城县志》无"之祸"二字。
④ "官军"，《赤城县志》作"军官"。
⑤ "其能为"，《赤城县志》无"为"字。
⑥ "《迎送神》诗"，《赤城县志》作"迎神送神诗"。
⑦ "神去兮"，《赤城县志》"去"字前有"之"字。

兮，长剑林林兮①，生人。维忠维孝兮，孰无君亲。孰非女妻兮，亦维其真②。我为州兮，祀事伊始，尔州有人兮，子孙孙子。神之去兮，其来尚无已。

○嘉禾亭记　叶盛

景泰五年，岁次甲戌秋③，口外④独石、马营、云州、赤城、龙门卫所、雕鹗、长安岭八堡，五谷皆大熟。赤城之西郊产嘉禾，一本三穗者若干，五穗者若干。耕成函以来，镇守副总兵官都督孙安，谂于众曰："方今圣人御宇，贤人在辅，边境大宁。安与若等得以⑤乐与耕守，而无征伐之劳者，上之德也。今兹瑞应嘉禾，实惟至和之气融结而成，上德所由致，愚下曷敢私有？驰奏可乎？"协赞军务官⑥参政叶盛继而曰："古之大臣事君，逆贼⑦、风雨、灾异奏，水旱、贼盗奏，祥瑞不奏，有以也。今上龙飞，首下明诏，止献祥瑞，圣人之见卓矣。矧今水旱荐臻，诸方告灾，口外⑧嘉禾不奏可矣。"于是，其裨将都指挥周贤率众而言曰："总戎之欲⑨奏进嘉禾，其心盖欲尊于上，义也；监军之钦承上制，不欲奏进嘉禾，亦义也。义皆不可废也。郊南三里通衢之旁有亭焉，盖因岁熟合众力而成之，期以岁劭⑩农课耕于斯而作也。而亭未有名，请以'嘉禾'名之，

---

① "白日晏偋，泰分兮，长剑林林兮"，《赤城县志》作"白日晏昏，乘瑞凤兮，驾祥麟。彼林林兮"。

② "其真"，《赤城县志》作"其贞"。

③ "岁次甲戌秋"，《赤城县志》作"岁次甲申"。检《中国历史纪年表》，景泰五年为甲戌，而明代甲申年，有永乐二年（1404 年）和天顺八年（1464 年）等，均与所记事实不符。故《赤城县志》误。

④ "口外"，《赤城县志》作"居庸关外"。

⑤ "得以"，《赤城县志》作"安于"。

⑥ 《赤城县志》无"官"字。

⑦ "逆贼"，《赤城县志》作"弑逆"。

⑧ "口外"，《赤城县志》作"兹"。

⑨ 《赤城县志》无"欲"字。

⑩ "劭"，《赤城县志》作"观"。

且置众穗于中，使四方人来口外者①，知赤城有嘉禾，为吾君之德之所在。如是，则上之制不违，而上之德不泯矣。如何？"安与盛合辞而应之曰："可也"。乃以亭之记属盛。盛不能记②，用③据事实书亭中，以竢④善记，亭⑤如苏扶风者取而记之⑥。

○屡丰亭记　叶盛

马营城⑦在口外八城中，军士为⑧最伙，耕地为最宽阔。然比年耕地夺于有力之家，非军士所能有也。

圣天子中兴，修复城守以来，以少保于谦言，与口外买牛，白金三千；以右佥都御史李秉言，与宣府买牛，白金拾千，而马营前后得白金总一千三百焉。于是而官为军士得牛以角计者一千二百有奇，地以亩计者四千五百有奇。牛足供耕驾而多牸，其孳育无穷。地皆膏腴可谷，垄子利数可倍他处。至若鞅鞯衡轭耒耜种粮，悉出于官。今讲武之隙，共力田事，秋成偿直之外，听自便。而军装百需亦用是不烦于私。又以副总兵都督同知孙安，右参将都指挥佥事周贤与其⑨协副指挥同知吴良，相继视事，合其同事者之议，相地之宜筑屯堡，以便作息，备不虞。其为堡者四，又环城之三面界为菜圃，人各一区，给蔬茹，其为地又一十四顷有奇，而适数岁连熟，由是公私向裕，上下相安，而比年之俗革矣。

菜圃在城⑩南面者独秀而大，诸部将吏尝治亭其间，以为督府往来休息之所。盛闲登而乐之，为大书其楣曰："屡丰之亭"。盖取诗所谓

①　《赤城县志》无"口外"二字。
②　"记"，《赤城县志》作"辞"。
③　《赤城县志》无"用"字。
④　"竢"，《赤城县志》作"竣"。
⑤　《赤城县志》无"亭"字。
⑥　"而记之"，《赤城县志》作"焉"字。
⑦　《赤城县志》无"城"字。
⑧　《赤城县志》无"为"字。
⑨　《赤城县志》无"其"字。
⑩　《赤城县志》无"城"字。

"屡丰年"，以幸既往，愿方来且以为来者告，庶几①为耕地永久之托焉。尔书已有歌而过于亭下者曰："我亩我田兮，我牛我犊；我谷既升兮，我菜亦熟；我饱而歌兮，我无不足；我土以宁兮，猗②我皇之福。"

---

① "庶几"，《赤城县志》作"庶以"。
② "猗"，《赤城县志》作"荷"。

10. 嘉靖《宣府镇志》

【题解】 嘉靖《宣府镇志》42卷，署名"孙世芳修、栾尚约辑"，成书于嘉靖四十年（1561年），稍晚些时间木刻刊行。1969年台湾学生书局以之影印出版，列为《新修方志丛刊》边疆方志之第26种，因此传布较广。由于为嘉靖年间刊刻，一般称是志为嘉靖《宣府镇志》。

孙世芳，字克承，生于正德三年（1508年），直隶安东县人，贯万全都司宣府右卫。嘉靖二十六年进士，与后来的大政治家张居正同科。孙世芳中进士后，参与馆阁考试，被钦定为第一，以文采闻名。他历任翰林院庶吉士、检讨分校、国子监司业，俗称孙太史。栾尚约，嘉靖三十七年任宣府大同巡按监察御史。

嘉靖《宣府镇志》比正德《宣府镇志》更为丰富详实，记载了宣府地区从上古至明中期的山川、沿革、贡献、人物等方面内容，是一部非常珍贵的文献。至于成书过程，据作者序言，孙世芳患病在宣府休养，应栾尚约邀请，共同编写新的《宣府镇志》。"志所纪事，多自二十一史中考用。若二十一史外，则汉唐以来诸简册，国朝诸志书，历代儒贤诸文集，以及稗官所述，残碑所遗，亦皆取可传信者补阙焉。如或考察未明，则宁略不备，非敢臆度悬断，失本真也。"作者孙世芳作为本土人，知地情，又具供职翰林院和国子监查阅图书的便利，所以他撰写志书有巨大优势。但就志书对历史沿革的记述，虽出于正史，但仍缺乏考订，是本书的一大缺陷。清《宣化府志》专设一门《订误》，对宣地历史沿革变迁订误达60条。

鎗二十四桿其餘雜樣火器七十件副

火藥一百斤盔甲弓箭二百四十七件副

馬營城 守城火器銅砲八十箇鐵銃一十把鐵流星砲二十具

副銅佛朗機眼砲一十把守墩軍火器共一百斤軍器械共二

鉋無敵手二副鐵佛朗機眼砲一十一把守墩火藥火器共二

器盔二百副鐵佛朗機刀二百副刀二百一十八件隨軍器械共

百八十九件守堡火器共

盔甲刀五百弓箭等項

三千五百鍬二十餘件

赤城 大將軍砲二副子毋砲七眼子毋砲五箇銅砲五十眼銃子一十三桿銅佛朗

三副子毋砲五箇神砲字流星砲一十三副銅佛朗

鎗一二副鉛子鎗五百箇神砲字流星砲一十一副銅佛朗機一桿銅佛朗

機一桿鉛子將軍砲五十箇盈字流星砲十三桿

滴水崖堡 箇無敵手十四副流星砲二十五副子毋砲二十五桿蓮

花砲十五箇快鎗六桿三眼銃二桿戚鞭二桿

毋砲三副神鎗銃二桿戚鞭二桖

毋砲三副佛朗機二十六副神鎗銃二桖戚鞭二桿蓮

嘉靖《宣府镇志》书影

嘉靖《宣府镇志》的体裁，主要采用了考、表、传和图的形式。全书的主体部分是"考"，序中写道："志拟史作，凡国史必先帝纪，宣边镇尔，乃其志何敢僭拟国史乎？今类裒镇事，名之曰考。"在孙世芳看来，与国史正书相比，国史有帝纪，这是地方不能僭越的，所以用"考"这种编排来表达谦逊之意。加上作者别出心裁，"俾师古建事者"，所以便出现了以"考"作为方志编排主体的现象。二十六考的叙述虽占据了大量篇幅，但"表"和"传"也承担着重要作用。"表""传"被用来"定伦品"，然后"其人言行得失可征"，送样二十六"考"、七"表"和九"传"，加上六幅宣府山川、城镇图，就构成了嘉靖《宣府镇志》的全部内容。

嘉靖《宣府镇志》在内容的类目编排上，呈现鲜明的时代性。其中关于军政的篇目占了近半，而且分类异常详尽，"兵籍""兵政""兵器""兵骑""经略"等都单独成卷。这种类目的设置不是文繁事简、可有可无，它是为适应当时宣府地区边防实况，将宣府的兵员籍贯、兵器、军马、战事等都详细列举，最大程度了解宣府地区复杂的军事体制。这就是嘉靖《宣府镇志》类目时代性特点的具体体现。

嘉靖《宣府镇志》序中仍提到上承叶盛、马中锡《宣府镇志》，唯独没有提及正德《宣府镇志》。或许是嘉靖朝对正德朝部分前臣清算打击，王崇献也在其列，因此避讳，抑或是孙世芳等人相信正德《宣府镇志》的作者本应是马中锡。[①]

本辑以成文出版社据明嘉靖四十年刊本《宣府镇志》影印本辑录有关赤城内容。

---

① 据杨润平等燕赵文化研究丛书之一《京师北门宣府镇》（科学出版社，2012年版）整理。

◎制置考（卷1《制置考》）

○汉

高帝五年①，分上谷郡地为涿郡，各置郡守。关南曰涿，北曰上谷。（第 10 页下左）

武帝元封元年，分天下为十三部，郡属幽州部，更郡守为太守，其属县治以令，县曰沮阳、今保安卫。泉上、今怀来阪泉北。潘、今怀来卫。军都、保安东南，后移昌平。居庸、今为关。雊瞀、今镇城北。夷舆、今怀安卫。宁、今永宁北，云州东。昌平、今隶顺天。广宁、今隆庆州。涿鹿、今保安州。且居、元开平地，今弃境外。茹、弃兴和地。女祁②、今云州北。下落，今镇城。又置阳原、今顺圣西。祯陵、今万全左、右卫。代、今蔚州卫。广昌，今置千户所。别属代郡云。（第 10 页下左～第 11 页上右）

孺子婴居摄三年③，王莽篡汉改上谷郡曰朔调，改太守为太尹及改上谷诸县名。夷舆曰朔调亭、沮阳为沮阴、泉上曰塞泉、潘曰树〔武〕、宁曰博康、广宁曰广康、涿鹿曰播（睦）〔鹿〕、且居曰久居、茹曰谷武、女祁曰祁、下落曰下忠。（第 11 页上右）

光武建武十五年④，复为上谷郡，置守，寻徙吏民居庸东避匈奴，增调屯兵备之。二十六年，归所徙吏民以昌平、居庸南属广阳，今顺天府。其泉上、夷舆、且居、茹、女祁，并省余八县存治以令。时以天下损耗、官多适为民扰，故省并郡县。（第 11 页上右）

○唐（第 12 页上左）

穆宗长庆二年⑤，改妫川郡复为妫州，领县一：怀戎。镇四：曰雄北、曰白阳度、曰云治、曰广边，俱今东北路。改涿鹿为新州，领县四：

---

① 高帝五年，前 202 年。

② 女祁，治今赤城县雕鹗镇小雕鹗村附近。

③ 居摄三年，8 年。

④ 东汉光武帝刘秀年号，39 年。

⑤ 唐穆宗李恒年号，822 年。

永兴、倚郭。樊石、军都。龙门、今卫。怀安。今卫。改广宁为儒州，领县一：缙山。今永宁卫，古缙云氏所都。俱置刺史，属卢龙道，寻改属河东。

○宋（第 13 页上右）

仁宗景佑三年，契丹重熙五年①。契丹置兴州中兴军，领县宜兴、兴安，俱汉女祁地，元属兴和路。治以节度使，又升武定、忠顺二军俱为节镇。

嘉定二年，金大安元年②。金升奉圣州为德兴府，置尹，领县德兴、倚郭，更永兴名。妫川、今怀来卫。缙山、更儒州名。望云、今云州。矾山，今矾山堡。割宣德之龙门县属。（第 13 页下右）

○皇明

三年③，命平章汤和取宣德，参政华云龙取云州，左副将军李文忠取应昌，今弃境外。诸郡县皆附，因徙其民如居庸关，诸郡县废，特遣将卒番守之。名宣德曰宣府。因宣德府旧名称之，实非府也。（第 14 页上左）

五年④……弃开平，徙其卫治独石。国初，取开平，既设卫又东置凉亭、沈河、赛峰、黄崖四驿接大宁，西置桓州、威虏、明安、显宁四驿接独石。永乐初，大宁既弃，开平失援难守，至是总兵薛禄极陈其状，遂移卫独石，弃地盖三百里。大宁在今古北口外，洪武间，封宁王置北平行都司于此，革除年既借镇兵靖难，因徙宁府南昌改都司名大宁，徙保定遂使辽无右臂，宣失左肩，而声援隔绝云。六年，置龙门卫于废龙门县，置龙门守御所于废县之东庄。从总兵谭广请。（第 14 页下左～第 15 页上右）

景皇帝景泰四年⑤，置云州守御所于废州。五年，置协守副总兵

① 宋仁宗赵祯、辽兴宗耶律宗真年号，1036 年。
② 金卫绍王完颜永济年号，1209 年。
③ 明太祖洪武三年，1370 年。
④ 明宣宗宣德五年，1430 年。
⑤ 明代宗朱祁钰年号，1453 年。

官，初用侯伯、都督，参将亦然，近惟用都指挥。及分守北路参将。（第 15 页上右）

敬皇帝弘治三年①，置长安守御千户所，治枪杆岭。（第 15 页上左）

今上皇帝嘉靖元年②，置分守中路参将。十八年，置分守布政司参议视分巡。三十六年，置按察副使，兵备怀隆。三十八年，置按察佥事，兵备赤城。二司俱颛除给敕，列衔山西。兵将未增，而设官益众，君子不无扰民之虑云。右自国初至此，凡置卫、所二十有一，屯兵城堡三十有三，俱隶万全都司。其隆庆、保安二州，永宁一县，司不得治。然兵赋相摄，军民错处，抚镇、藩、臬实统之，盖总称宣镇，为畿内重地云。（第 15 页下右）

◎诏命考③（卷 2《诏命考》）

○皇明

赐左军都督府都督佥事周贤充参将分守开平敕谕④。敕谕左军都督府都督佥事周贤，今特命尔充左参将分守宣府迤北独石、马营等处地方，往来城堡提督官军，整饬器械，防御贼寇，有警则相机战守，无事则留心抚梳，尤须持廉秉公，禁革下人，科扰⑤役占⑥，致生差怨。凡一应边务，须与参赞等官计议而行，毋得自分彼此，处置乖方⑦，遇有紧急贼情，仍听宣府镇守、总兵等官节制调度，事有应议者，亦须从长计之，慎之。故谕。☉此为设置分守北路参将之始，前此称镇守，后此俱移称分守，敕词并与此相同。（第 22 页下右）

三十八年⑧，赐山西按察佥事张时兵备赤城敕谕。敕山西按察司佥

---

① 明孝宗朱祐樘年号，1490 年。
② 明世宗朱厚熜年号，1522 年。
③ 诏命，皇帝的命令。
④ 景泰五年事，1454 年。
⑤ 科扰，以捐税差役骚扰百姓。
⑥ 役占，也称占役，意为占用公务人员当差。
⑦ 乖方，违背法度；失当。
⑧ 嘉靖三十八年，1559 年。

事张时，近该总督宣大等处军务官，题称宣府地方逼近边地，欲照近日大同事例，分置三道，画地经理。庶几，事有责成，已下该部议谓相应。今特命尔前去驻扎赤城，专管北路兵备，整敕兵马，稽查钱粮，兼理词讼。田地荒芜者，召人承佃①；官军脱伍者，设法勾补②；余丁离散者，多方抚辑③。其见议墩台，并力修筑；新降属夷，密察向背。凡利有当兴，弊有当革。战守有裨于军务者，尔宜悉心经略，区处停当④。所属有司、卫、所官吏军民人等，敢有阻抗违误者，轻则量情惩治，重则参奏拿问，仍听总督、镇、巡官节制。尔为宪臣⑤受兹委任，宜持廉秉公，尽心竭力，使兵食胥足，军威振扬，足以安内攘外。庶副命官之意，如或怠缓误事，责有条归，尔其钦承之。故敕。⊙此设赤城兵备之始，后代任者，敕谕同此。（第26页下右）

◎巡省考⑥（卷3《巡省考》）

○晋

孝武帝太元十二年，魏登国二年⑦。魏主珪幸广宁，今隆庆。遂入赤城。今仍称。

十一年，魏神瑞二年⑧。魏主幸赤城亲见长老，问人疾苦，复⑨租一年。南次石亭，幸上谷，问百年、访贤俊，复田租之半。（第28页上左、下右）

---

① 承佃，旧社会农民向地主租种土地。
② 勾补，征调或拘捕以作补充。
③ 抚辑，亦作"抚缉"。安抚辑和。
④ 停当，妥当；完备。
⑤ 宪臣，宋代指提点刑狱，即后之按察使。
⑥ 巡省，巡行视察。省音 xǐng，检查。
⑦ 北魏道武帝拓跋珪年号，387 年。
⑧ 北魏明元帝拓跋嗣年号，415 年。
⑨ 复，免除。

○晋①

六年，契丹会同五年②。春正月朔③，契丹主在归化御行殿，受群臣朝以诸道贡物，进太后及赐宗室百僚，晋遣使谢。冬，驻跸赤城。（第 29 页上右）

○宋

五年，契丹保宁四年④。契丹主幸云州。（第 29 页上左）

五年契丹统和十二年⑤。春，契丹主幸云州长春宫观牡丹。夏，如炭山清暑。诏，此后岁夏必至。冬，幸可汗州猎。（第 29 页下右）

真宗咸平三年，契丹统和十八年⑥。契丹主幸赤城，浴于汤泉。（第 29 页下右）

宝元元年，契丹重熙七年⑦。契丹主幸龙门。唐县名，今为卫。（第 29 页下左）

宣和四年，契丹保大二年⑧。契丹主幸鸳鸯泺方猎，会金兵追至奔云州，金主完颜旻遂至奉圣。（第 29 页下左）

孝宗乾道二年，金大定六年⑨。金主雍幸归化，因至望云，将幸金莲川，以薛王府掾⑩梁襄⑪谏止。川在今云州东北，襄疏曰：金莲川在重山之北，地极阴冷，五谷不生，气候殊异，中夏降霜，一日之间，寒暑交至，尤非

---

① 晋，指后晋。

② 后晋高祖石敬瑭天福六年，941 年。辽太宗耶律德光会同五年，942 年。二者相差一年。据《辽史》，天福六年为误，当为七年。

③ 朔，农历每月初一。

④ 宋太祖赵匡胤开宝五年、辽景宗耶律贤保宁四年，972 年。

⑤ 宋太宗赵光义淳化五年、辽圣宗耶律隆绪统和十二年，994 年。

⑥ 宋真宗赵恒咸平三年、辽圣宗耶律隆绪统和十八年，1000 年。

⑦ 宋仁宗赵祯宝元元年、辽兴宗耶律宗真重熙七年，1038 年。

⑧ 宋徽宗赵佶宣和四年、辽天祚帝耶律延禧保大二年，1122 年。

⑨ 南宋孝宗赵眘乾道二年、金世宗完颜雍大定六年，1166 年。

⑩ 府掾，音 fǔ yuàn。府署辟置的僚属。

⑪ 梁襄，字公赞，绛州人。少孤，养于叔父宁。性颖悟，日记千余言。金大定三年（1163 年）进士第，调耀州同官簿。三迁邠州淳化令，有善政。察廉，升庆阳府推官，召为薛王府掾。

圣躬将息之所。凡奉养之具，无不远劳飞挽，越山逾险，其费数倍。至于顿舍①之处，车骑阗塞②，主客不分，马牛风逸③以难收，藏获捕逃而莫得，公卿百官，富者车帐仅容，贫者穴居露处，舆台皂隶④，不免困踣⑤，饥不得食，寒不得衣，一人致疾，染及众人，夭伤无辜，何异刃杀！此细故耳，更有大于此者。臣闻高城浚池，深店邃禁，帝王之藩篱也；壮士健马，坚甲利兵，帝王之爪牙也；今行宫之所，非有高殿广宇城池之固，是废其藩篱也。挂甲常坐之马，日暴雨蚀，臣知其必赢瘏矣；御侮待用之军，穴居野处，冷唆寒眠，臣知其必疲瘵⑥矣；以陛下神武善射，举世莫及，若夫衔橛⑦之变，猛鸷之虞，姑置勿论。设于行猎之际，烈风暴至，尘埃涨天，宿雾四塞，跬足不辩，以致翠华有崤陵⑧之避、襄城之迷，百官狼狈于道涂，卫士参错于队伍，当此宸衷⑨宁无戒悔。臣闻汉、唐离宫⑩，去长安才百余里。然武帝幸甘泉，遂中江充之奸。太宗居九成⑪，几致结社⑫之变。太康略于洛汭⑬，后羿拒河而失邦。魏帝拜陵近郊，司马懿窃权而篡国。隋国隋炀、海陵虽恶德贯盈，人谁感议？止以离违⑭宫阙，远事巡征，其祸遂速，可为殷鉴⑮也。（第 30 页上右、左）

---

① 顿舍，停留止息。

② 阗塞，音 tián sāi。拥塞。

③ 风逸，因发情而走失。

④ 皂隶，旧时衙门里的差役。

⑤ 困踣，音 kùn bó。困顿潦倒。

⑥ 疲瘵，音 pí zhài。患病；疾病。

⑦ 衔橛，驰骋游猎。

⑧ 崤陵，即崤山。崤，也作"殽"。又名嵚崟山、嵚岑山。在河南省洛宁县北。山分东西二崤，中有谷道，阪坡峻陡，为古代军事要地。

⑨ 宸衷，帝王的心意。

⑩ 离宫，古代帝王在都城之外的宫殿，也泛指皇帝出巡时的住所。

⑪ 九成，唐代宫名。

⑫ 结社，结成团体。

⑬ 洛汭，水北曰汭。洛汭，位于洛水的下游，洛水入黄河处。

⑭ 离违，背离，指刘备和荆州将领不能合作。

⑮ 殷鉴，泛指可以作为后人鉴戒的往事。

○皇明

二十二年夏①，驾幸开平，伐逆虏阿鲁台②，师过应昌，虏迹远遁，因还次榆木川。上疾大渐③，皇太孙迎龙辇于雕鹗堡，如京。（第31页上右）

◎封建考（卷4《封建考》）

○晋（第35页下右）

龙门县伯郭彦，太原人，少知名，周文帝临雍州，辟④为西曹书佐，累迁虞部郎中。大统十二年⑤初，选当州首望⑥，统领乡兵为大都督，有军功因封⑦。

◎灾祥考（卷6《灾祥考》）

○周（第48页下左）

太祖广顺二年⑧，云州嘉禾生⑨。

○宋（第49页上左）

三年元中统三年⑩。秋八月，元宣德龙门县陨霜。

---

① 永乐二十二年夏，1424年。

② 阿鲁台（？~1434年），鞑靼领导人，北元"鞑靼"太师，属阿苏特部，蒙古化的伊朗人。1403~1434年间，先后拥立鬼力赤、本雅失里、阿台为可汗，自称大元朝太师，类似蜀汉诸葛亮一样专权擅政。诸葛亮六出祁山，阿鲁台也多次袭扰明朝边境。永乐十一年，受封"和宁王"，与瓦剌对立，宣德九年（1434年）被瓦剌部绰罗斯·脱欢太师所杀。

③ 渐，加剧。

④ 辟，指君主招来，授予官职。

⑤ 西魏文帝元宝炬年号，546年。

⑥ 首望，头等望族。

⑦ 《宣府镇志》选入该条，当指明龙门卫，今赤城龙关地。今考龙门之名当始于唐，南北朝时期并没有龙门之名，存疑。

⑧ 后周太祖郭威年号，952年。

⑨ 《宣府镇志》选入该条，当指明云州所，今赤城云州地。今考赤城云州之名当始于元，五代十国时期宣府地并没有云州之名，当指今大同。疑误。

⑩ 南宋理宗赵昀景定三年、蒙古世祖忽必烈中统三年，1262年。

○元

四年①秋七月，上都云州雨雹。（第49页下左）

至正十一年六月②，云州大风雨，山水猝至时，帝驻跸其地，车马人畜漂溺一空，脱脱抱皇太子登山以免。（第50页上右）

○皇明（第50页上左）

五年春正月③，积雪恒阴。二月饥，官赈。秋，大有年，云州产嘉禾，一本三穗、五穗者甚多。

◎疆域考（卷7《疆域考》）

○元（第56页上左）

宣德府保安、松、云、龙庆、弘五州，宣德治文德、后改府曰顺宁。保安治永兴、松州治松山、云州治望云、龙庆治缙山、弘州治襄阴。此中统已后之制也。东至大都界，西至大同府界，南至涿州界，北至上都界。广④七百余里，轮千余里。宣德至元大都三百五十里，至上都七百里；保安至大都二百八十里，至上都六百六十里；松州至大都三百八十里，至上都四百九十里；云州至大都三百五十里，至上都五百里；龙庆至大都一百八十里，至上都四百八十里；弘州至大都四百九十里，至上都八百六十里。

○皇明（第57页上右）

北路，东接潮河川，西据金阁山，南据长安岭，北据毡帽山，广六十里，轮一百八十里。开平卫至镇城三百里，龙门卫至镇城一百二十里，龙门守御所至镇城二百四十里，长安守御所至镇城一百四十里，云州守御所至镇城二百一十里，雕窠至镇城一百七十里，赤城至镇城二百里，马营至镇城二

---

① 该条在"英宗"下，元英宗至治四年，而元英宗硕德八剌仅有3年，或《宣府镇志》以首尾年记，应为元英宗至治三年，1323年。

② 元惠宗至正十一年，1351年。

③ 明代宗朱祁钰景泰五年，1454年。

④ 广，宽度，横向尺寸。东西称"广"，南北称"袤"。

百六十八里，外有清泉、镇安、镇宁、金家庄、李家庄、牧马堡、隆门关、君子、松树、滴水崖俱分兵戍守。

◎山川考（卷8《山川考》）

○《隋志》（第59页上左）

大翮山，在怀戎县。《一统志》：在隆庆州北二十五里，上有王次仲庙。次仲弱冠①，变苍颉②旧文为今隶书。蔡邕曰：上谷王次仲，变古成隶，终古行焉。或传秦始皇尝征，仲不至，大怒，诏槛车送之，仲化为大鸟，飞去落二翮于此，因以名山。

小翮山。与大翮山相联差卑③，故因以名。

○《辽志》（第60页下右）

石壁。在龙门县，其势如门，徼外诸河水皆于此趋海。

○《皇明一统志》（第61页下右～65页）

大海沱山，在怀来城东北三十里，高百仞许，下有龙潭，祷雨辄应。赵羾《海沱飞雨》诗：群山相圉独争高，怒拥玄云上碧霄；奋击毒雷驱海苦，大施霖雨泻天瓢。岩前飞瀑飘银练，天外长虹卧锦桥；一勺乌龙潭上水，年年滂沛润枯焦。又：电掣紫金蛇，惊雷怒裂石；天外挂乌龙，黑风吹海立。八表布甘霖，平地水盈尺；顷刻天霁威，遥岑露寸碧。御史胡宗宪诗：鞭霆驱海神功妙，千古威灵雄绝徼。何当一喷白龙泉，洗却天（狼）[浪] 永不耀。

毡帽山，在开平卫城西北一十里。

东山，在开平城东三十里，极高竣，上有墩，可瞭三百余里。

红石山，在龙门卫城东五里，上产红石，可供玩好。

大松山，在龙门卫城西一十里，上有古松一株，盘曲森耸，因名。永乐中驻跸于此。孙世芳诗：嘉树笼云气，亭亭在此峰。百寻霄汉拂，千度雪霜封。丹

---

① 弱冠，古代男子二十岁行冠礼，表示已经成人，但体还未壮，所以称做弱冠，后泛指男子二十左右的年纪。

② 苍颉，姓侯冈，相传为黄帝的史官，汉字的创造者。

③ 卑，地势低下。与"高"相对。

壑宁堪弃，明堂尚可庸。翠华临幸后，终古羡蟠龙。

双峰山，在龙门卫城北二十里，两峰相向，高出众山。

聚阳山，在龙门千户所城东南三十里，相传曾有仙人修炼于此，亦元人开冶处也。

西高山，在龙门所城西，登其巅可远望。

赤城山，在赤城堡东五里，山石多赤，故名。元陈刚中，诗：一溪流水绕千峰，宛与天台景物同；魂梦不知家万里，却疑真在赤城中。

玉石沟山，在赤城西七十三里。

金阁山，在云州西南十五里，元建崇真观、长春洞于此，前有游仙峪。元学士揭傒斯《游金阁崇真观》诗：路入林峦十里幽，忽惊华构讶瀛洲。金峰突兀海鳌泣，玉室凿开山鬼愁。物外烟霞空揽结，壶中日月许迟留。赤城只在山门外，何必天台事远游。

龙门山，在云州东北五里，两山对峙如门，又名龙门峡。元学士马伯庸诗：紫塞秋高凤辇回，龙门有客去还来。荡摩日月昆仑坼，吐纳风云混沌开。天帝有神司主宰，地灵无力载崔嵬。谁吹石濑成飞雨，不使时人污酒杯。陈孚诗：天险龙门峡，悬崖兀老苍。千蹄天马跃，一寸地椒香。夜雪青毡帐，秋烟白土房。路人遥指语，十里是温汤。

浩门岭，在雕鹗堡北廿五里，上有松数百株，郁然苍秀。

长安岭，即枪竿岭，又名桑乾岭。元陈孚《桑乾岭》诗：昔闻桑乾名，今日登桑乾。桑乾是否不必问，但觉两耳天风寒。大峰小峰屹相向，空际谽谺一千丈。燕云回首夕阳间，长川历历平于掌。人家如蛎粘石壁，白土堆檐高半尺。门外毡车风雨来，平地轰轰惊霹雳。汉唐百战场，绿草今满碛。野夫耕田间，犹有旧铁戟。道傍谁欤三叹息，布袍古帽江南客。学士黄溍《枪竿岭》诗：忆昔赐第归，吾毋适初度。蹉跎岁月晚，今辰乃中路。居人夸具庆，游子惭叱驭。兹山称最高，扬鞭入烟雾。矗矗多峭峰，蒙蒙绕杂树。崎岖共扳援，踯躅频反顾。陈情未成表，登高讵能赋。独怜山下水，还向芦沟去。明金幼孜《发长安岭》诗：回峰渺无际，峻岭疑接天。崖倾石磈磊，径转迷苍烟。车行何兀兀，鳞次陟层颠。陂陀翳榛莽，枯涩无流泉。旌旆亘长坂，冠盖来后先。险尽陟平陆，浩荡即长川。登高未成赋，此志何由宣。赵玘诗：浮云西北倚重关，石磴盘回鸟道间。千步浑无十步稳，一夫能拒万夫还。绵延紫塞连青海，指点乌桓认黑山。接踵番儿皆内附，戍楼烽火尚防闲。都御史**叶盛**《长安晴日》诗：星垂箕尾洞天开，况是晴云捧日来。直北关山同淑气，向南花鸟自春台。才看使者乘槎去，又报番王进马回。几度闲登最高处，分明楼阁见蓬莱。枪竿高处宿岚□，晴逼金乌引曙来。城动客车犹鼓角，山藏佛刹半□台。木痕暖向河边泮，草色青连碛外回。南望五云长炫目，拟班□鹭谒蓬莱。

李老峪，在长安岭北三十里。元**黄溍**诗：缘崖一径微，入峪双崦窄。密林日易昏，况乃云雨积。行人望烟火，客舍依山色。家童为张灯，野老烦避席。未觉风俗殊，只惊关河隔。严程不及缓，子规勿劝客。**陈刚中**《李老峪闻杜鹃呈应奉冯昂霄》诗：三月十九日，客行桑乾坂。杜鹃啼一声，清泪凄以潸。故园渺何处，万里隔云巘。燕子三见归，我车犹未返。杜鹃尔何来，吊我万里远。同行二三子，相顾一笑莞。问我此何鸟，怪我苦悲愠。掉头不复言，日落千山晚。**冯海粟**《宿李老峪》诗：野宿山前草树凉，行人六月絮衣裳。江东此际炎燠毒，汗出如浆事事妨。

望国崖，在望云川东北，去保安州四十五里，下有担子崖。**黄溍**诗：自从始出关，数日走崖谷。迢迢度偏岭，险尽得平陆。陂陀皆土山，高下纷起伏。连天暗丰草，不复见林木。行人烟际来，牛羊雨中牧。飒然衣裳单，咫尺异寒燠。伫立方有怀，相逢仍问俗。畏途宜疾驱，更傍滦河宿。

独石，在开平卫城南，一石屹起平地，上可构数楹，因建神庙。元**黄溍**诗：解鞍及亭午，稍欣烟雾收。苍然重山出，历历如雕搜。前瞻一石独，灵官居上头。颇闻去年夏，水激龙腾揪。走避登山屋，夜半齐呀咻。幸兹溪涧中，今作清浅流。宴安不可怀，变化成难求。翠华耿在望，行矣勿淹留。**陈孚**诗：何载天星堕绿苔，千寻化作铁崔嵬。风沙道上人谁识，曾见天台雁荡来。明**叶盛**《独石春耕》诗：塞下膏腴万顷连，杂耕无数见人烟。满将丰稔期今岁，不把荒芜问往年。百囷千仓同赤县，五风十雨荷皇天。汉庭诸将皆雄武，充国于今羡独贤。

东河，在赤城东，自独石、云州，东南流经古北口，为通州白河上源。

西河，在赤城西，合温泉，东流，分为二：一从西北入城；一从城南流，合东河。

南河，在雕鹗堡南，自剪峪、狗村合流至此，东南流，入通州白河。

龙门川，在云州东，合独石、红山二水，从龙门峡南下，故名。

望云川，在云州，古望云县治，元改州，今废，然犹仍旧称之。元陈旅《云州道上闻异香》诗：年年骑马踏龙沙，金阁山前席帽斜。海上谁移千岁草，空中时度七香车。丹崖翠壁横秋野，玉磬琅瑜出暮霞。我亦往年驰驿过，不知仙枣大如瓜。揭傒斯《望云道中》诗：南连鹊谷北龙门，一带风云际塞垣。草树每迎天仗过，河山高揖帝畿尊。两都形胜司津要，九域轮蹄据吐吞。谁道古阳居僻陋，圣朝今日是中原。又《望云感秋》诗：天崖节序去匆匆，秋色人情特地同。昨日轩窗犹酷暑，今朝庭院已凄风。苍浪短发侵晨镜，劳落羁怀怯候虫。乡国三年归未得，又将愁眼送归鸿。明叶盛《云州晓角》诗：小队巡行曙色深，角声齐起古城阴。风高杨柳终无赖，霜重梅花自不禁。慷慨平生忧国泪，凄凉此日望乡心。皇威早晚收残虏，归买吴牛听铎音。

大海陀潭，在雕鹗堡东三十里，大海陀崖谷间有泉，下汇为潭，岁旱祷雨辄应。

洪赞井，在长安岭西。陈刚中诗：洪赞山岩峣，势如舞双凤。大井千尺深，窈然见空洞。野人驱十牛，汲以五石瓮，滴水宝如珠，一瓮十室共。我生海东头，涟漪饱清弄。尝闻惠山泉，万里驿骑送。急呼茗椀来，试作清净供。

鹰窝泉，在长安岭堡西北三里，引流入堡中，汇而为池，可给居人。

温泉，有三，一在镇城东北六十里赵川。熊伟《赵川温泉》诗：泉拥平沙雪乳翻，蒸云吐雾暗山村。两仪闭塞何尝冻，一派潺湲祇自温。鬼物何年吹劫火，神功终古沸灵源。野人不解春风咏，分得余波灌小园。一在镇城西南顺圣废县东二里。叶盛《顺圣温泉》诗：一派灵泉昼夜流，气匀春夏与冬秋，滔滔直接天河水，谁继张骞泛斗牛。一在赤城西十五里。叶盛《铭》云：彼灵者泉，可濯可沿。惟泉之燠，可沐可浴也。有振斯衣，有弹斯冠，乃清缨，乃浊足也。维泉之香，可酿可湘。维泉之浩，亦可祷也。足我豪饮，时我雨旸。泉之灵兮，具其众好也。泉兮，泉兮，灵尔者神兮，乐尔者人兮。惟人之身兮，日新又新兮。不愧尔神兮，庶以全夫天兮。

暖汤，在云州堡宝济乡，一处出泉，凡七十二眼。

赤城汤。在镇城东百四十里，水自龙门镇北乡赤城寺侧山根，涌出暴热而流，傍有一冷泉，随人浴之，皆可愈疾。叶盛《汤泉曲》：巨灵擘石金虬沉，元气不消炎液深。百斛明珠自吞吐，暖香作雾重重阴。龙宫蛟室三千辈，夜雨丁东汉皋佩。湿云晴雪两相高，十里光摇绿萍碎。宝刀砍破苍崖痕，一泓皱玉秋温温。倒卷黄河海波热，寒冰掬出玻璃盆。仙台无尘白鹭下，露华月色空中泻。绣罗春服踏青泥，马头一碧山如画。

○《镇旧志》

开平卫（第67页）

棋盘山，城南四十里，上有石棋盘。

偏岭山，城正北四十五里。

崆峒山，城东南十里。

常宁山，城西十里。

总高山，城东北十里，登眺即见辽海。

东胜山，城东五里。

太保峪，城西南十五里，内有古墓、石羊，岂前代尝有官太保者，葬于此欤。

毡帽川，城西北八里。

独石泉，城东北隅，极澄澈，其甘如饴，满而不溢。

鹤山，马营堡东二里，俗名东山，栢桧森然，白鹤恒来栖止。孙世芳诗：瑶山森桧柏，幽寂伏胎禽。偶为华轩宠，翻生灵囿心。联翩辞碧屿，接翼到丹林。日有芝苓啄，时无毕弋侵。临风呈异舞，向月弄奇音。志在云霄远，思怀沧海深。因之修素洁，常伴主人琴。

雷山，马营堡东五十里，上建雷神庙，下有积雪坚冰。

红山，马营堡东南二十里，极高，赤色。

纱帽山，马营堡北二里，形如纱帽。

苍崖，马营堡南二十五里，上有飞泉。

桦岭，马营堡北五十里，多产桦木。

红泉，红山下，东流，合大河入龙门峡。

神泉，马营堡北三里，池方一亩，其水进出转流成河，浴之能愈疾。

棋盘山，云州东北四十里，山峰高峻，人鲜能到，尝有仙奕于此，今方石棋局尚在。

舍身崖，云州城北五里。

龙门川，云州堡东北五里，合独石、红山，二水，从龙门峡西下。

鸳鸯泊，云州堡西北一百余里，境外周围八十里，其水停积不流，自辽金以来为飞放①之所。

琼泉，在长春洞。

东猫儿峪，龙门峡北十里。

拂云堆，云州北四里。

野鸡山，赤城西北七十里，多产野雉，因名。

偏头山，赤城北六十里。

刘不老山，赤城西北四十里，曾有刘姓者修真于此，因以名之。

青羊塞山，赤城西南十五里。

红山泉。红山下，南流，合东河。

龙门卫（第67~68页）

娘子山，城西二十里，极高无险恶之势，因名。

双塔山，即塔沟山，在城西十五里，两峰极高，各有浮屠一座，元至元丁酉年建②。孙世芳诗：嵯峨双峰逼紫冥，东西屹立势相凌。玉莲并拥三千丈，宝盖俱悬十二层。风昼似闻铃互答，霜天恍见衲分登。我来一扫浮云尽，任向长安盼日升。

剪子峪。城东二十余里，即大岭山，其形如剪

龙门守御所（第68页）

七峰山，城东北百里。

北高山，城北二十里，形极高峻，夏暑冰雪常存。

鹰窝山，城东四里。

鹰嘴山，城西南十里，远望若鹰嘴然。

———————————

① 飞放，纵鹰隼捕猎。
② 元前、后至元均未有丁酉年。

孔宠山，城南十五里，崖有孔，六七尺，透明。

笔架峰，城南十五里。

黑峪，城南十里。

龙王嵯，城西北八里，嵯峨高耸，六月间云从此出，则大雨猝至。

磨盘嵯，城西十里，山如磨盘然。

燕窝石，在黑峪，有石，形如燕子窝，内可容数十人。

狮子石，城东四十里，其形似狮。

仙鹤洞，在黑峪，其洞最深，常有鹤栖宿于内。

清水河，城南百步。

娘子山泉，娘子山下，泉水溢出，势甚浩瀚，可资灌溉，岁旱祷之即雨。正统十四年竭，今渐溢出。

样田河，发源独石境外，在城南二十里。

东庄泉，城东二里。

凉水泉，城东南七十里。

碧落崖。即滴水崖，在雕鹗堡东四十里，石崖滴水，去地百余仞，隆冬不冻，东有香炉峰。

长安守御所（第68页）

凤凰山，城南百步。

八仙山，城西二里，峰顶高耸者凡八，中石室，深二丈，阔七尺。

马鞍山，城西南二里，以形状名。

松山，城东南里许。

双尖山，城北十里。

龙潭山，城西一里，有瀑布泉。

石盘山，城东南二十五里。

狮子峪。城北三十里，有石如狮。

◎形势考（卷9《形势考》）

○皇明

少保于谦《边境藩篱疏》。<u>正统</u>末，<u>独石</u>等八城俱被虏陷，公请复之，疏略曰：<u>独石</u>诸城，外为边境之藩篱，内为京师之屏蔽，不可自馁①，以资雠敌②。尺寸进退之机，安危治乱之所系也。⊙按<u>宣镇</u>北路八城，为<u>永宁</u>、<u>隆庆</u>屏蔽，守备当严，<u>于公</u>复之，至今称利云。（第74页上右）

兵科给事中叶盛《修复要地疏》。略曰：今日之事，边关为急，往者<u>独石</u>、<u>马营</u>不弃，则六师③何以陷<u>土木</u>，<u>紫荆</u>、<u>白羊</u>不破则虏骑何以薄④都城。⊙按此《疏》亦以请复<u>独石</u>八城也。上既允，即命公经理，公力行之，竟底成绩，边人至今受赐云。（第74页上右）

兵部侍郎余子俊《预备虏患议》。《议》曰：<u>宣府</u>雕鹗堡僻在腹里，而滴水崖堡极临边境，理应易置。又曰：<u>顺圣</u>东城有三隘：曰<u>丁宁</u>、<u>鳌鱼</u>、<u>水峪口</u>，每口直须一墩，便可阻遏虏驱。⊙按<u>雕鹗</u>、<u>滴水</u>二堡易置，近年<u>翁公万达</u>始行之，而三隘之墩，则前此已置矣。（第74页上左）

都御史许论《防守要害论》。略曰：<u>宣府</u>山川纠纷⑤，地险而狭，分屯建将倍于他镇，是以气势完固号称易守，然去京师不四百里，锁钥所奇，要害可知。北路<u>独石</u>、<u>马营</u>一带，地虽悬远，然长阻<u>长安岭</u>，虏难径下。中路之<u>葛峪</u>、<u>大白羊</u>、<u>青边</u>诸堡，西路之<u>柴沟</u>、<u>洗马林</u>、<u>万全</u>诸城，南路之<u>东西顺圣</u>，皆称虏冲，警屡至焉。东路<u>永宁</u>、<u>四海冶</u>及<u>龙门所</u>，则三卫窥伺之地。而<u>四海冶</u>上通<u>开平</u>大路，下连<u>横岭</u>，又要地矣。《易》曰：王公设险，以守其国。今考塞垣所据险亦几尽，第时异势殊有不可不为之经画⑥者。若曰：补<u>长峪城</u>、<u>镇边城</u>之募军，重浮<u>图峪</u>、<u>插箭岭</u>之防守，留<u>茂山卫</u>京操之士，以益<u>紫荆</u>；筑<u>李信屯</u>交界之堡，以固两镇；此岂容已乎。⊙按<u>宣镇</u>全险，此论略尽，后数事盖已见诸施行云。（第74页下左~75页上右）

万达《纳险垦田议》。略曰：<u>宣府</u>西路<u>黑山台</u>，直望<u>马营</u>威远墩，不百

---

① 自馁，音 zì něi。因失去信心而畏怯。
② 雠敌，音 chóu dí。仇人；敌人。
③ 六师，本指周天子所统六军之师，后以为天子军队的称呼。
④ 薄，迫近；接近。
⑤ 纠纷，交错杂乱貌。
⑥ 经画，经营筹划。

三十里，兴和十八村在焉。地沃饶可耕，盖自永乐间沦虏中，而塞以之缩三周，如半月形，自右卫、张家口、羊房、龙门以至马营，长逾三百余里，自是北路受敌愈多，悬绝难守。若引垣直之，由黑山以接威远，则掣三百里戍为百三十里戍也，纳险垦田，实伟图云。⊙按黑山与威远相对，直而垣之，费约而戍减；曲而垣之，费溢而戍增；去溢从约，去增从减，公之谋减矣。试求任其事者，谁与可慨夫。（第 75 页下右）

《镇旧志·形势论》。全镇：飞狐、紫荆控其南，长城、独石枕其北，居庸屹险于左，云中结固于右，群山叠嶂，盘据错峙，足以拱卫京师而弹压①胡虏，诚北边重镇也。……北路：重山突出，俯垂北荒，真足以拊胡虏之背，而扼其吭②。相传以为本镇地形类虎，此为虎首，其信然欤。中路：背负层山，坐拥边城，当西北两路之冲，为镇城唇齿之地。（第 75 页下左 ~ 76 页上右）

◎亭障考（卷 10《亭障考》）

○周

燕昭王用秦开破东胡，北治上谷塞。燕昭塞自造阳至襄平，连而为一，上谷之北，辽东之西，皆其地也。今宣镇塞实宗乎，此然自今视燕昭时，盖南缩五百余里。而宣、辽隔绝，势不相连，则又古今迥异云。（第 76 页下左）

○宋

少帝景平元年③，魏主以柔然犯塞，筑长城于长川之南，起赤城，西至五原，延袤④二千余里，备置戍卫。魏以北狄居止塞外，其御蠕蠕亦籍障塞，则我中国御狄，诚有不得废此者矣。（第 77 页下左）

---

① 弹压，音 tán yā。镇压；制服。

② 吭，音 háng。喉咙，嗓子。

③ 北魏太常八年，423 年。

④ 延袤，绵亘；绵延伸展。亦指长度和广度，引申指面积。

○唐

玄宗开元中①，命燕国公张说②巡边，因筑妫州北塞，延袤千里。帝以虏患，命说巡行障塞，为诗送之，群臣咸和。今怀来北九十里，有说所筑长城遗址云。（第 78 页下左）

○皇明

敬皇帝弘治十三年③，分守北路宦官唐禄请于沿边筑凿墩堑，以阻虏侵。报罢④。《疏》略曰：御边莫先设险，设险在于添墩。欲于沿边里筑一墩，墩配七卒，中空凿堑，以阻□轶，墩备火石，以事阻击。役夫三万，期功七年，可成也。时，兵部尚书马文升、给事中蔚春交论之，以为不可。文升曰："御戎之道，在于士马精强，将帅谋勇；修边之役，止遏鼠窃而已。宣镇迩值多事，行伍疲弊，正宜休养，以作战气，忽遽兴此大工，不惟人心嗟怨⑤，恐有他虞。"春曰："虏若拥众，一墩七卒，必不能敌，且边地风沙纵使，挖掘堑沟亦恐易为漫没，又本镇游兵不逾三千，而欲役夫三万，期功七年，非惟无益，害则随之。"⊙按马、蔚二公之论，欲休养士卒，培植元气，诚上画也。然胜负之势难定于平时，利害之机多眩于微忽，战屡经则兵疲警叠，至则农废。巫臣之毙楚，隋氏之亡陈，足为鉴也。而可尽废形险，颛言攻击耶。是故用亚夫屯军之勇，而不废晁错实塞之谋；嘉卫青出师之功，而不废徐自为筑障之遣；汉之文武，非得御侮之要经者耶。（第 79 页下右）

二十三年⑥，都御史王仪请修宣镇要冲墩垣，配兵乘守。从之。《疏》略曰：救敝宜先，拯焚宜急。宣府北路之龙门、许家冲，中路之大、小白阳，西路之膳房、新开、新河口、洗马林，极为要冲，必须筑垣。上列睥睨⑦间

---

① 玄宗开元，唐玄宗李隆基年号，713～741 年。

② 张说（yuè）（667～730 年），字道济，一字说之，河南洛阳人，唐朝政治家、军事家、文学家。

③ 明孝宗朱祐樘年号，1500 年。

④ 报罢，古谓批复所言之事作罢，即言事不准。

⑤ 嗟怨，嗟叹怨恨。

⑥ 嘉靖二十三年，1544 年。

⑦ 睥睨，音 pì nì。最初是指古代皇帝的一种仪仗。后来有斜着眼看，侧目而视，有厌恶或高傲的意思。此有窥视之意。

筑护墩，入秋配兵乘之，直至寒列，方始解严①，庶可止遏虏驱，安靖畿辅。⊙时宣镇筑垣，先西、中路，急要冲也。墩垣连亘，燧火相望，实备御也。即古人城要防秋之法，不是过矣。而配兵乘之，冬寒始罢，得非不恤其师乎。自此议上，遂以垣为天险，有入则罪，垣以乘守为上策，议掣则罪，掣数年之间，边人不堪命矣，幸其后渐罢云。（第80页上右）

二十六年②，万达请修北路次冲墩垣。从之。《疏》略曰：宣府诸垣既完，则北路次冲者亦宜举役，议自独石兔儿墩起，南至赤城野鸡山止，为垣八十六里有奇，堑如之。敌台一百七十有三，铺屋如之。规制大略，无减前画，而后以镇兵不急，其程务求有济云。（第80页下右）

二十八年③，万达请筑内塞。从之。《疏》略曰：宣府垣设始西、中路者，先所急也。北、东二路，限于财力，又朵颜支部巢处，其外尚能为我藩篱，故迟而未举。今西、中路塞垣难犯，而朵颜支部为虏逼徙，则二路之急，视前数倍也。夫二路边七百余里，马步卒不三万，即皆为垣乘守莫及，兵分于地广，备疎④于无援，此臣之所惧也。拟自东路之新宁墩，而北历雕鹗、长安岭、龙门卫，至六台子别为内垣，一百六十九里有奇，堑如之，敌台三百有八，铺屋如之，暗门一十有九，以重卫京师，控带北路。又东路镇南墩与蓟州火焰墩，中空未塞。而镇南、而北、而西至永宁新宁墩，亦原未议，塞垣俱宜补筑成全险也。⊙附万达《请还乘塞兵疏》。略曰：国家御虏，四时不彻（备），而独曰防秋者，以秋高马肥，虏时深入，特加严耳。然往者罕调客兵且不乘塞⑤。近因贼势纵横，二议遂作劳费数倍，已觉不堪。又自夏徂冬，聚而不散，是非用武之经，可继之道也。夫客兵承调，去家一二千里，主兵摆边，远者亦不下三四百里，朔风侵肌，馈饷不给，鹑衣⑥野处，龟腹徒延，设有脱巾之欣，何以应之？夫使之不以其时，散之不由其旧，虽有不可测度之恩威，而窜者、逸者，自一而十，十而百，百而千万，将不可禁也。彼时尽置之法，则太苛，遂释其辜，则启玩，万一不忍饥寒，

---

① 解严，解除戒备措施。

② 嘉靖二十六年，1547 年。

③ 嘉靖二十八年，1549 年。

④ 疎，古同"疏"。

⑤ 乘塞，守卫边疆要塞。

⑥ 鹑衣，补缀的破旧衣衫。

不俟命令哄然解去，所损岂其微哉。故乘塞兵入冬不可不罢也。然臣所谓罢，谓罢异镇客兵，及远地主兵，至于本路士兵，则仍其旧，边事有常，存警不废。前岁一报，掣兵诸防，悉解事起仓卒，束手无措，臣以为不可与今日同论也，于是乘塞兵罢还镇。⊙按往年乘塞之令，一时视为上策，无敢轻议。然其间士卒之苦，则翁公此《疏》尽矣。庚戌①岁后，虏仍内犯不置，朝臣始知此令不足恃也。因以渐罢其役。（第80页下右）

三十七年②，兵部尚书杨博请增筑各路墩台。从之。《疏》略曰：臣惟宣镇北路独石地方，极为孤悬，比之大同右卫，其远近缓急尤为明甚。接据降人供称：虏情往往以困围其城，为说则彻桑之计，诚宜先事讲求也。今自目前切要言之，第一在修饬城堡，其次则腹里接火墩台，一方耳目，关系匪轻，除原设不堪者，即行分巡佥事许用中见今督修外，仍于独石城、马营沟通马营大路、胡家庄、孔家庄议添空心墩台二座，每座共高三丈三尺，上加女墙四尺，周围月城一道，外挑围堑一道。马营堡议添上哨，通君子堡司家沟口、李树沟口、羊奶子沟口、二队沟口，下哨通松树堡、冯家科尖岭儿本营迤南，羊房堡、段家冲、西川、九窠窑冲口东北独石沟，通独石城大路，霍家庄共十座。云州堡议添夜收岭墩一座，高低广狭悉如独石之制，通共添墩一十三座，不惟足以制虏，居人行旅，俱属便利。见今总兵官李贤在彼设伏，合无严行本官，督并参将刘汉及操守等官，刻期完报。……⊙按北虏年来入寇，攻毁堡砦墩台，百鲜存十，遂致人烟多绝。炮火罕传，突然而来，动逾二三百里，罔或知觉，行旅昧于趋避粮饷，阻于转输，居戍艰于耕牧，人人惴惧，如寄身鼎镬③中，无复生望矣。公甫至，乃先顺其通途，增设墩堑，又或倚堡而墩，倚墩而堡焉。行者、便饷者、便居者、居戍者、便人，庶几更生也。谓时势敝极，有不可以人力挽也，信乎！任公之后者，果能勤于缮修，良于推广，而又申严号令，俾瞭报无愆④，即未能遏虏，而虏之来，我亦知，所以预待之矣。（第81页下右）

---

① 庚戌，明嘉靖二十九年，1550年。

② 嘉靖三十七年，1558年。

③ 鼎镬，音 dǐng huò。鼎，三足两耳的金属器具。镬，无足无耳的金属器具。鼎镬皆为烹煮食物的器具。古代以鼎镬烹煮罪犯的酷刑。

④ 无愆，愆音 qiān，亦作"无僁"。没有过失。

○塞垣（第83页上右）

东自四海冶镇南墩，接顺天蓟州火焰墩界起，西至西阳河南土山墩，接大同东界牌墩界止，沿长一千八百六十五里。四海冶镇南墩起，至仓房沟墩止，垣五十四里。⊙永宁永镇墩起，至东路界墩止，垣八十六里。⊙滴水崖新宁界墩起，至接嵯二墩止，垣五十四里。⊙龙门所靖边墩起，至北高山墩止，垣九十七里。⊙云州镇靖墩起，至镇堡墩止，垣四十里。⊙独石崇宁墩起，至南兔儿墩止，垣一百二十一里。⊙马营三岔口墩起，至磨台嵯墩止，垣一百一十里。⊙赤城宁界墩起，至松林墩止，垣三十九里。⊙龙门卫盘道墩起，至分镇二墩止，垣四十九里。⊙小白阳六台子墩起，至松树沟西墩止，垣一十一里。⊙赵川堡靖朔墩起，至永安墩止，垣四里。⊙大白阳霸口新墩至总瞭墩止，垣二十一里。⊙葛峪堡头台子墩起，至靖胡墩止，垣一十三里。⊙常峪口大定墩起，至西高山西空墩止，垣一十四里。⊙青边口平顶山墩起至擒胡墩止，垣一十九里。⊙羊房堡何家堰墩起，至柳沟墩止，垣一十四里。

○墩台（第83页下左~84页上右）

北路沿边墩共五百二十二座，腹里墩共二百一十五座，新添墩共一百六十座，守瞭官军一千四十六员名。开平卫城所管大边墩七十六座，守瞭官军五百三十二员名，二边墩五十二座，守瞭官军二百六十员名。腹里接火墩五十七座，守瞭官军二百八十五员名。⊙马营堡，所管边墩四十六座，守瞭官军三百一十员名，腹里墩台三十四座，守瞭官军一百七十七员名，新筑墩五十一座，守瞭官军三百九员名。⊙云州堡，所管边墩二十四座，守瞭官军一百二十四员名，腹里墩二十三座，守瞭官军七十四员名，新筑墩十八座，守瞭官军一百二十六员名。⊙赤城堡，所管边墩三十一座，守瞭官军二百二十一员名，腹里墩台三十三座，守瞭官军八十九员名，新筑墩十座，守瞭官军六十六员名。⊙龙门卫，城所管大边墩四十座，守瞭官军二百八十员名，小边并腹里接火墩六十八座，守瞭官军三百七十二员名，增修沿途空心墩一十七座，守瞭官军八十九员名。⊙龙门所，城所管大边墩一百二座，守瞭官军六百三员名，二边并腹里接火墩三十四座，守瞭官军一百三十九员名，新筑沿途空心墩七座，守瞭官军三十八员名。⊙滴水崖堡，所管原墩九十三座，增筑新墩二十五座，沿途空心墩八座，共守瞭官军七百二十员名。⊙雕鹗堡，所管原墩一十三座，守瞭官军五十七员名，增筑墩一十九座，守瞭官军一百员名。⊙**长安所**。城所管接火墩一十一座，守瞭官军五十员名，增筑沿途空心墩五座，守瞭军二十五名。

◎**城堡考**（卷11《城堡考》）

○**唐**（第87页上）

龙门城，即今龙门卫，晋为县。

广边军镇。在今怀来卫，唐置为镇，离所筑长城九十里。

○**后唐**（第87页下右）

望云县。在今云州之境，元云州治，今废。

○**元**（第88页下右）

羊城。龙门卫城东南三十里，元人市易处。

○**皇明**（第91~93页）

北路

开平卫城，高四丈，方五里九十二步。城楼四，角楼四，城铺八，门三：东曰'常胜'，西曰'常宁'，南曰'永安'。宣德元年①左都督薛禄奏允上都旧开平移治于此，委指挥杜衡筑城，砖石包甃，直隶京师。⊙本城属堡曰观音堂、黄土岭、半壁店、毡帽山、韭菜冲、东猫峪、西猫峪、三山共八。嘉靖三十六年②，虏多攻毁，参将刘汉重加修筑。

龙门卫城，高二丈五尺，方四里五十三步，城楼二，角楼四，城铺二十六，门二：南曰'迎恩'，东曰'广武'，宣德六年筑，南一关，俱砖甃。⊙本城属堡曰大岭、周胜、三岔口、盘道、板塔峪、古城、白塔、青松、玉泉、汤池口、虾蟆口、东水泉、西水泉、瓦房沟、东站、上仓、下仓、王吉、缙北、韩庄、尹庄、郭庄、菜庄、五里、八里、十里、狗村、周村、朱家营，共二十有九。⊙金幼孜《次龙门》诗：远游真汗漫，幸喜卸征袍。日落军麾满，云横豹尾高。锦鞴鸣骎裹③，玉碗荐葡萄。大将功成后，归来气敢豪。叶盛《西关冬衣》诗：八月

———————————

① 宣德六年，1426年。
② 嘉靖三十六年，1547年。
③ 骎裹，音 yǎo niǎo。古代骏马的名字。

边风特地寒，赐衣先自出冬官。军容整肃纫缝好，圣泽汪洋制作宽。缓带书生初按节，白袍元帅旧登坛。残年要褫毡裘去，生致胡酋定不难。自注云：龙门卫治赤城之西，即旧龙门县，今称西关，西有龙门关在焉，故云。

龙门所城，高二丈六尺，方四里九十步。城楼七，角楼三，敌台楼八，城铺十五，门二：南曰‘敷化’，北曰‘统正’，南一关，高二丈，方一里三十步。属堡曰样田、石灰窑、上马鞍、下马鞍、蒋家庄、韩家庄，共六。⊙叶盛《东庄秋饷》诗：军中足食仰天颜，万斛秋租出汉关。馈饷有程干国计，转输无力济民艰。飞刍合与坑灰冷，流马元同羽扇闲。日给五升应笑我，《伐檀》诗在莫教删。自注云：龙门所治赤城之东，称东龙门，又称李家庄，故曰东庄。都御史马中锡《过东庄》诗：大阅逢秋日，名城莫朔方。塞云常作阵，沙鸟下成行。前队旌旗整，中军甲胄光。忽传飞骑报，哨得左贤王。提学御史陈玉次韵二首：孤戍秋光澹，观风入此方；盘飧参醴酪，书笈遂戎行；沙漠风烟净，山河日月光；何当文化溥，壁马看来王。秋风侵袂荡，物态自退方；红树明山色，黄云逐鹰行；川源容宪节，关隘耸威光；屏却毡裘远，中华自帝王。

云州所城，高二丈八尺，方三里一百五十八步，城楼三，角楼四，城铺十七，门二：东曰‘镇清’，南曰‘景和’。宣德五年，阳武侯薛禄筑；正统十四年①虏陷；景泰二年②，都督孙安奉敕复守，五年参政叶盛奏设守御所治，委指挥沈礼以砖石甃焉。⊙本城属堡曰李和、永镇、镇西、旧站、夏家冲，共五。⊙杨焕然诗：官路人家少，边城驿使频。季鹰终去洛，王粲近归秦。天地群龙斗，泥沙尺蠖伸。亲朋应笑我，头白傍风尘。陈玉诗：萧萧秋色满孤城，绝巇依稀见戍兵。滇洞尘沙随马去，崎岖山路载书行。寒风薄我真无赖，暖榻依人故有情。欲献平胡三十策，漫游应遣壮怀平。

长安所城，高三丈，方五里十三步，城楼四，城铺十三，门二：南曰‘迎恩’，北曰‘拱辰’。正统间都督杨洪砖石包修。属堡曰靖安、靖虏、新安、东洪赞、西洪赞、杏林、窑沟、水场、麻峪口、大海头、井洼、新庄、高栅、二炮、东山庙、施家冲、头营、二营，共十有九。

马营城，高二丈七尺，方六里五十步，城楼四，角楼四，城铺二十四，门

---

① 正统十四年，1449 年。

② 景泰二年，1451 年。

四：东曰'宣文'，西曰'昭武'、南曰'怀仁'、北曰'广义'，宣德七年阳武侯薛禄筑，正统八年都督杨洪砖石包修。属堡四，其二松树、君子以正德三年①虏寇攻毁，嘉靖二十五年②参将董麒展筑，今各设兵戍守；其二曰仓上、羊房，被雨浸损，亦宜修饬云。⊙叶盛《马营夏牧》诗：奚官前后引鸣筇，丰草甘泉去路赊。几队玉花冲暑雨，一团云锦下晴沙。良材未尽清时用，逸态偏宜老将夸。中有房精留不得，天门行驾六龙车。

赤城，高二丈九尺，周围三里一百四十八步，城楼二，角楼四，城铺十四，门二：东曰崇宁，南曰大定。宣德间阳武侯薛禄筑，景泰初都督杨洪修甃。属堡曰兴仁、新字、黄土岭、麻坑、羊房、浩门、唐房、张浩冲、杨善、东山、郑家、郭家、卜庄、老幼、柳林屯、小营，共十有六。⊙元学士陈益稷送驾之上都望赤城回有作：控辔追随宝马群，古长城外送金根。仙踪缥缈鸾声远，客路崎岖燕尾分。喜见重瞳开日表，何劳八翼梦天门。梅岩有约人知否？风度朱阑看白云。叶盛《赤城昼漏》诗：玉帐牙旗丽碧霄，好风偏向昼前飘。沉沉刻漏初留听，滴滴恩波未易消。壮士从容看掉鞘，将军闲暇坐闻韶。合欢却忆西垣里，倏问铜签候午朝。

滴水崖堡，高二丈七尺，方三里一百二十步，门楼二，角楼四，门二：南曰'望京'，西曰'翊镇'，弘治九年③筑，嘉靖二十九年奏拨真保府民重筑。属堡曰防胡、石河、河西、大屯、斗子营、青罗口、高柞、常胜、上庄，共九。

雕鹗堡。高二丈八尺，方二里一百二十步，城楼四，角楼四，铺六，门二：南曰'临流'，西曰'清远'，关厢三。永乐年间筑。属堡曰孤山、榆树、小雕鹗、向阳、行字、李茂、王良、水碾、灰窑、藏家梁、仓上、孙庄、康庄、李庄、鞠庄、黎庄、东庄、狗村，共十有八；属寨一，曰红石。⊙成祖北伐，回至榆木川，疾，大渐，少傅杨东里公秘不发丧，密驰奏皇太子，皇太子遣皇太孙迎龙辇于此地，因如京。臣孙世芳诗：边城树古瑞烟凝，想象虞巡驻跸曾。龙去鼎湖云缈缈，骏闲昆圉势凌凌。清都共望金根转，绝徼谁知玉几凭。赖有忠谟裨谅闇，依然王气衍长陵。

---

① 正德三年，1508 年。
② 嘉靖二十五年，1546 年。
③ 弘治九年，1496 年。

◎宫宇考（卷12《宫宇考》）

○宋（第99～100页）

契丹国长春宫，云州西南，景宗贤曾游幸于此，兴建年不可考。

御庄，在云州堡，契丹耶律贤因父遇害，沦落民间，居处于此。逮穆宗受祀，国人访贤，立为国主，作室宇于旧居之地，号曰御庄。

歇马台，龙门所东五十里，境外辽萧后歇马处，遗迹尚存。

金国庆宁宫，《金志》云：在龙门卫。

太和宫。章宗避暑处，在云州。

○元（第100页下右）

浴堂，龙门所城东五十里，至元年建。

海青驿，宋景定三年①，元主建。自缙山至望云，从禽也。

○皇明

开平城宫宇（第112页上右）

巡按察院，南门内西街，正统七年②，都督杨洪建。

分守藩司，正统年分守太监建，嘉靖间改之。

分巡臬司，正统年间建，本名分司，今改之。

参将府，城巽隅，正统九年杨洪建，弘治初绳律修外，仍有参将公廨云。

公馆，正统年建。

开平卫指挥使司，正统七年建，经历司、镇抚司、五千户所附。

官店，城艮隅③，景泰五年④建。

药房，建年同上。

演武厅。城南，正统五年建。

仓场。附。广积仓，城乾隅⑤。备荒仓，卫治内。草场，南门外仓

---

① 宋景定三年，蒙古世祖中统三年，1262年。
② 正统七年，1442年。
③ 艮隅，艮音gèn，指东北方。隅，角落，靠边的地方。东北方；东北角。
④ 景泰五年，1454年。
⑤ 乾隅，西北方。

场，俱宣德五年①建。

邮驿。附。**开平驿**，城坤隅②，正统元年③建。**智字暖铺**，城南十里，黄土岭堡内。**仁字暖铺**，城南二十里，三山堡内。**圣字暖铺**，城南二十里，猫峪堡内。

楼台。附。**谯楼**④，城正中，成化年建。**钟楼**，建年同上。

坊表。附。**大市坊**，南曰"承恩"，东曰"长胜"，西曰"长宁"，俱成化三年⑤立。**公署坊**，察院前曰"澄清"，参帅府前曰"振武"，俱正统二年立。**科第坊**，监司为弘治己未进士王轼建，后以官改曰"都宪"，又改曰"大司马"，其举人胡贯坊则名"耀奎"云。**贞节坊**，有司奏准旌里则庠生鄢惟高妻陈氏、指挥杨玺妻申氏各有贞节坊，舍人池宽妻陈氏有贞烈坊，余未旌。

桥梁。附。**顺济桥**。城南三里许，正统年建。

龙门卫城宫宇（第 112 页下右）

巡按察院，城巽隅⑥，宣德六年建。

分司，城巽隅，建年同上。

保定行府，例保定通判一员，管龙门等处仓场，正德年建。

龙门卫指挥使司，城乾隅，景泰五年建，经历司、镇抚司、四千户所附。

公馆，南关内。

演武厅，城东三里，永乐年建。

官店，城乾隅。

药房，卫治东，同上，景泰五年建。

仓库。并草场附。**神枪库**，城巽隅，景泰四年建。**军器库**，城坎方，景泰二年建。**广盈仓**，城巽隅，宣德五年建。**备荒仓**，卫后，成化年建。草

---

① 宣德五年，1430 年。

② 坤隅，西南方。

③ 正统元年，1436 年。

④ 谯楼，是指古代城门上建造的用以高望的楼。

⑤ 成化三年，1467 年。

⑥ 巽隅，东南角。

场。城东关内，天顺年建。

邮驿。附。乐字暖铺，城东北三里。射字暖铺，城东十里。御字暖铺。城西十里。

坊表。附。大市坊，一曰"迎恩"，一曰"镇虏"。公署坊，察院前曰"澄清"。科第坊，监司为举人魏清旌里，额曰"飞腾"。贞节坊，有司奉旨旌里，则监生曹贤妻沈氏、生员沈洪妻邢氏各有坊，余未旌。

龙门所城宫宇（第 112 页下左~113 页上右）

巡抚都察院，景泰七年①为守备内臣建，嘉靖七年②改为巡抚行院。

巡按察院，景泰五年建。

分司，正统四年③建。

守备官厅，宣德七年④建。

龙门守御千户所，宣德五年建，吏目厅、镇抚厅附。

演武厅，城南门外，永乐五年建。

官店，景泰五年建。

仓库。并局、场附。神机库，正统六年建，龙门仓城隅，宣德七年建。备荒仓，所治内，成化七年建。军器局，正统六年建。药局，即药房，景泰五年建。草场。宣德五年建。

邮驿。附。睦字暖铺，城南十里。渊字暖铺，城南二十余里。任字暖铺。城西北三十里。

楼台。附。谯楼，城中，正统十一年建。钟楼。谯楼北，建年同上。

坊表。附。大市坊，通衢有四：东曰"升阳"，西曰"登丰"，南曰"敷化"，北曰"统政"。科第坊，乡举为监司旌里，李琪有登科坊，钱鲲有登云坊。贞节坊，有司奏准，旌里百户郭英妻赵氏、总旗胡宁妻程氏、舍人王珙妻

---

① 景泰七年，1456 年。
② 嘉靖七年，1528 年。
③ 正统四年，1439 年。
④ 宣德七年，1432 年。

刘氏各有贞节坊，余未旌。

桥梁。附。**样田河桥**。样田堡后四里许。

云州城宫宇（第 113 页上右）

巡按察院，东门内，景泰五年建。

分司，建年同上。

守备官厅，景泰二年建，嘉靖二年守备王麟修。

云州守御千户所，成化十四年千户汪升建，吏目厅、镇抚厅附。

演武厅，东北三里，永乐年建。

官店，城艮隅。

药房，景泰五年建。

仓库。并草场附。**神枪库**，城艮隅，宣德五年建。**云州**仓，城乾隅，建年同上。**备荒仓**，所治内。**草场**，城艮隅，宣德五年建。

邮驿。附。**云州驿**，宣德五年建，嘉靖初王麟修。**孝字暖铺**，城南十里。**友字暖铺**。城北十里。

楼台。附。**鼓楼**。城中，正统二年建。**钟楼**。城巽隅，正统四年建。

长安所城宫宇（第 113 页上左）

巡按察院，景泰三年建。

分司，景泰四年建。

守备官厅，景泰二年建。

长安守御千户所，弘治三年①建，吏目厅、镇抚厅附。

演武厅，城北三里，正德二年②建。

官店，景泰五年建。

药房，城南门内。

仓局。场附。**长安仓**，城乾隅，景泰二年建。**备荒仓**，城乾隅。**火药**

---

① 弘治三年，1490 年。
② 正德二年，1507 年。

局，城兑方①。草场。仓前，景泰五年建。

邮驿。附。丰峪驿，旧南郭外，景泰二年徙郭内。信字暖铺，城北二十里。教字暖铺，城北十里。物字暖铺，城南十里。忠字暖铺。城南四十里。

楼台。附。鼓楼，城内山麓，景泰五年建。钟楼，城巽隅，正统十二年建。

坊表。附。大市坊。南门内曰"承恩"，北门内曰"永安"。

马营城宫宇（第 113 页上左～114 页上右）

巡按察院，正统八年②都督杨洪建。

分司，宣德七年③，洪建。

真定行府，管粮通判居，正统八年洪为隆庆州判建，正德间改名。

守备官厅，正统八年洪建。

演武厅，城南百步，正统十四年都指挥杨俊建。

官店，景泰五年④叶盛建。

药房，景泰五年盛建。

屡丰亭，景泰五年叶盛建，盛记：马营城在口外八城中军士为最伙，耕地为最宽阔，然比年耕地夺于有力之家，非军士所能有也。圣天子中兴，修复城守以来，以少保于谦言，与口外买牛白金三千，以右佥都御史李秉言，与宣府买牛白金十千，而马营前后得白金总一千三百焉。于是而官为军士得牛以角计者一千二百有奇，地以亩计者四千五百有奇。牛足供耕驾而多牸⑤，其孳育无穷。地皆

---

① 兑，西方。古人认为兑为西方之卦，故亦用以称西方。
② 正统八年，1443 年。
③ 宣德七年，1432 年。
④ 景泰五年，1454 年。
⑤ 牸，音 zì。雌性牲畜。

膏腴可谷，垄子利数可倍他处。至若鞅①、鞧②、衡轭③、耒耜④，种粮悉出于官令。讲武之隙，共力田事，秋成偿直之外，听自便，而军装百需，亦用是，不烦于私。又以副总兵都督同知孙安，右参将都指挥佥事周贤与其协副指挥同知吴良相继视事，合其同事者之议，相地之宜筑屯堡，以便作息，备不虞，其为堡者四。又环城之三面界为菜圃，人各一区，给蔬茄，其为地又一十四顷有奇，而适数岁连熟，由是公私向裕，上下相安，而比年之俗革矣。菜圃在城南面者，独秀而大，诸部将吏尝治亭其间，以为督府往来休息之所。盛闲登而乐之，为大书其楣曰："屡丰之亭"，盖取诗所谓"屡丰年"，以幸既往，愿方来且以为来者告，庶几为耕地永久之托焉。尔书已，有歌而过于亭下者曰："我亩我田兮，我牛我犊；我谷既升兮，我菜亦熟；我饱而歌兮，我无不足；我土以宁兮，猗我皇之福。"又盛诗：战罢归耕近若何，丰年欢庆度关河。旧租未散千仓腐，新谷增收万顷多。拟咏《甫田》登雅乐，会看《艮耜》奏清歌。陇头更卜明年事，依旧仁风转太和。

仓场。附。广盈仓，城坤隅，宣德五年建。草场。城内北山上。

邮驿。附。忠字暖铺，城南十里。和字暖铺，城南二十里，俱景泰初建。

楼台。附。谯楼，城通衢。钟楼。谯楼北，俱宣德七年建。

坊表。附。大市坊。城中通衢三坊，东曰"文武"，西曰"忠孝"，北曰"毓贤"，南门内一坊曰"迎恩"，北门内一坊曰"雄武"，欧阳文忠祠前一坊曰"文忠祠"。

赤城宫宇（第 114 页上右）

巡按察院，城东门内，宣德六年建。

兵备宪司，嘉靖己未增设兵备佥事，因建署。

---

①　鞅，音 yāng，古代用马拉车时套在马颈上的皮套子。音 yàng，〔牛～〕牛拉东西时架在脖子上的器具。

②　鞧，音 bùn。驾车时套在牲口后部的皮带。

③　衡轭，架在牛马头上用以拉车的横木。比喻束缚、限制。

④　耒耜，音 lěi sì，古代一种像犁的翻土农具。耜用于起土。耒是耜上的弯木柄。也用做农具的统称。

分司，宣德七年建。

守备官厅，正统六年建。

演武厅，城南二里，宣德七年建。

官店，景泰五年建。

药房，建年同上。

心远堂，城中，景泰四年叶盛建。

咏归亭，汤泉上，正统四年建。

嘉禾亭，景泰五年叶盛建。盛记：景泰五年，岁次甲戌秋，居庸关外独石，马营，云州，赤城，龙门卫、所，雕鹗，长安岭八堡，五谷皆大熟。赤城之西郊产嘉禾①，一本三穗者若干，五穗者若干。耕戎函②以来，镇守副总兵官都督孙安，谂③于众曰："方今圣人御宇④，贤人在辅，边境大宁。安与若等得以乐于耕守，而无征伐之劳者，上之德也。今兹瑞应嘉禾，实惟至和之气融结而成，上德所由致，愚下曷敢私有，驰奏可乎？"协赞军务参政叶盛继而曰："古之大臣事君，逆贼、风雨、灾异奏，水旱、盗贼奏，祥瑞不奏，有以也。今上龙飞⑤首下明诏，止献祥瑞，圣人之见卓矣。矧⑥今水旱荐臻⑦，诸方告灾，兹嘉禾不奏可矣。"于是，其神将都指挥周贤率众而言曰："总戎之欲奏进嘉禾，其心盖欲尊于上，义也；监军之钦承上制，不欲奏进嘉禾，亦义也。义皆不可废也。郊南三里通衢之旁有亭焉，盖因岁熟合众力而成之，期以岁劝农课耕于斯而作也。而亭未有名，请以"嘉禾"名之，且置众穗于中，使四方人来者，知赤城有嘉禾，为吾君之德之所在。如是，则上之制不违，而上之德不泯矣。如何？"安与盛合辞而应之曰："可也"。乃以亭之记属盛。盛不能用，据事实书亭中，以竣善记，亭如苏扶风者取焉。又盛诗：天意人心两不违，大田呈瑞岂云私？黄云覆地几千顷，

---

① 嘉禾，泛指生长苗壮的禾稻。在古代，则把一禾两穗，两苗共秀，三苗共穗等生长异常的禾苗称为"嘉禾"。人们认为它们是政治清明，天下太平的征兆。

② 函，铠甲。

③ 谂，音 shěn。规谏，劝告。

④ 御宇，统治天下。

⑤ 龙飞，旧时比喻升官提职。此比喻皇帝继位。

⑥ 矧，音 shěn。况且。

⑦ 荐臻，接踵而至。

香穗同茎三两歧。《击壤歌》传丰稔岁，负戈人贺太平期。如何不作祯祥奏？犹恐多方尚阻饥。

仓场。附。广备仓，城乾隅，宣德五年建。草场。城南门内，景泰五年建。

邮驿。附。云门驿，永乐年建，景泰五年修。恤字暖铺，城西二十里。礼字暖铺，城西三十里。书字暖铺，城南十里。数字暖铺。城东北十里。

楼台。附。鼓楼。城通衢，正统四年建。

坊表。附。大市坊，南门内二坊：曰"迎恩"，曰"镇静"；城中三坊：曰"奉宜"，曰"共泰"，曰"永丰"。官秩坊，昌平侯杨洪被监司旌里坊曰"藩翰边鄙"。贞节坊。有司奏准旌指挥杨玺妻申氏，余未旌。

雕鹗堡宫宇（第114页下右）

巡按察院，天顺七年①建。

守备官厅，正统十二年②建，嘉靖二十三年③总督翁侍郎万达奏，移守备官于滴水崖堡，以便戍守。

官店，景泰六年④建。

演武厅，宣德五年⑤建。

仓库。并局、场附。神枪库，成化七年⑥建。雕鹗仓，宣德五年建。备荒仓，成化十年建。药局，景泰五年建。草场。建年同上。

邮驿。附。浩岭驿，宣德五年建。叶盛《驿中夜雨》诗：门掩斜阳驿马鸣，湿云将雨过寒城。苍茫不辩遮山色，飒沓惟闻满碛声。白骨精灵何处哭，青灯孤戍几家情。甲兵净洗知天意，万岁千秋乐太平。文字暖铺，堡北十里。行字暖铺，堡南十里。数字暖铺。堡南二十里，俱景泰中建。此上宫宇俱属北

---

① 天顺七年，1463 年。
② 正统十二年，1447 年。
③ 嘉靖二十三年，1544 年。
④ 景泰六年，1455 年。
⑤ 宣德五年，1430 年。
⑥ 成化六年，1471 年。

路外，滴水崖堡今亦建公署，如雕鹗堡云。

◎户口考（卷13《户口考》）

○晋石敬瑭

契丹国既有幽、朔，乃定赋役制，时旧上谷户凡五万八千五百，定兵卫制，丁凡十一万五千。归化州文德县户一万；［宣］德州宣德县户三千，怀安县户三千；奉圣州永兴县户八千，矾山县户三千，龙门县户四千，望云县户一千；可汗州怀来县户三千；儒州缙山县户五千；弘州永宁县户一万，顺圣县户三千五百；蔚州飞狐县户五千。其兵卫丁制，文德县丁二万，宣德县丁六千，怀安县丁五千，永兴县丁一万六千，矾山县丁六千，龙门县丁八千，望云县丁二千，怀来县丁六千，缙山县丁一万，永宁县丁二万，顺圣县丁六千，飞狐县丁一万。辽自太祖任韩延徽始为征取之制，至太宗乃籍五京户下以定赋役，圣宗乾亨阅以山后商户赀具实饶善，避徭役遗害贫民，遂勒各户凡子钱到本，悉送官与民均差役。后又用耶律昭言西北之众，每岁农时一夫侦候，一夫治公田，二夫给糺①官之役，遂著为令。兴宗即位，遣使阅山后诸州禾稼，通括②户口，诏曰：朕于早岁习知稼穑力办者，广务耕耘，罕闻输纳，家食者全亏种植，多至流亡，宜通检括③，普为均平。道宗初以南京度支判官马人望检括户口，用法平恕，乃迁中京度支使④视事，半年民安谷积，天祚播迁之日，犹利赖焉。（第120页上左）

○皇明（第121页上左）

高皇帝既平天下，定州县卫所之制，以理兵民。本镇卫所二十一，州二，官户共四千五百五十一，军户共一十二万四千七百九十七，民户共二千三十五。官军户照弘治间缴选户兵部册籍，民户照嘉靖二十

---

①　糺，音jiǔ。中国辽、金、元时期对北方诸部族人的统称。

②　通括，全面核查登记。

③　检括，查察；清查。

④　度支使，官名。宋太宗太平兴国八年（983年）分三司使而置，一员，掌会计天下财赋之数，每岁均其有无、制其出入，以计邦国用；淳化四年（993年）复三司使，遂省，五年又置，真宗咸平六年（1103年）罢。有副使一员，通签逐部之事。

八年①见在实数。

开平卫，官户五百一十九，军户九千九百二，屯丁三百七。

龙门卫，官户二百九，军户七千三十一，屯丁三百四十九。

龙门千户所，官户九十七，军户一千二十，屯丁九十二。

云州千户所，官户五十六，军户一千三，屯丁三十一。

长安千户所。官户三十四，军户一千二百十四，屯丁一百五十三。此上系北路。

〇**户籍条制**洪武元年，令各处漏口、脱户之人，许赴所在官司出首②，与免本罪，收籍当差。⊙凡嫡庶子男③，除有官荫袭，先尽嫡长孙，其分析家财田产，不问妻、妾婢生，止依子数均分；奸生之子，依子数量半分，如无别子，立应继之人为嗣，与奸生子均分，无应继之人，方许承绍④全分。⊙凡无子者许令同宗昭穆⑤相当之侄承继，先尽同父周亲，次及大功、小功、缌麻⑥。如俱无，方许择立远房及同姓为嗣，若立嗣之后，却生亲子，其家产与原立子均分。并不许

① 嘉靖二十八年，1549 年
② 出首，①自首。②告发别人。
③ 嫡庶子男，嫡庶，正支与旁系。指的是家中的男子，有嫡出，即正妻所生之子，有庶出，即非正妻所生之子。
④ 承绍，叔叔或伯伯没有儿子作为后续继承香火时，一般情况下找最亲近的侄子或侄孙等过继过来作继子，继续叔伯百年之后祭祀香火以示永久纪念。
⑤ 昭穆，宗庙的辈次排列。古代宗庙制度，天子七庙，诸侯五庙，大夫三庙。以天子而言，太祖庙居中；二、四、六世居左，称为"昭"；三、五、七世居右，称为"穆"。祭祀时，子孙也按此规定排列行礼。泛指一般宗族的辈分。
⑥ 中国古代丧服制度，按服丧期限及丧服粗细的不同，以亲疏为差等，分为五种，分别为斩衰、齐衰、大功、小功、缌麻五种，即所谓五服。斩衰，"五服"中最重的丧服。用最粗的生麻布制做，断处外露不缉边，丧服上衣叫"衰"，因称"斩衰"。表示毫不修饰以尽哀痛，服期三年。凡是儿女为父母、媳妇为公婆、嫡长孙为祖父母及妻为夫，皆穿此服。齐衰，次于最重的斩衰。以粗麻布制成，因其缝齐，故称为"齐衰"。分为一年、五月、三月三种。祖父母丧、妻丧、已嫁女的父母丧，服期为一年；曾祖父母丧，服期为五月；高祖父母丧等，服期为三月。大功，用熟麻布做成，较齐衰稍细，较小功为粗。於已婚的姑、姊妹、侄女及众孙之丧时服之，为期九个月。小功，用熟布做成的丧服。为服曾祖父母、伯叔祖父母、兄弟之妻等丧时所穿，时间为五个月。缌麻，用细麻布制成的丧服。用在已出嫁的姑母、堂姊妹及族兄弟，以及表兄弟、岳父母、婿、外孙等之丧时所穿，为期三个月，为五服中最轻的一种。

乞养异姓为嗣，以乱宗族；立同姓者亦不得尊卑失序，以乱昭穆。⊙凡妇人夫亡无子守志者，合承夫分，须凭族长择昭穆相当之人继嗣。其改嫁者，夫家财产及原有妆奁，并听前夫之家为主。⊙凡户绝财产，果无同宗应继者，所生亲女承分。无女者，入官。⊙凡祖父母父母在者，不许分财异居，其父祖许令分析者听。⊙凡军、民、医、匠、阴阳诸色户，许各以原报抄籍为定，不许妄行变乱，违者治罪，仍从原籍。⊙十七年，令各处赋役，必验丁粮多寡，产业厚薄，以均其力，违者罪之。⊙十八年①，令有司第民户上中下三等为赋役册，贮于厅事，凡遇徭役，取验以革吏弊。⊙十九年，令各处民，凡成丁者，务各守本业，出入邻里，必欲互知，其有游民，及称商贾，虽有引，若钱不盈万文，钞不及十贯，俱送所在官司，迁发化外。⊙二十四年，令寄庄人户，除里甲原籍排定应役，其杂泛差役，皆随田粮应当。⊙三十一年，令各都司卫所在营军士，除正军并当房家小，其余尽数当差。⊙永乐十九年②，令原籍有司覆审逃户，如户有税粮，无人办纳，及无人听继军役者，发回，其余准于所在官司收籍，拨地耕种，纳粮当差，其后仍发回原籍。有不回者，勒于口外为民种田。⊙宣德五年奏准，逃户已成产业，每丁种未成熟田地五十亩以上者，许告官寄籍，见当军民匠灶等差，及有百里之内，开种田地，或百里之外，有文凭分房趁田耕种，不误原籍粮差，或远年迷失乡贯，见住村疃。未经附籍者，许所在官司，取勘见数造册，送部查考，其余不回原籍逃民及窝家③，俱发所在卫所充军，照例拨与田地耕种，办纳子粒。若军卫屯所容隐者，逃民收充本卫所屯军，窝家军作人等，照隐藏逃军榜例，发边卫充军。该管军卫有司官吏旗军邻里容隐者，照榜例坐罪。若逃军诈作逃民，许限内自首，各还原卫所着役。限外不首者，逃军并窝家，亦照榜例问断。⊙令各卫所军，每一名，免户下一丁差役，若在营有余丁，亦免一丁供给。⊙正统五年④，令有司军卫，每岁查见在人户，凡有粮而产去及有丁而家贫者，为贫难户，止听轻役。⊙十年，令监生生员家，免差役二丁。⊙天顺八年⑤，令在营官军户丁舍余，不许附近寄籍。如原籍丁尽，许摘丁发回。⊙凡各甲人户，有父母俱亡，而

---

① 洪武十八年，1385 年。
② 永乐十九年，1421 年。
③ 窝家，窝藏盗贼、赃物的人。
④ 正统五年，1440 年。
⑤ 天顺八年，1464 年。

兄弟多年各爨①者；有父母存，而兄弟近年各爨者；有先因子幼而招婿，今子长成而婿归宗另爨者；有先无子，而乞养异姓子承继，今有亲子而乞养子归宗另爨者，俱准另籍当差。其兄弟各爨者，查照各人户内。如果别无军匠等项役占规避窒碍，自愿分户者，听。如人丁数少，及有军匠等项役占窒碍，仍照旧不许分居。⊙军卫官下家人，旗军下老幼余丁，曾置附近州县田地，愿将人丁事业于所在州县附籍纳粮当差者听。⊙成化二年②，令在京军职，漏报户下舍人者，发边方立功三年。⊙十八年，令各卫所附籍军丁，无粮草者，尽发原卫当差；有者户留一丁应纳。丁老及有他故，仍于本卫取回一丁，补其原无籍名，有产欲报者，亦准一丁附籍。⊙弘治二年③，令各军卫有司，挨勘流民名籍，男妇大小丁口，排门粉壁，十家编为一甲，互相保识，分属当地旗甲带管，不许藏躲势家，不服招抚，犯者重罪。⊙十三年，奏准军户子孙，畏惧军役，另开户籍，或于别府州县入赘寄籍等项，及至原卫发册清勾，买嘱原籍官吏里书人等，捏作丁尽户绝回申者，俱问罪。正犯发烟瘴地面，里书人等发附近卫所，俱充军，官吏参究治罪。国初，置卫所，边地徙内郡□一，或以罪谪者实之，虽□名版籍，而户口增损未尝加核实，欲宽假其力，使之勤农供饷，不以他役相妨尔。正统己巳而后，狡胡启戎我土俶扰④，修城、缮堡、筑台、濬隍、治砦、设防、列垣、起塞，民固以为□道之使，不敢告劳也。即出此外，移运甲冑，输转糗粮，供应往来，实使但月一输，及谓之当月而一时，上官均一调停，靡不知恤，则又所谓悦以使民，民忘其劳者矣。嘉靖庚戌而后，胡益滋肆虔刘⑤之，惨闻且潜然，朝廷悯我元元⑥有谋，辄用乃司闻于外者，意在分肩论事，于内者，意在塞责。既曰某地宜增某将领，又曰某地宜增某兵宪，十载前后，官倍四三，于是有衙署之管，有舆台之设，有燎濯之奉，有廪饩⑦之供，有宴劳之需，有将迎之费，所谓当月者，日已当之，而武

---

① 爨，音 cuàn。烧火做饭。
② 成化二年，1466 年。
③ 弘治二年，1489 年。
④ 俶扰，音 chù rǎo。开始扰乱；动乱；骚乱。
⑤ 虔刘，劫掠，杀戮。
⑥ 元元，平民；老百姓。善意的，可怜爱的。事物的本源。
⑦ 廪饩，旧指由公家供给的粮食之类的生活物资。指科举时代由公家发给在学生员的膳食津贴。泛指薪给。赠送给人粮食之类生活物资。

吏离居遗黎①荡产矣。诗曰：民亦劳止，迄可小康②。有志经世者试思焉。

○□□□附（第123页上右～124页下右）

北路。龙门卫课银贰拾肆两，云州所课银壹拾玖两柒钱，龙门所课银参拾肆两，长安所课银壹两陆钱，马营堡课银壹拾贰两，赤城课银陆两，雕鹗堡课银壹拾伍两，镇宁堡课银贰两，镇安堡课银壹两，金家庄课银壹两陆钱，宁远堡课银捌钱，滴水崖课银贰两，青泉堡课银壹两。

◎贡赋考（卷14《贡赋考》）

○晋

安帝义熙十一年，魏神瑞二年。**魏复郡租**。夏四月，魏主幸赤城，亲见长老，问人疾苦，复租一年。南次石亭，幸上谷，问百年访贤俊，复田租之半。⊙是年郡不熟，乃简尤贫者就食山东，敕有司劝课③田农。自是人皆力勤，岁数丰穰，畜牧蕃息④焉。（第126页下左）

○宋

理宗景定三年，元世祖中统三年⑤，**元复望云岁租**。世祖既定田赋之制，以望云岁为车驾经行处所，不免烦劳，因复租。⊙时中书省臣言，上都路闲旷之田，宜广募游惰⑥辈使耕垦之，未计赋租，许令别置版图，便宜从事。农田外课，令益种杂木营室居为业，从之。（第128页上左）

○元

世祖至元二十七年⑦，**令云州凿银冶取贡**。聚阳山在今云州。尹耕曰：明王重五谷，先蚕桑令，百姓务本，今塞下之民，不教之垦田易亩，以食戍卒减转输而使之丁，丁银冶盗发，闭藏逋聚，奸诡其亦□乎。明王之为政矣，世

---

① 遗黎，亡国之民。指沦陷区的人民。劫后残留的人民。后世百姓。
② 老百姓太劳苦，也该稍稍得到安乐了。
③ 劝课，鼓励与督责。
④ 蕃息，孳生众多。
⑤ 中统三年，1262 年。
⑥ 游惰，游荡懒惰。
⑦ 至元二十七年，1290 年。

祖元之贤君也，而亦有是哉。（第 128 页上左）

　　○皇明

　　十一年①，诏减屯粮。令开平等处屯军，该纳余粮六石，减免二石。⊙各处卫所，类造屯田坐落地方、四至、顷亩、子粒、数目文册一本，缴合于上司一本，发该管州县，以备查考。⊙凡屯军，照依洪武间定制，少壮者守城，老弱者屯种，若有余丁多，亦许屯种。⊙是年释②逋负③。（第 130 页上右）

　　贡赋数额（第 132 页下左~133 页下左）

　　开平卫，地亩粮三百六十石五斗八升七合④六勺⑤，今比旧增二百六十四石六斗七合六勺。⊙屯田地一百五十三顷，粮六百一十四石，草四千六百五束，粮草俱与旧同。⊙圃⑥种地三百三十七顷，粮四千六百二十石，草一百二十束，今粮减二千八百九十七石六斗三升，草增三千二百五十五束。⊙公务地十一顷二十亩，粮九十六石，草一百二十束。⊙驿传地四顷二十亩，粮四十八石，草三十束。

　　龙门卫，地亩粮三百八十八石八升三合，今增旧五百三十五石七斗九升四合。⊙屯田地一百三十七顷四十五亩，粮一千九十八石，草四千一百一十七束五分，粮草今与旧同。⊙圃种地一百九十七顷，粮一千七十八石，草九百五十二束五分，粮减一千四十石三斗，草同旧。⊙公务地六顷，粮九十六石，草四十五束。⊙驿传地二顷一十亩，粮三十二石，草一十五束。

　　云州千户所，地亩粮六十八石四升，今比旧增二百四石七升。⊙屯田地一十五顷，粮□十石，草四百五十束，今俱与旧同。⊙圃种地六十六顷五十亩，粮八百四十五石六斗，草七百三束五分，今粮减五百二十六石二斗九升七合，草同。⊙公务地二顷八十亩，粮五十六石，草三十束。⊙驿传地二顷八十亩，粮十六石，草三十束。

---

　　① 正统十一年，1446 年。
　　② 释，解除；免除。
　　③ 逋负，逋音 bū，拖欠。拖欠赋税、债务。
　　④ 合，音 gě。中国市制容量单位，一升的十分之一。
　　⑤ 勺，中国市制容量单位，一升的百分之一。
　　⑥ 圃，音 pǔ。古同"圃"。

龙门千户所，地亩粮二百四石七斗六升三合，今增旧一百一石三斗六升。⊙屯田地二千二顷五十亩，粮一百八十八石，草七百五束，粮草今俱同旧。⊙团种地一百五十一顷二十六亩三分，粮二千四百一十六石七斗二升，草一千六百三十六束九分，粮比旧减一千四百七十三石八斗一升二合五勺，草减一百三束四分。⊙公务地四顷二十亩，粮八十四石，草四十五束。

长安千户所，地亩粮二百二十五石三斗六升，今增二百四十四石四斗四升九合。⊙屯田地四十七顷五十亩，粮一百八十八石，草七百五束，粮草今与旧同。⊙团种地三十九顷九十亩，粮九百一十二石，草四百二十七束五分，粮今减五百一十七石七斗五升。⊙公务地二顷八十亩，粮六十四石，草三十束。⊙驿传地二顷八十亩，粮六十四石，草三十束。

马营堡，地亩粮八十二石九斗六升，今比旧增一百二十三石九斗四升。⊙团种地三百六十五顷四十亩，粮五千二百七十八石，草三千八百四十束，今粮三千一百七十五石八斗一升，草同。⊙公务地七顷，粮一百三十石，草七十五束。

赤城堡，地亩粮四十二石二合五勺，今增旧一百七十四石六斗九升六合七勺。⊙团种地八十八顷九十亩，粮一千七十八石，草九百五十二束五分，粮今减二百四十石六斗四升一合五勺，草增一十七束五分。⊙公务地二顷八十亩，粮五十六石，草三十束。⊙驿传地二顷八十亩，粮五十六石，草三十束。

雕鹗堡，地亩粮五百八十二石三升七合四勺，今减旧二百七十二石一斗三升一合七勺。⊙团种地四十二顷，粮五百五十二石，草四百五十束，粮今减旧三百三十六石，草同。⊙公务地三顷八十亩，粮三十二石，草三十束。⊙驿传地四顷二十亩，粮六十四石，草三十束。

团种条例（第137页上右）

……镇守独石等处右参将都指挥佥事黄瑄，协同都指挥佥事李延下骗马二百八十五匹，儿马二百九十三匹。……北路左参将都指挥使李刚，下该二万三千六百九十四石八斗……

土产附（第138页上左）

石属……有大赭石，出龙门卫……

◎官俸考（卷15《官俸考》）

○皇明

官秩胥史附（第 143 页下左 ~ 144 页上左）

开平卫，指挥使六员，指挥同知九员，指挥金事一十一员，经历一员，正千户二十三员，副千户六十三员，所镇抚二员，实授①百户九十一员，试百户一百四员，总旗四十三名，小旗二十一名，令史二名，典史六名，司吏六名，儒学教授一员，训导一员，司吏一名，雕鹗、马营各草场大使一员，攒典□名，开平驿吏一名。

龙门卫，指挥使二员，同知二员，金事一十五员，署指挥金事二员，经历一员，正千户三员，副千户一十五员，所镇抚二员，实授百户三十六员，试百户四十三员，总旗一十八名，小旗一十二名，令史二名，典史六名，司吏五名，儒学训导一员，司吏一名，草场副使一员，攒典一名，云门驿吏一名。

云州所，正千户一员，副千户六员，吏目一员，实授百户十七员，试百户一十三员，典吏一名，司吏一名，草场大使一员，攒典一名，云州驿吏一名

龙门所，指挥金事六员，正千户四员，副千户二员，吏目一员，实授百户二十一员，试百户二十七员，总旗三十七名，小旗二十八名，典吏一名，司吏一名，丰峪驿更一名。

长安所。正千户二员，副千户五员，吏目一员，实授百户八员，试百户五员，典吏一名，司吏一名，草场大副使一员，攒典一名，浩岭驿吏一名。

俸给

都司教职，教授月实支米五石，训导每员月实支米三石，司吏月实支米三半。

卫长贰，月俸银米俱户部管粮郎中行令仓库支给，赞属教职同。……开平、龙门二卫指挥使，岁折大小俸银，春、夏季一十五两七钱四分，秋、冬季九两五钱；指挥同知岁折大小俸银，春、夏季一十二两五钱二分，秋、冬季七两九钱五分；指挥金事岁折大小俸银，春、夏季一十一两八钱八分，秋、冬季五两七

---

① 实授，任官制度。明定制，指对官吏正式授予官职。京官部寺所属，必考满后始实授；御史、中书、舍人必经试职后始实授。

钱五分……（第 145 页上左）

卫赞属，……开平、龙门二卫经历司经历，岁折大小俸银，春、夏季三两六钱五分，秋、冬季二两八钱五分，镇抚司镇抚岁折大小俸银，春、夏季六两四钱六分，秋、冬季四两五分。……（第 145 页下左）

卫教职，教授月实支米五石，训导月实支米三石，司吏月实支米三半。所长贰月俸银米俱户部管粮郎中行令仓库支给，赞属同。……开平、龙门二卫所属所分并龙门、长安、云州所正千户，岁折大小俸银，春、夏季七两一钱七分，秋、冬季四两三钱五分，副千户岁折大小俸银，春、夏季六两四钱六分，秋、冬季四两钱五分……（第 145 页下左～146 页上右）

所赞属，……开平、龙门二卫属所并云州、龙门、长安所镇抚司镇抚，岁折大小俸银，春、夏季四两三钱，秋、冬季三两二钱五分；实授百户每员岁折大小俸银，春、夏季五两四分，秋、冬季三两四钱五分；试百户每员岁折大小俸银，春、夏季三两二钱一分，秋、冬季二两七钱；总旗俸银，春、夏季一钱七分五厘六毫，秋、冬季七分五厘；小旗俸银，春、夏季七分二毫，秋、冬季三分……（第 146 页上左）

◎军储考（卷 16《军储考》）

古之善治军者，量材力、察技能、辨凶良、体欲恶、知其可兵也。居以庾廪①，赡其室家，行以糗糒②，裕其旅处，使外亡内顾，内亡外忧，胥当意焉。于是束之部伍，授之器具，志无弗一，气无弗扬，惠则不见有骄容，威则不见有怨色，历垒而试，一无懦夫，倚烽而觇，一无劲敌，是以静不我测动，不我御捍，难谋成而匡国绩奏也。不然材力、技能、凶良、欲恶，率置不讲，而乃招集疲羸，仰给司计居焉。诉庾廪之空行焉，告糗糒之匮，惠之辄骄，威之辄怨，有兵如此，即无兵同矣，封疆之臣可尸居其上，而执庾廪糗糒

---

① 庾廪，音 yǔ lǐn。粮仓。

② 糗糒，音 qiǔ bèi。以干饭做成的干粮。

之牍，朝夕以请邪，作军储考。（第 148 页下右）

　　○皇明

　　五年①，命大臣督饷给开平。时令岁运开平粮四万石，自京师至独石立十一堡，每堡屯军一千名，各具运车，以六十日为限。其开平备御官军，轮班于独石搬运，仍令都督一员领军，防护伯一员总督。次年，又令五军操备并彭城、永清左右三卫旗军，摆堡偾运粮料一十万石，赴独石等处，以武职一员，把总提督。（第 151 页下右）

　　四年②，令有司谪人互转军饷时令法司及直隶罪囚，于通州仓支米运赤城。直隶并万全都司等处罪囚，于隆庆卫仓支米，运龙门。又令召人，自通州仓运米赴独石，每石给脚银六钱，马营五钱五分。是年，总运五十万石。是年，又定通州等卫并大宁、万全二都司军士而花则例。（第 151 页下左）

　　岁给（第 152～153 页）

　　北路。官军二万二百一十八员名，粮二万二千九百一十七石九斗。⊙支二石，官军三千七百六十四员名，粮七千五百二十八石。⊙支一石五斗，官军三百八十七员名，粮五百八十石五斗。⊙支一石三斗，军四百六十二名，粮六百石六斗。⊙支一石二斗，官军七百三十四员名，粮八百八十七石八斗。⊙支一石八斗，官军一百八员名，粮一百九十四石四斗。⊙支一石，官军一万一千六百三十六员名，粮一万一千六百三十六石。⊙支六斗，军一千八百五十五名，粮一千一百一十三石。⊙支五斗，军一十五名，粮七石五斗。⊙支三斗，军一千二百五十七名，粮三百七十八石一斗。

　　◎祠祀考（卷 17《祠祀考》）

　　○宋

　　太宗至道元年，契丹统和十三年③。契丹诏守臣修祠宇。帝在炭山，诏归化等处守臣，修山泽祠宇，先哲④庙貌，以时祠之。于是诸州孔子庙及奉圣

---

　　① 宣德五年，1430 年。
　　② 景泰四年，1453 年。
　　③ 统和十三年，995 年。
　　④ 先哲，先世的贤人。

皇帝祠、儒州舜祠、大翢山王仲祠俱为一新……（第 165 页上右）

○皇明

章皇帝宣德元年①，作本镇城隍庙。庙建于洪武二十八年，规制颇隘，至是重建。正统十四年，都御史罗亨信修。弘治四年镇守太监孙振复修。图初，承前代之旧。洪武元年，皆加以封爵，府曰公，州曰侯，县曰伯。三年，诏革去封号，止称某府州县监察司民城隍之神，又降旨各处城隍庙宇，俱如其公廨，设公座、笔砚，如其守令，造为木主②，毁其塑像，舁置水中，其泥涂壁，绘以云山，屏去闲杂神，道守令主祭。新官到任，则俾其与神誓不得厉民③。按《周礼》有司民之祭，国初，诏封其神为监察司民，意或有取于此欤。……开平卫城隍庙，正统五年建。马营城隍庙，宣德七年建。云州、赤城城隍庙俱宣德五年建。龙门卫、所城隍庙俱宣德七年建。长安所、雕鹗堡城隍庙俱宣德六年建……。（第 167 页下右）

七年④，诏万全都司作文宣王庙。先代庙学毁时，总兵永宁伯谭广请建，诏从之。弘治八年，都御史陈纪奏请设乐。国初，颁《乐章》云："大哉宣圣，道德尊崇。维持王化，斯民是宗。典祀有常，精纯并隆。神其来格，于昭盛容。"右迎神。"自生民来，谁底其盛。惟王神明，度越前圣。粢帛具成，礼容斯称。黍稷非馨，惟神之听。"右奠帛。"大哉圣王，实天生德。作乐以崇，时祀无斁。清酤惟馨，嘉牲孔硕。荐修神明，庶几昭格。"右初献。"百王宗师，生民物轨。瞻之洋洋，神其宁止。酌彼金罍，惟清且旨。登献于三，于嘻成礼。"右亚、终。"牺象在前，笾豆在列。以享以荐，既芬既洁。礼成乐备，神和人悦。祭则受福，率遵无越。"右彻馔⑤。"有严学宫，四方来宗。恪恭祀事，威仪雍雍。歆格惟馨，神驭还复。明禋斯毕，咸膺百福。"右送神。……开平卫文庙，正统八年⑥总兵杨洪请建，内有昌平侯□；龙门卫文庙，弘治元年⑦都御史张锦请建

---

① 明宣宗朱瞻基年号，1426 年。
② 木主，木制的神主牌位。
③ 厉民，劝勉百姓，使之向上。
④ 宣德七年，1432 年。
⑤ 彻馔，将宴席彻去，表示饮食已毕。
⑥ 正统八年，1443 年。
⑦ 弘治元年，1488 年。

……（第 167 页下左～168 页上右）

八年①，敕修弥陀寺。……有镇疆寺在开平卫城，有护国寺在云州东北五里，有静宁寺在赤城南门内，有瑞（霞）[云] 寺在赤城温泉东，有普济寺在龙门卫城，有虔化寺在龙门所城……（第 168 页上右～下右）

九年②，敕修朝玄观。……按观内有万全道纪司，其所属……有明真观在马营北门东，有灵真观在云州金阁山。其余未奉敕旨里社私创者，未暇考云。（第 168 页下左～169 页上右）

睿皇帝正统四年③，作北极玄武庙。……按真武庙在永宁、保安州卫、怀来、隆庆、顺圣东西城、蔚州、广昌、万全左右卫、怀安、柴沟堡、洗马林、西阳河、张家口、开平、马营、云州、赤城、龙门卫所、雕鹗、长安、葛峪，凡三十三座，建年不同。（第 169 页上左～下左）

五年夏④，重作火神庙。……开平卫火神庙，正统十一年建。马营、龙门所火神庙，俱宣德七年建……（第 170 页上右）

秋⑤，作东岳及三官庙。……开平卫东岳庙，正统四年建。马营东岳庙，宣德七年建……（第 170 页上左）

六年⑥，作马神庙。庙在宣府左卫东，正殿祀马祖之神、先牧之神、马社之神、马步之神，皆木主，岁以仲春、秋，守臣将事。《周礼》："春祭马祖，执驹；夏祭先牧，颁马，攻特；秋祭马社，臧仆；冬祭马步，献马简驭夫。"国朝洪武中，酌古典岁春秋遣太仆寺官合祀之，而于州县皆立马神庙，至于边卫资马尤急，故祀典重焉。郑玄曰："马祖者，天驷也"。先牧谓始养马者，马社谓始乘马者，马步谓神为马灾害者，合而祷之，盖古今通礼云。……开平、马营马神庙俱正统五年建，云州马神庙宣德五年建，赤城马神庙正统三年建，龙门马神庙景泰二年建，龙门所、雕鹗堡、长安所马神庙俱正统七年建……（第 170 页

---

① 宣德八年，1433 年。
② 宣德九年，1444 年。
③ 明英宗朱祁镇年号，1439 年。
④ 正统五年，1440 年。
⑤ 正统五年秋，1440 年。
⑥ 正统六年，1441 年。

下右)

七年①，作汉寿亭侯祠。国初，最重祀典，凡忠臣烈士惟官于其地，产于其地者，岁时俎豆②之。其在南京者，则有汉前将军寿亭侯③关公庙，固非其所官所产之地也。乃四孟④岁暮遣应天府官祭，五月十三日遣太常寺官祭，岂非以神之忠义英灵独全，浩然之正，而至大至刚，充塞天地，有不可以方所求，世代谕敕。宣镇建庙肇目国初，迄于是年，镇守等官重作于定安门内，时享不忒，其余里社人众阴被捍蔽⑤患之，功者无不建祠，肖像以报之，盖岁增而月伤云。……在开平城者正统八年建，在马营、云州者俱成化廿年⑥建，在赤城者正统九年建，在龙门卫者正统三年建，在龙门所者正统七年建，在长安所者洪熙元年⑦建，在常峪、赵川者俱永乐二年⑧建。（第 170 页下左~171 页上右）

景皇帝景泰三年⑨，重作龙神祠。……在开平、马营、赤城、云州者俱景泰五年建，在龙门卫、长安所者俱正统三年建……（第 171 页上右）

五年⑩，作云州义烈祠。都御史叶盛记：皇明以仁义立国，故有国以来余八十年，际天极地莫不臣妾。惟是己巳⑪岁北虏作逆，犯云州，遂以失守。城陷之日，城中死义者骈颈接迹，皆不负所事，死于一日之间。呜呼，可谓烈也已！于是有以见我国家教化涵濡⑫之盛。而虏骑之薄州城，不逾日而奔遁者，亦岂非

---

① 正统七年，1442 年。

② 俎豆，俎和豆，古代祭祀、宴会时盛肉类等食品的两种器皿。亦泛指各种礼器。引申为祭祀和崇奉之意。

③ 汉寿亭侯，爵位名，常指关羽。原秦国军功爵的最高一级，原名"彻侯"，后避汉武帝刘彻讳，改为列侯，又叫"通侯"。列侯有食邑（即封地），根据食邑大小，列侯又分为县侯、乡侯、亭侯。亭是乡下一级的行政单位，刘邦就曾任过亭长。亭侯是以一亭或数亭为食邑，如关羽为汉寿亭侯（汉寿为亭名）。

④ 四孟，古人把每一个季节的第一个月称为孟。孟春为一月，孟夏为四月，孟秋为七月，孟冬为十月。

⑤ 蕾，音 zāi。古同"灾"。

⑥ 成化二十年，1484 年。

⑦ 洪熙元年，1425 年。

⑧ 永乐二年，1404 年。

⑨ 景泰三年，1452 年。

⑩ 景泰五年，1454 年。

⑪ 己巳，指正统十四年，1449 年，是年发生"土木之变"。

⑫ 涵濡，滋润；沉浸。

英声义气阴折其心之所致耶？皇帝嗣大历服之初，即举褒恤①之典，以风厉四方。未几，收复云州，一如其故，圣谟②神断雄伟而深远矣。景泰改元之三年，予来云州。二年，提督参将周君贤来与同事。经略之暇，询诸州人，得死义知名者九十余人，因相与作而言曰："壮哉，若人之得其死也。推其志也，日月同其明，泰华同其高也。高城深池，不足同其固也；甲胄铁钺，不足同其威且强也。使当时皆若人，云州其有乱亡之祸乎？不有以旌之，则将何以灵承上意，奖慰忠魂，揭万世人臣忠义之训哉！"土著官军都指挥王荣、指挥沙泉刘宁、千户汪宣等又恳恳为言，乃相吉地，筑室数楹，题曰：义烈之祠，中主③义烈之神，招魂④以祀之。先是赐祭有文者，录其副而尊阁之。且为刻祠之碑。九十余人有右副使京兆谷春，都指挥佥事齐东孙刚，千户池信子妇上党陈氏焉。陈氏死时，家人出战，独与诸幼居。若子二男二女，若姑侄男女五，皆陈氏手缢死，陈氏最后从容自缢死。盖其家十人，誓不受辱，长幼一心，皆死其卧榻前。春、刚守永宁，赴援来云州，与虏遇且战且行，以众寡不敌，入城皆缢死。其偏裨士卒亦多从之自缢死。春狷直⑤而惠⑥，永宁人至今思之。刚忠勇有才略，流辈所推云。九十余人氏名列诸碑阴。此独书三人者，以三人之事最有闻，而陈氏生气凛然，其能为，大丈夫之或不肯为，尤可壮也。祀之日有迎送神诗，因并刻之。其辞曰：神之来兮，谷惨山愁。云黯淡兮，风悲秋。神之堂兮，新好且洁。清酒既倾兮，肥羜⑦在列。神其伊谁兮，愍⑧女娥皇⑨。南雷兮许张。亦克有闻兮，承业与强。神归来兮故乡。神去兮，白日晏昏；乘瑞凤兮，驾祥麟。彼林林兮生人，维忠维孝兮，孰无君亲。孰非女妻兮，亦为其真。我为州兮祀事伊始，尔州有人兮，子孙孙子。神之去兮，其来尚无已。（**第 171 页上右~下右**）

---

① 褒恤，褒奖抚恤。
② 圣谟，本来指圣人治天下的宏图大略，后也被作为称颂帝王谋略之词。
③ 主，旧时为死者立的牌位。
④ 招魂，迷信的人指招回死者的灵魂，比喻给死亡的事物复活造声势。
⑤ 狷直，耿直。
⑥ 惠，通"慧"。聪慧。
⑦ 肥羜，羜音 zhù，出生五个月的小羊。肥嫩的羊羔。
⑧ 愍，音 mǐn。怜悯；哀怜。
⑨ 娥皇，相传为尧之女，与女英同嫁于舜。及舜为天子，娥皇为后，女英为妃。后舜崩于苍梧之野，二女没于江湘之间。

附祠宇题识

……明开平有昌平侯祠，御史许宗鲁诗：昔日杨公信丈夫，提兵百万走群胡。廿年沙漠传名久，万古开平作镇孤。带砺金书虚旧券，丹青麟阁暗新图。赤城山下藏灵剑，夜夜虹光贯斗枢。……（第 177 页上右）

附古塚遗迹

……北路开平有昌平侯杨洪墓，有武强伯杨能墓，有左都督刘宁墓，有参将张顺、李延、杨伸、绳律、王本、马经墓，有按察佥事徐演墓；龙门有都督张林墓，有副总兵黄瑄、黄镇墓，有都督唐璟墓，有参将赵文墓……（第 178 页）

◎学校考（卷18《学校考》）

○皇明

八年①，诏置开平卫学。学官、生徒俱照县学例。翰林学士王直《庙学记》：开平卫治在独石，古云州之地也，距居庸关盖二百余里。游击将军左参将左都督杨公作镇②兹土，士马精强，号令严整，夷狄畏服，边尘③不警。尝自念曰：此非臣下之力也，圣天子威德远扬，致兹宁谧④，故洪等皆得相安⑤于无事，当勉图所以报。今朝廷有兴学之令，而军中子弟多聪明才俊，讲武之暇，若使更读儒书，益知尊君亲上，以攘外安内，岂非万世之策哉！即奏疏请设学校如内郡。上从之。公遂以余力伐材鸠工⑥，作大成殿、两庑⑦、戟门⑧、棂星门⑨及神

---

① 正统八年，1443 年。

② 作镇，镇守一方。

③ 边尘，边境的战事。

④ 宁谧，谧音 mì。安静；安宁。

⑤ 相安，相处无冲突。

⑥ 鸠工，鸠音 jiū，聚集。召集工人。

⑦ 庑，音 wǔ。堂下周围的走廊、廊屋。

⑧ 戟门，戟音 jǐ，古代一种合戈、矛为一体的长柄兵器。于门前立戟，泛指显贵之家。

⑨ 棂星门，中国传统古建筑名，是文庙中轴线上的牌楼式木质或石质建筑，古代传说棂星为天上文星，以此命名意味着孔子为天上星宿下凡。象征着孔子可与天上施行教化、广育英才的天镇星相比。

厨、神库，殿后作明伦堂①，东西作明德、修道二斋，又作文昌庙及教官之居。以正统八年三月朔日②经始③，而以是年九月望日④成，总之为屋七十间，皆坚壮邃密，缭⑤以周垣⑥，圣贤像貌，塑绘如制，其诸品用，靡不毕具。又得教授杨文、训导綦俊为之师，愿学之士凡八十余人。讲诵圣经贤传，以明君臣之义，父子之亲，尊卑贵贱之等，是非好恶之公，体之以实心，见之于实行者。深究夫禁暴、戢兵⑦、保大⑧、定功⑨、安民、和众⑩、丰财之要，以达于时措之宜。将佐吏士环而听之，皆欢欣鼓舞，感上之德与公之赐，期必底于教之成而后已。既而复相与请曰：公之为此，伟矣。不托之金石⑪，则后孰知其所自始乎，且无以维持之，亦安能久而不敝哉？宜有文以告来世。公于是遣其经历张魁来京师请余文刻诸石。嗟夫！独石穷荒绝域也，自昔以来，荒烟野草，狐狸豺狼之迹，交道聚庐，托处之人无有也，恶睹学校之教哉？我朝列圣统临万邦，皇上继志述事，仁行如春，威行如秋，薄海内外无间，远近悉顺悉。臣然犹慎边防，固封守，所以严华夷人之限也。而独石则以委公，宿重兵而镇之。莽然荒秽，垦为良田，由是边庾⑫充实，士气百倍，辅以奇谋异策，坚甲利兵，故所向有功。今复设学校，以教合文武二道而兼用之，其规模益远且大矣。古之欲用其人者，必先教以仁、义、礼、智。而欲立师者，必先以说礼、乐、敦诗、书为上。今之道，犹古之道也，公其笃慎⑬不忘从学，于是者亦务体其心而自勉，以成厥功⑭，则上不负天子，而名立于后世矣。公名洪，字宗道，广陵人。后来继公者，其欲体公之心哉！

----

①　明伦堂，设于文庙、书院、太学、学宫的正殿，是读书、讲学、弘道、研究的场所。
②　朔日，农历每月初一。
③　经始，开始营建；开始经营。泛指开创事业。
④　望日，农历每月十五或十六日。
⑤　缭，缠绕。
⑥　周垣，围墙；城墙。
⑦　戢兵，指息兵；停止军事行动。
⑧　保大，保护大局。
⑨　定功，建立功业。
⑩　和众，使百姓和顺。
⑪　金石，金，钟鼎彝器。石，碑碣石刻。金石指用以颂扬功德的箴铭。
⑫　边庾，边地的粮仓。
⑬　笃慎，厚重谨慎。
⑭　厥功，厥，相当于"其"，"他的"。他（他们）的功劳。

（第 188 页上左～下右）

景皇帝景泰五年①，诏边卫置社学②。初，洪武六年③，诏有司立社学，延师儒以教民间子弟；十六年，诏民间立社学，有司不得干预其经口，有过之人不许为师；二十年，令民间子弟读御制《大诰》④，后令为师者，率其徒，能诵《大诰》者赴京礼部，较其所诵多寡，次第给赏，复命兼读律令；正统元年，令各处社学提学官及司、府、州、县官，严督勤课，不许废弛，其有俊秀⑤向学者，许补儒学生员。盖自洪武至正统间，宣镇已立社学，兵后率多毁者，是年参政叶公盛适来协赞军务，疏请复立北路八城社学。于是沿边将令相率⑥劝慕⑦，而社学之立，遍诸卫矣。翰林学士商辂《八城社学诗引》云：《八城社学诗》协赞军务参政叶公所赋也。八城皆口外，曰西关、曰独石、曰马营、曰云州、曰东庄、曰赤城、曰雕鹗、曰长安岭，城各有学，盖参政请之于朝而建立者也。参政既请立八城社学，复各赋一诗以见意⑧，上以颂国家崇文之盛，下以为诸生勤学之劝。其用心至矣。八城本朔方地，武卫之设，盖以控制胡虏，宜若无俟于学。然而，学者固结人心之本。使学校不立，则诗书之道废，利欲之心盛。虽有高城深池，谁与为守？前者己巳之秋其事可鉴已。参政协赞之暇，而汲汲于社学之建，盖欲以诗书为甲胄⑨，以礼义为干橹⑩，使夫尊君亲上之义，昭然于人心，而战胜攻取之术，无烦于督劝。然后阃外⑪之寄，始为无负也已。孟子有言："壮者

---

① 景泰五年，1454 年。

② 社学，明、清两代在各府、州、县所设立教授民间子弟的学校。

③ 洪武六年，1373 年。

④ 大诰，明朝初期朱元璋在位时的一种特别的刑事法规。朱元璋为了从重处理犯罪特别是官吏犯罪，就将自己亲自审理的案件加以汇总，再加上就案而发的言论，合成一种训诫天下臣民必须严格遵守的刑事特别法。

⑤ 俊秀，才智杰出的人。

⑥ 相率，互相带引，共同。

⑦ 劝慕，因受奖勉而有所企慕、向往（多指倾心向善）。

⑧ 见意，表示心意。表达意思。

⑨ 甲胄，甲，指铠甲；胄，指头盔。亦称盔甲。此引申为准备、装备。

⑩ 干橹，小盾大盾。亦泛指武器。此引申为信义、信用。

⑪ 阃外，阃音 kǔn，门槛；郭门。此指朝廷之外，或指边关。

以暇日①，修其孝悌忠信，入以事其父兄，出以事其长上，可使制梃②以挞③秦、楚之坚甲利兵。"噫！参政建学之意，其诚在于此乎？是固人心既固则强敌难，乘文教既兴，则远夷易服。昔禹征苗，有弗格于奉辞伐罪④之日，而格于干羽⑤两阶之余，尤以见德化之为治本，而武备未足专恃也。参政之诗有"行见三苗入觐来"之句，岂非其所志者大耶？乡友洪文纲，教西关学，见吟八城诗，求题，因为识此。参政，名盛，字与中，姑苏人，与予同举进士，文学政事盖一时杰然者云。⊙盛《西关社学》诗：西关城里读书堂，济济青襟总俊良。教学莫言文艺好，要令风俗到虞唐⑥。《独石社学》诗：独石岩岩镇紫台⑦，边头学馆喜重开。中兴天子崇文德，行见三苗⑧入觐来。《马营社学》诗：马营貔虎⑨枕天戈⑩，近日书生要决科⑪。本与唐人风教⑫别，不听弦管听弦歌。《东庄社学》诗：东庄东去接滦河，洙泗⑬分流有慢波。下马来时须问道，源头活水意如何。《赤城社学》诗：赤城斗大甲兵余，闽越潮川总未如。常充偶来师赵德，看他比屋事诗书。《雕鹗社学》诗：雕鹗山深山复山，频年战马不曾闲。今皇有道同文化，谢却孙吴⑭慕孔颜⑮。《长安社学》诗：长安百尺俯关楼，剩有书声彻上头。曾听入朝天使说，边州之学过中州。《云州社学》诗：云州自昔号名邦，新构书斋洞八窗。他日朝廷得贤士，才兼文武定无双……（**第 188 页下左~189 页上右**）

---

① 暇日，闲暇的时日。

② 梃，音 tǐng。棍棒。

③ 挞，音 tà。用鞭棍等打人。

④ 奉辞伐罪，奉严正之辞而讨有罪。

⑤ 干羽，干盾和羽翳，皆供乐舞时用。羽为文舞，干为武舞。

⑥ 虞唐，唐尧与虞舜的并称。亦指尧与舜的时代，古人以为太平盛世。

⑦ 紫台，帝王居住的地方。

⑧ 三苗，我国少数民族之一。

⑨ 貔虎，貔（pí）与虎都是猛兽。比喻勇猛的将士。

⑩ 天戈，帝王的军队。

⑪ 决科，参加射策（汉考试法之一），决定科第。后指参加科举考试。

⑫ 风教，诗歌的教育感化作用。

⑬ 洙泗，洙水和泗水。古时二水自今山东省泗水县北合流而下，至曲阜北，又分为二水，洙水在北，泗水在南。春秋时属鲁国地。孔子在洙泗之间聚徒讲学。后因以"洙泗"代称孔子及儒家。

⑭ 孙吴，人名：称孙武与吴起。二人皆精兵法，善用兵，世人每并称之。称孙膑与吴起。孙膑为孙武之后，善兵法，故亦与吴起并称。

⑮ 孔颜，孔子与其弟子颜渊的并称。

敬皇帝弘治元年①，诏置龙门卫、万全左卫学。龙门卫学，正统初建，十四年毁，景泰年参政叶盛复建，寻又毁。万全左卫学，永乐年建，正统十四年亦毁。至是，巡抚都御史张锦以二学同毁，奏请重建，规制大备云。翰林学士商辂《龙门学记》：龙门，本武卫，无有司，比屋②戍卒，匪居民。以故，缺学校，乏弦诵③声。正统初，尝一设学，以教将士子弟之在各卫者。然未几辄罢。已而，虏骑斥人散逸④，戍守且废，何有于学？参政叶盛与中，奉命协赞军务。兴废举坠，逾年武备益振，戍守益固，边境晏然，入以太和。参政意谓文事武备相为用久矣。武而匪文曷⑤以导人心，迪彝教，使知尊君亲上之义之为重且急耶？于是，都御史李公秉请复建诸卫学，而龙门之学独先就功⑥。学旧在卫东南，今迁之东北，地宽广，面阳。前筑礼殿，东西庑，神厨库⑦，棂星戟门。后为明伦堂、"居仁""由义"斋。堂东为藏书之室，堂西为游息之所。射圃⑧学舍亦森然。备为屋总若干楹，缭以周垣，启以重门，其南当通衢。树坊一曰"兴贤"，一曰"崇化"，参政公书也。学既成，请者成通于儒者为师，选将士子弟之俊秀者，为弟子。员俾从游其中，参政亲督率，劝相出公帑⑨所羡⑩积购书凡五千余卷，俾之讲肄⑪，于是弦诵相闻，礼义兴行，而边方之士始知有文学之贵。其为风化之助大矣。诸生吴亮、黄用，相率同列礶石，请为之记。予惟《禹贡》绥服⑫，内三百里揆文教，外二百里奋武卫。内三百里非无武，谓以文教为主；外二百里非无文教，以武卫为主。圣人严华夏之辨如此。今兹龙门外控虏境，实古

---

① 弘治元年，1488 年。

② 比屋，所居屋舍相邻。家家户户。常用以形容众多、普遍。

③ 弦诵，弦歌和诵读，指学校教学。

④ 散逸，向四处散开。

⑤ 曷，音 hé。怎么，为什么。

⑥ 就功，成就功业。

⑦ 神厨库，是明清陵制是专为祭祀时制作、存放供品的地方。

⑧ 射圃，习射之场。

⑨ 公帑，帑音 tǎng。公款，公共财产，国家、政府、公家之资产。

⑩ 羡，富余，足够而多余。

⑪ 讲肄，讲论肄习。指讲学。

⑫ 绥服，古代王城外围，每五百里为一区画，共分侯、甸、绥、要、荒五等，称为"五服"。绥服指在王畿外一千里至一千五百里以内的地方。

绥服之地。武卫固，所当严文教，岂容或废。参政兴学之意，盖欲明《五典》①以淑人心，使知纲常之所当尊，而君亲之不可或。后久安长治之道，无逾于此。继是而当北门之寄者，恒以是用心，则礼乐可兴，风俗可厚。虽无兵而守固，胡虏不足言矣。是役也，赞成之者，参将都指挥周贤；经营之者，守备都指挥黄瑄。协同指挥吴升，皆有功于是学。是皆宜书者也。因并记之。（第 190 页下右～191 页上右）

八年②，诏立御制敬一箴③碑于学宫。先是，五年丙戌，我皇上御制《敬一箴》及宋儒程颐视、听、言、动箴④，《范浚心箴》，五训汪以明心，学至是，从朝臣请复，诏天下儒学立碑训示，而天下士子悉得诵说云。⊙按此乃我皇上建极，心法⑤用以敷锡⑥庶民者也。于戏边塞之民，变夷而华，豢养而教，盖自三代之后，沐圣人德泽，未有如今日为甚深也。然则何以报上乎？曰贤，保以致贤乎？曰学，何以为学乎？曰敬一。⊙按上谷诸学校外为先年所辟右文⑦之地，在镇城西则有景贤书院，在怀来儒学后则有绿阴书院，在保安州则有保极书院，在蔚州城西则有元尚书王敏所建暖泉书院，在云州则有阳寿书院，其怀来与马营又俱有二贤书院。盖范文正、欧阳文忠之后，谪居其地，相与建之，以祀其祖，以启其后学云。……（第 193 页上左）

----

①　五典，三皇时代的书称为"坟"、五帝时代的书称为"典"、伏羲时代的书称为"索"、帝禹时代的书称为"丘"。少昊、颛顼、高辛、唐（尧）、虞（舜）之书，谓之《五典》。

②　嘉靖八年，1529 年。

③　敬一箴，是明代嘉靖五年至六年明世宗朱厚为教化天下，宣扬儒学而作，并颁行各地，立石孔庙（又称学宫）。

④　此称为程子四箴，即宋代大儒程颐所撰视、听、言、动四箴。明世宗推崇理学，亲自注解，颁行天下学校。

⑤　心法，宋儒指传心养性的方法。

⑥　敷锡，施赐。

⑦　右文，重视文化教育。右通佑。

◎法令考（卷19《法令考》）

○皇明

四年①，定军役调卫则例。令北人充南军，南人充北军，除辽东、万全、山西、陕西等处边卫逃军，及近年土豪盐法编发充军不动外，其余清出②军丁，各就地方改解附近卫分。若南人充南军、北人充北军、不在改调之例。⊙计改调卫所：南直隶凤阳府调宣府左卫，扬州府调宣府前卫，淮安府调宣府右卫，庐州府调万全左卫，徐州调万全右卫，和州调永宁卫，滁州调怀安卫，安庆府调隆庆左卫；河南布政司开封府调保安卫，河南府调万全左卫，彰德府调开平卫，卫辉府调龙门卫，怀庆府调龙门守御所，汝宁府调怀来卫，南阳府调美峪守御所。已俱原充两广、云贵、四川、湖广、福建边海卫分军役。（第201页上左）

五年③，令法司罪囚来运边粟。令法司及直隶罪囚，于通州仓支豆运赤城。直隶府分并大宁、万全二都司等处罪囚，于隆庆卫仓支米，运龙门。⊙又令召人，自通州仓运米赴独石。每石给脚银六钱，马营五钱五分。⊙又令法司罪囚领运通州仓粮赴宣府不完者，发巡抚官处，减半自偹米纳宣府，斩绞罪④二十石，流并徒三年十六石，徒二年半十三石五斗，徒二年十一石，一年半九石，一年六石五斗，杖每十四斗。⊙按先朝转运边饷，或令罪人出力运官粟⑤，或令罪人自出其法不同云。（第202页下右）

◎风俗考（卷20《风俗考》）

○皇明宣镇风俗论。……⊙北路，地极高寒，霜雪偏早，人多于山泽业，农暇则讲武，不惮勤苦，而勇锐敢战，其俗被学校之化，亦渐有中州之风焉。

---

① 正统四年，1439年。
② 清出，超拔，突出。
③ 景泰五年，1454年。
④ 古代五刑。笞刑。以十为一等，分五等，即从十到五十下。杖刑。以十为一等，分五等，即从六十到一百下。徒刑。刑期分一年、一年半、二年、二年半、三年五等。流刑。里程分二千里、二千五百里、三千里三等。死刑。分绞和斩二等。
⑤ 官粟，官府的谷物。

⊙山高风烈，人性刚猛，知慕忠义，可与为守。⊙中路人多勇力，不惮①战阵，尤勤农事。……（第223页下右）

○**政化纪略**纪士、农、工、商之习。

宣镇文武士率持重②，不肯毁名节，故见诸事业辄伟然可观。⊙世禄③之家，用多僭侈④，日以肥甘适口，绮縠⑤饰躬，声妓娱耳。□积而富，富而久者鲜矣。⊙文士自处甚高，不轻下人，理有所见，不伸其说不辍。⊙先辈遇亲友子弟，待如己子弟，其子弟视之亦若其父兄，然今亡已夫。⊙学校中最敬长，往长者见后生，辄以所学试问，其后生亦安之，若对其严师恭甚也。今长者宾待⑥后生，后生友待长者矣。⊙文武士往不好徇时，作阿顺韬媚⑦态，繇上之人，能涵容⑧成就也。今以私意，意逆谓文士好讦人，遇待如雏夫，而于武士直奴隶视之，甚而因有事且借法自快焉，无怪乎阿顺韬媚也。若夫直躬⑨之士，自不悖理，亦自不阿顺韬媚。⊙往上官⑩荐武士，惟恐不廉，今一旦委以事，即私有厚望焉，是诲之贪而益其毒也，恶乎治。⊙国家置郡邑学校，有廪制，卫士得附之，宣无郡邑，又学校建在后，故卫士亡廪间多以贫窭废业焉。师□之官，若查取荒地召佃，岁有所入，□廪数十人，无难乃不能，然徒诿曰军廪已艰，其奚暇于廪士，呜呼！军名系□□亡其人而月以支廪者，不少也。军廪果专以实将帅之橐□邪士也。贱盖不蜀于秦已。⊙农家村居情甚亲昵，有无相通，老少和爱，耕获以力相助，有上世遗风焉。⊙岁春秋祈报，里社则长者敛赀⑪，少者趋事⑫，备牲礼祀神，召优

---

① 不惮，不害怕。
② 持重，行事慎重；谨慎稳重，不轻浮。
③ 世禄，古代有世禄之制，贵族世代享有爵禄。
④ 僭侈，音 jiàn chǐ。僭，超越本分，古代指地位在下的冒用在上的名义或礼仪、器物。侈，浪费，用财物过度。奢侈过度。
⑤ 绮縠，音 qǐ hú。绫绸绉纱之类。丝织品的总称。
⑥ 宾待，以客礼相待。
⑦ 韬媚，韬音 tāo，超越本分。为了讨好某人，而做出违心的言行举止。
⑧ 涵容，包涵；宽容。
⑨ 直躬，以正直之道持身。
⑩ 上官，属官对自己长官的尊称。
⑪ 敛赀，集资，凑钱；征敛钱物。
⑫ 趋事，办事；立业。

人①作戏剧娱之。于是各家邀亲识来观，大小骈集②，其会中人竣事，则依辈行序坐，飨神馂余③，鼓吹喧阗，醉饱歌舞而罢。⊙村居耆老，遇显贵人过，相率设香案迓④之，祀甚恭肃。⊙岁值旱，人戴柳枝，用幡幢笙鼓迎龙神像，置大坛场祷焉，得雨乃止。⊙菽麦稻禾熟，作食馈亲友，纳稼毕，又酿酒设席，待亲友之来劳者，名曰"庆场"云。⊙岁晚，先计公租，待上令入城以纳，然后市其余易布绵御冬，有婚丧亦藉此举之，故不得有盖藏。⊙农民秋冬间，将所获贮里舍，其堡不坚，则上官差人督并他所，以避虏患，民方惮转搬逡巡⑤不去，反赂所差人求免，虏一至，俯颈被戮矣，愚哉！⊙农人多不知法或少争竞⑥，则奸者诱讼之，足及公门⑦，而官吏卒徒⑧皆喜，曰我佃户来矣。⊙守备所管村堡，视如其家田园，饔飧⑨莫非所出，况又以之养门下⑩胥隶⑪邪。⊙近日上官不肯预备刍粟⑫，遇客兵经过，令商人随с给银，于是客兵将银自积在，在抢农家刍粟用之，甚者□人妻女，贱人性命，比虏尤惨，边人所以不乐有生也。⊙宣民性淳，西成⑬后未纳公租，心甚恐恐，其有逋负⑭，必大灾伤歉甚耳，若官司宽假⑮，得明年播获，明年尚可得公租也。不幸刻⑯夫在位，日将催粮官督责之民，选官亦逃，而破屋之家，十鲜五存矣，悲夫！⊙年丰谷贱，价不能偿，农之劳年，俭谷贵食，不能及农之腹，上之人犹不恤农焉，何哉？⊙镇兵月饷全仰内省，本镇屯粮止足两三月之需耳，如遇灾伤，即将该纳屯粮间月充军，军心亦无不愿刻者，必欲征

---

① 优人，优子，古代以乐舞、戏谑为业的艺人。
② 骈集，肩并肩聚集。
③ 馂余，吃剩或祭拜过的食物。
④ 迓，音 yà。迎接。
⑤ 逡巡，音 qūn xún。因为有所顾虑而徘徊不前或退却。
⑥ 争竞，为名利而争逐奔走。亦泛指互相争胜。争执；计较。
⑦ 公门，旧称政府官署。
⑧ 卒徒，服劳役的人；差役。
⑨ 饔飧，音 yōng sūn。做饭。早饭和晚饭；饭食。指馈食及宴饮之礼。
⑩ 门下，门生；弟子。
⑪ 胥隶，官府中的小吏和差役。
⑫ 刍粟，刍粮。粮草。多指供军队用的饲料和粮食。
⑬ 西成，秋天庄稼已熟，农事告成。
⑭ 逋负，拖欠赋税。
⑮ 宽假，宽容原谅。
⑯ 刻，不厚道。

求，故怨声载路矣。万一镇兵敌他镇兵所为，则其损伤国体，岂其细哉。⊙马所不牧□场地，逃丁所不佃①之，屯地皆可召人垦治，即轻租以入，犹胜归之，荒芜舍此不讲，而冗增官员，清理其弊，不知今日之币□□□以人旷不在，地以人侵也。以若所为是徒□□□致文□盈几□耳。⊙农民种官田者，岁纳稻米，□官府廪给②定规也。嘉靖三十年后，连值岁祲③，升米值银五分，上官权因无米，令以银代，厥后④米贱□倍，仍令照旧价纳银，农民不堪，愿求复旧或退□，在官皆所不允，且多重笞，几毙者，于是追陪无虚日，而稻租竟亦不完矣。官之争利于民，而因失其心也，类如此。⊙城市中绝无男子服裈⑤衫□截者，有之则众笑曰村夫。绝无妇人戴银簪饵者，有之则众笑曰村妇。绝无着巾服跨驴者，有之则众笑曰街道士。⊙工人习学工艺，诸色皆备，其土木工自山西来，巾帽工自江西来，及他匠出自外方者种种有之，是虽藉以利用，而因之耗食者，亦众矣。⊙近来屋宇以爽垲⑥相加，服饰以鲜丽相竞，器皿以奇巧相夸，然拟之古制淳□□焉。其熟能返之。⊙军中习匠艺者，或以身执役而献巧于公门，或以赀买□而觅利于私室，虏至城下，浸若罔闻，乃上之人，动以无兵藉口焉，何哉？⊙诸色工艺中，不若金工为巧，土人多不得用，其长于酒器首饰者，日供上官之役耳。⊙先年商贾之家，食鲜服丽品竹弹丝，视世禄家尤胜，独屋宇冠袍限于制度，则不敢僭拟⑦。⊙先年，奏设官店以居客贾，岁取额课公用，制旨碑刻其存。武宗时改为皇店，寻复旧称。嘉靖三十二年大水，间有损漏，少加修葺，贾犹可栖也。近日上官改作衙署，店去，课有干法，已悖而况，故违先朝制旨乎。⊙先年，大市中贾店⑧鳞比，各有名称如云：南京罗缎铺，苏杭罗缎铺，潞州绸铺，泽州帕铺，临清布帛铺、绒线铺、杂货铺，各行交易，铺沿长四五里许，贾⑨皆争居之。近者上官买物抑价，其跟从人亦乘机为之，少不谐意笞楚⑩顿加，而又逼作官商陪

---

① 佃，耕作。
② 廪给，俸禄或薪给。
③ 祲，音 jìn。不祥之气，妖氛。
④ 厥后，从那以后。
⑤ 裈，音 kūn。古同"裈"。古代称裤子。
⑥ 爽垲，高爽干燥的地方。
⑦ 僭拟，越分妄比。谓在下者自比于尊者。
⑧ 贾店，商店。
⑨ 贾，音 gǔ。作买卖的人；商人。古时特指设店售货的坐商。
⑩ 笞楚，笞是竹片，楚是荆条。用竹片荆条等物责打。

补军饷，身家因以不保，于是大市之贾，不知流落何所矣？⊙先年官商纳过粮草，未得价偿，往往坑陷性命，后因无商，官司不得已拿□，然犹访殷实户当之，近者殷实户陪损尽绝，虽仅有□食之人，亦拘之以当，告示一出，举家号泣，若沙□然多有悬梁投井，衔恨①而亡者矣。⊙官司召商市易，定价值则必□收刍粟，则必□一□一赢，即陶朱倚顿②，亦所不堪也。⊙商人不赂监收官，收之必溢其常规，不赂监放官，放之必□其实数，商与收放官通，而国家暗损其财，军士阴受其毒矣。⊙管粮官员，索取拾商无尽，上官未尝禁之，毋亦视商为田，而视官为佃者邪。⊙官坐于署，凡□商必曰奸商；商列于市，凡□官必曰赃官。然则官与商异者，冠□而已矣。（第223页下右～225页上右）

〇礼仪纪略纪冠、婚、丧、祭之文。

……⊙婚礼见《大明集礼》……宣人婚礼其举行如制惟士大夫家，庶人多从简便，然揆之于制，亦无大相悖云。⊙丧礼见《大明集礼》……士大夫家率遵用之，否则为知礼者识笑。其余庶民亦从简便而已，庶民中多约姻□友朋数十人，共为一会，立会长、司正各一人，每朔望输流会茶或会酒食，每人仍各出银数星付会长收贮，会中遇有丧事助之，会友亦有共出赀财置送丧诸器物，不幸遇其事者用之，不用或以助各人所厚，或以赁人取利别用云。居丧好作佛事，虽极贫之家，亦必延致③僧众修斋诵经，或一日或三日，曰为死者祈冥祐④也。市大夫家不然，市廛⑤中遇有疾病，辄请巫觋⑥擎鼓迎神以祈福祐。制典所禁，率多犯之。⊙祭礼见《大明集礼》……宣镇文武之家，俱建祠堂，其礼制惟文官行之，武官及士庶⑦亦从简……（第225页上右～下右）

〇岁时纪略纪春、夏、秋、冬之令。

---

① 衔恨，心中悔恨、懊恼、怨恨。

② 陶朱倚顿，陶朱：指范蠡，曾积累财产百万，自号陶朱公。倚顿：山东的贫士，听说陶朱公致富，前往请教致富之术，后来倚顿按陶朱公的指点去做，很快致富。

③ 延致，招来；邀请。

④ 冥祐，鬼神诸佛保佑。

⑤ 市廛，市中的商店。亦指商店云集之地。廛音 chán，古代城市平民一户人家所居的房地。

⑥ 巫觋，男女巫师的合称。男巫师称为"觋"（音 xí），女巫师称为"巫"。

⑦ 士庶，士人和百姓，亦泛指人民。

⊙正月朔日，官府望阙遥贺，礼毕，即盛服诣①衙门，往来交庆。士民家则设奠于祠堂，次拜家长。为椒柏酒②，以待亲戚邻里。爇③丹药于户内，谓之辟瘟；喧鼓吹于院落，谓之闹厅；炽栗炭于堂中，谓之迎旺气。自此，少年随意闲游，执手并肩，彼此征逐，或演音弦歌，或翻弄博戏，或听说偈唱词，或看踢毬舞棍，相舆娱乐，十七日以后，则学童入塾，货子诣市，工返于肆，农适于野，而各执其业矣。⊙立春之岁，附郭三卫轮年递办于定安门官厅，卫官督委旗甲，整备车辆及各色器物，选集优人④戏子小妓，装饰社火如西施采莲、昭君出塞之类，种种变态，竞巧争妍，教习数日，谓之演春。届期都司长贰率属往迎，前列社为，殿以春牛，士女纵观，填塞街市，其优人之长假以冠带跨驴喝道，过官府豪门，各有赞称韵语博笑取利，至都司治，举宴鞭牛而碎之，随以鼓乐，将别塑芒神土牛之小者，分献上官乡达，谓之送春云。⊙十五日为上元节，前后张灯三夜，其漯生人物种种不同，委巷通衢，珠悬星布若白昼，然或祭赛神庙，则架为鳌山台阁戏剧滚灯烟火奇巧相夸，又好事者或为藏头诗意，令人猜拟，谓之灯谜，其人家妇女则召帚姑⑤、箕姑⑥。、针姑⑦、苇姑，卜问一岁凶吉，或用膏油贮之面盏，蒸之釜内依月数看蒸水满浅，卜旱涝焉。亦有俗子谓上元为天官赐福之辰，持斋诵经，闭不出至十六，夜则倾城士女交错往来如蚁，谓之过桥，即达旦不休。⊙二月十五日为花朝节，村民以五谷瓜果种相遗，谓之献生，城中妇女剪彩为花，插之鬓髻以为应节云。⊙清明前两日谓之寒食，人家插柳于门，男女亦各戴之，谚云："清明不戴柳，红颜成白首"。是日，倾城上塚⑧，山原间车马

---

①　诣，音 yì。前往，去到。

②　椒柏酒，椒酒和柏酒。汉族民间风俗。农历正月初一用以祭祖或献之于家长以示祝寿拜贺之意。

③　爇，音 ruò。烧。

④　优人，优子，古代以乐舞、戏谑为业的艺人。

⑤　帚姑，旧俗妇女于正月灯节用裙束破帚占卜。

⑥　箕姑，取竹箕饰以女装为紫姑神像，以之占卜吉凶

⑦　针姑，制衣之神。后世女子多以作祭祀或卜求验的对象。

⑧　上塚，亦称"上墓"。俗称"上坟"。皇家则称"上陵"。起于上古，即祭扫先人陵墓，表示纪念。初无定日，后乃定于清明、社日、腊月等四时节日。

1356

喧阗①，士女拥错，酒尊食罍②，相接道旁，而享馂③之余，固有醉歌而返者矣。⊙三月二十八日，俗传为东岳帝诞辰，倾城士女踵诣行宫，酬愿、拈香④、奠觞、献果或焚诵祈详，或镮扭谢罪，竟日⑤乃罢。⊙四月二日，倾城士女俱旨北郊北岳帝行宫，焚香或步或骑或舆轿，联翩⑥而出，至则奠献拜祷，钟鼓喧阗，绮罗交错，既毕，各寻隙地，享所携酒食，欢笑而回，视焚香于东岳之日，盖尤盛焉。⊙八日，俗传为释迦佛生辰，僧尼各建道场，宣扬经偈，其好善男妇，争以财物献之，虽衣食匮竭，亦不暇顾。⊙五月五日为天中节，人家买葵榴、蒲艾植之堂中，贴纸画虎蝎，或天师之像，或珠书："五月五日天中节，赤口白舌尽消灭"之句，揭之楣户；或采百草制药品，或觅虾蟆取蟾酥；其亲戚往来，则包黍为粽，束之采丝，杂以酒果食品，互相馈遗；僧道则以辟恶灵符，分送檀越⑦；医家则以香囊、雄黄、乌发油香，送于素所交往之家云。⊙十三日，市人为父母兄长，或己身疾病，具香纸牲醴于城隍庙神祈祷。自其家且行且拜，至庙而止，谓之拜愿。又以小儿女多疾者，带小枷锁，诣庙祈祷，谓之现枷。俱以三年为满。是日，鼓吹管弦，彻于衢巷，竟夜不止。⊙六月六日清晨，人家汲井水贮瓮中封之，凡造曲酝酒、作酱淹蔬皆取以用，日午将所藏衣服或皮裘或罗缎尽取而曝之，又或以早水煎盐擦牙洗目云。⊙七月七夕，人家设酒果肴醑⑧在庭院中，谈牛女银河之会，妇女则对月穿针谓之乞巧，或以小盒盛蜘蛛，次早观其结网疏密，以为得巧多寡。⊙十五日为中元节，俗传地官赦罪之辰，人家多持斋诵经，荐奠祖考⑨，摄孤判斛⑩。僧家建盂兰盆⑪会，官府亦祭郡邑厉坛云。⊙八月十五日谓之中秋，

---

① 喧阗，形容声音大得震天。

② 食罍，罍音léi。盛装食物的多层提盒。

③ 馂，音jùn。吃剩下的食物。分吃祭品。

④ 拈香，烧香敬佛。

⑤ 竟日，终日；从早到晚。

⑥ 联翩，形容连续不断。

⑦ 檀越，施主。译自胡语。指以财物、饮食供养出家人或寺院的俗家信徒。平时出家人也用来尊称一般的在家人。

⑧ 肴醑，佳肴美酒。醑音xǔ。

⑨ 荐奠祖考，荐奠，犹祭奠。祭祀的仪式，即向鬼神敬献祭品。亦引申作祭品。祖考，已故的祖父；祖先。考原指父亲，后多指已死的父亲。

⑩ 判斛，祭神供祖时，散给鬼食。

⑪ 盂兰盆，佛教用语。意为倒悬。盆是指供品的盛器。佛法认为供此具可解救已逝去父母、亡亲的倒悬之苦。

人家制为月饼，取团圆之意，杂以酒肴瓜果馈遗亲厚，其夜豪门玩月设宴，笙歌鼎沸，彻旦不休。而贫下户，止用瓜果少坐而已。⊙九月九日，人家制为枣糕，侑以花果肴醑馈遗亲，岁士人登高、饮宴、簪菊①、佩萸，酩酊而归，犹古人之遗俗也。⊙十月朔日，人家出城拜扫先墓，其乡饮酒则举于学官，无祀祭则举于厉坛，皆不敢缺。至十五日为下元节，俗传水官解厄之辰，相效持斋诵经云。⊙十一月冬至，谓之亚岁②，官府五鼓时望阙，拜贺毕，则诣衙门交庆，乡士夫亦行之，俱如元旦之仪，庶民间有子孙祀先祖，妇女献寝尊长者。⊙十二月八日，民间用各色米豆果实合而煮之，谓之腊八粥，无不食者。二十四日，则名为交年，家家用饼糖酒果祀灶，以祈福庇③，自是则男女未婚嫁者无不举行，而箫鼓之声日夜不绝矣。时则不论贫富，俱竞市佳物庆节，或更造衣服首饰涂泽妇女，或预备桃符④门神春帖光饰门户，或整办柏酒椒汤嘉蔬珍果肴蒸之品，诞款宾客，而僧道作疏送之檀越，医士作辟瘟丹、屠苏袋送之素所交往，亦奔趋不息云。⊙除夕，人家皆祀先祖，其爆竹鼓吹之声远近聒耳，家庭举宴，则长幼咸集，儿女终夜博戏，谓之守岁，更深人静，或有祷灶请方，抱镜出门潜听，市人无意言语，以卜新岁休咎⑤者……（第 225 页下左～227 页上右）

◎兵籍考（卷 21《兵籍考》）
○皇明

将领（第 231 页上左）

左右参将五员，西、北、中三路曰左，东、南二路曰右。都司列衔，各领敕一道，名分守。

守备二十八员，例皆于都司列衔，间有指挥□用者，缺则镇巡官权委名委守。

操守官一十员，例皆于指挥选用，亦有用千户才，各领军守堡。

---

① 簪菊，菊花于头上。
② 亚岁，意思是仅亚于过年，古代指二十四节气中的冬至。
③ 福庇，敬词。谓受人庇佑。
④ 桃符，古代挂在大门上的两块画着神荼、郁垒二神的桃木板或纸，以为能压邪。相当于门神像。后人往往把春联贴在桃符上，于是后人以"桃符"借指"春联"。
⑤ 休咎，吉与凶；善与恶。

把总官百九十八员，指挥千户内选用。旧规每十队共二员，一谓之管司，一谓之贴同，后以事不归，一权分为二，每员管五队，同谓之把总，有专管一堡尽领官军者，谓之大把总。

管队官一千三十五员。千百户内选用，外有贴队官，如数同管，一队五十人。

分戍（第 232 页下右~233 页上右）

北路存籍官军总二万五千五百八员名，实有官军总一万五千一十一员名，内操备官军一万七百二十五员名，杂差官军四千二百八十六员名，新增官军总四千九百五十七员名。

开平卫城，存籍官军八千八百三十员名，实有官军四千三百四员名，内操备官军二千四百九十七员名，杂差官军一千八百七员名，新增□千二百五十九名。

龙门卫城，存籍官军三千五百八十八员名，实有官军一千七百四十三员名，内操备官军一千四十七员名，杂差官军六百九十六员名，新增八百五十一名。

龙门所城，存籍官军二千三百三十三员名，实有官军一千六百二十九员名，内操备官军九百五员名，杂差官军七百二十四员名，新增二百二十五名。

云州所城，存籍官军一千七百九十员名，实有官军八百七十四员名，内操备官军四百四十一员名，杂差官军四百三十员名，新增一百七十六名。

长安所城，存籍官军一千一百六十六名，实有官军五百二名，内操备官军三百六十六员名，杂差官军一百三十六员名，新增三十名。

赤城堡，存籍官军一千五百九十七员名，实有官军一千三十一员名，内操备官军八百八十二员名，杂差官军一百四十九员名，新增二百九十名。

马营堡，存籍官军三千二百七十三员名，实操官军二千二百八十一员名，新增五百七十八员名。

雕鹗堡，存籍官军六百五十九员名，实有官军六百五十一员名，内操备官军三百一十员名，杂差官军三百四十一员名，新增二百六十七名。

滴水崖堡，存籍官军五百一十三员名，实操官军四百八十九员名，新增四百六十五名。

　　金家庄堡，存籍官军四百一十二员名，实操官军三百七十一员名，新增一百八十一名。

　　青泉堡，存籍官军二百五十七员名，实操官军二百五十二员名，新增一百七十四名。

　　牧马堡，存籍官军二百一十二员名，实操官军二百一员名，新增一百一十四名。

　　镇宁堡。存籍官军四百二十九员名，实操官军三百八十五员名，新增二百五十一名。

　　镇安堡，存籍官军二百一十二员名，实操官军二百九十八员名，新增八十七名。

◎兵政考（卷22《兵政考》）
○皇明
附兵政诸例

　　焚荒。每年冬十月初，间以草枯为始，本镇统领官军出境，焚烧野草，使达贼不能南牧。起于正统年，总兵官统领官军五千员名，由青边口出境，经三岔沟、黄草滩，至上合河，且行且焚，至晚回兵，凡二日。副总兵统领本营官军三千员名，由大白阳口出境，经瓦庙儿、孤榆树，至上合河，与总兵官会兵，且行且焚，至晚回兵，凡二日。旧游击将军统领本营官军三千员名，由张家口出境，经红崖儿，至羊圈沟，且行且焚，至晚回兵，凡二日。新游击将军统领本营官军三千员名，由青边口出境，经三岔沟，至红崖儿与旧游兵会兵，且行且焚，至晚回兵，凡二日。北路参将统领本路官军三千余员名，由独石地方出境，入马营堡，由马营地方出入赤城、龙门等处，且行且焚，至晚回兵，凡二日。西路参将统领本路官军三千余员名，由膳房堡口出境，入洗马林等堡口，洗马林堡口出境，入柴沟等堡，且行且焚，至晚回兵，凡二日。东路参将统领本路官军三千余员名，由永宁城出境，入四海冶堡，且行且焚，至晚回兵，凡二日。宋胡寅曰："简汰其疲老病弱，升择其壮健骁勇，分屯在所，置营房以安其家室，聚粟帛以足其衣粮，选众所畏信者以董其部伍，申明阶级之制，以变其骄恣悍悖之习，然后被之以精甲，付之以利器，进战获酋虏则厚赏，死则恤其妻孥，退溃则诛其身，降敌则戮其族，令在必行，分毫不贷者，乃治军之实也。无所别择，一切安养姑息之，惟恐一夫变色不悦，无事则曰'大幸矣！'教习击刺，有如聚戏，纪律荡然，虽其将帅不敢自保者，为治军之虚文也。"（第 245 页下右）

◎兵器考（卷 23《兵器考》）

○皇明（第 251 页下右 ~ 252 页上左）

开平卫城，流星炮九副，小铜炮二十七个，铜佛朗机①二十五副，小铁炮一百个，铁佛朗机三十五副，三号小炮一百五个，无敌手六副，鞭炮三十七把，小铜盏口炮五个，操炮一十一个，铜铳三杆，子母炮二十四个，小把炮千二百个，英子炮二十个，快枪一百九十把，三号铳二杆，铅子三千二十个，火药一千一百五斤。

龙门卫城，大将军炮九具，无敌手炮三副，神枪五杆，大盏口炮一十具，小盏口炮三具，快枪三杆，铁铳一杆，铜佛朗机九副，虎尾炮一十八副，子信炮三杆，生铁小炮一百五十七个，生铁牛腿炮五具，铜牛腿炮三具，悬枪四十四杆，铅子三十一个，神（前）［箭］一百一十六枝。

龙门所城，三将军炮九具，碗口炮二个，子母炮二个，神枪二十杆，快枪三十八杆，手把佛朗机三十六杆，铁佛朗机二十一杆，流星炮二副，无敌手□副，连珠炮□杆，旋风炮一个，槽头炮二杆，铜盏口炮二十九个。

云州所城，三将军人铁炮四具，碗口炮二具，耳炮九具，铜无敌手二副，盏口炮九个，缨子炮二个，子母炮一个，神枪二十五杆，佛朗机一十一副，快枪一十九杆，火药一百五十斤。镇安堡，三将军炮一具，子母炮十个，捷胜炮七个，盏口炮二个，佛朗机五副，五眼铳二把，三眼铳一把，无敌手二副，快枪七杆，

---

① 佛朗机由欧洲发明，明嘉靖元年（1522 年）由葡萄牙传入中国，按其国名称为"佛朗机"。嘉靖三年，明廷仿制成功第一批 32 门佛朗机，每门重约 300 斤，母铳长 2.85 尺，配有 4 个子铳。之后，明廷又陆续仿制出大小型号不同的各式佛朗机，装备北方及沿海军队。《明世宗实录》提到"中国之有佛朗机诸火器，盖自儒始也。"当时明朝称西班牙、葡萄牙为"佛朗机"，故以其国名称呼这种武器。

六号枪二杆，神箭一百枝，铅子三千一百个，火药一百斤。

长安所城，三将军炮四具，碗口炮三具，盏口炮十一个，子母炮二个，佛朗机一十四副，神枪二十四杆，其余杂样火器七十件副，火药一百斤，盔甲弓箭二百四十七件。

马营城，守城火器神枪一十把，铁三眼铳三十杆，铜炮八十个，铁炮七十个，铜流星炮二十副，铜佛朗机九副，铜十眼炮一具，铁将军炮三具，铜无敌手二副，铁佛朗机三十副，火药一百斤，军器盔二百顶，甲二百副，刀二百把，守墩火器共二百八十九件，守堡火器共二十八件，随军器械共盔甲刀剑弓箭等项三千五百二十余件。

赤城，大将军炮二十七具，流星炮一十三副，无敌手三副，子母炮五个，铜炮一十三个，铜佛朗机二副，鞭枪五杆，七眼子母炮三副，铜枪一杆，铅子三百个，神铳一十三杆。

滴水崖堡，将军炮五个，盈字炮十个，盏口炮十一个，无敌手十四副，流星炮二十五副，子母炮三副，佛朗机二十六副，神枪铳一十三杆，莲花炮十五个，快枪六杆，三眼铳二杆，铁鞭二杆。

雕鹗堡。佛朗机五十副，盈字炮三十九个，三眼铳一百六十杆，无敌手九十副，五眼铳六十九杆，神枪三十杆，破虏炮六十个，铁铳三十杆。外**宁远堡**，大小炮三十三个，无敌手十九副，佛朗机四十八副，铁铳四十九杆，快枪十杆，铜神枪三十杆，神箭六百枝，九龙桶四杆。

◎**兵骑考**（卷24《兵骑考》）

○**皇明**

马额（第 259 页下右～260 页上右）

北路。原额操马八千一百九十二匹，**正德**间实有六千七百七十七匹，**嘉靖**三十七年①操马并驿马骡驴共二千二百七十五匹头。内**开平城**，原额操马二千四百九十四匹，**正德**间实有二千八十一匹，**嘉靖**三十七年马一千四十五匹。**龙门卫**

———————————

① 嘉靖三十七年，1558 年。

城，原额操马七百二十一匹，<u>正德间实有六百二十七匹</u>，<u>嘉靖三十七年马七十五</u><u>匹</u>。<u>龙门所城</u>，原额操马七百六十匹，<u>正德间实有六百四十一匹</u>，<u>嘉靖三十七年</u>马一百一十四匹。<u>云州所城</u>，原额操马三百四匹，<u>正德间实有二百四十七匹</u>，<u>嘉</u><u>靖三十七年马一百九匹</u>。<u>长安所城</u>，原额操马二百三十九匹，<u>正德间实有二百一</u>十二匹，<u>嘉靖三十七年马骡驴七十五匹头</u>。<u>马营城</u>，原额操马一千八百九十一匹，<u>正德间实有一千四百六十六匹</u>，<u>嘉靖三十七年马二百二十四匹</u>。<u>赤城</u>，原额操马四百一十四匹，<u>正德间三百四十七匹</u>，<u>嘉靖三十七年马一百五十八匹</u>。<u>雕鹗</u><u>堡</u>，原额操马二百六匹，<u>正德间实有一百九十匹</u>，<u>嘉靖三十七年马骡四十八匹</u>头。<u>滴水崖</u>，原额操马一百七十匹，<u>正德间实有一百五十九匹</u>，<u>嘉靖三十七年马</u>九十四匹。<u>青泉堡</u>，原额操马一百二十九匹，<u>正德间实有一百二十四匹</u>，<u>嘉靖三</u>十七年马七十二匹。<u>镇安堡</u>，原额操马二百一十六匹，<u>正德间实有九十三匹</u>，<u>嘉</u><u>靖三十七年四十八匹</u>。<u>镇宁堡</u>，原额操马二百九十五匹，<u>正德间实有二百七十六</u>匹，<u>嘉靖三十七年四十九匹</u>。<u>金家庄</u>，原额操马二百一十七匹，<u>正德间实有一百</u>八十七匹，<u>嘉靖三十七年四十七匹</u>。<u>牧马堡</u>，原额操马一百二十六匹，<u>正德间实</u>有一百二十三匹，<u>嘉靖三十七年四十九匹</u>。<u>松树堡</u>，马四十二匹。<u>君子堡</u>，马二十六匹。

马给（第 261 页上左）

<u>北路</u>。旧例采青同镇城，今废料价每石折银八钱。今照见在马数月支料共二千一百五十七石四斗八升，草四十束。内<u>开平城</u>，月料九百四十三石八斗。<u>马</u><u>营城</u>，月料二百一石六斗。<u>青泉堡</u>，月料六十四石八斗。<u>云州所</u>，月料一百一石四斗六升。<u>镇安堡</u>，月料四十三石二斗。<u>镇宁堡</u>，月料五十二石二斗。<u>松树堡</u>，月料三十九石五斗四升。<u>君子堡</u>，月料二十三石四斗。<u>赤城</u>，月料一百九十五石三斗六升。<u>龙门所</u>，月料一百二石六斗。<u>牧马堡</u>，月料四十四石一斗。<u>龙门卫</u>，月料六十七石五斗。<u>金家庄堡</u>，月料四十二石三斗。<u>雕鹗堡</u>，月料五十六石四斗。<u>滴水崖</u>，月料八十四石六斗。<u>长安所</u>，月料九十四石六斗二升。已上月支草，俱每匹十束。

马场（第 262 页上左~下右）

<u>北路牧地</u>。开平卫地十二处：一在<u>麻地沟</u>，七十五顷；一在<u>黄家冲</u>，五十二顷；一在<u>明嵯儿</u>，四十顷；一在<u>鄢家湾</u>，九十九顷九十八亩；一在□<u>木匠沟</u>，九十七顷八十九亩；一在<u>刘太保沟</u>，九十八顷；一在<u>怀家冲</u>，九十八顷二十亩；

一在董家沟，一百一十顷；一在大王庙，一百三十顷；一在窑子沟，一百五十顷；一在黄土堡，九十五顷；一在邹家沟，八十顷。开平驿地二处，一在头炮沟，一在马营沟，共地二十五顷七十二亩，卫地占种六十三亩，该征粟米六斗三升。⊙龙门卫地五处：一在城南斗子营，一十五顷；一在城东㲺家沟，七顷；一在城西趄柳树，五顷；一在山葱坡，一十二顷；一在烟子沟，一十三顷。⊙龙门所地四处：一在双井儿，二顷三十亩；一在青羊冲，二顷二十亩；一在椴木冲，二顷二十亩；一在云州岭，二顷五十亩。⊙云州所地二处：一在夏家冲，一十五顷；一在龙门口甘家冲，四顷八十亩。⊙长安所地二处：一在城北二里，一在李老峪，离城二十里，共一十九顷四十五亩。丰峪驿地，在驿东南十里瓦房沟庙儿岭，共一十顷三十亩，共地占种二十五顷三十亩九分，该征粟米三十七石一斗九升九合。⊙马营城地十有一处：一在红山嘴高山梁，七十顷；一在邓安儿大梁山，六十顷；一在张安梁，五十顷；一在苏家梁，三十顷；一在毛家冲，四十顷；一在苏家梁北，六十顷；一在杨虎沟，五十顷；一在羊胡儿沟，八十顷；一在李牢冲，六十顷；一在侯家冲，四十顷；一在王线沟，五十顷。⊙赤城地五处：一在欧阳冲，六顷；一在杨家冲，四顷；一在黄土岭，四顷；一在王家冲，三顷；一在太峪冲，八顷。云门驿地，在小峪冲，三顷。本城占种地二十顷九十九亩三分，该征粟米二十六石一斗五升七合。⊙雕鹗堡地四处：一在西咸场，周围四千七百五十步；一在城西苗家沟，周围二千四百一十八步；一在城东朱家沟，一在城北赵家沟，俱沿山一带约三四里许。浩岭驿地三处：一在咸场，周围一千三十步；一在火烧沟，周围一千九百七十步；一在大石头沟，周围二千七百一十步。本堡占种地三顷六十五亩，该征粟米五石一斗九升六合五勺。

◎经略考（卷25《经略考》）

○皇明

章皇帝宣德四年，镇朔大将军阳武侯薛禄来行障塞。先是，洪熙元年，命禄行边，虏寇云州，禄击败于大松岭。至是，复命护军饷。次年，虏寇开平，复与战于奇黄山，斩获甚众。因上疏言，开平自大宁弃后，孤悬寡援，虏时出没，饷道艰阻，移卫独石为便。上下其疏，朝议难之。禄因请回，面陈其详，遂移卫独石云。（第 272 页下左～第 273 页上右）

睿皇帝**正统十四年**①，虏寇北路，守备**杨俊**畏遁，八城俱陷。初，虏酋**也先**遣使贡马，伪增贡数，中官**王振**怒，减其马，直虏使回，**也先**入寇。**杨俊**者，总兵官**洪**之子，为**独石**、**马营**守备。惧不敢战，弃城遁，虏遂陷**独石**、**马营**及**云州**等城堡。其父**洪**奏称：**俊**愚躁，为公论不容，乞取回随营操练。上即俞允。**少保于谦**劾奏之，于是逮系斩于市。（第 273 页上右）

景皇帝**景泰元年**②，镇朔大将军**昌平侯杨洪**来行障塞，工部尚书**石璞**来督军务，都督**董斌**来修八城。初，给事中**叶盛**言："今日之事，边关为急。往者**独石**、**马营**不弃，则六师何以陷**土木**？**紫荆**、**白羊**不破，则虏骑何以薄都城？"至是，**少保谦**请令**洪**行视障塞，且同总督、尚书**璞**等商确北路八城若可修复，相便行事。**洪**、**璞**因上言：八城俱宜修复，须责委任事之臣，专督其事。事下，会议礼部尚书**王宁**以为宜，且弃置以俟余日专力**永宁**、**怀来**，以通**宣大**。**少保谦**抗疏曰："**独石**诸城，边境藩篱，京师屏蔽。不可自馁，以资仇敌。尺寸进退之机，安危治乱之所系也。且当干戈扰攘之时，尚宜慎守封疆，况平居无事，而可自蘼土地耶！"上意大决，乃召**斌**来督工役云。（第 273 页上右）

三年③，诏参政**叶盛**赞理**独石**军务。**独石**诸城，屡事修复，未见安辑④。**盛**至，因上兴革事，宜八条行之，军民大便。**盛**复立社学，以教子弟；置医药，以济疾病；立义塚，以瘗⑤死亡；设暖铺，以便行旅；均蔬圃，以给将士。制度品式，纤息俱备。（第 273 页上左）

今上皇帝**嘉靖七年**⑥，**滴水崖**兵乱，副总兵**刘渊**平之。**滴水崖**军人**贾鉴**、**钱保**等与市商讼，不胜。因激怒聚曰："我辈出死力悍地方，商非**土著**人，坐肆网利，反蔑我辈耶！"遂聚围商居，掠其货，纵火焚仓场婴城⑦。且曰："兵至即走胡⑧。"时官兵在境外焚荒。巡抚刘都御史**源清**闻之大骇，密遣人至境

---

① 正统十四年，1449 年。

② 景泰元年，1450 年。

③ 景泰三年，1452 年。

④ 安辑，安定和睦。

⑤ 瘗，音 yì。掩埋，埋葬。

⑥ 嘉靖七年，1528 年。

⑦ 婴城，环城而守。

⑧ 走胡，胡，古代北方和西方各民族的泛称。比喻智能之士被迫逃亡，为敌国所用。

外，檄副总兵刘渊、参将李彬曰："事已，无归镇，便可出间道禽滴水诸恶也。"渊、彬驰赴之。故作乱之二日，兵即至城下。彬部卒飞石坠其陴①，众遂附登。已而渊至，呼曰："兵一入，杀止乱者邪？又得禁焚掠邪！"乃止。因令城中曰："抚台②已得情，禽止鉴等十八人，余不问。"鉴等多自杀。门开，整兵入禽未死数人，送镇斩之。（第 274 页下右）

附古今经略议

明翰林学士商辂《边务疏》曰：守边一事，最为今日急务。近各边操守，率多无实，其故何也？一则军士寡弱，一则衣食艰难。边城有此二弊，则必难为守御矣。今日居官者，皆以遣使为请，而谓边方之事实不可为，殊不知天下之事，未有不可为者，特患失于姑息，安于因循，则事始不可为耳。臣观宣府独石、马营等处，原操官军在边年久，屡经战阵。自正统十四年，达贼侵犯，或有漫散赴京，或因头目带领久已，夤缘偷安内地。今宣府独石等处，多系各处所拨并河南轮班官军在彼操守。此属既无室家可恃，又无田地可耕，因循度日，悬望更替，欲为久远之计难矣。若复姑息因循，听令各官巧立游击等项名色，占留在京，不行发遣，则边境城池愈见空虚，设有贼情，将何备御？且京师聚众百万，纵得此属，不见其多。不过为诸头目营干家事而已。若边城得此官军，可以壮威武、御贼寇、使其成家业，为久远之计，其为益熟大哉。且臣又访得，口外田地极广，惟屯田军士地亩已有定额，其守关军士，多无田地耕种。推原其故，盖因先在京功臣之家，将口外附近城堡膏腴田地占作庄田。空闲田地，又被彼处镇守、总兵、参将等官占为己业。每岁役使军夫布种收利。其守城等项军士，非但无力耕田，虽有余力，亦无可耕之田。即今边报严急，在京官员虽不敢役使口外军夫，但庄田尚存，未免占夺军民之家，而彼处亲临管军头目常有占种田地数多，及私役军夫，撮借官牛等项，宿弊仍未尽革。若复姑息因循，不即拨给军民耕种，则衣食无由足给，而边境愈见空虚。夫且耕且守，古人如汉赵充国、诸葛亮、晋羊祜者，皆有已行明效。今日守备之要，莫过于此，若舍屯田之外，而欲边城充实，虽倾府库之财，竭生民之力，而军士数多，岁月久远，亦难继矣。（第 280 页上左）

----

① 陴，音 pī。城上的矮墙。亦称"女墙"；俗称"城垛子"。
② 抚台，旧时对巡抚的尊称。

◎征战考（卷26《征战考》）

○宋

徽宗宣和五年①契丹保大三年夏，契丹攻金兵于奉圣，败绩。初，契丹主猎鸳鸯泺②，金都统昊及宗翰来追，契丹主奔云州。未几，金将完颜忠攻奉圣，下之。于是契丹林牙大石壁龙门东，复取奉圣。金都统干鲁遣照主娄室等率兵击之，大石大败，遂以众降，金主因至儒州。（第286页下左～287页上右）

○皇明

三年夏③，左副将军李文忠败元兵于骆驼山。是年春三月，北平守御华云龙攻下云州，获元平章火儿忽答、右丞哈海。至是，文忠等又率师出野狐岭，降其守将，至察罕恼儿，擒其平章祝真，次白海子之骆驼山，元太尉蛮子、平章沙不丁朵儿只八剌等拒战败溃，进攻红罗山。杨思祖等一万余人皆请降，遂进次开平，获元平章火都罕等，知元君以疾，殂于应昌，因进师克之。（第288页上右）

四年秋④，北虏寇云州，参政华云龙击破之。虏平章僧家奴北牙头，以兵寇云州，云龙侦知之，潜以精兵迎袭突入其营，擒僧家奴并获驼马四百余，遂分遣裨将赵端等追击至开平大石崖北，分攻刘学士诸寨，克之，端中飞石伤臂股甚重，督战不置，复追驴儿国公破其军。（第288页上左）

十四年夏⑤，北虏寇开平，指挥使丁忠击败之。虏知院火儿哲领兵入寇，忠出御之，遇于毡帽山，斩获数百级。⊙毡帽山在独石北。（第288页上左）

二十年春⑥，北虏入寇，车驾征之，虏大败。三月阿鲁台寇兴和，

---

① 宣和五年，1123年。

② 鸳鸯泺，古湖泊名。亦名鸳鸯泊。蒙古语曰昂吉尔图，亦称安固里淖尔。其地南北皆水泺，以其两水，故名。一说，因水禽唯鸳鸯最多而得名。在今河北省张北县西北境。辽金之世，历为帝王狩猎之所。明后称集宁海子。

③ 洪武三年，1370年。

④ 洪武四年，1371年。

⑤ 洪武十四年，1381年。

⑥ 永乐二十年，1422年。

杀守将都指挥王焕。上决意亲征，驾次鸡鸣山，虏闻之，夜遁。四月，次龙门、云州。五月，次独石。七月至杀胡原，前锋获谍者言："阿鲁台闻车驾亲征，尽弃孳畜辎重于阔泺海之侧，与其家属远遁。"乃发兵，收孳畜，焚辎重还师。谕诸将曰："诱阿鲁台为逆者，兀良哈之寇也。"遂简步骑，分五道疾进，至屈列儿河，斩虏首数百余级，众溃走。追奔数十里，斩酋长数十人，尽收人畜十余万而还。（第288页下左）

章皇帝宣德五年春①，北虏寇开平，阳武侯薛禄击败之。上命禄佩镇朔将军印，帅师行边兼督开平粮运。至是，督粮至奇黄岭，遇虏猝至，遂进战，悉斩之，尽获其家口孳畜。捷闻，进秩太保，是岁禄卒。奇黄岭在今开平之北。（第288页下左~289页上右）

睿皇帝正统十四年秋②，北虏入寇，永宁守备孙刚、谷春死之。七月，虏寇独石、马营，守备杨俊弃城遁，虏陷独石、马营，遂及云州。刚、春以永宁守备率兵来援，战辄不利，因入城自（经）[到]死，云州亦陷。上闻之，怒。时中官王振力主亲征，驾出自大同，闻虏势重，班师至土木，虏追将及，遣成国公朱勇率兵五万回御之，勇进军鹞儿岭，虏于山两翼邀阻夹攻，杀之殆尽，遂进逼土木，而车驾北狩③矣。（第289页上右）

四年冬④，北虏入贡。由独石入塞，少保谦曰："今次入贡，既由甘肃、大同，复由宣府独石而来，则是各处道途俱有虏通，伺门窥隙，可虑为甚，请行边将饬备。"尹耕曰："景泰间少保于公，正议以排纷，虚己以应变，审问以谨微，三者定而国势尊。虏情得，中兴之基固矣，其斯为百世之烈乎"。（第289页上左~下右）

今上皇帝嘉靖三年⑤，北虏入寇，守备龙门都指挥马骥御却之。虏由许家冲入寇龙门，骥以兵少不敢战，度虏必由旧路出，乃率兵断其路。路在两山间，骥浚濠深二丈许，虏闻之大惊，以精甲拒后，绳牵蚁渡而去。土人曰：

---

① 宣德五年，1430年。
② 正统十四年，1449年。
③ 北狩，皇帝被掳到北方去的婉词。
④ 景泰四年，1453年。
⑤ 嘉靖三年，1524年。

是时，得官军一营，至虏尽歼矣。（第 290 页上左）

九年夏①，北虏入寇，守备赤城都指挥刘傅御却之。虏以三万骑入马营，参将被围。傅闻传炮，即率所部才百数十骑赴援，中途遇虏，直前搏战。虏围之数重，傅令士皆下马步闻，引满四射，箭无空发。最后射杀其酋长，虏咬指引去。傅身中矢如猬毛。其中脾者透骨，比撤围，血满靴袜，甲裳亦赤，卧疮月余，卒。至今虏称髻那颜云。（第 290 页下右）

二十五年秋七月②，游击将军吕杨、参将董麒出塞，袭击李庄诸虏，败绩。麒分守北路，阳以营兵新河口。相会议出塞袭击李家庄诸虏至其巢，斩三十余级还，会大雨，虏追及，兵不能战，遂败。麒惧先入塞，阳亦间关③获免，守备陈勋死焉。诸骑兵死者百余人，于是军门论，阳作俑贪功，废谋轻举；麒见虏先回，不援后拒，悉抵罪。（第 291 页下右）

八月④，北虏入寇，守备北路都指挥易纲、戴纶及延绥游击将军陈言击却之。虏由青泉堡入寇。纲，云州守备也，闻警以家丁数十骑，驰至永镇堡，据险与虏对射。虏疑有伏，不进。时，延绥游击陈言以一军驻北路备御，因介而驰，虏望见兵至，少却，纲乘隙驰入，言军请身为先率，言喜，遂同进战。凡数合，虏皆北。纶，赤城守备，亦以家丁邀虏，夺被掠人口生畜，同言、纲追虏出塞还。（第 291 页下左）

二十七年秋⑤，北虏入寇，总兵官赵卿率师御之，不至。六月，谍报虏窥镇安，时卿驻兵云州，去镇安仅三十里，未发。又报，虏攻独石，卿悉军走独石，而虏遂由镇安斜坡岭南下，寇隆庆、永宁矣。隆、永久不被兵，至是遭荼毒特甚，卿师尚未至也。于是，督府自以麾下合诸营老弱留城者，驰而东，比至虏营噪而鼓行，虏乃退，由滴水崖出。督府劾卿并自劾不职云。（第 291 页下左～292 页上右）

---

① 嘉靖九年，1530 年。
② 嘉靖二十五年，1546 年。
③ 间关，道途崎岖艰险，不易行走。
④ 嘉靖二十五年八月。
⑤ 嘉靖二十七年，1548 年。

二十八年春①，北虏入寇，杀守将董旸、江瀚，大同总兵官周尚文击败之。时，总兵卿以隆、永之役在论，未得代。间谍中有以虏趋独石塞外言者，总督翁尚书万达已檄卿驻兵滴水崖，然尚虑无援也。檄尚文曰："若当援滴水崖。"尚文得檄方犹预，而翁亦私计之曰：此猬老虽稔②兵事，得士心，然往往矜③已，幸邻镇事变。援师少延无济也，因上疏曰：卿获罪无代，已令尚文东援，不若得，诏旨暂令代卿，将可促其迩至耳。诏旨下尚文果介而驰，未至，虏攻滴水塞矣。方卿戍滴水，闻尚文且代，付兵三千，于旸、瀚自归。旸、瀚故骁将，时以坐营官随卿因领三千兵出御之虏营，一值前，一出背后夹攻，兵败，二将犹挥刃力战，杀数十贼而死，于是虏入塞，复东向怀来，而尚文之兵至焉。尚文遇虏，壁④于石柱村，军容甚盛。虏未敢猝犯，遣间来约曰："结朝当见。"比晓则伐树拆屋，毁门关，令步卒肩之以御矢石，而骑随之噪且突阵。旧列营必列木为栅以拒侵轶⑤。其夜尚文计曰："栅目可见，不若穴地为暗窖。"乃令人砌七窖于壁外，窖深及膝，大容马蹄。及战，虏马多仆，军中发火器击之。凡二日，阵百余合，虏死数千人，大沮。然恃其众，不归也。酋俺答拔刀曰："不胜，即刿吾首。"乃复攻围，两军俱惫。翁计曰："兵三日战必疲，不援尚文，弃师也。"因鼓行而前，未至虏营十五里，虏援营遁。（第 292 页上右）

三十三年秋⑥，北虏入寇，总兵官督刘大章率师御之，未至而还。五月，内虏由马营盘道墩入塞，寇云州、赤城等处，攻毁属堡二十余座，杀掠人畜殆尽。八月，复由云州两河口静宁墩空入，寇雕鹗、永宁、怀来，攻毁杀掠比夏过之。我军时因年饥，逃亡且半，将领亦畏虏，不敢径当其锋，遥望数日，引军而归。虏阳阳⑦得志去。（第 292 页下左）

◎职官表（卷 28《职官表》）

---

① 嘉靖二十八年。
② 稔，音 rěn。熟悉，习知。
③ 矜，音 jīn。自尊，自大，自夸。
④ 壁，军营，营垒。
⑤ 侵轶，空袭。
⑥ 嘉靖三十二年，1553 年。
⑦ 阳阳，自得的样子。

○镇戍武臣（第 316~322 页）

纪年	镇守总兵都督以上	协守总兵都督以下	游击将军都指挥充
永乐十四年		韩镇 留守司指挥，擢北平都指挥佥事，称副总兵官，镇守云州	
宣德五年		刘宁 左军都督府都督佥事，充副总兵官，镇守独石等处	
十年			杨洪 字宗道，开平卫指挥使，充游击将军，领京兵备御
正统五年		赵文 龙门卫人，都指挥使升都督佥事，充副总兵镇守	
十三年	杨洪 开平人，都督同知，以功封昌平侯，佩镇朔将军印，镇守沉谋英勇，虏畏之，呼为"杨王"		
景泰元年		杨俊 字文英，洪子。都督佥事，充右参将，以擒叛城喜宁功，升右都督镇守副总兵官	
五年		杨信 字文实，洪从子。都督佥事，协守宣府副总后官。⊙是年始改镇守为协守，著为令	

续表

纪年	镇守总兵都督以上	协守总兵都督以下	游击将军都指挥充
七年	杨能字文敬，洪从子，由舍人累官都督佥事，充游击参将副总兵，至是升左都督挂镇朔		
天顺八年		黄瑄字汝玉，龙门人。都指挥佥事，充协守副总兵，持已勤慎，（上艹下泣）下宽平，始终一律，人贤之	
成化七年		刘宁字世安，开平人。都指挥使充副总兵官协守升左都督，佩印，镇守甘肃	
正德三年		黄镇字宗岳，龙门卫人。都指挥佥事，有威名，充副总兵官协守	
九年	郤永字世延，龙门卫人。右军都督府右都督，佩镇朔将军印镇守		
十一年			靳英开平卫人，署都指挥佥事，充游击将军，领新游兵
嘉靖十一年			夏杲字景熙，龙门卫人。署都指挥佥事，充游击将军，领旧游兵

续表

纪年	镇守总兵都督以上	协守总兵都督以下	游击将军都指挥充
十四年		刘江龙门卫人，署都指挥佥事，荐升副总兵官协守	
二十五年			杨钺开平卫人，昌平侯洪之孙，都指挥同知，领新游兵
二十八年			姚冕开平卫人，署都指挥佥事，充游击将军，领新游兵
三十四年	欧阳安开平卫人，后军都督府署都督佥事，佩镇朔将军印镇守		窦永龙门卫人，署都指挥佥事，充游击将军，领新游兵

○参将（第 323 ~ 327 页）

参将	分守东路	分守北路	分守中路	分守西路	分守南路
景泰五年		周贤宣府前卫人，都督佥事，镇守参将		张林龙门卫人，都指挥佥事，镇守参将	
天顺元年		江福都督同知，镇守参将			
五年		王宣都指挥佥事，镇守参将			
成化八年		杨伸洪之子，廉以律己，威以治下，治属无牧事则□□	李延开平卫人，都指挥佥事，初□□，同参将		

参将	分守东路	分守北路	分守中路	分守西路	分守南路
十六年		吴俨字若思，京卫人，以都指挥金事任			
十七年		朱谦开平卫人，以都指挥金事任			
二十年	绳律开平都指挥，骁勇善战，怀、保、隆、永人倚之				
二十二年		绳律由东路参将调任，练武之暇，兴学育材，非持将所及			
弘治十年		黄镇字宗岳，龙门卫人，以都指挥金事任			
十四年		杨英宣府右卫人，以都指挥金事任			
正德二年		王本开平卫人，以都指挥金事任			

续表

参将	分守东路	分守北路	分守中路	分守西路	分守南路
五年		郤永龙门卫人，署都指挥佥事任		刘宝开平卫人，以都指挥使任	马经开平卫人，以都指挥佥事任
七年		詹冕万全右卫人，以都指挥佥事任			
十年		江桓以都指挥佥事任			
十四年		张镇□靖□之，宣府前卫人，以□举都指挥同知任			
嘉靖四年		黄锐以都指挥佥事任		王经字世常，龙门卫人。以都指挥佥事任，阵亡，见《传》	
八年		杜辉万全左卫人，以都指挥佥事任			

参将	分守东路	分守北路	分守中路	分守西路	分守南路
九年		祁岳_{蔚州}卫人，以都指挥佥事任			
十年		钟杰_{永平}人，以署都指挥佥事任		宁乾_{龙门}卫人，以都指挥佥事任	
十一年		李懋字勉之，宣府前卫人，武举，都指挥升大同副总兵官			
十二年				夏杲_{开平}卫人，以都指挥佥事任	
十四年		郝锃字振之，宣府前卫人，都指挥累官镇守、总兵			刘江_{龙门卫人，以}署都指挥佥事任
十五年		许国_{山东}人，以都指挥佥事任			
十七年			靳尚武_{开平卫人，}以署都指挥佥事任		

续表

参将	分守东路	分守北路	分守中路	分守西路	分守南路
十九年		史俊大同人。以都指挥同知任			
二十年		李彬本中路参将，□荐起废后任			
二十二年		颜世忠都指挥佥事任			杨钺开平卫人，洪之后，以都指挥使任
二十三年		刘桓宣府人，以都指挥佥事任			
二十五年		董麒都指挥佥事任			
二十六年		欧阳安开平卫人，以都指挥佥事任			
二十八年		刘钦以都指挥佥事任			

续表

参将	分守东路	分守北路	分守中路	分守西路	分守南路
三十年		董麒都指挥佥事任			
三十一年		李俸都指挥佥事任			
三十二年	严范开平卫人，以都指挥佥事任	李贤都指挥佥事任			
三十三年		柴缙本中路参将，被沦起废复任			
三十四年		张缙都指挥佥事			
三十五年	翟钦开平卫人，以署都指挥佥事任	刘汉大同人，由列校累功升都督同知任			

◎职官表（卷29《职官表》）

○守土武臣·万全都指挥使司属卫附。国制，以都指挥使掌印，同知管屯、佥事巡捕或值员缺，则不分使与同佥并得互署其事，属卫亦然。（第328~332页）

纪年	都指挥使掌司印	都指挥同知管屯	都指挥佥事巡捕
宣德五年	马升都指挥使，是年始设，万全都司因掌司事，后升参将，分守赤城		
天顺七年	张寿字德征，开平卫人，都指挥佥事署使		
成化十三年	朱谦开平卫人，都指挥佥事，由协理军政荐升署使事		尹升开平卫人，指挥使荐升指挥佥事任事
十七年	郑祥字国瑞，开平卫人，都指挥佥事，协同军政，荐升署使事		
弘治三年	黄镇字宗岳，龙门卫人，都指挥佥事署使事		
十七年	王本字浚之，开平卫人，都指挥佥事署使事	马经字德常，开平卫人，都指挥同知任事，嘉靖初掌司印	
正德五年	卻永字世延，龙门卫人，都指挥同知，协理军政，荐升署使事，数月转游击将军		
嘉靖五年			夏杲开平卫人，都指挥佥事任事

续表

纪年	都指挥使掌司印	都指挥同知管屯	都指挥佥事巡捕
二十三年	杨钺开平卫人，都指挥同知署使事		
三十九年			蔡镇开平卫人，都指挥佥事任事

○附属卫（第 337～339 页）

纪年	开平卫	龙门卫
永乐三年	杜衡指挥佥事署使事	
宣德三年		张成指挥使任事
九年	李延指挥使任事	
正统六年		张林指挥使任事
十一年	马宣指挥使任事	
天顺三年	尹升指挥使任事	
成化十年	郑祥指挥使任事	张升铚子，袭父职任事
弘治六年	马经指挥使事	
十二年	葛镇指挥佥事任使事	孟锐指挥使任事
正德四年	刘琪指挥佥事署使事	葛洪指挥佥事署使事
十年	刘江指挥同知署使事	周镇指挥佥事署使事
十五年		刘刚指挥同知署使事
嘉靖二年	刘璧指挥佥事署使事	孙堂指挥佥事署使事
五年	曹纲指挥佥事署使事	信乾指挥佥事署使事
九年	欧阳安指挥佥事署使事	葛振指挥佥事署使事
十五年	刘鏞指挥佥事署使事	黄金指挥同知署使事
十七年	裴纶指挥佥事署使事	葛茂指挥佥事署使事
十九年	朱爵指挥同知署使事	吕阳指挥佥事署使事

续表

纪年	开平卫	龙门卫
二十一年	裴济邦指挥同知署使事	周源指挥佥事署使事
二十三年	方圆指挥同知署使事	倪永指挥同知署使事
二十六年	裴纶指挥佥事署使事	张廷武指挥佥事署使事
三十年	刘隆指挥佥事署使事	张元勋指挥同知署使事
三十二年	蔡元勋指挥佥事署使事	张文指挥同知署使事
三十四年	刘元勋指挥佥事署使事	信钺指挥佥事署使事
三十六年		张秉中指挥同知署使事
三十八年	王国勋指挥同知署使事	张世臣指挥佥事署使事

◎职官表（卷30《职官表》）
○列戍武臣一①（第 343~346 页）

纪年	永宁卫城	隆庆州城	怀来卫城	保安卫城	保安州城
天顺三年		汪溶开平卫人，署都指挥佥事任守备			
成化九年	尹升开平人，指（指）挥使署都指挥任守备				
十四年				邓英龙门卫人，都指挥佥事任守备	王儁开平卫人，指挥使任守备

---

① 该表仅录与今赤城有关职官，其余略。原古籍标题作"列戍武臣"，后面各表连续排列。为层次清晰，笔者加注序号，作"列戍武臣一"。

纪年	永宁卫城	隆庆州城	怀来卫城	保安卫城	保安州城
十七年		于升龙门所人，指挥佥事任守备			
弘治二年	朱辅开平卫人，指挥使署都指挥任守备				
五年				黄镇龙门卫人，都指挥佥任守备	李谦开平卫人，指挥佥事任守备
嘉靖四年			居瑄开平卫人，指挥佥事任守备		
二十三年					查钦开平卫人，指挥佥事任守备
二十九年			游杲开平卫人，指挥使任守备		

○列戌武臣二（第 347~350 页）

纪年	开平卫城	龙门卫城	龙门所城	云州所城	长安所城
宣德八年	杨洪都指挥佥事，卫人，任守备		杜福都指挥佥事任守备	刘忠隆庆左卫人，指挥佥事任守备	
正统三年	单祯都指挥同知任守备	黄瑄卫人，都指挥佥事任守备	鲁宣指挥同知任守备	沈礼开平卫人，指挥使任守备	陈英怀安卫人，指挥使任守备
景泰二年	张林龙门卫人，都指挥佥事任守备		王贵都指挥使任守备	王荣都指挥佥事任守备	常贵直隶金山卫人，指挥使任守备
六年	张杰都指挥任守备	吴升兴和所人，指挥使任守备	张寿开平卫人，都指挥使任守备	张虎开平卫人，指挥佥事任守备	安英宣府前卫人，都指挥佥事任守备
天顺三年	郑祥卫人，都指挥佥事任守备		王翔都指挥使任守备	谢春开平卫人，指挥同知任守备	申义开平卫人，都指挥佥事任守备
成化二年	程道保安卫人，都指挥佥事任守备	陶洪蔚州卫人，指挥使任守备	闫敏怀来卫人，指挥佥事任守备	苏荣宣府左卫人，指挥佥事任守备	赵升宣府前卫人，指挥佥事任守备
八年	郭瑄保安卫人，都指挥佥事任守备	张玺宣府前卫人，都指挥任守备	吴升由龙门卫守备调任	刘通开平卫人，指挥同知任守备	董霖开平人，指挥佥事任守备

续表

纪年	开平卫城	龙门卫城	龙门所城	云州所城	长安所城
十二年	李英怀安卫人，指挥使任守备	杜荣万全右卫人，指挥使任守备	朱乾开平卫人，指挥使任守备	汪瓛开平卫人，指挥同知任守备	
十九年	刘通卫人，指挥佥事任守备	王珏怀安卫人，都指挥任守备	张澂隆庆人，都指挥佥事任守备	周伯熊万全左卫人，指挥佥事任守备	于升龙门所人，指挥佥事任守备
二十年	华宏北京忠义卫人，都指挥佥事任守备		唐璟龙门卫人，都指挥佥事任守备	丁铭宣府右卫人，指挥佥事任守备	成铣京卫人，都指挥使任守备
弘治元年	孙良万全右卫人，都指挥佥事任守备	张广卫人，都指挥任守备	姚信宣府左卫人，都指挥佥事任守备	刘杲蔚州卫人，指挥使任守备	胡靖都指挥佥事任守备
四年		宋釜隆庆人，都指挥任守备	高阅宣府前卫人，都指挥佥事任守备	李循开平人，指挥同知任守备	陈杰宣府右卫人，指挥佥事任守备
六年	陈广宣府前卫人，都指挥佥事任守备	张雄怀安卫人，都指挥任守备	朱永保安卫人，都指挥佥事任守备	邓林保安卫人，指挥使任守备	苏霖宣府左卫人，指挥佥事任守备
八年		陈弘都指挥任守备	邓林由云州守备调任	韩洪蔚州卫人，指挥同知任守备	马京指挥使任守备

纪年	开平卫城	龙门卫城	龙门所城	云州所城	长安所城
九年	王本卫人，都指挥佥事任守备		李巡都指挥佥事任守备	王莱开平卫人，指挥同知任守备	
十一年	马经卫人，都指挥同知任守备	张坤保安右卫人，指挥使任守备	陈熊宣府左卫人，都指挥佥事任守备	王继开平卫人，指挥同知任守备	
十四年		杨煜京卫人，都指挥佥事任守备	穆荣开平卫人，指挥使任守备	黄宣龙门所人，指挥佥事任守备	康节永宁卫人，指挥佥事任守备
十七年	吴琦锦衣卫人，都指挥佥事任守备		黄宣由云州所守备调任	朱彬开平卫人，都指挥佥事任守备	葛镇开平卫人，指挥佥事任守备
正德元年	刘能卫人，指挥佥事任守备	宋沄都指挥佥事任守备		王林宣府前卫人，都指挥同知任守备	魏玺宣府前卫人，都指挥佥事任守备
三年	陈玉卫人，都指挥佥事任守备		王缉开平人，都指挥佥事任守备	韩雄开平卫人，指挥佥事任守备	
六年		孙琦宣府前卫人，都指挥佥事任守备		迟宣宣府左卫人，指挥同知任守备	张铠龙门卫人，指挥佥事任守备

纪年	开平卫城	龙门卫城	龙门所城	云州所城	长安所城
九年	李贤保安卫人，指挥使任守备		刘衷开平卫人，指挥同知任守备	余震宣府左卫人，都指挥使任守备	刘傅指挥同知，以谋勇被荐任守备，官至总兵
十二年	张杰指挥同知任守备	刘钺宣府右卫人，指挥同知任守备	苏镇保安卫人，指挥佥事任守备	耿山开平卫人，指挥佥事任守备	徐麟指挥佥事任守备，升参将
十六年	郝镇蔚州卫人，指挥佥事任守备	江汉指挥佥事任守备	田勋蔚州卫人，指挥佥事任守备	王麟宣府右卫人，指挥使任守备	
嘉靖三年	陈宝京卫人，指挥同知任守备	马骥指挥佥事廉以持已，恩以抚下，遇敌善战，边人倚之	钟杰辽东人，都指挥任守备，寻升参将	王瀚宣府前卫人，指挥使任守备	蔡鏊指挥同知任守备，升都司佥书
七年	俞镇宣府前卫人，指挥佥事任守备	朱钺宣府前卫人，指挥佥事任守备	欧纲北京羽林卫人，指挥佥事任守备	尹堂宣府前卫人，指挥使任守备	
十一年	杨钺卫人，指挥使任守备	宁乾宣府前卫人，指挥同知任守备	李浃宣府前卫人，指挥使任守备	林泉燕山前卫人，指挥同知任守备	刘振宣府右卫人，武举，指挥佥事任守备，升参将
十三年	赵良宣府前卫人，署指挥佥事任守备		康琥永宁卫人，指挥佥事任守备	江瀚宣府左卫人，指挥使任守备	王岳宣府左卫人，指挥佥事任守备

续表

纪年	开平卫城	龙门卫城	龙门所城	云州所城	长安所城
十五年	高桓永宁人，指挥佥事任守备	高辂署都指挥佥事任守备	陈勋宣府前卫人，指挥佥事任守备	靳尚武开平卫人，指挥佥事任守备	董玺宣府前卫人，都指挥任守备
十七年	郝鹏宣府前卫人，武举，指挥佥事任守备	刘恩永平抚宁人，指挥同知任守备	苏启宣府前卫人，指挥佥事任守备	王钺大同左卫人，指挥佥事任守备	刘浃宣府前卫人，指挥佥事任守备
十九年		王三槐宣府前卫人，指挥同知任守备	刘佩大同平虏人，指挥佥事任守备	祁勋蔚州卫人，武举，指挥佥事任守备，升参将	张炎指挥佥事任守备
二十一年	王堂指挥佥事任守备	王柱京卫人，指挥使任守备	马乾宣府前卫人，指挥佥事任守备	陈言陕西榆林卫人，指挥佥事任守备，升游击将军	
二十四年	路堂怀安卫人，指挥佥事任守备	刘浩指挥佥事任守备	张宗武指挥佥事任守备	易纲蔚州卫人，武举，指挥佥事任守备	陈万言指挥佥事任守备
二十七年	张棠指挥同知任守备	傅升隆庆人，指挥佥事任守备	张世业陕西西安人，指挥佥事任守备	仝江大同右卫人，指挥佥事任守备	

续表

纪年	开平卫城	龙门卫城	龙门所城	云州所城	长安所城
三十年	周渊指挥佥事任守备	裴纶指挥同知任守备	祁勉蔚州卫人，武举，指挥佥事任守备	翟瀚开平卫人，武举，指挥佥事任守备，升游击将军	柴良弼指挥佥事任守备
三十二年	顾国指挥佥事任守备	魏卿指挥佥事任守备	牛栢蔚州卫人，指挥佥事任守备	成功万全右卫人，武举，指挥佥事任守备	
三十四年	吕勇指挥同知任守备	张凤指挥佥事任守备	丁鉴天城卫人，指挥佥事任守备	鞠铠开平卫人，署指挥佥事任守备，升辽东都司佥书	李黄怀安卫人，武举，指挥佥事任守备
三十六年		安国宣府前卫人，指挥使任守备	刘经山东武定州人，指挥佥事任守备	高贽宣府前卫人，指挥使任守备	
三十八年	吕渊指挥同知任守备		韩尚忠开平卫人，指挥佥事任守备	窦永龙门卫人，指挥佥事任守备	胡燦指挥佥事任守备

○列戍武臣三① （第 350～353 页）

纪年	万全左卫城	万全右卫城	怀安卫城	柴沟城
正统四年			张林龙门卫人，都指挥佥事任守备	
十四年				杨信开平卫人，都指挥佥事任守备
弘治九年		张恺龙门卫人，指挥佥事任守备		
正德五年	宁汉龙门卫人，都指挥佥事任守备			
嘉靖二年		王堂龙门卫人，指挥佥事任守备		
八年				赵杰龙门卫人，指挥佥事任守备
十三年			范瑾开平卫人，指挥佥事任守备，升阳和参将	
三十年	张润开平卫人，都指挥佥事任守备	金銮龙门卫人，指挥佥事任守备		
三十八年	居钢开平卫人，指挥佥事任守备			

---

① 该表仅录与今赤城有关职官，其余略。下同。

○列成武臣四（第 353~355 页）

纪年	顺圣东城	顺圣西城	蔚州卫城	广昌所城
弘治三年	张广 龙门卫人，都指挥佥事任守备			
十五年				王琬 龙门卫人，指挥佥事任守备
正德七年			曹泰 龙门卫人，指挥同知任守备	
嘉靖十年			王杰 开平卫人，指挥佥事任守备	
十四年			黄金 龙门所人，指挥佥事任守备	江锦 赤城人，指挥佥事任守备
三十二年		鄢廷仁 开平卫人，指挥佥事任守备		

○列成武臣五[①]（第 355~358 页）

纪年	葛峪堡	赤城堡	马营堡	雕鹗堡	四海冶堡
景泰二年		阎敏 怀来卫人，指挥佥事任守备	杨估 都指挥佥事任守备	姚宣 宣府左卫人，指挥同知任守备	

① 该表葛峪堡、四海冶堡栏，仅录与赤城有关职官。

续表

纪年	葛峪堡	赤城堡	马营堡	雕鹗堡	四海冶堡
天顺三年		吴棠怀来卫人，指挥同知任守备	周贤宣府前卫人，都指挥任守备	尚德宣府右卫人，指挥佥事任守备	
成化八年	刘宁开平卫人，署都指挥使任守备	王戎都指挥佥事任守备	张林龙门卫人，都指挥佥事任守备		
十四年	郑祥开平卫人，都指挥佥事任守备	李谦开平卫人，指挥佥事任守备	刘政开平卫人，都指挥同知任守备	蔡俊开平卫人，指挥佥事任守备	
十八年		庞琚宣府左卫人，指挥佥事任守备	张绶开平卫人，都指挥佥事任守备	黄镇龙门卫人，都指挥佥事任守备	
二十年			唐璟龙门卫人，都督佥事任守备	范鈗怀来卫人，指挥佥事任守备	
弘治三年		陈英京卫人，都指挥佥事任守备	姚钺宣府镇城人，指挥使任守备	谷秀宣府前卫人，指挥佥事任守备	
十年		杜钰隆庆右卫人，指挥使任守备	陈广宣府前卫人，都指挥佥事任守备		王俊开平卫人，指挥使任守备

续表

纪年	葛峪堡	赤城堡	马营堡	雕鹗堡	四海冶堡
十四年		郑韶 京卫人，指挥使任守备	秦宣 万全右卫人，都指挥佥事任守备	郝俊 宣府前卫人，都指挥佥事任守备	
十六年			高澄 宣府前卫人，都指挥同知任守备		
正德元年		刘能 开平卫人，指挥佥事任守备		荀贤 陕西西安人，都指挥佥事任守备	
三年		孙宾 开平卫人，指挥使任守备	张勋 永宁卫人，指挥使任守备	吴琦 锦衣卫人，都指挥佥事任守备	
六年			张永 宣府前卫人，都指挥佥事任守备	张崧 河南怀庆卫人，指挥使任守备	
九年	朱彬 开平卫人，指挥佥事任守备	靳英 开平卫人，指挥佥事任守备	王来 开平卫人，指挥使任守备	孟钦 龙门卫人，指挥佥事任守备	
十三年		黄昱 怀来卫人，指挥佥事任守备	张镇 宣府前卫人，武举，都指挥同知任守备	张稿 指挥佥事任守备	

续表

纪年	葛峪堡	赤城堡	马营堡	雕鹗堡	四海冶堡
嘉靖二年	宁乾龙门卫人，指挥使守备	李淮保安卫人，都指挥佥事任守备	慕岳宣府前卫人，指挥使任守备	马钦宣府前卫人，指挥佥事任守备	韩忠开平卫人，指挥佥事任守备
六年		刘甫宣府镇城人，指挥同知任守备	陈凤署都指挥佥事任守备	郝俊宣府前卫人，指挥使任守备	孙镔开平卫人，指挥佥事任守备
十年		黄枢怀来卫人，指挥同知任守备	周冕宣府右卫人，指挥使任守备	张胜龙门卫人，指挥佥事任守备	刘江开平卫人，指挥同知任守备
十五年		徐天爵顺天三□人，指挥同知任守备	温栗指挥佥事任守备	王梦龙宣府右卫人，指挥佥事任守备	
十八年		曹堂宣府前卫人，指挥佥事任守备	王勋指挥佥事任守备		葛镇开平卫人，指挥使任守备
二十年		信乾龙门卫人，指挥佥事任守备	郝鹏宣府前卫人，武举，指挥佥事任守备	姚勉宣府镇城人，指挥使任守备	
二十二年		戴林陕西榆林卫人，指挥任守备	刘世臣指挥佥事任守备	欧阳安开平卫人，指挥佥事任守备	朱爵开平卫人，指挥同知任守备

续表

纪年	葛峪堡	赤城堡	马营堡	雕鹗堡	四海冶堡
二十四年		张楷怀安卫人，指挥同知任守备	夏维藩指挥同知任守备	刘漳隆庆卫人，指挥金事任守备	
二十七年		苏棨宣府前卫人，指挥金事任守备	岳懋指挥同知任守备，升陕西游击将军	白金万全左卫人，指挥守备。○此后守备官移至滴水崖	
三十年		张斌宣府前卫人，指挥金事任守备	方圆指挥金事任守备	王三槐宣府前卫人，指挥同知任守备	
三十二年		何延福保定前卫人，指挥金事任守备	杨大节指挥金事任守备	张问政隆庆卫人，指挥同知任守备	
三十五年		孙献策广昌所人，指挥金事任守备	王輗指挥金事任守备	陈钺万全右卫人，指挥金事任守备	
三十八年	蔡镇开平卫人，指挥金事任守备	刘元勋开平卫人，指挥金事任守备	高浞泰指挥同知任守备	杨镗大同玉林卫人，指挥金事任守备	

○列戍武臣六① （第 358~360 页）

纪年	洗马林堡	新开口堡	张家口堡
天顺四年			李顺开平卫人，指挥使任守备
成化十四年	王琰龙门卫人，指挥佥事任守备		
弘治八年		贾宽龙门卫人，指挥佥事任守备	
正德三年			刘钟开平卫人，都指挥佥事任守备
嘉靖十七年			张润龙门卫人，指挥同知任守备，升居庸关分守
二十六年			夏杲龙门卫人，指挥佥事任守备
三十六年		杨铎赤城人，指挥佥事任守备	

◎职官表 （卷 31《职官表》）

○理饷文臣 （第 360~362 页）

永乐间，本镇仓场分隶隆、保二州，州设判官二员领之。至正德初年，乃易为通判列衔，真、保等府专理镇饷云。

---

① 该表仅录与赤城有关职官。

纪年	龙门等仓场	云州等仓场
	系保定府通判一员管理	系真定府通判一员管理
正德元年	谢鹏河南汲县人，举人由知县升任	夏仁山西潞城县人，监生授任
五年	王金直隶桐城县人，举人，国子助教升任	邓煓四川广安州人，监生，由知县升任
十年		郭璋陕西邠州人，举人授任，升开州知州
十五年	彭漳陕西宝鸡县人，监生授任	王泽四川□山县人，监生授任
嘉靖二年	符瑞山东成武县人，监生授任	
七年	杨惠山西沁州人，监生，由知县升任	魏琦山西平定州人，举人，国子助教升任
十一年	郭珊陕西巩昌人，监生授任	杨伯谦凤阳府亳州人，监生授任
十四年	史录陕西陇西县人，举人授任	李勤山西代州人，举人授任
十八年		郭选山东胶州人，监生授任
二十二年	石文陕西巩昌人，监生授任	李杜河南信阳州人，举人授任
二十四年	赵佐山西高平县人，监生，由知县升任	
二十六年		邹驰□□□兴县人，举人授任
二十九年	杨荏广西宜山县人，举人，国子助教升任	高淳直隶徐州人，举人授任
三十三年	张希整扬州府宝应县人，监生授任	

纪年	龙门等仓场	云州等仓场
	系保定府通判一员管理	系真定府通判一员管理
三十四年		魏经纶大同怀仁县人，举人授任
三十五年	曹汝菊陕西富平县人，举人授任	马追陕西铜州人，监生，由永宁知县升任
三十八年	吴勋徽州府歙县人，举人，由浙江绍兴推官升任	

○典教文臣① （第 364～372 页）

国制，学校掌印官，凡都司并属卫俱教授②，州学俱学正③，县学俱教谕④，其余分教之官均为训导⑤云。

纪年	开平卫学	龙门卫学
成化元年	程豫河南固始县人，国子生，任教授	
七年	方义陕西武功县人，国子生，任训导	
十六年	翟赟扬州府泰州人，国子生，任教授	

---

① 下表开平卫学、龙门卫学在原古籍中位于两个表中，现将二项合并，作一表处理。

② 教授，职官名。宋、元以後府、州、县学的学官，掌学校课试等职。後亦用为对教书先生的尊称。

③ 学正，学正为中国古代文官官职名。宋国子监置学正与学录，掌执行学规，考校训导。元除国子监外，礼部及行省、宣卫司任命的路、州、县学官亦称学正。明、清国子监沿置。明学正秩正九品。清初不改，乾隆初升为正八品。清州学官亦称学正。学正为基层官员编制之一，配置于国子监，而从事业务则相当于官学中的老师或行政人员。1910 年代，清朝灭亡後，该官职废除。

④ 教谕，官名，元、明、清县学的教官，主管文庙祭祀，教诲生员。

⑤ 训导，职官名。明、清於府设教授，州设学正，县设教谕，职司教育学生。其副职皆称为训导。清末废。

纪年	开平卫学	龙门卫学
弘治元年		雷美河南孟津县人，国子生，任教授。〇是年始置学，美首任教事
二年	吴齐贤淮安府邳州人，国子生，任教授	
九年		贺讷山东聊城县人，国子生，任训导
十年	张大纪山西曲沃县人，国子生，任教授	
十六年	顾名陕西西安護卫人，国子生，任训导	孟良弼山西泽州人，国子生，任教授
正德元年	聂冕湖广崇阳县人，国子生，任教授	温夔山西夏县人，国子生，任训导
三年		刘瑭山东寿光县人，国子生，任教授
八年	李秉彝山西稷山县人，国子生，任训导	
九年		于潜陕西宁夏卫人，国子生，任训导
十年	霍思齐山东登州府人，国子生，任训导	
十三年		张翼河南漳德卫人，国子生，任训导
十五年	崔谅山东青凉府人，国子生，任教授	
嘉靖元年	张鸢山西平阳府人，国子生，任训导	
三年	安仁陕西汉中府人，国子生，任教授	
五年		张志道陕西武功县人，国子生，任训导

续表

纪年	开平卫学	龙门卫学
八年	刘宗义山西解州人，国子生，任训导	
十一年	吴亮山东兖州府人，国子生，任训导	
十六年	郑让山西保德州人，国子生，任教授	刘堂山东寿光县人，国子生，任训导
十九年	甄秀山西高平县人，国子生，任训导	
二十年		隋文辽东广宁中屯卫人，国子生，任训导
二十一年	李□诚山西繁峙县人，国子生，任训导	
二十三年	丁敖山东济南府人，国子生，任教授	王缙卿山东曹县人，国子生，任训导
二十六年	胡伯勋河南汉阴县人，国子生，任训导	
二十七年	潘士杰陕西三原县人，国子生，任训导	吴仕辽东金州卫人，国子生，任教授
二十九年	徐仁云南寻甸军民府人，国子生，任教授	
三十年		仇宾山西宁化千户所人，国子生，任训导
三十一年	张存谦山西潞安府人，国子生，任训导	
三十二年		陈古山东临清州人，国子生，任训导
三十四年	施忠山西汾州人，国子生，任教授	郭思恭山西临汾县人，国子生，任教授
三十七年	陈莹山东兖州府人，国子生，任训导	

◎选举表（卷32《选举表》）

○制科（第 373～380 页）

纪年	恩赐进士	履历附	乡贡进士	履历附
正统丁卯科			胡贯字一之，开平卫籍，卫学生，应顺天府乡试中式	初，授陕西河州学训导，升国子学正。
景泰庚午科			林春字孟阳，龙门卫籍，万全都司学生，应顺天府乡试中式	初，授应天府通判，有政声见《乡贤传》。
天顺庚辰科	徐演字释之，云州所籍，开平卫学生，庚午顺天举人。是年，会试经魁，赐进士	初，授刑部主事，升户部员外郎郎中，广西按察司佥事。		
成化丁酉科			魏清字汝直，龙门卫籍，万全都司学生，应顺天府乡试中式	
弘治己未科	王轨字信甫，开平卫官籍，卫学生，顺天府乡试举人。是年，举进士	初，授兵部主事，累升都察院右副都御史、兵部左右侍郎、尚书，致仕居中江都。		

续表

纪年	恩赐进士	履历附	乡贡进士	履历附
正德庚午科			张棐字克恭，龙门千户所人，卫学生，应顺天府乡试中式	未任，卒
正德丙子科			魏廷义字宗宜，龙门卫籍，万全都司学生，应顺天府乡试中式	初，授山东丘县知县
正德己卯科			李琪字王仲，龙门卫籍，卫学生，应顺天府乡试中式	初，授中书科中书舍人，升户部山西司主事、员外郎郎中
嘉靖戊子科			钱鲲字希化，龙门所籍，国子生，应顺天府乡试中式	初，授河南卫辉府推官，升陕西苑马寺寺丞
嘉靖丁酉科			裴璜字大器，龙门卫籍，卫学生，应顺天府乡试中式	初，授陕西安化县知县，改湖广常德府经历

○武科（第 381~383 页）

按武举在成化、弘治前，每科取止数人，正德戊辰如宽其额，锡宴□□以优之。迫至嘉靖间登选任用，寝备厥制矣。

纪年	武举
成化癸卯科	刘宝开平卫学生，中会试，授旗手卫①镇抚，累升锦衣卫都指挥，充参将
正德庚辰科	龚勋龙门千户所人，中兵部会试式，升署指挥佥事，任操守守备
嘉靖癸未科	翟钦开平卫，应袭舍人，中兵部会试式，升署指挥佥事，历任守备参将
嘉靖己丑科	田锦开平卫人，中兵部会试式，升署都指挥佥事，任操守守备
嘉靖辛丑科	张铉龙门卫人，中兵部会试式 许泰开平卫人，中兵部会试式署指挥佥事，任操守守备
嘉靖甲辰科	刘楷开平卫人，中兵部会试式，升署指挥同知，充守备官 张德龙门卫百户，中兵部会试式，升署指挥佥事

◎岁贡（卷33《选举表》）（第391~394页）

国制，都司学岁贡②一人，州学岁贡二人，卫、县学二岁贡一人。宣镇司、卫、州、县学咸遵行之。然自建学而来，文献无所于征，兹欲第叙其人，实多阙略。乃自所可征者，列诸左方，俾后有考云。

---

① 旗手卫，明官署名，明代军制"京卫"衙门之一。洪武中由旗手千户所改置。设指挥使、指挥同知、指挥佥事等官。掌大驾金鼓、旗纛，佥民间壮丁为力士随皇帝出入并守卫四门。清代为銮仪卫，宣统改銮舆卫。设在今北京六部口以东，因而有旗手卫胡同。

② 岁贡，科举时代贡入国子监的生员的一种。明清两代，每年或两三年从府、州、县学中选送廪生升入国子监肄业。

纪年	开平卫学	龙门卫学
弘治二年	王伦字厚之，未授官，卒	黄锦字大章，授山东新泰县知县
四年	翟祥字从善，授山东济宁州吏目	艾纶字廷玮，授陕西隆德县知县
六年	郭德字道之，授山东高密县主簿	魏真字汝正，授河南安阳县知县
八年	葛升字腾霖，授应天府溧水县县丞	林浃□□□□□□府崇宁□□工诗□□□篆持□□□守官清□
十年	胡渊字惟涞，授应天府溧阳县知县	萧贤字尚德，授河南光山县主簿
弘治十二年	尹安字体仁，未授官，卒	曹贤字士希，未授官，卒
十四年	王纪字□□，授陕西文县知县	倪仁字天德，未授官，卒
十六年	周琮字延实，授四夷馆①译字官，鸿胪寺主簿	金绣字文华，授河南项城县学训导
十八年	黄镒字童夫，未授官，卒	裴琮字良玉，授山西河曲县知县
正德二年	郭俊字士彦，授浙江余杭县县丞	魏廷仁字□□，授辽东盖州卫学教授

---

① 四夷馆，又称四译馆。明清掌译书事之机构。明永乐五年（1407年）置，分设蒙古、女直、西番、西天、回回、百夷、高昌、缅甸八馆。初隶翰林院，弘治四年（1491年）设太常寺卿、少卿各一人为主官，遂隶太常寺。设译字生、通事，翻译语言文字。后增置八百馆、暹罗馆。只设少卿一人。清顺治元年（1644年）沿置，隶翰林院，以太常寺少卿为主官。分设西番、西天、回回、百夷、高昌、缅甸、八百、暹罗八馆，设序班二十人，朝鲜通事官六人。乾隆十三年（1748年）省入礼部，更名会同四译馆。

续表

纪年	开平卫学	龙门卫学
四年	黄明字德新，授山西永和县知县	王敏字从学，授山西灵石县知县
六年	陈荣字国华，未授官，卒	朱玟字士宜，授浙江市舶提举司提举
八年	杭洪字汝宽，授浙江宁波府照磨①	窦钢字世用，授山西潞安府通判
十年	智海字德容，未授官，卒	许安字统仁，授山西浮山县知县
十二年	黄铖字肃之，授浙江嘉兴县主簿	李仁字兼善，授山东济宁州判官
十五年	窦俊未授	吕熙字子明，授陕西延长县知县
嘉靖元年	张钦字敬夫，授河南获嘉县主簿	马杰字汉卿，授扬州府江都县县丞
三年	胡熙授山西汾水县知县	钱鲤字时升，授顺天府宛平县主簿，升陕西河州判官
五年	赵铨授山西太原府太原县知县	陈文字宗周，授山西河津县县丞
七年	侯润授山东青州府照磨	魏国字安卿，授山西布政司理问
九年	王道嘉字伯诚，授陕西城固县主簿	程璧字文玉，未授官，卒
十一年	贝鉴未授官，卒	罗绮字质夫，授山西荣河县县丞
十三年	张文嘉授广东雷州府经历	李大经字道甫，任直隶仪真县县丞

---

① 照磨，官名。元朝始置，为首领官。中书省、行中书省、六部均置。正八品，掌各衙门钱谷出纳、营缮料理等事。设于路总管府衙者，兼理案牍、刑狱。多由吏员升任。明朝于各照磨所（官署名，明朝始置。为户部、刑部、都察院、各布政使司、按察使司及各府衙下属办事机构，主管文书、卷宗）置，品秩随所属衙门高低而定，自正八品至从九品不等。掌文书卷宗。清朝于各布政使司及顺天府下沿置，如明制。

纪年	开平卫学	龙门卫学
十五年	杜承绪字光嗣，授河南偃师县知县	魏廷哲字宗鲁，授河南怀庆府河内县主簿
十七年	曹镗授应天府句容县主簿	王金字砺夫，授河南磁州同知
十九年	汪湛授山西蒲州吏目	裴瑀字大佩，授山西壶关县县丞，升陕西永寿县知县
二十一年	杜栾字晋卿，授山东青平县知县，升直隶安庆府通判	魏祚字培卿，授山东恩县县丞
二十三年	汪洋字会之，授四川重庆府通判	徐凤字□□□□
二十五年	白思诚字化甫	李孟春字□□□□
二十七年	张沂字浴夫	魏时字济卿，授
三十一年	杨仲春	魏德字子□
三十三年	萧云凤字瑞卿	窦文字质夫
三十五年	郭应元字调卿	陈栋字隆吉
三十七年	李钺字威□，授	郝凌辅

◎名宦传（卷34《名宦传》）

○朵栾帖睦，字惟时，木华黎①诸孙也。至正二十年，寇犯云州

---

① 木华黎（1170~1223年），又作木合里、摩和赉、穆呼哩等，大蒙古国成吉思汗铁木真手下骁将、开国功臣，孔温窟洼第五子。生于阿难水东，早年被父亲送给铁木真做"梯己奴隶"。

之赤城，朵栾帖睦乃统素所、练精兵，与知院①野连、达鲁花赤絜来、知州孙善、同知安参、镇抚郝积庆等讨平之。残寇东走潮河川云州。以宁州人李顺、完颜康等勒石纪功，题曰："平云州之记"。今碑石尚存，字多剥落云。（第411页下右）

◎乡贤传（卷35《乡贤传上》）

○朱纯者，字纯之，开平卫庠生②也。博通经史，以泉石自娱，喜汲引后进，一时名流，多以诗艺就正③，性好积善，邑中施与无不慷慨，捐资勉力宸助。几案间，杂陈法帖、名画、樽彝④、古砚，摩挲玩赏，几忘寝食。家贫饘粥⑤不继，尝焚香读《易》，卖卜⑥以自给。至九十余，须发虽苍而精，尚健也。（第423页下左）

○王杰者，字英德，龙门卫庠生也。于天文、地理、律数、兵法之属，靡不谙习⑦。家居茅屋数椽，孤松片石，拥书自娱。屋旁有园数亩，手一镰种蔬果以自给。闲作山水、人物，亦远于俗诗，幽冷刻深，不肯袭前人一字。淡于仕进，性宽和，生平乐于为善，且慷慨捐输，邑中之善举，赖以襄助者不少。善修养体，身健无疾，年老犹课徒⑧，其奖励后进之志不遗余力。卒年九十二，人咸称其有贤德。（第423页下左~424页上右）

○林春者，字孟阳，龙门卫籍，万全都司学生，应顺天府乡试中式举人，授应天府通判。为人不苟言，尝戒人游戏之言不可出诸

---

① 知院，官名。即知枢密院事省称。

② 庠生，古代学校称庠，故学生称庠生，为明清科举制度中府、州、县学生员的别称。

③ 就正，指请求指导纠正。

④ 樽彝，音 zūn yí。尊、彝皆盛酒器。祭祀、朝聘之礼多用之。亦泛指礼器。

⑤ 饘粥，音 zhān zhōu。稠的稀饭称为饘，稀的称为粥。后以饘粥做为稀饭的统称。

⑥ 卖卜，以占卜谋生。

⑦ 谙习，音 ān xí。是指熟习。

⑧ 课徒，教育学生。

口，莫道是诙谐，其实是轻薄，此至言也。况在我无心之言，或犯人之所忌，便恨不能忘。尝见朋友往往有此成隙者，甚可畏也。在任多政绩，恩威并施，除奸安良，民感其德，年六十余，殁①于任。（第 424 页上左）

○马大来者，字德之，龙门卫庠生也。幼有异质，识见高远，尝以道德为上，功名富贵何足慕哉。凡人一举一动不合于理，必为人所嫌诟②，及父母甚可惧也。乘车至街湾，偶触一文人，其人不骂大来，从容敬谢之。骂犹不止，从者皆不平。大来惟自谢过而已。后数日，骂者犯人命，大来闻之曰："吾累之矣，使吾稍与之计较其人，当自戢不至于此。"可见为人惟知含忍，犹盛德事。盛德者，必和颜悦色，至诚以教诲之。其贤德之高尚，为世人所不能及，邑人皆称赞之。（第 425 页下左～426 页上右）

◎乡贤传（卷 36《乡贤传下》）

○黄锦者，字大章，龙门卫人也，由贡生授山东新泰县知县。幼醇笃③研求性理语类诸书，在任以廉洁自矢④，判断公允，民咸肃然帖服，官萧瑟如禅，寮⑤以戆直⑥忤上，官被劾，即步行出署，行李惟来时敝箧⑦书籍而已。锦于经史外，诗文峻洁。而人品狷⑧谨，

---

① 殁音 mò，殁在殡葬中的区别：古代对身份和地位不同的人去世后，称呼也不同。天子死曰崩，诸侯死曰薨（音 hōng），大夫死曰卒，士死称不禄，庶人死称死。小孩夭折和病死的，称为殁。

② 诟，耻辱。辱骂。

③ 醇笃，音 chún dǔ。敦厚诚笃。

④ 自矢，自誓。立志不移。

⑤ 寮，古同"僚"，官。

⑥ 戆直，音 zhuàng zhí。忠厚耿直。

⑦ 敝箧，箧音 qiè，是类似柳条或者竹、藤类编织的箱子。破旧的柳条箱。

⑧ 狷，音 juàn。洁身自好，性情耿直。

即卑幼①之丧，未尝或忽终身，无疾言遽色②。归乡后，仍授徒自给，尝谆以先器，识去浮佻③为戒，好陈说前辈懿行，亹亹④动人，听者每为兴起。年七十余，卒，邑人谓有贤德云。（第427页上右）

○魏清者，字汝直，龙门卫籍，万全都司学生，应顺天府乡试中式举人。为人好学不倦，尝谓人曰："古者设学校以教民，由家及国，大小有序，民无不入，其中而受学焉。所以教之之具，则因其天赋之秉彝⑤，为之品节，以开导之、劝勉之。学之既成，又兴其贤能，寘⑥之列位，此先王学校之官，所以为政事之本，道德之归，不可一日废也。后世学校之设，虽不异乎。先王之时然其教与学，皆忘本逐末，怀利去义，无复先王之意，名虽在，而实不举，遂以学为虚，文而无，与道德政理之学焉。"生平以斤斤兴学教人为本，凡邑中书院必为之捐资修复，嘉惠⑦后学匪浅焉。（第430页上右）

○张棐⑧者，字克恭，龙门千户人也，卫学生，应顺天府乡试中式举人。性诚实，勇于为善。尝集同志修文庙，复放生池；创永安局，以赈贫乏；建普济堂，以养老。盖古者五十杖于家，六十杖于乡，七十杖于朝见君揖杖，八十杖于朝见君揖杖，九十杖而朝见君建杖⑨。所以，尊年敬德行孝弟之道，当以养老为先务也。后世不察，致令老者无衣无褐穷无可告，甚至逞少年之意气，从事于浮躁，

---

① 卑幼，指晚辈年龄幼小者。

② 疾言遽色，疾：快，急速；遽：仓猝，急。言语神色粗暴急躁。形容对人发怒时说话的神情。

③ 佻，音 tiāo。轻薄，不庄重。

④ 亹亹，音 wěi。诗文或谈论动人，有吸引力，使人不知疲倦。

⑤ 秉彝，人心所持守的常道。

⑥ 寘，音 zhì。同"置"。

⑦ 嘉惠，敬辞，称别人所给予的恩惠。

⑧ 棐，音 fěi。

⑨ 古代有给老人赐赠手杖的定制，《礼记·王制》："五十杖于家，六十杖于乡，七十杖于国，八十杖于朝。"意为：五十岁可以拄杖行于家，六十岁可以拄杖行于乡里，七十岁可以拄杖行于国都，八十岁可以拄杖出入朝廷。于是"拄家""拄乡""拄国""拄朝"分别为五十岁、六十岁、七十岁、八十岁的代称了。

骄矜自持，变祖宗之成法，任意妄为。呜呼！敬老之典，久废矣；养老之法，荡然无存矣。裴之创立普济堂，一以养齿德①之高者，二因子孙死难而养其祖父，三以状致仕②之老，四以养庶人贫困之老。有此四端，而德齿可以尊于乡矣。（第 430 页下左~431 页上右）

○魏廷义者，字宗宜，龙门卫籍，万全都司学生，应顺天府乡试中式举人，授山东丘县知县。性喜藏书，其意谓：我中国书籍荡然散佚，非竭诚搜求，无以广博览而供诸生之参考。于是，求募古书，不遗余力。数年之间，出私资，以购入者甚多。又与邑之富户商集款项，收古来有用之书，于经史、文集及天文、占候、谶纬、方术、医药等书，储诸书院后屋，并用文人专司整理及缺页者，假③原本补钞之。准令学生随时入内翻阅，惟不得携假出外，以免残佚。而其为政，悉依古籍所载，善良法规，惠泽于民。而民风为之丕变④，邑少词讼。任事十余载，治理有方，清风亮节，人皆知循良⑤。后以年老引疾归里，仍与邑中绅士襄办⑥善周恤⑦戚族，出资绝无吝色⑧，故人皆知其贤吏焉。（第 431 页下左~432 页上右）

◎忠义传（卷 37《忠义传》）

○王轼者，字信甫，开平卫官籍，卫学生，应顺天府乡试中式举人。是年，举进士为人锄强扶弱，政教兼举。初授兵部主事，累升都察院右副都御史、兵部左右侍郎尚书。言："京卫带俸武职，一卫至二千余人，通计三万余员，岁需银八十万，米三十六万，并他

---

① 齿德，年高德劭的人。
② 致仕，交还官职，即退休。
③ 假，通"叚"。借。兼指借出和借入。
④ 丕变，转变极大，改变极多。
⑤ 循良，善良守法的官吏。
⑥ 襄办，帮助办理。
⑦ 周恤，体恤、帮助。
⑧ 吝色，舍不得的神情。

折俸物，动经百万。耗损国储，其间多老弱不闲骑射之人，莫若简可者，补都司、卫、所缺官，而悉汰其余。"议格不行。轼在部以简静为［治］，善政俱举①。上知其忠义过人，欲重用之，而不果。邑人皆惜其才不遇时也。（第 436 页上左、下右）

〇王经者，字纶言，龙门卫人也。嘉靖十二年，由指挥佥事任守备，升参将。为人深知大义，熟诸兵书，有谋略，勇敢过于常人。尝请于上官曰："属吏之败检②者得而纠劾之，廉能者不能为之一言，非公也。民情皇皇如是，不为之解慰，非仁也。畏罪缄默使舆情不能上达，非忠也。敢据情陈之。"时值夷寇侵邑，焚掠甚惨，经亲冒矢石，奋不顾身，率众追贼，几被擒者数次，连战数日，不能击退。复集义勇二千，募饷，与寇久持，胜负不能决。特报总兵，请发援军，不至。经心焦灼急，不能待，遂于某日黑夜率敢死者袭其营，致被流矢伤要害，殁。事闻于上，特旨赐祭葬，并荫袭③其子，以报其功勋。（第 444 页上左、右）

◎孝友传（卷 38《孝友传》）

〇王全，字求德，开平卫人也。父义病，药不能愈，全刲④右膊肉和羹以进，疾愈。未几，复作。又割肝，进不能愈，而卒。乃哀毁逾礼⑤，水浆不入口者七日，穴地墓傍以居，躬自伐薪陶甓，誓完父墓。其母、兄往视得相见哭，妻来供糇粮，则登山避去，久以为常。一夕有虎哮吼，蹴其墓上，全号泣曰："勿惊吾父也。"虎遂去。闻者以为孝感。（第 448 页下左）

---

① 此内容与《明史》卷 180，列传第 68《张宁传》类似。录此，疑为误录。
② 败检，不检点。
③ 荫袭，封建时代，因祖先有勋劳或官职而循例受封、得官。
④ 刲，音 kuī。割取。
⑤ 逾礼，行动超出礼仪所要求。

○杨清澄，云州人也。生甫①周岁，父即卒。母邵为他人缝纫，有所给偿，籍为朝夕之费，以养清澄。清澄五岁余，呼其母求面其父，母泣曰："而父在，我安能若是贫苦也？"因告之死，且领之葬所使拜。清澄即拜且泣，呱呱不绝声，归而时念曰："我何无父哉！我何无父哉！"虽然孝我母可矣，年至廿余，事②其母，果备心体之，奉因自绝荤肉酒醴，祈（永母）[母永] 年毋疾病，且□医药罔功。清澄默祷于天，割左膊肉为羹以进，病即愈，寿跻八旬。一旦母梦其父曰："儿孝尔，乃享有遐龄③也，后三年此月日当随我去矣。"如期卒。（第 450 页上左）

○沈源，龙门卫人也。天性最孝，家四壁立，父母衣食无所取周，乃极力营办，务致轻暖肥甘，二亲遂得优游④暮景无恙。后，母得疾，源百计迎医，调治汤药，鲜见奇功，乃割左膊肉为羹进之，母疾寻愈。父寿七（帙）[秩]⑤矣，一旦疾恐，源复为此。泣谓源曰："尔母往日之疾，其获愈焉者，幸也。尔谓尔膊肉能愈之邪，且尔亦尝闻身体髪肤，受之父母，不敢毁伤矣。毁伤即大不孝，尔何忍令我有大不孝儿？矧⑥我七旬余，寿亦足，尔谓尔膊肉终能愈我疾，俾我终不死耶？"源泣而从之。父卒，丧葬一如礼。乡人并以慈孝归，称沈氏父子云。（第 450 页下右）

○张荣，字景芳，龙门所人也。性最孝，事亲诚意匪懈⑦，母卒，年甫成童，即哀毁逾礼，因育于继母姚。凡终日言动，惟恐少

---

① 甫，刚刚，才。

② 事，服侍。

③ 遐龄，老年人高寿的敬语。

④ 优游，生活得十分闲适，悠闲的生活。

⑤ 秩，十年：七～寿辰。

⑥ 矧，音 shěn。况且。

⑦ 匪懈，不懈怠。

涉乖忤①，一见其面不豫②，即私自悲酸不宁。姚亦缘是，和容以待，虽因他事介意，对荣辄强饰之，人咸不知其非，姚出也。父殁，停枢堂中，择期以窆③，响夜呜呜哭矣。乃居邻弗戒于火，延及其家，家赀又故殷盛，荣一不顾惜呕求人，舁④枢出，且号天曰："天不即殒我生，何酷烈于我父，若此乎?"已而，风反火息，枢得无毁，赀亦得不大损失，人皆以为孝感云。（第450页下左～451页上右）

◎贞烈传（卷40《贞烈传》）

○陈氏，开平卫人也，少有容色，尤精女红⑤，年十六归⑥指挥池信男⑦宽。后信监云州城操练，家室与俱。正统己巳，北虏野仙入寇，信率所操练兵往援马营，宽亦从之，遗陈在室。虏攻云州，城陷。陈义不受辱，先将夫女弟及子女共九人缢死，然后从容自缢而尽。景泰初，闻于上，诏旌⑧之，仍立祠，令春秋祀焉。（第465页下右）

○杨氏，开平卫宦族女也，年十七适⑨千户李宗，上事舅姑⑩，

---

① 乖忤，乖戾忤逆，与人不和。

② 不豫，不高兴。

③ 窆，音biǎn，埋葬。

④ 舁，音yú。共同抬东西。

⑤ 女红，音nǚ gōng。亦作"女工""女功"，或称"女事"。旧时指女子所做的针线、纺织、刺绣、缝纫等工作和这些工作的成品。

⑥ 归，古代称女子出嫁。

⑦ 男，儿子。

⑧ 旌，表扬。

⑨ 适，旧称女子出嫁。

⑩ 舅姑，公婆。义同翁姑、姑嫜，指丈夫的父母。《尔雅·释亲》："妇称夫之父曰舅，称夫之母曰姑。姑舅在，则曰君舅、君姑；没，则曰先舅、先姑。"

下处卑幼①，无不得其欢心。二十六宗殁，杨哀而葬之，已乃屏却粉黛②，抚所遗孤③敬底成④，敬袭父职，寻亦早亡。又与婺妇⑤孤孙同守几四十年。闺阃⑥之内严肃整齐，终日寂无笑语也。景泰初旌表⑦。（第465页下右）

○冯氏，名妙秀，云州人也，年二十适马营城百户王贤。居五岁，北虏入寇，贤随将领往御之，猝与遇力战而死。贤母在别无子侍养，哀恸⑧弗胜⑨。冯泣而慰其姑曰："姑母自苦，或致疾，谓儿妇非儿可邪？"乃为剪制之事易甘旨⑩，养姑姑死，市衣物买棺敛葬之，衣缟⑪食蔬三年，无间焉。里人⑫呼曰：节孝妇！节孝妇云。（第465页下左）

○刘氏，龙门卫人也。年十七适副千户张洪，相与处六年，洪得疾，弥留呼刘语曰："我一岁母亡，赖继母赵抚养成立，恩固未能报也。今我子一岁，而我又亡，母老子幼，奈何？倘汝无二志，俾我母子得所，我衔恩⑬地下矣。"刘泣而曰："汝何为是言？此自我当为事，我终不负汝也。"洪卒，家且贫，刘以缝纫自给，事姑极孝。训其子袭荫，善居官。卒年五十八。（第466页上右）

○冯氏，马营城人也。少为贫家女，姿容秀丽，举动闲雅，父

---

① 卑幼，指晚辈年龄幼小者。

② 屏却粉黛，屏却意谓放弃、排遣。粉，脂粉。黛，妇女用以画眉的青黑色颜料。泛指妇女涂饰的颜料。后代指年轻貌美的女子。

③ 遗孤，父母双亡的儿童。

④ 底成，取得成功。

⑤ 婺妇，丈夫外出，没有随从的少妇。

⑥ 闺阃，音 guī kǔn。古称女子所居住的内室。亦借指女子。

⑦ 旌表，封建时代由官府立牌坊、赐匾额对遵守封建礼教的人加以表彰。

⑧ 哀恸，极为悲痛。悲哀到了极点。

⑨ 弗胜，弗：不。胜：能承受，能承担。不能承受。

⑩ 甘旨，对双亲的奉养。

⑪ 衣缟，缟，音 gǎo。即缟衣。旧时居丧或遭其他凶事时所著的白色衣服。

⑫ 里人，邻居，邑人之意。

⑬ 衔恩，受恩；感恩。

母为择配，乃得士人①钱恂，恂亦旧贫，冯以女红助而养之，后恂病卒，舅姑在堂无恙，合辞劝冯曰："年少而贫，守岂终身计邪？"冯泣曰："此自妾命耳。死可，更嫁不可。如令妾死，妾死矣。"父母舅姑知不可夺，听其仍，以女红为养，遂至终身。年六十七卒。（第466页上右）

○刘氏，名妙善，马营城人也，年十六归军校任怀。居五年，怀随营御虏，因死于阵。刘闻之，哀恸几死，甫数日，所亲有以更嫁为言者，刘含泪默然。已而，自入其室，手握发断之，仰天誓曰："发断易长，颈断难续，不信，吾其断颈乎！"言者避去。于是，刘自鬻②女红，供舅姑甘旨③，自奉则日一粝食④而已。守三十年，人未见一日为容泽。乡人呼为刘女师⑤云。（第466页上左）

○高氏，龙门卫人也。年十六归总旗贺郁，勤俭自持，又能处郁亲族。居十年，郁与虏战，被刃死。遗其子贵，方四岁。郁亲族劝之曰："世固有母再醮⑥，子随而父人者尔，贫曷不效之邪。"高泣曰："身死矣，妇而夫他人，子而父他人，死而有知，甚耻也。吾诚不忍死者冒此耻。"乃缝纫自给，养其子贵至成人，后以老卒。（第466页下右）

○刘氏，龙门所人也。年十六归舍人⑦王洪，事舅姑甚孝。谨甫八年，洪构疾殊剧，刘极力调护之，竟至不起。其所遗嗣尚孕，而未娩也，日夜忧思，恐无为洪后及得孤，经百方抚育，艰难辛苦，无不备尝，后经亦克树立，年七十余而终。有司上其事，诏旌表焉。

---

① 士人，古时指读书人。

② 自鬻，鬻音 yù。自卖其身；自售其才能。

③ 甘旨，美味的食品。

④ 粝食，粗恶的饭食。

⑤ 女师，女子的楷模。

⑥ 再醮，醮音 jiào。再次结婚。古代男女婚嫁时，父母为他们举行酌酒祭神的仪式叫"醮"。后专指妇女再嫁。

⑦ 舍人，明代称应袭卫所职位的武官子弟为"舍人"。

（第 467 页下左）

〇邢氏，龙门卫人也。生于良族，有言德功容①，庠生沈洪娶之。洪性嗜学诵读，日至夜分，邢视膏火②为助。后洪不寿，邢乃断发为誓，辞志不二适娿③，居三十八年，卒。有司状其行，旌门④。
（第 470 页下右）

〇黄氏，龙门卫人也。父名庸，素有志行，生姊妹二人。长适应袭舍人信雄，雄没，黄年甫二十一岁，誓死靡他⑤，抚二子成立。次女指挥支棠娶之，年二十三，棠又卒，其守节不污，比其姊更皎然也。二人俱年八十余卒，人称为黄氏双璧⑥云。（第 470 页下左～471 页上右）

〇魏氏，龙门人也。年十七，归旗校⑦全胜。弘治乙丑，虏内侵，胜随将领御之，至虞岭战殁。舅姑年六旬，儿玺生甫七月。舅姑曰："妇少艾⑧，可他适⑨也。儿留我夫妻共育之。"魏曰："夫以王事⑩亡，不愧为男子矣！我去，舅姑不孝；去，儿不慈，得不愧为女妇邪？"乃食贫守节，奉侍舅姑，抚育子玺成立。年六十余，终。
（第 471 页上右）

〇冉氏，龙门人也。生有容色，善机杼，归邑人窦璋。正德辛

---

① 言德功容，言：言辞。德：妇德，品德。功：女红（旧指女子所做的针线活）。容：容貌。封建礼教要求妇女应具备的品德。

② 膏火，〈书〉灯火（膏：灯油）。比喻求学的费用。

③ 娿，不顺从。

④ 旌门，旧时朝廷为忠孝节义的人树立牌坊，或颁赐匾额，悬挂门上，以示表彰，称为"旌门"。

⑤ 靡他，靡：音 mǐ，没有；它：别的。形容忠贞不二。

⑥ 双璧，喻指一对完美的人或物。

⑦ 旗校，旗军的校官。

⑧ 少艾，年轻美貌。也指年轻美貌的女子。

⑨ 他适，指女子另嫁他人，改嫁。

⑩ 王事，国家的政事。特指朝聘、会盟、征伐等事。

巳①, 瑝卒, 冉年仅二十岁。宗姻②皆难其守。冉曰:"若虑我贫邪? 我自食其力可矣。"乃谢膏沐③守之, 历三十七年, 目未尝窥阈④外。乡闾⑤称为冉节妇⑥云。(第 471 页上左)

○晁氏, 马营人也, 年十八妻百户张钦。钦病革⑦, 呼晁与诀曰:"尔年二十四, 子淮未周, 难守, 奈何?"晁取汤, 将自浇面, 曰:"君有他虑, 我毁容可信也。"钦曰:"毋为此, 此在志耳。"卒后, 甘贫训子, 茕⑧苦百端, 寿至八十五。(第 473 页上右)

○江氏, 马营指挥钦女也, 少适百户郭甫。嘉靖庚子⑨, 虏南寇, 甫往御之, 至地名榆林, 力战而死。时江十九岁, 遗腹未娩, 后得男, 江拊畜⑩之, 名曰彦清, 底于成立。乡人谓忠臣节妇, 夫固不殄⑪其胤嗣⑫云。(第 473 页上左)

○王氏, 龙门人也。年十八归庠生张斐, 家贫, 为女红助夫膏油, 劝之修业。斐感奋, 仕为知州。嘉靖壬午⑬, 斐卒。王抱所遗未岁男登, 拊育⑭之。垂⑮四十载, 子克家⑯, 且亦有孙, 尚康强亡

---

① 正德辛巳, 正德十六年, 1521 年。
② 宗姻, 指皇家的姻亲。
③ 膏沐, 古代妇女润发的油脂。
④ 阈, 音 yù。门槛。
⑤ 乡闾, 古以二十五家为闾, 一万二千五百家为乡, 因以"乡闾"泛指民众聚居之处。
⑥ 节妇, 坚守节操的妇女。古代尤指夫死不改嫁而终生守节。
⑦ 病革, 音 bìng jí。革, 急。病革指病情危急。
⑧ 茕, 音 qióng。孤独无依靠。
⑨ 嘉靖庚子, 嘉靖十九年, 1540 年。
⑩ 拊畜, 拊, 抚养。畜, 养育。
⑪ 殄, 音 tiǎn。尽, 绝。
⑫ 胤嗣, 音 yìn sì。后嗣, 后代。
⑬ 嘉靖壬午, 嘉靖元年, 1522 年
⑭ 拊育, 抚育。拊音 fǔ, 古同"抚", 安抚, 抚慰。
⑮ 垂, 接近, 快要。
⑯ 克家, 能承担家事, 继承家业。

恙①，君子以为天报其善行云。（第 474 页上左）

〇王氏，龙门卫人也。父官南圻，兄道亦官于陕，因侨寓京都，王年十五归京都旗校张进。居十载，进卒。王以无后，难守义，又不得他适，乃却水浆、伏秸藁②，泣八昼夜不休，遂死枢前。上闻之，诏旌其闾③云。（第 475 页）

◎异术传（卷 41《异术传》）

〇祁志诚，阳翟④人也。年十四，师事披云宋先生。岁庚戌⑤，出居庸关，至宣德云州。州将士礼遇良厚，为卓⑥庵处之。扁曰："乐全"。语人必以忠孝，疾者来谒，为符祝，疗治辄愈。一日，杖履入西山寻幽，至一谷，意甚爱之。土人谓其地昔金阁仙人隐所。乃诛茆卜筑⑦，名其山曰"金阁"，谷曰"游仙"，观曰"云溪"。徙居其中。中统壬戌⑧，大丞相安童闻其名，遣使迎致，问修身齐家治国之方。志诚曰："身正则景⑨正，身邪则景邪。大丈夫处其厚，不处其薄，居其实，不居其华。治大国若烹小鲜。"丞相叹重⑩，为名言。自是，待以师礼。荐于朝。至元八年⑪，授诸路道教都提点。赐所居云溪观曰"崇真"。九年，嗣玄门掌教真人，仍锡玺书。岁奉祠

---

① 亡恙，没有病痛。引申为安然存在。

② 秸藁，亦作"藁秸"。祭祀时用的草席。

③ 旌其闾，旌表门闾。旧时朝廷对所谓忠孝节义的人，赐给匾额，挂于门庭之上，或树立牌坊，以示表彰。

④ 阳翟，音 yáng dí。今河南禹州，为史记记载中夏启的都城，夏启曾经在此会盟诸侯进行钧台之享。阳翟也曾为战国时期韩国的都城。

⑤ 南宗淳祐十年，1250 年

⑥ 卓，建立；竖立。

⑦ 诛茆卜筑，诛茆，芟除茅草。引申为结庐安居。茆，同"茅"。卜筑，择地建筑住宅，即定居之意。

⑧ 中统壬戌，1262 年。

⑨ 景，音 yǐng。古同"影"，影子。

⑩ 叹重，赞叹敬重。

⑪ 至元八年，1271 年。

岳渎①，为国祭醮祝厘②，精诚感通，数有符应。宋平所俘宝玉，入内府，有天尊像及名鼎，诏送崇真观，奉事，时以金饰、紫檀、尘拂赐之。十五年，衡州入职，方命志诚偕御史中丞崔彧，往祀南岳。既至之明日，遽肃仪行事。礼成，即趣装。归从者欲留数日，志诚不应。行未及两舍③，州人追报：岳祠为盗所掠矣。人谓志诚前知。十八年，道门多故，志诚挺立直前，百折不挠。或谓：宜及时谢事引去。复之曰："方玄风隆盛，则以师长自居，少遇屯阨④，则退身自隐，人其谓我何？"二十二年，烦言已息，适丞相安童至自朔方。乃曰："退归岩冗，此其时矣。"因举道教教提点。张志仙自代既归，以崇真宫栋宇卑陋，不足以揭虔安灵，躬率徒侣百余人，出私帑所有，重为改作皇太后及诸王大臣多助之甫落成。而志诚羽化⑤矣。志诚明于性理，通世务，尤善论事，裁处得宜。丞相伯颜及开府史公，俱加敬礼，平生所学，造极玄奥，间为诗咏，辄传诵四方，如"曾把一瓢盛海月，常垂两袖舞天风"之句，外国犹知之有《西云集》三卷行于世。事见云州祁真人碑，学士李谦文。《元史》亦载。（第479页下左~480页下右）

----

①　岳渎，五岳和四渎的并称。五岳是五大名山的总称，为道教名山。分别是东岳泰山、西岳华山、南岳衡山、北岳恒山、中岳嵩山。四渎指长江、黄河、淮河、济水，为中国民间信仰的河流神的代表。

②　祝厘，祈求福佑，祝福。

③　舍，古代行军一宿或三十里为一舍。

④　屯阨，危难；困苦。

⑤　羽化，道教徒称人死。

11.《九边图说》

【题解】 明朱元璋推翻元朝政权，统一了全国。一部分蒙古人留在中原，从事农业生产；另一部分蒙古贵族退入漠北，与原居住在草原上的游牧部落一起，继续与明王朝进行对抗。"正统以后，敌患日多，故终明之世，边防甚重。"明朝建国初期就开始创立卫所制度，并修筑长城。尤其在明中叶，游牧于北方的兀良哈、鞑靼、瓦剌等蒙古部落相继兴起，不断侵扰边境，对北方的农业生产造成严重破坏。明王朝为了加强北方边防，一面加紧修筑东起鸭绿江边、西至嘉峪关一线的长城，另一面增加军事力量，并先后设立了9个边防重镇，即辽东、宣府、蓟州、大同、太原（隆庆朝以后改名山西）、延绥、宁夏、甘肃和固原，俗称"九边"。当时，镇守在北方重镇的官员，在行政管理和军事部署时都需用地图，边镇地图遂陆续问世。起初这些军用地图采用书本形式，并附有大量文字说明，记述图上未能反映的内容。后来朝廷要求各镇、堡、关隘分别编绘本地区的地图定期上报，这样各种《九边图》就应运而生。

本辑所引用的是隆庆年间兵部尚书霍冀《九边图说》，1卷，隆庆三年（1569年）刊本。从存本卷首看，兵部尚书霍冀在绘制《九边图说》前曾下过一道命令，令其各镇督抚军门，把自己所辖区域的地理形势按在战争中的重要性程度进行调查，并要"画图贴说"。各边镇在命令后不久，都对本地区地形进行了考察研究，并将地形、兵马情况绘制成图说，上报兵部。由兵部尚书霍冀综合上报的图说，并参阅历代旧图，从而把各镇图说汇编成册，取名《九边图说》。因《九边图说》有图有说，因此，见图可知"各镇之地利险易"，读其说可晓"各边之兵马多寡"。

柴溝堡叅將守備各二員

四海冶堡守備一員

雲州堡守備一員　　　馬營堡守備一員

滴水崖堡守備一員　　龍門所守備一員

新河口堡守備一員　　赤城堡守備一員

膳房堡守備一員　　　新開口堡守備一員

洗馬林堡守備一員　　張家口堡守備一員

一次衝地方　　　　　西陽河堡守備一員

宣府鎮城副總兵一員遊擊三員都司三員備禦二員

永寧城叅將守備各一員

《九边图说》书影

本辑据"国立中央"图书馆出版、正中书局印行《玄览堂丛书初辑》第 5 册收录明隆庆三年刊本《九边图说》影印本辑录有关赤城内容。

◎宣府镇图说（《九边图说·宣府镇图说》，第 124 ~ 129 页）

臣等谨按，宣府自东徂西，边长一千余里，雄据上谷，藩屏陵京，譬则身之肩背，室之门户也。肩背实则腹心安，门户严则堂奥[①]固，其关涉岂细细哉。在昔经略诸臣咸谓彼中山川纷纠，地险而狭，分屯建将，倍于地处，号称易守。自今观之，乃亦有不尽然者。虏越永宁，则南山之迫切可畏；龙门失守，则金马之戒备当先。考之往事，若撞道横岭之驱，疾如风雨，浮图、紫荆之溃，祸及郊圻[②]。耳目睹记，历历可鉴，是岂可以易守言哉？近驻督府于怀来，设专官于本路，防护南山，可谓至矣。第其间犹有一二可虑者。矿炮等处界在两镇，蓟、宣稍有推诿，修设未免单薄。今虏且掠车夷去矣，山后险易此辈盖稔知之，长虑却顾，兹其可缓乎。该镇本色素称匮胹，设遇连俭，或由居庸取道，或自桑乾通运，皆事势不可已者。然陆运盖尝行之，舟运则自芦沟以达彼中，未有能详其说者，其可不为之讲求乎？若夫重北路之哨探，扼南渡之要津，虏东犯已得其形，虏深入先据其胜，此又不独宣镇之利，尤蓟之所必不可无者也。

本镇冲次地方文武官员并兵马钱粮数目：

巡抚宣府赞理军务都御史一员，

镇守总兵官一员，

户部管粮郎中一员，俱驻札宣府镇城。

兵备一员，驻札怀来城。

---

① 堂奥，厅堂和内室。奥，室的西南隅。

② 郊圻，都邑的疆界；边境。《书·毕命》："申画郊圻，慎固封守，以康四海。"孔颖达疏："郊圻，谓邑之境界。"

分守参议一员，

分巡副使一员。俱驻扎宣府镇城。

一、极冲地方

南山柳沟营城参将一员

独石城参将、守备各一员

万全右卫城参将、守备各一员

柴沟堡参将、守备各一员

四海治堡守备一员

马营堡守备一员

云洲堡守备一员

龙门所守备一员

滴水崖堡守备一员

赤城堡守备一员

新河口堡守备一员

新开口堡守备一员

膳房堡守备一员

张家口堡守备一员

洗马林堡守备一员

西阳河堡守备一员

一、次冲地方

宣府镇城副总兵一员、游击三员、都司三员、备御二员

永宁城参将、守备各一员

葛峪堡参将、守备各一员

龙门城守备一员

长安岭守备一员

万全左卫城守备一员

怀安城守备一员

一、又次冲地方

<u>顺圣川西城</u>参将、守备各一员

<u>延庆州城</u>守备一员

<u>怀来城</u>守备一员

<u>岔道城</u>守备一员

<u>保安新城</u>守备一员

<u>保安旧城</u>守备一员

<u>顺圣川东城</u>守备一员

<u>深井堡</u>守备一员

<u>蔚州城</u>守备一员

<u>广昌城</u>守备一员

本镇原额马步官司军壹拾伍万壹千肆百伍拾贰员名，除节年逃故外，实在官军捌万叁千叁百肆员名。原额马伍万伍千贰百柒拾肆匹，除节年倒失外，实在马叁万贰千肆匹。

本镇年例主兵银壹拾贰万两，客兵银贰拾万伍千两。

宣府镇城五路总图

宣府镇城五路总图

北路城堡图

北路城堡图

12.《殊域周咨录》

【题解】　《殊域周咨录》24卷，明严从简著。严从简，浙江嘉兴府人，其生平事迹史传不详。嘉靖三十八年进士，授行人，选工科给事中，迁刑科右给事中。隆庆元年坐谪婺源县丞，历扬州同知，后免官归，云云。可见严从简仕途并不得志，在行人司期间亦未曾被派出使，所以他在明代政治上默默无闻。严从简所生活的时代，正值明王朝由盛转衰，朝政十分昏暗，吏治腐败不堪。加上不断加深的边防危机，极大地震撼了一些心怀大志，以天下大事为己任的爱国官吏。这些人感时伤事，大多留心边情军务，探求挽救之策，在当时掀起了一股研究边政，著书立说的热潮。严从简身处其时，是上述进步官员中的一分子，他心知其身为一介微员，并不能挽狂澜于既倒，但却可以通过悉心地访求历史，来为现实的边政处理提供借鉴。严从简于行人司供职期间，虽未得出使域外，但送迎诸国来使，整理往还文书，仍使他有大量机会接触各种第一手边防和外交资料。为了对将来从事边务和外事工作的官员提供参考和借鉴，他立志把这些资料编写成书。为此，他大量搜集官方图集、档案，或将自身的有关闻见详加记录，经过认真细致的整理编辑，最终于万历二年（1574年）纂成了《殊域周咨录》这部边政巨著。何名以"周咨"？其叔父严清为该书所作序言云："名以'周咨'者，因靡及之怀，勤采访之博，盖专以备使臣衔命外邦之献，而帅臣敌忾干城之策亦具焉。"该书采用编年体与纪事本末体相结合的体例，主要按照时间的先后顺序来记述史事，在记述重大历史事件时，详述其始末，二者相得益彰。该书见于黄虞稷《千顷堂书目》、焦竑《国史经籍志》、顾祖禹《古今方舆书目》，但该书将女直列入东北夷，因此在清朝被列为禁书，《四库全书》未收录。

本辑据王有立主编中华文史丛书之十三据明万历刻本排铅印本《殊域周咨录》辑录有关赤城史料。

平不易守以此　五年春二月北虜寇開平陽武侯薛祿擊敗之戰于奇

黄山斬獲頗多

此護餉之戰也故開平之棄祿持議甚決

城獨石雲州鷂鷂赤城葛峪常峪青邊口大白陽小白陽設隆門關諸處

成城設守及前趙川張家口城俱陽武侯祿建議　棄開平洪武二十三

年北虜來降者眾詔于潢水北兀良哈之地置袞顏大寧福餘三衛命其

酋長爲都督使爲東北外藩成祖征伐三衛從戰甚力乃徙封寧府移大

寧都司營州衛於內地蓋以大寧之地與三衛由是宣遼隔絕開平失援

虜時出沒餉道艱難至是陽武侯祿上疏極言其狀以爲宜棄開平時議

難之肇至京面陳其詳遂徙開平衛于獨石棄地蓋三百里

尹畊曰開平元之上都也灤水遠南龍岡冀北蓋形勝之地也元人以

之肇基成祖北伐往來由之東路有涼亭沈河寨蜂黃崖四驛以接大

寧西路有恒州威虜明安隘寧四驛以接獨石巨鎭隱然屏我山後遇

《殊域周咨录》书影

◎三年①春二月，参政华云龙率诸将廖美、孙恭攻云州，万户谭济出居庸夹击之，取其城，获元平章火儿忽答、右丞哈海。指挥金朝兴来取东胜，禽元平章荆麟等十八人。平章汤和来取宣德，追元兵至察宣恼儿，获其将虎陈。……

寻遣使赍书②谕元主曰："前者二次遣使致书，久而未还，岂被留而然乎？以予计之，殆君之失谋也。君之意必曰：'吾尝为天下主，以四海为家，彼昔吾之民耳，岂可与通问乎？'自常情言之，固宜如此；以理势论之，则大不然！君者天下之义主，顾天命人心何如耳。盖天命之去留，由人心之向背。古语云：'民犹水也，君犹舟也。'水能载舟，亦能覆舟，君岂不知此，而乃固执不回乎！今日之事，非予所欲，实以四方兵争，所在纷扰，予当其时不能自宁于乡里，岂有意于天下乎！群雄无所成，而予兵力日以强盛，势不容已，故有今日，此诚天命，非人力也。君又何致怨于其间邪！君其奉天道顺人事，遣使通好，庶几得牧养于近塞，藉我之威，号令其部落，尚可为一方之主，以奉其宗祀；若计不出此，犹欲以残兵出没为边氓患，则予大举六师，深入沙漠，君将悔之无及矣。近北平守将以云州所获平章火儿忽答、右丞哈海等八人至京，询之皆君倚任之人，是用待以不死，今再令赍书诣前，惟君其审图之。"（卷16，第724~727页）

◎四年③春二月，元臣驴儿有众万余，岁窥伺畿外，至是入居常峪。夏四月，诏招降北虏，仍以玺书谕驴儿曰："三月间罕帖木儿火者④归，言将军驻常峪，又将移营东去，将军能事幼主，自是世间美事。但恐幼主失所，群臣中强者自立，弱者从之，将军能忘君以事

---

① 洪武三年，1370年。
② 赍书，送信、携带信函。赍音jī，携带。
③ 洪武四年，1371年。
④ 火者，宦官。亦泛指受阉的仆役。

仇乎！驱兵向之，又恐力有不赡①，何若通使于我，结大丈夫之知，他日遇难，相托为依，庶进退有据也。"秋八月，虏平章僧家奴北牙头以兵寇云州。华云龙侦知之，潜以精兵迎袭，突入其营，禽僧家奴，并获驼马四百余。遂分遣裨将赵端等追击，至开平大石崖，比分攻刘学士诸寨，克之。端中飞石，伤左腿，右臂甚重，督战不置。复追驴儿，破其军，遂取开平诸寨，归前所徙吏。议复立故州县。（卷16，第734~735页）

◎十四年②夏四月，北虏寇开平，指挥使丁忠击败之，战于毡帽山，斩获数百。（卷16，第747页）

◎二十五年③春三月，安庆侯仇政、西凉侯濮玙来宣府理武备。以沿边诸州武备渐弛，分遣重臣理之。政理振武、朔州，玙理岢岚、蔚州，都督刘真、指挥使李彬来宣府，行障塞，历宣德、兴和、云州、大兴、保安、龙庆、怀来诸处，度量城隍，增设险隘。（卷16，第754页）

◎三年④，置镇守总兵官佩镇朔将军印，驻宣府，专总兵事。于是宣府称镇。（卷17，第765页）

◎辛巳⑤，驻跸鸡鸣山。虏闻亲征，遂夜遁。诸将请急追之。上曰："虏非有他计能，譬诸狼贪，一得所欲，急走，追之徒劳。少俟草青马肥，道开平逾应昌，出其不意，直抵窟穴，破之未晚。"次龙

---

① 不赡，不足。
② 洪武十四年，1381年。
③ 洪武二十五年，1392年。
④ 永乐三年，1405年。
⑤ 永乐二十年三月辛巳，1422年4月15日。

门，戍卒言虏遗马二千余匹于洗马岭。敕宣府指挥王礼尽收入城。次云州阅兵，顾谓待臣曰："今从征之士若不阅习，何以御敌？兵法以虞待不虞者胜，又曰：设备于已失之后者非上策。朕所以慎重而不敢忽也。"

五月端午节①，次独石，赐随征文武群臣宴。度偏岭，命将士猎于道傍山下。上顾从臣曰："朕非好猎，士卒随朕征讨，道中惟畋猎②可以驰马挥戈，振扬武事，作其骁勇之气耳。"

金幼孜《扈猎诗》曰：羽士如林亦壮哉，长风万里蹴飞埃。雕弓射雁云中落，锦臂韝鹰③马上来。绝壁重重围网近，高峰猎猎竖旗开。从臣载笔长扬里，谫薄④惭无献赋才。

上大阅，谓诸将曰："兵行如水，水因地而顺流，兵因敌而作势，水无常行，兵无常势，能因敌变化取胜者谓之神。今先使之习熟行阵，猝遇寇至，麾之左则左，右则右，无往不中节矣。"戊辰，观士卒射一小旗，三发皆中，赐牛羊各一、钞二锭、银碗二。上曰："赏重则人劝。"是日，上亲制《平虏》三曲，俾将士歌以自励。召英国公张辅、安远侯柳升、宁阳侯陈懋、隆平侯张信、应城伯孙亨等令就营中驰射，上亲观之。惟辅、升、懋连中，余或半中。孙亨不中被罚，罢其领兵之任。张信托病不至，降充办事官。（卷17，第771~773页）

◎阳武侯薛禄至宣府护军饷。于是定开平每岁运粮四万石。自京师至独石立十一堡，每堡屯军千名，各具牛车转运，以六十日达独石。其开平备运官军则于独石转运，禄往来督军防护。盖道里险

---

① 永乐二十年五月端午节，1422年5月25日。
② 畋猎，打猎。畋音 tián，打猎。
③ 韝鹰，蹲在臂套上的苍鹰。比喻摆脱羁绊欲展鸿图的人。韝音 gōu。
④ 谫薄，浅薄。谫音 jiǎn。

难，胡马出没故耳。开平不易守以此。五年①春二月，北虏寇开平，阳武侯薛禄击败之，战于奇黄山，斩获颇多。

此护饷之战也，故开平之弃，禄持议甚决。

城独石、云州、雕鹗、赤城、葛峪、常峪、青边口、大白阳、小白阳，设隆门关诸处，成城设守，及前赵川、张家口城，俱阳武侯禄建议。

弃开平。洪武二十三年②，北虏来降者众，诏于潢水北兀良哈之地置朵颜、大宁、福余三卫，命其酋长为都督，使为东北外藩。成祖征伐三卫，从战甚力，乃从封宁府，移大宁都司营州卫于内地，尽以大宁之地与三卫。由是宣辽隔绝，开平失援，虏时出没，饷道艰难。至是阳武侯禄上疏极言其状，以为宜弃开平。时议难之。禄至京面陈其详，遂从开平卫于独石，弃地盖三百里。

尹耕曰：开平，元之上都也，滦水绕南，龙冈奠北，盖形胜之地也。元人以之肇基，成祖北伐往来由之，东路有凉亭、沈河、寨峰、黄崖四驿以接大宁，西路有恒州、威虏、明安、隰宁③四驿以接独石，巨镇隐然屏我山后④，遇有警急则宣辽有首尾之援，居常成防则京师得封殖之固。夫国家定鼎北平不患于带儿之无凭，而患于肩背之失恃。大宁既委三卫，开平复移独石，遂使京师之北仅存藩篱，犬豕游魂籍声黄内，所关岂细微哉！究而论之，则屯田便宜于转输，一劳可以永利。大宁要害于开平，易置亦颇非难。夫五原在丰胜之

---

① 宣德五年，1430年。

② 洪武二十三年，1390年。

③ 隰宁，当为隰宁。隰宁驿又名盘谷镇，明初改牛群头站置，属开平卫。在今河北沽源县南小厂。后废。

④ 山后，古地区名。五代梁初刘仁恭据卢龙，在今河北省太行山北端、军都山迤北地区，置山后八军以防御契丹。至石敬瑭割幽、蓟十六州于契丹后，才有山后四州的名目。北宋末年所称山后，包括宋人企图收复的山后、代北失地的全部，当时曾预将山后云中一府，武、应、朔、蔚、奉圣、归化、儒、妫八州之地置云中府路，相当今山西、河北两省内外长城之间地区。

外，沙碛之间，昔人且犹开渠营田，以规全利，何龙冈之沃，滦水之润，开平独不可田邪？又失开平，则后背虽空，尚有宣府独石之固，失大宁则左肩全弱，宣辽隔绝矣。故尝为薛禄计曰：'开平可田，屯田可也。不可田则易置大宁可也。'夫刘秉忠诸人皆于开平树艺卜隐，则开平无不可田之理。开平为元故都，山水明秀，坏城郭宫阙而留其民居以与三卫，则三卫亦无不乐从之理。二策无不可就也。土人称禄驰驱边塞，悉心经营，然禄知谨于封疆之小利，而昧于夷夏①之大防，知惩乎目前之纷扰，而滞乎继世之权变。开平孤远，不易守矣，而北门单弱之不恤；饷道艰难，不易致矣，而屯田开垦之不求；割弃境土三百余里，不之惜矣，而易置三卫之不讲。此所以效成于一时而祸伏于异日，恩加于近塞而谋失于远猷，智者穷源，不能无慨也。（卷17，第781~784页）

◎九年②，行在户部员外郎罗通奏："今运粮赴开平，每军运米一石，又当以骑士护送，计人马资费率以二石七斗致一石。今军民人等有自愿运米至开平中纳盐粮者，乞将旧例二斗五升减作一斗五升，若商一人纳米五百石可当五百军，所运且省行粮二百石。"从之。（卷17，第785页）

◎十四年③秋七月，北虏寇独石、马营。杨洪之子俊为独石、马营守备，惧不敢战，乃弃城而遁，虏遂陷其营。

按天顺多事，昌平驰驱，然而土木之变根于此路之不守，由于杨俊之失机，故杨氏有余诛也。

虏寇云州，永宁守备孙刚、谷春率兵来援，战不利，入城缒死，

① 夷夏，夷狄与华夏的并称。古代常以指中国境内的各族人民。
② 宣德九年，1434年。
③ 正统十四年，1449年。

城遂陷。刚，齐东人；春，宦官。时官军死义者更九十余人。（卷17，第789~790页）

◎也先屡欲谋害上，一夜忽大雷雨，震死也先所乘马，由是恐怖，益加敬礼。锦衣校尉袁彬为虏所掠，得侍上左右，颇知书识字，百凡警敏。又有哈铭者先随使臣吴良羁留在虏，至是同侍驾留虏庭，维持调护，二人之力居多。又有卫士沙狐狸者，在虏中汲水取薪，备及劳苦，也先问之，亦善于应对，云："皇太后诏，皇太子幼冲，未能践祚①，郕王②年长，宜早正大位③，以安国家，于是群臣劝进，择日登极。"上在虏营，也先遣使来言，欲送上还京师，使回以金百两、银二百两、彩缎二百疋赐也先。也先复遣使致书，辞甚悖慢④。于谦曰："虏贼不道⑤，气满志得，将有长驱深入之势，不可不预为计。京师九门宜令都督孙镗、卫颖等统领军士出城守护，列营操练，以振军威。选给事中御史如王竑辈分投巡视，勿致疏虞，徙郭外居民于城内随地安插，毋为虏所掠。弃东胜。"国初置东胜诸卫，然多事草创，什伍⑥虚耗，至是虏寇拥逼⑦，诏徙诸卫内地，遂弃东胜。

此我朝不复四郡之实也。盖尝论之有二失焉：洪熙、宣德之间玩常而不思其变，景泰天顺之际守近而不谋其远，由是偏头邻于犬羊而全晋以北单矣，岂惟全晋，五原云中赵武灵所欲下甲咸阳者也。此而不守，则右臂断，全陕危矣，可惜甚哉！少保公极力于独石而

---

① 践祚，践阼亦作"践胙""践祚"。即位；登基。
② 郕王是明代宗朱祁钰登基之前的封号，是一个王爵称呼。1457年夺门之变后明英宗复辟，仍封为郕王。朱祁钰死后，郕王无承袭。
③ 大位，帝位。
④ 悖慢，亦作"悖嫚"。违逆不敬；背理傲慢。
⑤ 不道，无道，胡作非为。
⑥ 什伍，古代军队编制，五人为伍，十人为什，称什伍。亦泛指军队的基层建制。《礼记·祭义》："军旅什伍，同爵则尚齿，而弟达乎军旅矣。"郑玄注："什伍，士卒部曲也。"
⑦ 拥逼，裹胁，胁迫。

不注怀于东胜，其意何也！（卷17，第795～796页）

◎景泰元年正月朔①，上皇在虏营写表祝天行礼。也先迎上皇幸其帐，宰马设宴。上皇书至，索大臣来迎。命公卿集议，廷臣因奏请遣官使北贺节，进冬衣。上谓必能识太上②者始可行。群臣惧，谢罪，缴纳原奏，事遂寝。

先是独石等八城为虏所据，边将皆走还京，亦有被征入卫者，及虏自居庸关出，京师解严，被征者当遣还。大臣有奏留边将守京师者，兵科给事中叶盛言："今日之事边关为急。往者独石、马营不弃则六师③何以陷土木？紫荆、白羊不破则虏骑何以薄都城？即此而观，边关不固，京师虽守不过仅保九门无事而已，其如陵寝何！其如郊社坛址何！其如田野之民荼毒何！宜急遣回边将，固守宣府居庸为便。"朝廷从之，命昌平侯杨洪至宣府行理障塞。（卷18，第807～808页）

◎冬十二月④，杨洪至宣府，上言独石八城俱宜修复，然须责委任事之臣，专督其事。事下会议。礼部尚书王宁以为宜且弃置，以俟余日专力永宁、怀来，以通宣大。少保谦⑤抗疏曰："独石诸城外为边境之藩篱，内为京师之屏蔽，不可自委以资仇敌，尺寸进退之机，安危治乱之所系也。且当干戈扰攘之时，尚宜慎守封疆，况于平居无事之际，而可自蹙土地耶！"上意大决，乃诏都督董斌提督独

---

① 景泰元年正月朔，1450年1月14日。

② 太上，指皇帝。

③ 六师，周天子所统六军之师。《书·康王之诰》："张皇六师，无坏我高祖寡命。"曾运干正读："六师，天子六军。周制一万二千五百人为师。"后以为天子军队之称。亦泛指全部军队。

④ 景泰元年十二月。

⑤ 少保谦，指于谦。

石、马营、云州、雕鹗、赤城、龙门、长安，领李家庄诸城工役①。

此所谓口外八城堡也，失之杨俊而复之于董斌，内而肃愍、文壮②之执议，外而杨洪、朱谦之图画，俱不可诬也。今八城为宣府北路，虽称孤县③，而所以屏蔽镇城，声援京国④者，实重且大矣。于戏！由是而及开平而大宁，固不有深思乎！善哉少保之言曰，尺寸进退之机，安危治乱之所系也。

初，都督孙安久废，荐起之，议授方略，令率兵度龙关，且战且守，以复八城。由是八城完固如初。……

城白阳、常峪、青边、张家口。李秉上议曰："独石诸城可以无患。白阳、青边诸处内近宣府，外通沿河十八村，实为要地，宜增筑城堡。"总兵官纪广坚执以为非宜，诏责让广，从秉议，于是悉城。秉上言："尚书石璞总督时，拣选镇兵分为三拨，以次接战，然分数不明，强弱间置。欲行再阅，付其名实，仍为三拨，以备调遣。"上从之。

按兵莫善于奇正之相生，而莫不善于应援之无继。夫鸷鸟之击也，必伏其形；蜂虿之螫也，不尽其毒。古人因败以为功，始却而终胜者，其机皆在此也。是故连营七百里，伏终不行，百万压淮淝，一败涂地，何者？势露于悉陈，力止于一击也。三拨之说，余于是乎有取焉。

诏参政叶盛赞理独石军务。独石诸城屡事修复，未见安辑⑤，盛乃上兴革事宜八条行之，军民大便。盛复请官银五千两买牛千余头，简戍卒不任战者，俾事耕稼，岁课余粮于官，凡立社学以教子弟，

---

① 原刻本古籍为"龙门长安领李家庄诸城工役"，中华书局本点为"龙门、长安，领李家庄诸城工役。"疑标点误，当为"龙门、长安领、李家庄诸城工役。"领，古同"岭"，今名长安岭。

② 肃愍指于谦，谥肃愍。文壮，应为"文庄"，指叶盛，谥文庄。

③ 县，古同"悬"。

④ 京国，京城；国都。

⑤ 安辑，安定；使安定。

置医药以济疾病，立义冢以葬死亡，设暖铺以便行旅，均蔬圃以给将士，皆于余粮取给，制度品式纤悉具备。由是独石虽悬远，屹然巨镇矣。

按充是以为开平谋，亦何不可？是故阳武之见，武人也。

又按宣府督饷自主事王良之后，继者率不得人，后虽遣重臣，亦不能为边人信服如良。至是，众议举盛来督军饷，盛来而镇始镇也。（卷18，第814~817页）

◎秋七月①，谪罪人来实独石。少保谦议发罪囚充军者于独石诸城。逃者觉察之，并罪居庸紫荆提督官。（卷18，第818页）

◎募罪人输通仓粟，至宣府赤城，又募宣府罪人输隆庆仓粟至龙门。（卷18，第818页）

◎冬十月②，北虏入贡。少保谦曰："今次入贡，既由甘肃、大同复由宣府独石而来，则是各处道途俱有虏通，伺门窥隙，可虑为甚，请行边将饬备。"（卷18，第819页）

◎五年③，置协守宣府副总兵官，分守宣府北路参将。初诸将列衔不一，佩印者称总兵官，亦有称副总兵者，北路初称镇守，景泰间称提督，至是始定。宣府自镇守总兵官外，置副总兵一员，统奇兵，称协守。北路置参将一员，称分守，驻独石，属以口外八城堡。北路后增属滴水崖、青泉、镇安、镇宁、金家庄、牧马诸堡，置分守宣大布政司，岁差山西布政司参议各一员分守，后专除。（卷18，

---

① 景泰三年秋七月。
② 景泰四年冬十月。
③ 景泰五年，1454年。

第 820 页）

◎御史许宗鲁疏曰："洪惟①祖宗定鼎北都，宣大二镇实惟重地，故各宿重兵，特严警报，中间独石一路虽尝暂失，不旋踵而辄收复，百有余年，边鄙有宁辑②之庆，军民无争战之苦。自弘治十八年③以来，与虏失好，贡献道绝，于是乎兵争日繁。加以正德年间权奸柄用④，债帅⑤纵横，平居⑥则剥军纳贿以自固，临事则丧师失地而无罚。宣府之兵首覆没于虞台岭，继而西海子、千家荣、贾家湾败衄⑦迭见，而大同应州落岸桥之役，虏骑骋于野，我军连营数万，寂不敢动，兵威士气消折尽矣。自是虏患日侵，制御无策，于是弃边之议兴。有谓野有稼穑，实足招寇，则大同城北膏腴良田始鞠⑧为茂草矣。有谓大边地卑，墩台难守，则宣府龙门所等处瞭望处所始荡⑨为虏穴矣。自边地不耕，民用斯困，险要已弃，我守无据，于是宣宁水谷关、头黑山等堡日渐抛弃，视为境外，大同左右二卫危如垒卵，独石、马营、云州、赤城、雕鹗堡、四海冶等城堡侵犯日深，田土抛荒，沿边军余终年无糊口之计，月粮陪屯田之租，仓库空虚，而兵力不振矣。揆厥颓废岂无所由哉！然当时守臣不以闻，朝廷不之知，只云边警告急，发兵发财，终无济事，竟不闻追究弃守招寇

---

① 洪惟，语助词。用于句首。

② 宁辑，安定和睦。

③ 弘治十八年，1505 年。

④ 权奸柄用，权奸，指弄权作恶的奸臣。柄用，谓被信任而掌权。亦谓被任用。

⑤ 债帅，唐大历以后，政治腐败，凡命一帅，必广输重赂。禁军将校欲为帅者，若家财不足，则向富户借贷；升官之后，再大肆搜刮民脂民膏偿还。因被称为债帅。后遂用以称借行重贿而取将帅之高位者。

⑥ 平居，平日；平素。

⑦ 衄，音 nù。损伤，挫败。

⑧ 鞠，养育，抚养。

⑨ 荡，毁坏。《国语·周语下》："夫周，高山，广川，大薮也，故能生是良材，而幽王荡以为魁陵、粪土、沟渎。"韦昭注："荡，坏也。"

之因，致使彼时守臣得以逭①诛戮②而全首领，不亦大幸矣乎！间有都御史文贵修复大同诸堡守备，指挥韩雄整理龙门边备，然皆挠于时势，限于才力，卒不能复国家之旧疆，以慰边人之期望。臣闻古人之论防边者，或募民以实塞下，或屯田以充边储，未闻赤地③废耕可以绝寇之来也。或筑受降④叁城以扼其喉吭，或立河西伍郡以断其右臂，亦未闻弃险内徙可以缓寇之侵也。兴言及此，痛恨何如！臣近巡历其地，目睹其弊，咸谓二镇修复旧边，诚有不可缓者。盖大同地方屏蔽山西、北直隶、真定等处，实中原之门户，宣府地方龙门、四海冶等处密迩⑤都城，拱卫山陵，实京师之肩臂。门户不固则家室易窥，肩臂婴疾⑥则心腹失荷，此有识者所为寒心也。先该巡按史张钦奏要修复大同边堡，一向会议未见施行，近该巡抚都御史张文锦奏议自近及远，限以数年期完旧疆，此亦审时量力不得已之论，正恐建议兴作，用财用力，朝廷不之从耳。总而论之，大同之边弃久地远而功难，宣府之边弃近地少而功易。方今大同镇巡等官锐意修复，若将内帑太仓钱粮作急给发二三十万两先济其急用，然后征前项各色钱粮以补其数，更调延绥、宣府游兵一营同备其不虞，责成于镇巡等官，令其远采文贵之规画，近参张钦之建白，酌量参议韩邦靖之估计，折衷都御史张文锦之议处，审时度地，乘虚远道，日夜并工一齐修理，边墙务令完固，墩台务令相接，严设瞭望，兴筑弃堡，安插耕种，以为良久之计，不可因陋就简，苟完一时以偷目前之安。其宣府龙门等处工用，本镇游兵一营会同北路参将张镇，令其相机度力，参酌本官近日修复之议，防护兴作，稍给工食银数

---

① 逭，音 huàn。逃避。

② 诛戮，诛杀；杀害。

③ 赤地，空无所有的地面。指经过战乱后荒无人烟的景象。

④ 受降，城名。汉唐筑以接受敌人投降，故名。汉故城在今内蒙古乌拉特旗北；唐筑有三城，中城在朔州，西城在灵州，东城在胜州。

⑤ 密迩，贴近；靠近。

⑥ 婴疾，缠绵疾病；患病。

千两，俟至来春土和风暖，乘时修理各堡，务以恢复旧疆图取实效为期，毋得妄费工财，徒事虚饰，务使弃地尽复，荒田尽垦，使在我有可据之险，虏无可乘之隙，无致他日追悔犹今之于昔焉。再照大同北路诸堡险远难守，若非兵卫，终恐有失。先年曾议添设参将一员，分守其地。臣看得大同原设兵马数少，益分益孤，分守参将未易得人。本镇见有协守左副总兵杨贤部下奇兵三千员名，合无比照辽东、甘肃事例行令分守前项地方，常川住札，则兵不改聚，将不添设，事体简便，亦似相应。然举大役而无劝惩，则偷惰者无所警，而勤力者或以隳，再乞悬重赏以待有功，明大法以警不恪。一有功过，施行不爽，则激劝之下，趋事争先，而工可成矣。但动众者怨易作，用财者谤易生，发言盈庭，作舍道傍，皆古人之所忌也。更望陛下始谋惟审，断以必行，终谋惟坚，断以必成，毋惑他议，废此大图。唐臣韩愈有言曰：‘凡此蔡功，惟断乃成[1]。’臣请以是为今日颂。”（卷19，第901~904页）

◎北虏由许家冲入寇。龙门守备马骥以兵少不敢战，度虏必由旧路出，乃率兵断其路。路在两山间，骥浚壕深二丈许。虏闻之大惊，以精甲拒后，绳牵蚁渡而去。土人曰：“是时行官军一营至，则虏可歼也。”

按闻边人之谈虏情者，曰：百骑不越城，千骑不越路，万骑不避镇。言虏骑愈多则所入愈深也。又曰：镇守战，原野撼；分守战，山谷断；守备战，溪岸盻[2]。言所统既寡，则相机其宜也。若骥者其足以知此乎！纪之以为小校法。（卷19，第920~921页）

---

① 凡此蔡功，惟断乃成。指的是唐宪宗力排众议任用裴度做宰相，平定淮西节度使吴元济的叛乱。“度至淮西，身督战。由是诸将效力。李塑夜袭蔡州，擒元济，淮西遂平。”后韩愈奉诏撰平淮西碑纪功，其词有云：“凡此蔡功，惟断乃成。”后指保持清醒的决断力。

② 盻，音 xì。视，看。

◎七年秋九月①，滴水崖军人贾鉴、钱保等与市商讼，不胜，因激怒众曰："我辈出死力捍地方，商非土著②人，坐肆网利，反蔑我辈邪！"遂聚围商居，掠其货，纵火焚仓场婴城，且曰："兵至即走胡。"时官兵在境外烧荒，巡抚都御史源清闻之大骇，密遣人至境外，檄副总兵刘渊、参将李彬曰："事已，无归镇便，可出间道至滴水禽诸恶也。"渊等驰赴之，故作乱之二日，兵即至城下。彬部卒飞石坠其陴，众遂附登。已而渊至，呼曰："兵一入所，杀岂止乱者邪？又能止焚掠耶！"众乃止。于是令城中曰："抚台已得情，所禽止鉴等十八人耳，余不问也。"鉴等多自杀。门开，渊整兵入禽未死者数人，送镇斩之，一堡悉定。（卷20，第924～925页）

◎城③松树、君子堡宣府北路，号称孤县④，北路诸城，马营为要。马营北旧有二堡，东曰君子，西曰松树，在两山之间，南通马营，土极平饶，多警以来，堡弃不守。先年翟鹏曾议修不果，至是万达城之，置把总官。

游击将军吕阳、北路参将董麒出塞袭击李家庄诸虏，败绩。初，督府议曰："宣府所急者西中路，北路虽邻李家庄，鼠窃虏耳，故边役始西路，次中路。今岁分布储将，署阳屯新河口，麒留本路。"阳比发，请于抚镇曰："必立功以报国。"抚镇壮之，至是阳与麒出塞，袭击李家庄虏，斩三十余级而还，会大雨，虏追及，兵不能战，遂败。麒惧，先入塞，阳亦间关获免。守备陈勋死焉，诸骑兵死者百余人。于是军门论阳作俑⑤贪功，废谋轻举，麟见虏先回，不援后

---

① 嘉靖七年秋九月，1528 年。
② 土著，亦作"土箸"。世代定居一地。《汉书·西域传上》："西域诸国，大率土著。"颜师古注："言著土地而有常居，不随畜牧移徙也。"
③ 城，筑城。
④ 县，古同"悬"。
⑤ 作俑，《孟子·梁惠王上》："仲尼曰：'始作俑者，其无后乎！'为其像人而用之也。"本谓制作用于殉葬的偶像，后因称创始、首开先例为"作俑"。多用于贬义。

拒，悉抵罪。

八月①，虏寇云州、赤城，守备易纲、戴纶及陕西游击将军陈言击却之。时西中路长城成，虏莫能犯，乃伺北路。会北路兵集西偏助役，虏遂由青泉堡入寇。纲，云州守备也，闻警，以家丁数十骑驰至永镇堡据险虏对射，虏疑有伏不进。先是督府令延绥游击陈言以一军北路近地，曰备北路缓急，至是督府所遣督阵官赵升呼曰："北虏不通，大举者恃山险也，稍缓，虏出险矣。"言乃介而驰。虏望见兵至，少却，纲因驰入言军，请身为先率。言喜，遂同进战，凡数合，虏皆北。纶，赤城守备，亦以家丁邀虏，夺被虏人口牛马，同言、纲追虏出塞还。是役也，纲、纶皆以数十骑赴战，而言兵与虏人合者数，故土人称纲、纶二校勇，延绥兵喜野战云。（卷21，第 985～986 页）

◎九月②，虏寇隆庆，总兵赵卿败绩。初，宣府以西中路为极冲，虏岁犯之，北路号严险，东路亦远僻。又李庄诸虏巢北路塞外，素不与大营虏合，而东路塞外花当、朵颜诸部落亦耕牧其地，不肯令大营虏得东，故二路鲜虏患。长城之役，急西中路。近西中路长城成，虏遂数来往北路，塞外李庄虏亦畏慑逃避，或曰为大营虏奸焉。至二十五年，虏遂犯云州，与守备易纲、游击陈言战，不得志而去。复谋曰："北路险远，即入不战而疲矣，不若由北路左右腋窥隆庆，隆庆素不被兵民，堡损坏易攻也。"时督府料虏必东，檄将校曰："虏犹水也，城塞以止驱，犹筑防以障流，防不备则水注于不备之地，防既备则水漏于不固之防。今者虞③大同则大同长城成，虞山西则并守议定，虞宣府则西中二路长城举役矣。所不备者北东路也，

----

① 嘉靖二十五年八月，1546 年。
② 嘉靖二十七年九月，1548 年。
③ 虞，忧虑；忧患。《左传·昭公四年》："君若苟无四方之虞。"王引之述闻："虞，忧也。"

财力有限，工役因时令未能即城，北东路如西中而不厚集兵申警备，是遗之门也。"于是布兵设伏，倍于往时。

九月，谍报虏窥镇安，督府檄赵卿曰："镇安之险可据也。扼镇安，虏不能入矣。"时卿驻兵云州，去镇安仅三十里，督府以为无虑；继报虏攻独石，卿弃镇安走独石也，惊曰："虏入矣。"乃东驰一昼夜行三百里，抵怀来西界。复檄卿曰："虏入镇安必由长安岭，长安岭死地也，分遣精锐间道截击雕鹗、合河、黄家、白草之间，我可以一当百。"卿故儒吏，善谈论而性实懦怯，徒以廉谨为时重，得檄不敢发，为危语曰："督府误矣。虏已入塞，仆无所逃罪，臣子至忧在京师与皇陵耳。今不匿形稍纵之南，而分兵截急，彼见兵进，必东奔，东奔则畿甸皇陵搔动矣。"十辈谒止。督府击其使，发令旗促之。卿乃稽延①不前，而虏已抵隆、永。由是隆庆、永宁大被荼毒，督府策卿懦不即进也，则自以麾下合诸营老弱留城者驰而东北，至虏营噪而鼓行。虏乃退，由滴水崖出。于是督府捶胸曰："悔不早易卿，将贻生民虐也。"乃上疏自劾，及论列卿罪。诏遣琐闼②近臣出核之，核如劾。论者犹惜卿廉谨，诏夺兵曰："衣还伍，督府亦夺三官。"

二十八年③春二月，虏寇滴水崖。昨年之寇，督府策其由滴水崖入，已而由镇安入。督府大喜，以为虏蹈死地可歼也，而赵卿惧不敢前，督府劾之，是后恒檄将校曰："虏悔前役矣，再入必滴水崖。"故今春即议伏兵滴水崖。谍人蓝伏胜者，犯法当刑，督府杖之百不死，督府异之，以语兵备副使魏尚纶。尚纶曰："古人有如是成功者，盍④贷其生。"督府曰："吾意也，君以是语之。"魏语伏胜，誓死报。因使入虏中为间，还曰："虏声言西下，而数询被虏人隆、永

---

① 稽延，迟延，拖延。
② 琐闼，镌刻连琐图案的宫中小门，亦指代朝廷。闼音 tà。门，小门。
③ 嘉靖二十八年。
④ 盍，音 hé。何故，为何。

间事，必东寇也。"于是督府再檄卿曰："即将所部于北东路适中处若滴水崖塞下，坚壁以戒不虞。"

时总兵周尚文以宿将稔①兵事，镇大同者数年矣，雅以私惠②得士卒心，然尚文为人矜己获前，颇幸邻镇事变。时有归正人至塞语墩卒曰："虏马首已东，将趋明沙滩矣。"明沙滩者，独石塞外地也。蓝伏胜时巡塞，闻其语惊曰："事急矣，走白督府。"督府使视归正人，则守臣系解诣尚文。尚文闻虏东，即稽其解曰："送督府须易公牒③也。"留三日未发，督府闻之曰："虏审东矣，厉邻镇以张己能，猾老故态也。"时赵卿以隆永之役在论，未有代，督府乃檄尚文曰："已悉虏情即日东寇，宣大相援制也。其以兵援滴水崖。"又虑尚文不时至，则具疏言之，且曰："卿既获罪，待者未至，已令尚文戒严东援滴水，不若令尚文暂代卿将，乞诏旨促其速至。"尚文初得檄犹豫，会命下，乃介而驰。未至而虏攻滴水塞矣。旸瀚，故战锋将也，李彬之死，论者尤焉，督府杖而用之，责其后效，及是以坐营官随卿戍滴水。卿闻尚文当暂代，已而虏寇且至，则以兵三千人付旸瀚曰："为我戍滴水。"身归镇听代，督府不知也。卿既归，虏果至，仰塞急攻，二日不能拔，分步卒攀危岩，县④绠⑤登高华沟转双盘道出。旸瀚皆夹攻之，兵遂败。旸瀚挥刃力战，杀数十人而死。于是虏入塞，复东向怀来，而尚文之兵至，壁于石柱村，军容甚整。虏大骇，未敢侔犯，遣间来约曰："诘朝⑥当见。"比晓则伐树拆屋，毁门关，令步卒肩之以御矢石，而骑随之噪且突阵。旧列营必列木为栅以拒囗轶⑦，其夜尚文计曰："栅目可见，不若穴地为暗窖。"

① 稔，音 rěn。熟悉，习知。
② 私惠，私人的恩惠。
③ 公牒，官方文书。
④ 县，古同"悬"。
⑤ 绠，汲水用的绳子。
⑥ 诘朝，音 jié zhāo。早晨，亦指次日早晨。
⑦ 阙字为左车右侵去亻，疑"侵"字。侵轶，亦作"侵佚"。侵犯袭击。

乃令人劚①七窖于壁外，窖深及膝，大容马蹄。及战，虏马多仆，军中发火器击之，凡二日，阵百余合，虏死者数千人。虏大沮，然恃其众，不归也。酋俺答阿不孩拔刀曰："不胜，是即刿吾首！"乃复攻围，两军俱惫。

初，督府闻卿还镇也，大骇曰："三千人足戍滴水乎？"疾促尚文前，而自以亲兵及他路未发者驰赴之。至是，闻尚文战且二日，计曰："鼓三则竭，兵无三日战不疲者，不援尚文，是弃师也。夫尚文与虏角，杀伤过当，而虏不退奔者，惭于不胜，且惧尚文蹑其后，所谓两虎共斗，势难先止也。我鼓行而前，尚文兵闻之，气自倍，虏遁矣；不然，则虏与尚文角且惫，而我乘之，渔人之获也。"时西风大作，乃令于军曰："不必结阵，五人为伍，雁行疾驰，有警人自为战，人自为救。"鼓声大振，扬尘蔽天，未至虏营十五里，虏拔营遁。尚文以久战士惫，不能蹑也，兵罢还镇。始督府疏调尚文，论者以游兵有应援之责，主将无暂摄之例，疑焉。当路者主之曰："兵有先声，将专阃外，不宜异同以失事机行之。"及是，边人举手加额，服督府料中，感庙谟②能决策云。

虏既连犯隆永，翁万达曰："虏之为患，犹泛滥之水。中国设守，犹障水之堤。诸堤悉成，则渐寻隙漏，诸堤未备，则先注空虚。乃今注隆永矣。夫隆永者，京师北门也，城诸路以为堤，遗隆永以为窦，愚窃惧焉。"乃上疏曰："臣闻首尾腹背之论定而后形势明，轻重缓急之分较而后便宜得。臣本书生，不暗戎计，然识险夷于驰骋，稽难易于筹思，颇得其概，不敢不遂言之。夫天下形势重北方，以邻虏也，然我朝形势与汉唐异。汉唐重西北，我朝重东北，何者？都邑所在也。汉唐都关中，偏西北，我朝都幽蓟，偏东北。汉唐偏

---

①　劚，音 zhú。用砍刀、斧等工具砍削。

②　庙谟，犹庙谋。朝廷或帝王对战事进行的谋划。庙，"朝廷"的代称。谟，计谋、策略。

西北，故其时实新秦、开朔方城受降，不但已也。我朝偏东北，则皇陵之后，神京之外，其所以锁钥培植以为根本虑者，可但已哉。天下便宜重宣大，以数警也。然近时便宜与往年异，往年虞山西，近时虞京后。何者？虏情不常也。大同之门户不严则太原急，宣府北路之藩篱不固则隆永急。往年急太原，其时内边之修，外边之筑，建议并守，不惮劳也。今时急隆永，则皇陵之后，其所以锁钥培植以为根本虑者，又可已哉！国之后门，犹人之肩背，养其肩背以卫其腹心，蓄艾①七年，防危一旦，察脉观兆，不见是图，乃今则病形已见矣。夫往年城紫荆、倒马诸边，备畿辅之西也，城雁门、宁武诸边，备太原之北也。紫荆、倒马有宣府、大同以为外捍，雁门、宁武有大同偏老以为外捍，且犹为设重险。隆、永去神京二百里，而近无外捍足恃，而重险不设，专恃北路，非计之周也。且十九年、二十年、二十一年之寇，由朔州以窥雁门，志太原、平阳也。二十三年之寇由蔚州、广昌以窥紫荆，志真保定也。塞垣成而雁门寝谋，铁裹门、鹁鸽峪战而紫荆绝望，虏情可推而知也。昨岁豕突②于镇安，今兹狼顾③于滴水，摇尾以归骈首④，不解其志欲何为哉，此臣之所寒心也！夫往之经略所以裕今，今之措注不思善后，封疆之臣其敢一日忘其死邪！往年修边之役，宣府始西中路者，先所急也，北东二路限于力，则间多未举。又以独石、马营、永宁、四海冶之间素称险峻，朵颜支部巢处其外，尚能为我藩篱，臣亦每有抚处之议。今西中路塞垣足恃，虏不易犯，其势必不肯以险远者自沮，而朵颜支部复为所逼，徙避他所，东北二路之急，视前盖数倍也。试以二路边计之，东路起四海冶、镇南墩而西至永宁尽界，北路起滴

---

① 蓄艾，《孟子·离娄上》："今之欲王者，犹七年之病求三年之艾也；苟为不畜；终身不得。"本指蓄藏多年之艾以治久病，后以"蓄艾"比喻应长期积蓄以备急用。

② 豕突，谓像野猪一样奔突窜扰

③ 狼顾，如狼之视物。形容凶狠而贪婪地企图攫取。

④ 骈首，头靠着头，并排。

水崖而北而东而南至龙门城尽界，为边凡七百里，而二路马步官军不过三万，除城守站递诸役防秋摆边，仅得二万，兵分于地广，备疏于无援，此臣之所寒心也。夫地要而不重其防，兵分而不虞其害，封疆之臣又敢一日忘其死邪！天下之事，不有所待无以全其势，不有所更无以尽其利。宣之北路溪谷，僻仄之域，贫瘠之区也，往年不数患虏者，彼诚避其险远无所于利。近两入寇，志在内地，内设重垣，虏计斯沮，不窥内地，则外诸城堡昔为大举必经者势亦自缓，而左腋龙门卫杨许二冲、右腋龙门所滴水崖一带厚为之备，绝其必窥。设使虏仍贪入，则须由独石、马营而南，逡巡①前却②于溪谷僻仄之间，攻不可隳，掠无所获，疲其力而冲其中虚，伺其隙而邀其归路，当无不覆之寇矣。故外边以捍北路，内险以捍京师。寻常窃发，外边自可支持，万一侵轶内险，复成犄角，外边兼理堡寨，进可以逐北，退可以致人。内险专事堤防，近以翼蔽隆永，远以系籍关南，缓急相资，战守并用，兹所谓审形势酌便宜而尽之人谋者也。拟于东路镇南墩与蓟州所属火焰墩接界，塞其中空，筑垣仅三十余里，可以省百数十里之戍。自北而西，历四海冶、永宁、光头岭、新宁墩一带地势可守者，循其旧边地势不可乘者，稍为更改。又自永宁墩历雕鹗、长安岭、龙门卫至六台子墩，别为创修内垣一道，与北路新墙连而为一。北路原额官军不轻内调，内垣乘守别措兵马，盖不止备金汤之设，崇虎豹在山之威，亦且成首尾之形，收率然相应之利也。"从之，乃城北路内塞。（卷22，第996~1005页）

◎三十三年五月③，虏由马营盘道墩入塞，寇云州、赤城等处，

---

① 逡巡，徘徊不进；滞留。《后汉书·隗嚣传》："舅犯谢罪文公，亦逡巡于河上。"李贤注："逡巡，不进也。"

② 前却，进退。

③ 嘉靖三十三年五月，1554年。

攻毁属堡二十余座，杀掠人畜殆尽。八月，复由云州两湖口①静宁墩空入，寇雕鹗、永宁、怀来，攻毁杀掠，北夏过之。我军时因年饥，逃亡且半。总兵刘大章率师御之，将领亦畏虏不敢径当其锋，遥望数日，引军而归。虏扬扬得志去。（卷22，第1007页）

◎天顺初，朵颜三卫夷人因虏酋孛来诱犯独石，巡抚都御史韩雍集大军出其不意袭之，贼惊各遁去。（卷23，第1024页）

◎提督三关侍郎臧凤奏称："五月十七日②，有独石常胜墩传到龙门所守备官田勋称，在阵时，有众贼见我官军奋勇拒敌，收札一处，说称我与你们讲和等语，退回拾获，丢下番文③一纸，无人辩识。臣查得龙门所境外先年有朵颜卫达贼约有千余在彼住牧，近边布种糜黍，时或潜入窥伺，抢掠人畜。近被官军防范严切，又于本年闰四月十四日④斩获首级六伙，得获达马夷器，想是纠众报仇，又为我兵敌退，所遣番文未知是何缘由，乞敕该部行令译字卫门译出情词，议拟应否处分。"兵部乃译出达字番文一张。尚书彭泽奏言："番文译出所言事虽无据，但夷情谲诈，或恐以此诱我弛备，亦未可知。合无本部行文提督臧凤并宣大蓟州等处镇巡等官，务要比常严谨堤备，远为哨探，遇有报到声息，彼此互相应援，不许怠忽误事。本部仍行巡抚顺天都御史审各关验放夷人，通事序班有无受要各夷财物放进，及将两个儿子作一个名字开写，等项情弊，明白参究。"上从之。（卷23，第1027~1028页）

---

① 两湖口，《明史》等均作"两河口"。
② 嘉靖二年五月十七日，1523年6月29日。
③ 番文，旧称少数民族或外国的文字材料。
④ 嘉靖二年闰四月十四日，1523年5月28日。

◎二十二年①春三月，宣府总兵官郤永出塞袭击李家庄诸虏。初，李家庄塞外有住牧虏数百，朵颜别落也，善盗塞，边将鼠窃防之。然此虏不通诸大营虏，亦能盗大营虏马。大营虏觉追之，入险辄不能逼。其地可糜，渐有板庐，每当盗马过我墩，呼戍卒曰："往大营盗马，无南事也。"其还亦然。狡而善射，故不为大营并，而北路以此鲜大寇。论者以为宜抚处之，使为我用。然边将贪功者恒朵颐②焉。至是永以兵出塞袭击之，斩四十余级而还。

按永之斯举，不惟失李庄诸虏之心，无以成抚处之计，抑使之饮恨③于我，盗边日甚，或自虞孤弱求合之营，所失非寻丈④也。（卷23，第1031页）

---

① 嘉靖二十二年，1543年。

② 朵颐，鼓腮嚼食。喻向往，美馔。

③ 饮恨，指抱恨而无由陈诉。

④ 寻丈，泛指八尺到一丈之间的长度。

13.《宣大山西三镇图说》

【题解】　　《宣大山西三镇图说》3 卷，杨时宁撰。杨时宁（1537～1609 年）字子安，号小林，河南详符（今河南开封市人）。隆庆二年（1568 年）进士，授曲沃知县。后曾任宁夏巡抚，宣大山西总督，官至兵部尚书。万历二十九年（1601 年），杨时宁任宣大山西总督，按照朝廷的要求，组织 3 镇文武将史，图画条说各镇的形胜、要害、边防情况，上报朝廷。后据所报材料整理剪裁，纂成此书。书分 3 卷，第 1 卷宣府镇，第 2 卷大同镇，第 3 卷山西镇。书首有宣大山西总图说，而后按镇、路、城堡逐级分别叙述，图文结合，详细记述了 3 镇即所属各路、城堡的形胜沿革、边情兵略。宣、大、山西镇与蒙古右翼蒙古土默特部、哈喇嗔部毗邻，万历年间又是明朝与右翼蒙古通贡互市、和平往来十分活跃的时期，因而该图说中有很多关于蒙古情况的资料。在各城堡图说中，比较确切地标出各镇边外驻牧的蒙古部落名称、驻牧地、首领姓名、互市场所的位置、蒙古使人入边通道等，对蒙古与明朝的种种联系亦有叙述，保存了万历三十年前后 3 镇边外蒙古诸部情况的资料。

本辑据"国立中央"图书馆出版、正中书局印行《玄览堂丛书初辑》第 4 册影印明万历癸卯（1603 年）刻本校点辑录有关赤城内容。又据彩绘本《宣大山西三镇图说》（该本为秘阁本，分天地人 3 册，封面题作：九边圣迹图。书内地图使用青绿山水画法）补录《玄览堂丛书》本残损内容，并增补赤城堡等 6 城堡图说。原古籍"图"在前，后紧跟其"说"，今为排版方便，图、说各单独排列。原古籍图说未有标题，为使眉目清楚，整理时增加了城堡的小标题。

本堡古鷄田也故民堡嘉靖三十七年始改為管
堡萬曆十六年輒砌環二里六十六步高三丈五
尺設防守官一員所領見在旗軍二百三十九名
馬騾八十三匹頭止管火路墩七座自東關長伸
以來距大邊漸遠然賊由龍門蔣家莊滴水唐家
嶺深入則本堡依然經犯之地也且自龍門添置
兵將之後往來應酬頗繁又史車駐牧長安鵰鶉
凡經龍門赤城無不假道本堡前此安兔懷隙每
窺本堡平坦哆口聲孔之今雖悔禍效順而內守
外防亦何可疎懈也

《宣大山西三镇图说》书影

◎宣府分巡口北道辖上北路总图说

本路参将驻札独石，逼邻虏穴，三面受敌，于九边中最称冲要。盖九边幅员虽长，类多内向，此独挺出塞外，更难守云。所辖开平一卫、云州一所，为守备四，为防守八。内各城堡①独石、马营、清泉、松树、君子、镇安、赤城、镇宁等俱极冲，云州、伴壁店、猫儿峪、仓上堡稍次之。旧分边东起靖胡堡，西止中路龙门关、沿长七百余里。近改东面牧马属下北路，西面金家庄属中路，边得稍减于昔焉。今管大边五百一十四里零，二边一百八十六里，边腹墩台六百三十座。阖路见在官军一万一千二百三十二员名，马骡二千七百三十四匹头；内援兵堪战者不过一千九百员名，马亦止一千四百一十九匹。乃马营迤西咸属平旷，独石孤城应援难及，虽层峦叠嶂若可足恃，虏一渝盟②，长驱突入，直坦途耳。乘此和款之时，惟修冲边以固要害，抚属夷以保腹心，是所当急务者。顾边长数百，势难卒办，必陆续实心修筑，期于坚固永久可也。（第 91～92 页，图见第 1468～1469 页）

〇独石城图说（第 94～95 页，图见第 1470 页）

本城上谷北路绝塞之地，宣德五年移旧开平卫于此。依边为界，外直抗青酋大部，得虏东西谋犯情形常易，即蓟镇侦探犹藉之，九塞孤悬称最焉。城周六里二十步，高四丈。正统己巳③陷于也先，景泰三年④恢复之，后节次重修，至万历十年⑤始易以砖。内本路参将

---

① 彩绘本"内各城堡"前有"东至牧马堡三十里，西至龙门城六十里，南至雕鹗堡四十里，北至独石城边十五里。"字样。

② 渝盟，谓背叛盟约。《左传·桓公元年》："公及郑伯盟于越，结祊成也。盟曰：'渝盟无享国。'"杜预注："渝，变也。"

③ 正统己巳，正统十四年，1449 年。

④ 景泰三年，1452 年。

⑤ 万历十年，1582 年。

驻札①，原设有开平卫及守备官分管。大边沿长一百六十三□□□□百三里，边腹墩二百一十五座②。除援兵外，见在官军二千九百七十二员，马骡五百三十八匹头，边墩柳河等七处俱冲，边外旧开平明沙滩一带酋首白洪大等部落驻牧。款后虏往来镇城必由本边栅口即守口夷人日盘踞大边之内计所资守御者惟二边耳。往岁③虏随处入犯，不胜踩躏之苦，嘉隆间迄无宁日。昔人所谓计尺寸系安危者，正惟此地善抚厚防所当昕夕④顾虑焉⑤。

○清泉堡图说（第 98 页，图见第 1471 页）

本堡边外山下有清泉涌出，绕本堡之东，故名清泉⑥。景泰四年始筑土堡⑦，加修于隆庆五年⑧，砖砌于万历十五年。周二里六十四步四尺，高三丈五尺⑨。本堡地虽孤悬，四塞颇险，正北栅口相去不满三里直冲边外大松林、双水海子，为青把都部酋白洪大等驻牧，近便⑩易于突犯防守官所领见在官军二百九员名，马五十一匹止管火路墩一十五座⑪。以步军寡少，仅堪守堡传烽火复责之应援，有

---

① 彩绘本"内本路参将驻札"前有"东至青泉堡四十里，西至马营堡三十里，南至伴壁店堡二十里，北至边一十里。"字样。

② "大边沿长一百六十三□□□□百三里，边腹墩二百一十五座"，彩绘本作"大边沿长一百六十三里，边墩八十座"。

③ "耳。往岁"，彩绘本作"一百三里零，边腹墩台一百三十五座。又皆块石泥涂，安足为恃，故未前款"字样。

④ 昕夕，朝暮。谓终日。

⑤ "焉"，彩绘本作"云"。

⑥ 彩绘本"故名清泉"之后有"堡城因山水之势，坐西南向东北，先惟荒区虏趁水草驻牧。"字样。

⑦ "土堡"，彩绘本作"堡"。"堡"后有"据险焉"三字。

⑧ 隆庆五年，1571 年。

⑨ 彩绘本"高三丈五尺"后有"东至镇安堡三十里，西至伴壁店堡二十里，南至猫儿峪堡二十里，北至独石城四十里。"字样。

⑩ "便"，彩绘本作"地平坦"。

⑪ "一十五座"，彩绘本作"一十三座"。

警必集客兵协防之。先年房不时窃掠，堡距独石窎远①，报至，路将守备邃难驰击，乘此和款之时，添精锐，广储蓄，以备紧急自卫。②

○伴壁店图说（第 100 页，图见第 1472 页）

本堡坐落平川，东西两面皆山，壁立道旁，故名伴壁店。旧本民堡，嘉靖三十七年，房由独石、深井、镇门等墩入围猫儿峪，逾月不解，道路为梗，始议筑堡设防③，自是遂为官堡矣。顾低薄不堪④，隆庆元年加修，万历十一年始砌以石。周一里三十四步，高三丈五尺⑤。设防守官一员⑥，所领见在旗军一百五十三名，马止二匹，火路墩四座，仍属独石守备兼摄。本堡虽无边责，然道出南北往来之冲，乃独石内防咽喉，缓急收保，实攸赖之不可以其小而忽之也。

○猫儿峪堡图说（第 102 页，图见第 1473 页）

本堡在伴壁之南，云州之北，适当路中，往来开平者必由于斯。创筑加修于伴壁店同。周一里二百二十七步四尺，高三丈五尺⑦。设防守官一员，所领见在官军一百六十八员名，马四匹，其火路墩三座，仍属独石守备兼摄。本堡东北大川实扼青泉堡之冲。若房自东栅口入，未有不先经本堡者，正统间止有蹊路而无垣墙，故房骑长驱，北困独石，南陷云州，不胜荼毒之惨，自建此堡，始内通应援，外障路冲，房亦无复，如昔日之纵横矣语，关系之重，甚

---

① 窎远，遥远。窎音 diào，深远。

② "自卫"，彩绘本作"之用"。后还有"盖绸缪桑土之至计焉"字样。

③ 彩绘本"设防"后有"守官一员"四字。

④ 彩绘本"不堪"后有"保障"二字。

⑤ 彩绘本"高三丈五尺"后有"称完壁矣。东至青泉堡，西至马营堡，南至猫峪堡，北至独石城，俱二十里。"字样

⑥ "设防守官一员"，彩绘本作"防守"。

⑦ 彩绘本"高三丈五尺"后有"东至镇安堡，西至马营堡，南至云州堡，北至伴壁店，俱二十里。"字样

于伴壁，缓急不可异视焉。

○马营堡图说（第 104 页，图见第 1474 页）

本堡①创筑于宣德七年，砖包于正统八年，后六年遭覆隍之变，景泰间再复，隆庆初年增修之。城周六里五十三步，高三丈五尺②。本□□□枕冠帽山③，而西门更峡，险隘非不可恃，然东南北三面悉临平川④，虏登山俯瞰⑤，城中无遁形□□□□□所领见在官军一千五百二十五员名，马骡一百四匹头，管大边一百七十余里，二边四十余里，边腹墩台一百二十一座，内威远、永平等墩俱极冲，边外三道沟等处，威兀慎等部落驻牧□□□□□□因添民堡，分兵千余，孤弱渐著□□□□□□□以复原额，且堡垣年久崩坏，当亟加缮修，以备缓急云。⑥

○松树堡图说（第 106 页，图见第 1475 页）

本堡在马营正西，与君子堡相犄角，盖马营之屏翰也。创筑于嘉靖二十五年，万历三年始砖包之。周一里三百六步，高三丈五尺⑦，设防守官一员，分管二边二十八里有奇，边墩二十四座，火路墩九座，所领见在官军四百四十四员名，马五十二匹。本堡

---

① 彩绘本"本堡"后有"当一路西北之冲，左与独石相犄角。"字样。

② 彩绘本"高三丈五尺"后有"东至独石城三十里，西至松树堡十九里，南至云州堡三十里，北至边墙二十五里。"字样。

③ "本□□□枕冠帽山"，彩绘本作"西北、西南两角枕冠帽山。"

④ 彩绘本"平川"后有"大野"二字。

⑤ "虏登山俯瞰"，彩绘本作"若虏登冠帽山俯瞰"。

⑥ "城中无遁形"以下，与彩绘本内容出入较大，彩绘内容为："城中虚实洞然，故难守称最焉。设守备官一员，分管大边一百七十里有奇，二边四十余里，边腹墩台一百二十一座。内威远、永平等墩俱极冲，边外三道沟、孤榆树系威兀慎、三娘子等部落驻牧。往年哨马即满三千，职官亦逾二百，犹且不支，后因添建民堡，分兵千余，近止见官军一千五百二十五员名，马骡一百四匹头，转徙日空，孤威渐著，脱有虏变，将何支持？故议增饷添兵，以填实之，或可转弱为强乎。顾墙垣低矮，年久崩坏，西面更坐山旷莽难守，所当亟加缮修，以备缓急云。"

⑦ 彩绘本"高三丈五尺"后有"东至马营堡十五里，西至二边五里，南至云州堡四十五里，北至君子堡十五里。"字样。

挺立平地，四面无依，南北一望广川大道，且距二边营盘道梁栅口仅十里，而临堡若孤山、双沟、① 磨天岭等处俱通大骑者，大边外南驻段奈，北驻青把都等部落，颇费驾驭，虽未款之前零骑亦未闻深入，本堡捍蔽之力固多，然孤悬之地，兵力寡弱，有警终难防御，戒备不可不预图焉。

◎宣府分巡口北道辖下北路总图说

本路原同上北一路，缘地势窎远，不便应援，万历十八年因添设参将一员，割地分边以属之，是为下北路。北起牧马，南尽滴水，东际大边，西讫样田，西南至长安岭，幅员仅七十里②。为守备三，为操守一，为防守四，本将驻札龙门所。分管大边沿长一百六十里有奇③，二边九十一里零④；大边墩一百四十六座，二边火路墩二百七十座。阖路见在官军五千九百六十六员名，马骡一千四百七十五匹头；内援兵一千六百五十二员名，马八百五十二匹。分辖⑤龙门所、滴水崖、宁远、长伸地、牧马俱极冲，雕鹗、样田、长安岭稍次之。迤东百五十里外即安、朝二酋巢穴，而白草、瓦房尤为群虏往来之冲。嵯崖突兀，林木深阻，侦探最难。且长安、雕鹗统辖之地近亦为二酋驻牧⑥，窃为将来隐忧⑦。练兵储饷所当昕夕戒备云。（第 109～110 页，图见第 1476～1477 页）

○龙门所城图说（第 112 页，图见第 1478 页）

---

① 彩绘本"双沟"后有"窝窝湾、九巢窖、黄土梁。"字样。
② "北起牧马……幅员仅七十里"，彩绘本作"东至靖胡堡三十五里，西至三岔堡二十五里，南至土木堡三十五里，北至镇安堡三十里。"
③ "有奇"，彩绘本作"零"。
④ "零"，彩绘本作"有奇"。
⑤ "分辖"，彩绘本作"属内"。
⑥ "二酋"，彩绘本作"史车属夷"。"驻牧"，彩绘本作"驻牧之场"。
⑦ "窃为将来隐忧"，彩绘本作"隐忧大属可虑"。

本城即路将驻札处①。自大宁徒而以龙门卫后所官军置此，是为龙门守御所。初止所官，后添设守备②。城宣德六年砖建，隆庆四年重新之。周四里有奇，高三丈五尺③。除援兵外，所领④见在官军一千六十五员名，马骡一百四十五匹头。分管大边八十五里，二边五十三里；大边墩八十座，二边火路墩七十八座。以通所之步军按垒分瞭，每墩不过四五名，内如平镇⑤等处俱极冲。边外⑥白塔儿、滚水塘一带，朝兔等部落驻牧。边多平漫，墙复低薄，防御最难。迩虽属夷内附，潜通外夷，窃为将来隐忧，所当昕夕戒严⑦以备不虞，不当以他城例视云。

〇牧马堡图说（第 114 页，图见第 1479 页）

本堡故牧场，土筑于弘治十年，向未设专官，惟间一遣官董牧事。嘉靖二十五年始议委防守官⑧，万历十五年砖包焉⑨。周一里六分零⑩，高三丈五尺⑪。本堡在龙门所北，距永宁口仅二十里⑫。防守所领⑬见在旗军一百六十九名，马六十匹。分边⑭六里有奇，边墩七座，火路墩七座，内永宁口极冲。边外七峰嵯，朝兔等部落驻牧。若虏由永宁口下青扬，入犯本堡，则龙门、云州皆所不免，故于永

---

① 彩绘本"驻札处"后有"原名李家庄，又名东庄。"字样。

② 彩绘本"后添设守备"后有"一员以专城守"。

③ 彩绘本"高三丈五尺"后有"东至长伸地堡四十里，西至赤城堡三十里，南至样田堡二十里，北至牧马堡十五里。"字样。

④ 彩绘本"所领"前有"守备"二字。

⑤ 彩绘本"平镇"后有"青平"二字。

⑥ 彩绘本"边外"前有"通大举"三字。

⑦ "所当昕夕戒严"，彩绘本作"乘时增修险要，积饷练兵"。

⑧ 彩绘本无"始"字，"防守官"后"分军戍之"四字。

⑨ 彩绘本"砖包焉"前有"始"字。

⑩ "周一里六分零"，彩绘本作"周一里二百四十五步"。

⑪ 彩绘本"高三丈五尺"后有"东至边墙一十里，西至云州堡五十里，南至龙门所十五里，北至镇安堡三十里。"字样。

⑫ 彩绘本"二十里"后有"许。东面虽近边，而实无边可限"字样。

⑬ 彩绘本无"防守所领"四字。

⑭ "分边"，彩绘本作"分管大边"。

宁口里修建敌楼二座以备捍御。而西南一带坦漫，由径路以下赤城，则甚捷焉，每值警报，必先征兵预待之。而山路险僻，粮刍之运最艰，则边储不可不厚积也。

○样田堡图说（第116页，图见第1480页）

本堡古鸡田也。故民堡，嘉靖三十七年始改为官堡，万历十六年砖砌，环①二里六十六步，高三丈五尺②。设防守官一员，所领见在旗军二百三十九名，马骡八十三匹头。止管火路墩七座。自东辟长伸以来，距大边渐远，然贼由龙门、蒋家庄、滴水、唐家岭深入，则本堡依然经犯之地也。且自龙门添置兵将之后，往来应酬颇繁，又史、车驻牧长安、雕鹗，凡经龙门、赤城，无不假道本堡。前此安兔怀隙，每窥本堡平坦，哆口③声犯之。今虽悔祸效顺，而内守外防亦何可疏懈也。

○雕鹗堡图说（第118页，图见第1481页）

本堡当北路之中，有警传报转输皆由于此，故设浩岭驿于其间，即北路五驿之一也。宣德六年与独石等城共创，成化八年砖甃④，隆庆四年再议加修。城周二里一百八十步，高三丈⑤。设防守官一员，原调自滴水⑥，故士马随守备屯滴水者过半，所遗官军见在止四百三十员名，马止七十三匹，惟管火路墩三十四座。乃属夷海塔利等驻

---

① "环"，彩绘本作"周"。

② 彩绘本"高三丈五尺"后有"东至长伸地堡三十里，西抵雕鹗堡五十里，南距滴水崖堡四十里，北达龙门所二十里。"字样。

③ 哆口，张口。

④ 彩绘本"砖甃"前有"复议"二字。

⑤ 彩绘本"高三丈"后有"东至滴水崖堡五十里，西至三岔口堡二十五里，南至长安岭五十里，北至赤城堡四十里，本堡离滴水崖边几六十里，且山胫迂迴，似不易犯。然由龙门而西南则坦平可径趋也。"字样。

⑥ "设防守官一员，原调自滴水"，彩绘本作"原设守备驻札，后以滴水边冲多警，遂与彼防守更调之。"

牧清水潭起龙沟等处①，实在本堡界内，抚驭②防范之责，视他堡奚啻③重焉。该堡地④称膏壤，昔年屯堡多被攻毁，若择其故基⑤堪修者，督令屯余归并住居，使与属夷各有樊柳之界可也。

○长伸地堡图说（第118页，图见第1482页）

本堡边外十三家⑥，乃属夷驻牧之区，嘉靖年间东夷启衅，残毁殆尽。自⑦北虏通款，史、车旋亦内徒，故万历七年遂得修复⑧，十年添设官兵守之。堡周一里二百七十六步，高三丈五尺，皆砖建也⑨。操守官一员⑩，分管大边三十二里，边墩一十九座，火路墩一十一座。所领见在官军七百三十八员名，马七十四匹。边墩如镇安台极冲，边外乱泉寺一带安兔等部落驻牧。本堡东北近大边，而以弹丸之堡当之，孤危大有可虞。近议于堡北巡检寺要害处东西添建敌台瓮城，与旧台⑪相犄角，又添募兵马。虽独坐穷山，足称⑫扼险云。

○宁远堡图说（第122页，图见第1483页）

本堡旧为朵颜易马市口，景泰后华夷阻绝，嘉靖中史、车二酋不时入犯，我兵多失利。二十八年即此战场筑堡焉，四十五年始包

① "处"，彩绘本作"山岔"。
② "抚驭"，彩绘本作"则抚处"。
③ 奚啻，亦作"奚翅"。何止；岂但。
④ "地"，彩绘本作"四郊颇"。
⑤ "故基"，彩绘本作"址基"。
⑥ 彩绘本"边外"前有"原"字。
⑦ "自"，彩绘本作"后"。
⑧ 彩绘本"修复"后有"十三家墩，八年增置五楼。"字样。
⑨ 彩绘本"皆砖建也"后有"东至大边山六十余步，西至样田堡三十里，南至宁远堡十五里，北至龙门所四十里。"字样。
⑩ 彩绘本无"一员"二字。
⑪ 彩绘本"旧台"前有"居中"二字。
⑫ 彩绘本"足称"前有"声援难及，犹可自为战守"字样。

以砖。周二里七十八步，高三丈五尺①。设防守官一员，所领见在旗军三百五十名，马七匹。分管大边二里，二边六里有奇；大边墩四座，二边并火路墩三十一座。边外一克哈气儿、朝兔等部落驻牧。东十五里外即大边盘道口，虏可大骑直入者。若本堡被警，则长伸、滴、靖俱骚动矣。此哨探防御所当日夜兢兢者也。

○滴水崖堡图说（第 124 页，图见第 1484 页）

本堡北据悬崖，崖水瀑布而下，因名曰滴水。创设于弘治八年，隆庆三年始砖砌之。周三里一百八十步，高三丈五尺②。东不二十里为大边，即蓟镇古北口之后也。设守备一员，分③大边三十六里，二边三十二里；大边墩三十六座，二边火路墩六十六座。所领见在官军七百六十三员名，马九十四匹。本堡山多蹊径，拒守为难，盘道口④等墩悉通大虏。边外大石墙、庆阳口等处，安、朝二酋部落驻牧⑤。议者仍欲添设兵马，弟恐增饷之难，无已，增筑常胜南边墙，峭削⑥苦菜北崖嵯，密布丁壮，昼夜设伏，亦防守之策云。

○长安岭图说（第 126 页，图见第 1485 页）

本城古桑乾岭也。永乐九年建城"永乐九年建城"，⑦。周五里一十三步，高二丈八尺⑧。本城东西跨岭，屹处其阿，中通线道，旁

---

① 彩绘本"高三丈五尺"后有"东至马市口十五里，西至滴水崖十五里，南至靖胡堡三十五里，北至长伸地十五里。"字样。

② 彩绘本"高三丈五尺"后有"东至靖胡堡界十五里，西至雕鹗堡五十里，南至永宁界十五里，北至龙门所界二十五里。"字样。

③ 彩绘本"分"后有"管"字。

④ 彩绘本"盘道口"后有"常靖、得胜、苦菜沟"字样。

⑤ "二酋"，彩绘本作"等"。"部落驻牧"后有"故弘治间设置防守，嘉靖二十八年复改雕鹗守备驻札，诚重之也。"

⑥ 峭削，陡峭如削。

⑦ 彩绘本"建城"前有"于此"二字，"永乐九年"前有"在下北路之南，适当东路之中，虏若疾驰从上北路逾之而南，则分东路为二矣。土木之难，仓卒莫御，正为此耳。"字样。

⑧ 彩绘本"高二丈八尺"后有"东至雕鹗堡五十里，西至保安新城六十里，南至土木堡三十里，北至龙门城六十里。"字样。

径多险。设有守备，有守御所，有<u>丰峪驿</u>，诚<u>居庸关</u>一重关也。守备所管止火路墩三十六座①，见在官军五百六十员名，马八十七匹。垣陴高低不一，率碎砖乱石所砌，既非坚城，而以此数百操站之军守之，倘②有警，实难防御。且堡之岭南尚有二三堪守者，岭北尽属残破，临近要堡若<u>东山庙</u>等不可不及时缮筑之。近日<u>东西斗子营</u>、<u>施家冲</u>等地，悉住<u>史</u>、<u>车</u>部落，华夷错居，至③岭南一带，属夷有④四十余年足迹所未到者，尤当严禁慎防云。

◎宣府分巡口北道辖中路总图说

本路在镇城之北，依山为边，盖镇城北面之藩篱也。自<u>东胜</u>、<u>兴和</u>废，弃地二百余里，故今分地与虏止隔一墙，而墙非高坚可登陴拒堵者。未款前，散夷时且逾之邀行旅矣，大举入犯，固倏忽甚易也。本路参将驻札<u>葛峪堡</u>，所辖十一城堡⑤，为守备二，操守六，防守三⑥。内"内"，⑦ <u>葛峪</u>、<u>大小白阳</u>、<u>羊房</u>、<u>青边</u>、<u>赵川</u>、<u>常峪</u>、<u>龙门城</u>、<u>金家庄</u>俱极冲，<u>龙门关</u>、<u>三岔口</u>稍次之。俱密迩边境，近已悉议砖包，渐称完固。分边东起<u>赤城</u>，西尽<u>张家口</u>交界，沿长一百三十一里有奇，边墩一百四十七座，火路墩二百一十二座。阖路见在官军五千三百五员名，马骡二千三百一十三匹头，内隶参将援兵者惟一千三百九十四员名，马一千四百匹耳。平时修守不敷，安望临事截战？且军士月饷既廉，团种更少，缘境内土田尽属镇城卫所，而所分惟一边，即为之将领者空握养廉之籍，又安从而授之军

---

① 彩绘本"火路墩三十六座"后有"境内屯堡一十七处。"字样。

② "倘"，彩绘本作"卒然"。

③ "至"，彩绘本后有"于"字。

④ "属夷有"，彩绘本作"则属夷"。

⑤ 彩绘本无"十一城堡"四字。

⑥ 彩绘本"防守三"后有"东至镇宁堡四十里，西至张家口堡二十里，南至宣府城四十里，北至葛峪堡边十五里，分属十一城。"字样。

⑦ 彩绘本作"如"字。

哉？至沿边抚赏，群夷环绕墙下，由龙门而趋镇城，虏使络绎不绝，赵川尤甚，此戒备所当严慎者也。（第 129～130 页，图见第 1486～1487 页）

○龙门城图说（第 148 页，图见第 1488 页）

本城故名龙门县，宣德六年建城置卫，继失于正统，旋复于景泰。嘉靖中大虏残毁屯堡①，间里萧然②，隆庆二年再加修筑，内土外砖。周四里五十六步，高三丈五尺③。内驻札管粮通判，原设守备一员④。分边二十九里三分，边墩二十七座，火路墩五十一座。所领⑤见在官军一千一百五十一员名，马骡一百二十六匹头。本城依山为险，如制虏、石门墩极冲，边外太子城，大小庄窝各有夷巢环聚⑥，若寇从此下，直抵本城⑦，则东南掠雕鹗，西南闯龙门，右犯小白阳，南及长安岭，阖镇骚动矣。故谈形势者独指本城为门庭之卫，所当倍加防御戒慎焉。

○三岔口堡图说（第 150 页，图见第 1489 页）

本堡西接龙门，南通雕鹗，东北抵赤城、镇宁，为行旅三歧之路，故曰三岔口。旧本民堡，嘉靖二十八年惩怀来之变，议筑之，万历十七年始砌以砖。周一里二百五十四步，高三丈五尺。设防守官一员，所领见在旗军一百三十三名，马骡三十五匹头，管火路墩

---

① “大虏残毁屯堡”，彩绘本作“大虏猖獗，屯堡残毁。”

② 彩绘本“萧然”前有“一望”二字。

③ 彩绘本“高三丈五尺”后有“东至三岔口堡十五里，西至龙门关二十里，南至长安岭六十里，北至边墙一十里。”字样。

④ “内驻札管粮通判，原设守备一员”，彩绘本作“内设守备一员，改管粮通判驻札于此。”

⑤ 彩绘本无“所领”二字。

⑥ “如制虏、石门墩极冲，边外太子城，大小庄窝各有夷巢环聚”，彩绘本作“如制虏、石门、安边、进远等墩外松窟窿、大小庄窝各有夷巢环聚”。

⑦ 彩绘本“直抵本城”前有“许杨二冲”四字。

一十三座。旧隶下北路，今改属葛峪参将管辖，而为中北之界限焉①。先年于此筑内垣，堡城斜倚之，虏脱入犯，分骑登垣陴以窥②堡中，不惟我之虚实毕露，而建瓴之势且以资敌矣。或谓宜别加敌楼，中断其垣，以免凭凌之患③，似为得策也。

〇金家庄堡图说（第 152 页，图见第 1490 页）

本堡在龙门卫山后，东西相距七十余里，边离卫城既远，捍御应援难及，不有本堡以扼其冲，则虏骑长驱甚易也。堡创自成化二年，正德十三年增筑，万历四年复砖包之。周二里有奇④，高三丈五尺⑤。防守官一员，所领见在官军四百五十员名，马骡五十六匹头。本堡坐落高阜，南北两山紧夹⑥，千骑难容，最据要险。分边一十三里六分，边墩一十四座，火路墩三十九座，内镇边墩极冲。边外青把都部落驻牧。堡北十里外新栅子距大边静盘道⑦、进远等墩仅十五里，虏由此入，不惟直犯本堡，即三岔、龙门胥震动矣。是又通贼冲路，戒备所当严慎焉。

◎上北路补⑧

〇君子堡图说（图见第 1491 页）

本堡当马营西北之冲。宣德五年被虏残破，业为丘墟。嘉靖二

---

① "万历十七年……而为中北之界限焉"，该段与彩绘本顺序有出入，彩绘本作"三十五年议分龙门城火路墩一十三座，拨龙门所军防守之。旧隶下北路，今改属葛峪参将管辖，而为中北之界限焉。堡于万历十七年始砌以砖，周一里二百五十四步，高三丈五尺，称坚壁矣。内防守官一员，所领见在旗军一百三十三名，马骡三十匹头"。

② "窥"，彩绘本作"瞰"字。

③ 彩绘本"凭凌之患"后有"或谓堡垣相接，颏口处当专卒严扃，以杜窥伺之奸，两者皆"字样。凭凌，凭陵亦作"凭凌"。横行，猖獗。

④ "周二里有奇"，彩绘本作"周二里二百八十四步"。

⑤ 彩绘本"高三丈五尺"后有"东至赤城堡六十里，西至边墙一十五里，南至三岔口堡三十里，北至镇宁堡三十里。"字样。

⑥ 彩绘本"南北两山紧夹"前有"凭之远眺，虏无遁形，且"字样。

⑦ "静盘道"，彩绘本作"宁静、盘道"。

⑧ 以下 6 堡，据明万历三十一年杨时宁、白希绣等编彩绘本《九边圣迹图》补。

十五年始修。<u>万历</u>八年复包以砖。周一里三百五十步，高三丈五尺。东至<u>独石城</u>三十里，西至<u>松树堡</u>十五里，南至<u>马营堡</u>二十里，北至大边十五里。设防守官一员，分管二边一十五里有奇，边墩十五座，火路墩十一座，所领见在旗军四百八十九名，马一十二匹。本堡坐山漫坡之中，北距大边<u>镇远</u>、<u>镇门</u>、<u>盘道</u>等口皆二十里，内<u>得胜墩</u>极冲。又五里外即二边<u>西栅口</u>，宽敞易乘，若虏从此径逼<u>马营</u>，本堡首先坐困^①，故专官拨兵以戍之，自为瞭望，仅可收保^②，议添募兵，终当顾虑焉。

〇<u>镇安堡</u>图说（图见第 1492 页）

本堡设在<u>云州</u>旧治<u>金莲川</u>东，原属<u>云州</u>守备统辖，近始改驻于此。堡筑于<u>成化</u>八年，<u>正德</u>六年加修，<u>万历</u>十五年始甃以砖。周二里六十六步三尺，高三丈五尺。东至<u>两河口</u>七里，西至<u>云州堡</u>三十里，南至<u>牧马堡</u>三十里，北至<u>青泉堡</u>三十里，设守备官一员，分管边九十三里，边腹墩台七十四座，所领见在官军七百二十五员名，马骡六十三匹头。本堡重峦叠嶂，四面皆山，东逼<u>两河口</u>，径通边外，山高，虏骑乘之而下，势若建瓴，故虏入内地，本堡必先受困。<u>嘉隆</u>间，历遭多故，可验也。且<u>两河口</u>外林木丛杂，侦瞭尤难。越<u>三间房</u>、<u>觱舻湾</u>等处，俱北虏与东虏部落驻牧，颇费防范。今改设守备，若再增募壮勇，有警路将应援，庶可恃以无恐矣。

〇<u>赤城堡</u>图说（图见第 1493 页）

本堡古<u>炎帝榆罔氏</u>时，诸侯<u>蚩尤</u>都地也。古城在北山上，坐据高险，俯视川原，可谓跨形胜十二矣。后移于平地，要害亦如故而语，险则半失焉。城筑于<u>宣德</u>五年，<u>正统</u>间陷没，<u>景泰</u>初方恢复，辄先砖甃之，盖以北路城堡此独适中，上下缓急可随，所向而应援

---

① 坐困，谓据守一地而无出路。谓困敌于一隅，陷敌于困境。

② 收保，古代边境上设置的兼有储藏物资和防卫作用的小城堡。保，通"堡"。《史记·廉颇蔺相如列传》："匈奴每入，烽火谨，辄入收保，不敢战。"

也。城周三里一百八十四步，旧时垣墉①低薄。万历二十四年，新增砖石加高，共三丈五尺，始称金汤云。东至龙门所三十里，西至龙门卫六十里，南至雕鹗堡四十里，北至云州堡三十里。本城驻札兵巡道及下北路管粮通判，专城守备官一员，所领见在官军一千五百八十六员名，马骡三百五十一匹头，分管大边七十九里有奇，边腹墩台一百五座。野鸡山玉石沟等处俱通贼要路，边外野鸡川、三娘子等部落驻牧，守备官军除分遣防戍外，每遇有急，犹不能无掣襟露肘②之患，所恃堪战者，惟新设家丁三百耳，此增兵置戍之议，所当讲究云。

○镇宁堡图说（图见第 1494 页）

本堡地当赤城、马营二边交冲，若虏东向入掠，则本堡首当其锋，故设防守官以捍御之，亦犹云州东有镇安也。堡创于弘治十一年，垣墉低薄，嘉靖二十三年始砌以石，万历十五年复包以砖。周二里五十七步有奇，高三丈五尺，东至云州堡三十里，西至大边二十里，南至赤城堡三十里，北至马营大边五十里。防守所领见在官军四百四十四员名，马骡五十四匹头。分管大边九里有奇，为边墩者九，为山梁平地火路墩者一十六。堡居近边，惟东一面邻山，西南北皆平地，据通虏东栅口仅十五里，西栅口仅十里，虏骑疾驰入境易易也。边墩擒胡等处俱极冲，边处光头嵯、小庄窠、野鸡川等处俱昔年通大举之境，今皆三娘子及段奈台吉下部落驻牧，虽系款虏，情实叵测，外哨内防，何可一日废戒严哉。

○云州堡图说（图见第 1495 页）

本堡古山后八州之一，今城东金莲川故址犹存。元始改筑于此，宣德五年重筑，正统己巳陷于虏，景泰初再复之，隆庆五年砖砌。周三里零二百六十二步，高三丈五尺。东至龙门所六十里，西至镇宁堡

---

① 垣墉，墙。《书·梓材》："若作室家，既勤垣墉，惟其涂塈茨。"
② 掣襟露肘，犹捉衿见肘。比喻顾此失彼，处境困难。

三十里，南至<u>赤城堡</u>三十里，北至<u>独石</u>城六十里。初设守御千户所，嗣设防守官一员，所领见在官军五百四十二员名，马骡八十匹头，分管火路墩二十九座。本堡后五里曰<u>龙门口</u>，岐路西向直<u>马营</u>城，虽左右层峦掩隐，顾当南北通衢，若虏入马营，由<u>镇宁堡</u>而南势，或稍缓如东犯，或北自<u>独石</u>、<u>镇安堡</u>来，则本堡适当虏冲，亦要害地也。款后虏往来独石，必经此中递送，供应浩繁，支持颇艰，议者仍欲本堡设守备，量增兵马，外控冲疆，力殿重城，非过计也。

○仓上堡图说（图见第 1496 页）

本堡故蓄聚所，因名<u>仓上</u>。创设于<u>嘉靖</u>三十七年，<u>隆庆</u>六年增筑，<u>万历</u>十六年始砖砌。周不及一里，高逾三丈，盖地虽斗区，坐实夷川，四面俱鸟道相通，不得不建堡以资保障焉。东至<u>镇安堡</u>四十里，西至<u>镇宁堡</u>三十里，南至<u>云州堡</u>一十里，北至<u>马营堡</u>二十里，若虏深入直逼<u>云州</u>北龙门口，则堡城东西必受坐困。今堡军拨自<u>马营</u>者，仅七十五名，马仅四匹，恐缓急自支犹难，尚可责之，遏归虏耶。虽设防守官一员，止管火路墩四座，外实无所事事。议者以逼近<u>云州</u>，遂欲移属<u>云州</u>，以便应援，顾力不能兼济，则亦何异于<u>马营</u>哉。

上北路图

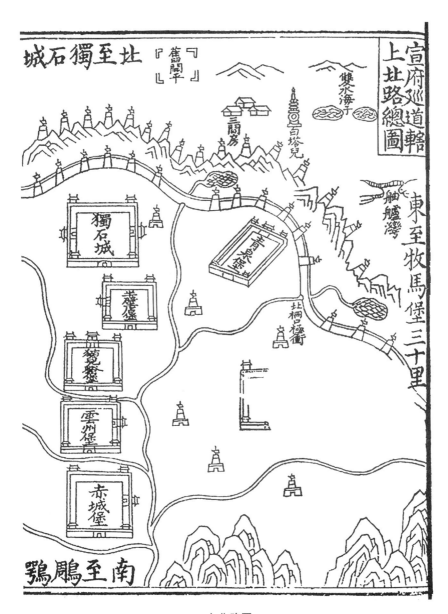

上北路图

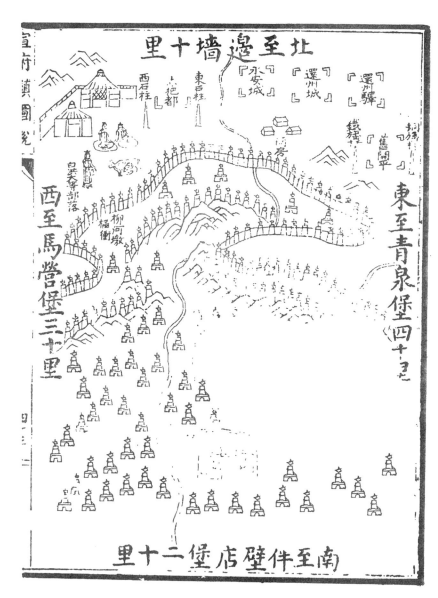

独石城图

青泉堡图

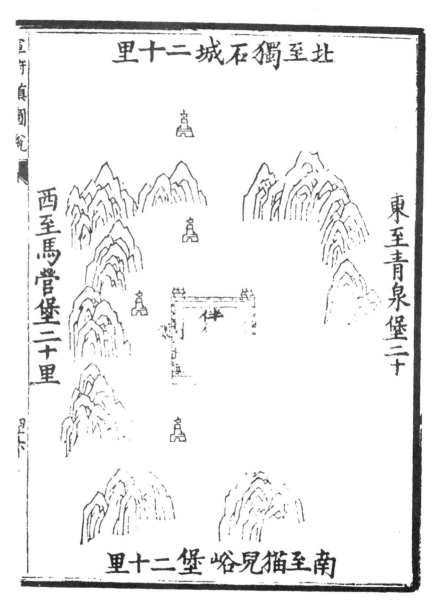

伴壁店堡图

里十二堡店壁伴至址

西至馬營堡二十里

東至鎮安堡二十。

里十二堡州雲至南

猫儿峪堡图

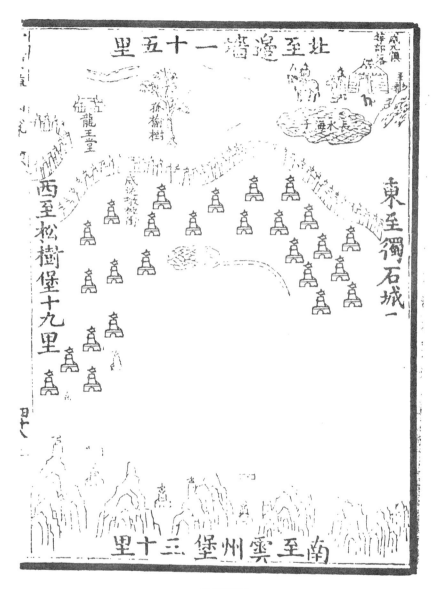

马营堡图

1474

北至君子堡十五里

東至馬營保

南至雲州堡四十五里

松树堡图

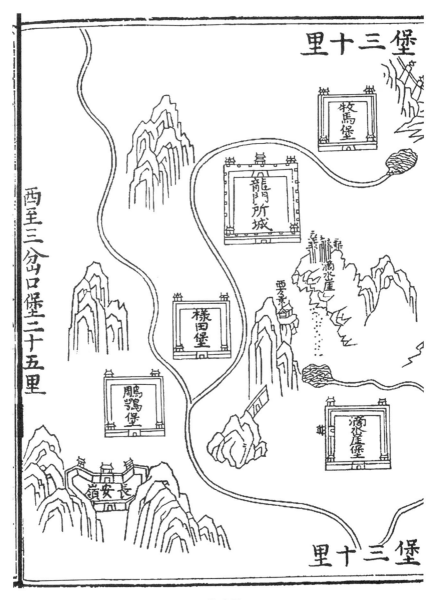

下北路图

下北路图

龙门所城图

牧马堡图

样田堡图

雕鹗堡图

长伸地堡图

宁远堡图

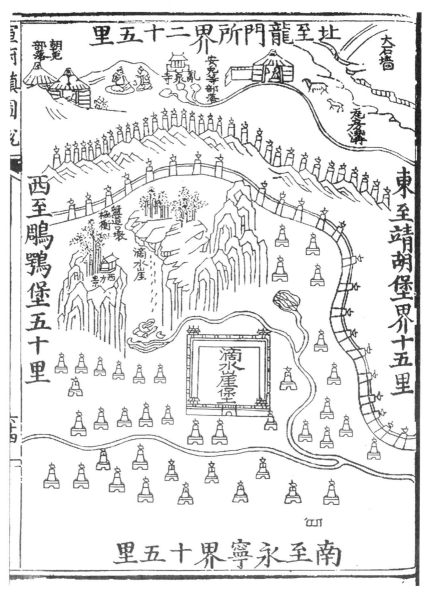

滴水崖堡图

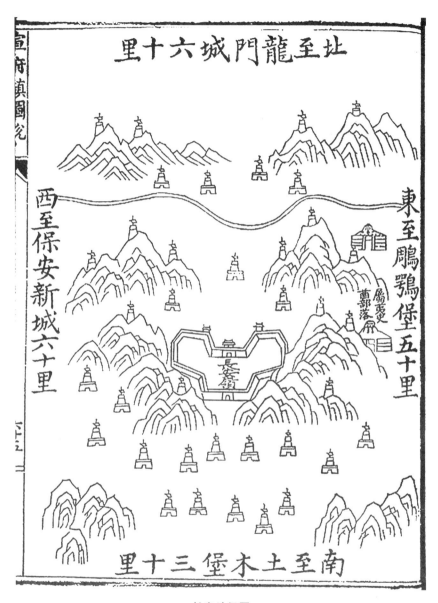

长安岭堡图

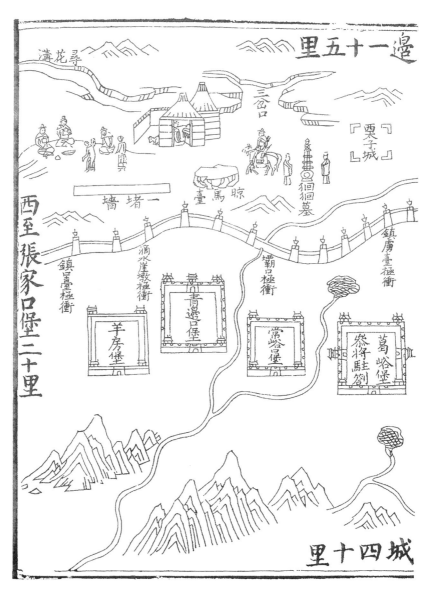

中路图

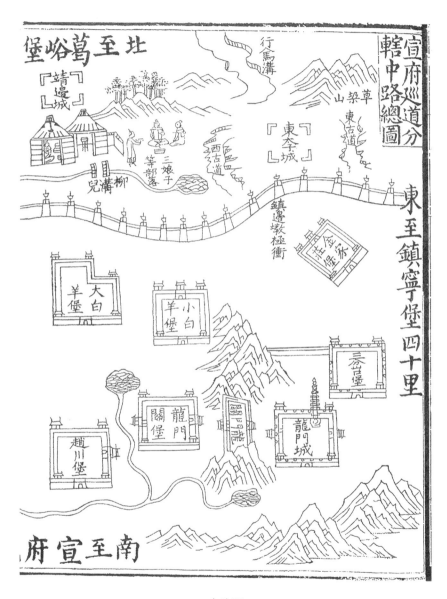

中路图

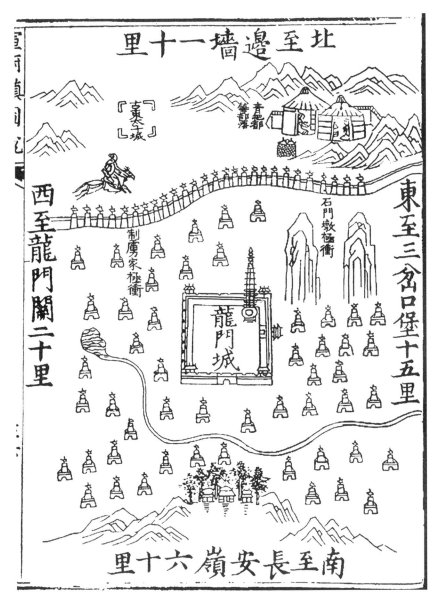

龙门城图

三岔口堡图

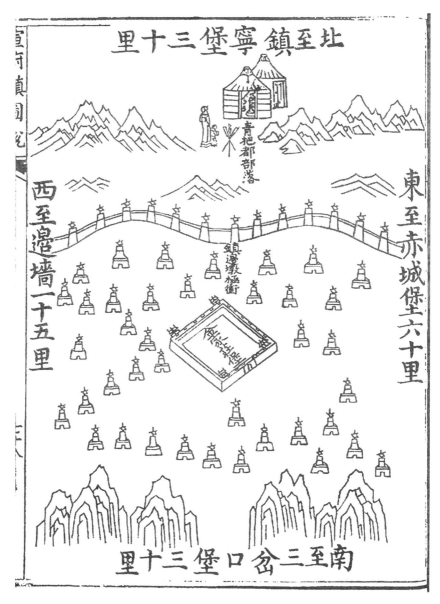

金家庄堡图

君子堡图

镇安堡图

赤城堡图

镇宁堡图

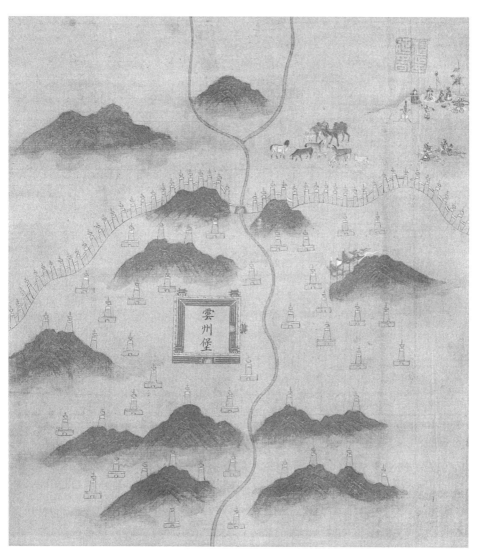

云州堡图

仓上堡图

14.《长安客话》

【题解】　《长安客话》8卷，明蒋一葵著。蒋一葵，字仲舒，号石原，江苏武进（今江苏常州）人。早年家贫无书，四处借阅，并刻苦抄录。万历二十二年（1594年）举人，历官灵川知县、京师西城指挥使，官至南京刑部主事。有书斋曰"尧山堂"。

《长安客话》是蒋一葵利用在北京做官的机会，留心考察，披荆棘，临荒台，访问古迹，搜寻旧闻，并注意文献资料中有关北京的记述，终于编成此书，共8卷。记载范围遍及当时的皇都、郊区、畿辅和关镇，相当于今天的北京市及邻近县和市。因"长安"是封建时代皇都的通称，故书名为《长安客话》。该书主要记载有关北京古迹、名胜、风俗和诗篇，也是明人专门记载北京的地方文献中仅存的几种之一，史料价值珍贵，对后人研究北京及周边地方历史和地理沿革具有重要的参考依据。但由于作者受封建思想的影响，《长安客话》也掺入了一些神鬼等内容，读者应引起注意。蒋一葵的著述有《尧山堂外纪》《尧山堂偶隽》等。他的著述，蒋陆完在《长安客话序》中评价为"其所著撰，琳琅脍炙人口"，是当世负有重名的骚人墨士。

本辑据燕京大学图书馆抄本《长安客话》，辑录有关赤城史料。标题后所标页码为古籍中缝处所标页码。

◎长安岭（卷8《边镇杂记》，第5页）

长安岭在兴和城迤东五十里，元为怀来、龙门二县界。旧名枪竿岭。号称险隘，度此方出险。元人马祖常诗："有岭名枪竿，其上若栈阁。白云乱石齿，青峰转帘脚。"今人呼为桑乾岭，盖音相近之误也。

併置城焉

獨石城

獨石城距馬營堡三十里城南平城屹起一石故名獨石而城因
以此名張開府佳胥有獨石行獨石城南一片石突兀霜空削
如壁古松屈鐵盤雲根紫翠千峰森相射陸海俄瀲灩淮流
沙直接崑崙脈奇標眼底不帶其置之巨靈靖猶憶風塵
己巳年六飛曾狩犬羊天於時此石豈無慈蒼翠壁俱腥膻
猗歟我皇神且武歲歲稱臣左石賢居骨姑衍者何許勒將此
石卑燕然自古樂戎不足齒赫威靈有明始千年稽顙方來
央從茲何得言驕子不佞捫鑰鏡臣兩也砥柱長如此萬古
巖巖北嶽胡石乎石乎吾與爾
鄭開府汝璧登獨石亭亦有詩鞭至自何年關門片碣懸孤根疑
拔地逵勢欲擎天鎮朔嵩三面名城寄一拳登臨偏慷慨尊酒
嘯風煙

長安客話八

十

燕京大學圖書館藏

《长安客话》书影

长安岭南有镇安驿，通怀来城路。道边土垣一周，宛然一小城，乃元时官酒务。每岁驾幸上都，于此取酒。岭北有李老峪，是通上都城路。元人黄溍诗："缘崖一径微，入峪双崄窄。密林日易曛，况乃云雨积。行人望烟火，客舍依山色。家僮为张灯，野老烦避席。未觉风俗殊，只惊关河隔。严程不可缓，子规勿劝客。"

长安堡有洪赞井，常汲不竭。元人陈孚诗："洪赞山岩峣，势如舞双凤。大井千尺深，窈然见空洞。"则井所从来古矣。堡中居人又引岭西鹰窝山泉入堡。汇而为池，可给数十百家。

长安堡旧有社学，盖亦当事者引诱至意。北海徐之蒙诗："长安不是旧长安，北去三苗一界间。建学养蒙先礼义，自教戎马遁狼山。"然建立未几，旋即颓废。则马上之习固未易以一朝驯也。

◎龙门城（卷8《边镇杂记》，第5页）

龙门城距长安岭三十里，本唐龙门县，因龙门山以名。云州堡东北五里，两山对峙高数百尺，望之若门。塞外诸水出其下，又名龙门峡。徐渭《边词》："四壁龙门铁削围，枉教邓艾裹毡衣。莫言房马愁难度，即使胡鹰软不飞。"

独石、红山二处之水从龙门峡南下，汇而为川，名龙门川，水势陡峻。徐渭《边词》："胡儿住牧龙门湾，胡妇烹羊劝客餐。一醉胡家何不可？只愁日落过河难。"又石昆玉诗："宴罢侏祝圣人，依稀译报是长春。归卢醉抱胡雏语，长尔中朝作外臣。"

◎李陵台（卷8《边镇杂记》，第5~6页）

龙门城南界有土台，高二丈余，相传汉李陵望乡处。前元设分台于此。许有壬诗："李陵台下驻分台，红药金莲满地开。斜日一鞭三十里，北山飞雨逐人来。"又马祖常车簌簌行："李陵台西车簌簌，行人夜向湾河宿。湾河美酒斗十千，下马饮者不计钱。青旗摇摇出华表，满堂醉客俱年少。侑杯小女歌竹枝，衣上翠金光陆离。细肋沙羊成体荐，共讶高门食三县。白发从官珥笔行，毳袍冲雨桓州城。"

李陵既陷匈奴不得归，当登此台望汉，故后人因名曰李陵台。海丰杨司马巍《登龙门城楼》诗："朔塞楼频倚，新秋天乍晴。云山兼日色，鼓角带边声。路有元人辙，台余汉将名。杨公石柱在，极目旧开平。"又楚中石开府昆玉过李陵台有诗："几上河梁泪湿衣，陇西入望梦来稀。神魂不忿南归雁，倒作旋风令北飞。"①

◎雕鹗堡（卷8《边镇杂记》，第6页）

雕鹗堡距龙门城四十里，即元云州之雕窠，僻在腹里，而滴水崖堡临边城。贼犯滴水，借雕鹗兵应援，一有阻扼，是弃滴水也。堡西有银洞岭，高峻不可越，是雕鹗绝险处。

山阴徐渭《早渡银洞岭》有诗："银洞高高岭百盘，峰峦插笋倚天班。凭谁唤起王摩诘？画作贤人晓过关。"

北海徐之蒙雕鹗赏军赋有浣溪沙词："塞上秋深草已枯。雕鹗城外是藩胡。老来终日走长途。虎穴北连流水断，雁行南去落霞孤。灯前犹拨赏军图。"又"醉眼擎毫灯结花。诗余学和浣溪沙。年年秋暮听胡笳。银洞重登西岭日，水崖深滴北山嵯。玉关遥望海东瓜。"

◎滴水崖（卷8《边镇杂记》，第6~7页）

滴水崖距雕鹗堡四十里，北接独石，东冲满套天克泥丸黄毛驻牧之地。战垒行营，历历可指。近史酋、车戎二部落夹山支帐，密

---

① 关于李陵台，各种史料记载多地有李陵台之名，金河县、金河流经地区、河北宣化燕然山、蒙古国的杭爱山及元代的开平等均有李陵台，元代马祖常、杨巍等诗人笔下的李陵台，应位于元上都附近，是漠南、漠北蒙古草原最为重要的驿站之一。蒋氏《长安客话》以为龙门之李陵台，有待考证。

迩觇窥，故其城守视他堡尤宜加毖①云。

滴水崖环山面水，上有朝阳洞，为此崖胜处。其南近建桥梁以障崖水，居人便之。北海徐之蒙赋得浣溪沙词："新筑城南万木桥。石头水底涨波涛。遥从翰海向东朝。淬剑双龙争耀日，乘槎一杖可通霄。囊沙万怪尽回潮。"又"滴水崖寒高入云。半空瀑布色清芬。仙人掌上落珠文。俗眼不看银汉漏，真源自是玉盆分。朝阳洞口走麋群。"

◎朝阳道观（卷8《边镇杂记》，第7页）

观据滴水崖之胜，因朝阳洞以名。官客行游多憩于此。山阴徐渭小集观中有诗："朝阳道观一何县？滴水孤崖百丈边。余气出关雄大漠，长风吹壁立青天。窗扉近在栖雕处，阁道都拦坐客前。不信夜来高顶望，定应笙鹤下飞仙。"又缙云郑开府汝璧游朝阳观有诗："尊俎边关有胜缘，石门萝磴倚云穿。半空晴滴诸天雨，大漠寒收万壑烟。丹壁凌云排紫剑，彩毫飞雾湿青莲。将归转恋华阳色，鼓角城头夕照悬。"又朝阳观对雪诗："绝塞冲寒贾壮游，朝阳名胜望中改。仙人坛俯三千界，帝子宫悬十二楼。忽拥瑶华随绛节，俄看玉树满丹邱。高歌郢曲堪谁和？咫尺天门紫气浮。"

◎龙门所（卷8《边镇杂记》，第7页）

龙门所本元云州地，距滴水崖六十里，在独石东南，俗呼李家庄。北有万松沟，万松森郁不可进。沟东南有葫芦峪。峪有二口，狭仅二十余丈，中则宽衍，形如葫芦。朵颜都督花当部落居之。近峪口即黄崖峪，东南通古北口。

◎赤城堡（卷8《边镇杂记》，第7~9页）

---

① 毖，谨慎；小心。《说文·比部》："毖，慎也。"《正字通·比部》："毖，谨也。"

赤城因山得名，距龙门所三十里，即元云州之赤地站，故称冲地。云中万世德诗："鸡鸣山高剥如壁，桑干水声翻霹雳。赤城东北是桓州，胡儿射猎仍飞镝。"

郑汝璧创虏歌：史夷外叛，句虏犯边，移余备兵赤城，会诸将捣之，其子红亥就禽。"赤城城头月如练，白龙堆里风吹霰。黄狐跳梁追赤狐，中夜马嘶史酋遁。藩篱自昔受羁縻，久蒙一朝仍外叛。幕南部落日招呼，安兔诸羌颇精悍。公然南牧蹒秋原，致令西顾勤宵旰。嗟余剖竹忝疆场，安得轻裘唯燕衎？元戎心膂金叶谋，援律祃牙宣庙算。山摇雪色晃戈鋋，云闪日光明组练。一鼓雄将虎穴穿，群丑惊风股先颤。射海宁留跋浪鲸？燎原欲尽倾巢燕。胡雏骈首击长缨，遗孽游魂泣京观。尺书飞捷向长安，文币朱提拜皇眷。已看天威震五原，敢谓天山定三箭。噫嘘吁嗟！由来猃狁开边患，慑慑怀柔在数变。勤王回鹘岂附唐？尚主乌孙终背汉。曾闻丹浦亦观兵，为语清时莫忘战。"又张銮诗："万山猎火啸乌桓，白日呼盟血未乾。黄发小儿同涕泪，何时飞将斩楼兰？"

赤城山乃古蚩尤所居之处。山石多赤，故名。东北有白城，为金世宗纳凉之所，章宗生于此。

何处觅玄虚？

赤城寺侧有泉自小根涌出，热气氤氲，盖温泉也。土人呼为赤城汤。遂昌郑汝璧诗："望望霞城生紫烟，千峰回合涌温泉。初疑玉液空中吐，忽讶丹砂井底传。浴日暖将回上谷，洗兵春已遍祁连。振衣爱听铜鞮曲，把酒临风一洒然。"

铜梁张佳胤行边，赤城巡道刘某请浴温泉，即事赋诗："悬岩争吐火龙涎，不数莲花第一泉。曲折散为畿甸水，氤氲蒸就赤城烟。振衣时有松云落，命酒难辞塞日偏。胜地最怜区脱近，山灵始遇太平年。"

北海徐之蒙从龙门所出塞观烽，经黑峪口，历阴沟千松顶，抵仙鹤洞，时已五月，积雪未消，胡人毳帐满野，之蒙因纪以诗："黑岭关东别一天，犬羊部落满夷川。阴山五月犹含雪，松顶千年空结烟。"

黑峪口或云即黑石岭。杨大司马巍行边憩此，时秋雨淋漓，彻夜不止，因纪以诗："岭险藤迷路，山高石作城。片云何处雨？孤客此时情。茅屋几家住？秋风半夜生。旅魂悉已绝，况听鼓鼙声。"

◎云州堡（卷8《边镇杂记》，第9页）

云州置自前元，古望云川地，距赤城三十里。其东尽境为大兴州、小兴州，与古北口连壤。宣德五年，诏于滦河西大路筑城堡①，分兵守备云州、独石、马营、雕鹗、赤城、龙门、长安岭、李家庄，所谓口外八城堡也。海丰杨司马巍诗："指点云州地，真为汉北门。八城临大漠，一路向中原。晴日山川映，秋田黍稷繁。文庄经略处，父老至今言。"

云州堡北六十里有滦河。源发炭山，冰井乱泉合为此河，流入开平界。虏称河西，以此河分东西也。又堡东北一百里有金莲川，为金世宗纳凉之地。川生黄花，状若芙蓉而小，因取金莲为名。

◎马营（卷8《边镇杂记》，第9~10页）

马营堡即元云州大猫儿峪也。与云州堡相距三十里。宣德七年，议分哨马营于云州之北，因即营城焉。命总兵杨洪守之。洪善用兵，虏不敢入境。后卒，葬赤城山。临清程轺有诗："昔日杨洪驻马营，胡尘不动朔风清。年来警报如星火，牌插劳劳远筑城。"又"赤城山下杨公墓，笑却强胡百万兵。黠虏不堪猖獗甚，英魂何日更还生？"

宣府北路，号称孤悬，北路诸城，马营为要。其北旧有二堡，

---

① 滦河，不在县境内，滦河应为"沽河"或"白河"之误。

东曰君子堡，西曰松林堡，在西山之间。土极平饶。嘉靖间总督翁万达并置城焉。

◎独石城（卷8《边镇杂记》，第10页）

独石城距马营堡三十里，城南平城屹起一石，故名独石，而城因以此名。张开府佳胤有《独石行》："独石城南一片石，突兀霜空削如壁。古松屈铁盘云根，紫翠千峰莽相射。陆海俄翻滪澦堆，流沙直接昆仑脉。奇标眼底不常见，谁其置之巨灵迹。犹忆风尘己巳年，六飞曾狩犬羊天。于时此石岂无恙？苍苔翠壁俱腥膻。猗欤我皇神且武，岁岁称臣左右贤。居胥姑衍杳何许？勒将此石卑燕然。自古御戎不足齿，赫赫威灵有明始。千年稽颡方未央，从兹何得言骄子？不佞惭称锁钥臣，尔也砥柱长如此。万古岩岩北蔽胡，石乎石乎吾与尔。"

郑开府汝璧登独石亭亦有诗："鞭至自何年？关门片碣悬。孤根疑拔地，远势欲擎天。镇朔当三面，名城寄一拳。登临偏慷慨，尊酒啸风烟。"

◎开平（卷8《边镇杂记》，第10~11页）

元世祖既定大兴府为大都，开平府为上都，上都在宣府城东北七百里。金为桓州地。元中统初置开平府，寻号上都。每年四月，北地草青，驾幸上都避暑，马亦就水草。八月草将枯，驾回大都，岁以为常。今元时宫殿故址犹存。城南有东凉亭、西凉亭，乃元主幸上都驻跸处。

国初即元上都城设开平卫，控扼北虏。东西旧置马驿八。东则凉亭、金章宗诞生地。沈河、赛峰、黄崖四驿接大宁。西则环州、威虏、明安、显宁四对接独石。由辽东通大宁，由大宁通开平，由开平通独石，由独石通兴和，彼此有急，左右旦夕可相援。自大宁徙，兴和废，开平孤悬，莫可犄角。宣德中乃弃之虏，横亘三百余里而移卫于独石城。独石挺出山后，虏犯必经宣之北门，［胡虏］充斥矣。

上都城东南有阔滦海子，亦名双泉海，番云撒里怯儿。元太祖兴于此。此水周围十余里，斡难、胪朐凡七河注其中，故大。成祖北征过此，赐名曰玄冥池。直北有曼陀罗山，山下有寺基，元公主建寺出家于此。元时应昌路地，逾此则大漠矣。

永乐八年①二月，成祖征本雅失理。丁未②，发北京。庚戌，度居庸关。丁巳，驻宣府。甲子，阅武兴和。三月甲戌，驻鸣銮戍。四月癸卯，次玄石坡。上为铭刻立马峰曰："维日月明，维天地寿。玄石勒铭，与之悠久。"壬子，次擒胡山。刻铭曰："瀚海为镡，天山为锷。一扫胡尘，永清沙漠。"甲寅，次广武镇，赐泉名清流。刻铭曰："于铄六师，用歼丑虏。山高水清，永彰我武。"五月丁卯，营于平漠镇。甲戌，次环翠阜。戊寅，抵兀吉儿札。己卯，至斡难河，本雅失理以七骑渡河遁去。壬午，驻五原峰。丙戌，次饮马河。即胪朐河。是夜上南瞻北斗，四顾大喜，明日遂议班师。

时扈从词臣奉命撰平胡诏。上谕即颁四方，学士曾棨纪以诗："銮舆初驻斡难河，虏骑惊奔竞倒戈。胡运却从今日尽，封疆远过古时多。千年虎穴销氛尽，六月龙沙奏凯歌。不独朝廷功业盛，三边从此沐恩波。"

---

① 永乐八年，1410 年。
② 永乐八年丁未，1410 年 3 月 15 日。

15.《全边略记》

【题解】 《全边略记》12 卷，方孔炤著。方孔炤（1591 ～ 1655 年），字潜夫，明桐城（今安徽桐城市）人，万历四十四年（1616 年）进士。初任嘉定知州，后入京为兵部主事。天启初任兵部职方员外郎，因触忤阉党崔呈秀被削籍。崇祯元年（1628 年）起故官，旋以忧归。居丧期间，参加了平定家乡的民变。十一年，以右佥都御史任湖广巡抚，与农民起义军李万庆、马光玉、罗汝才等部作战，多次获捷。时总理军务熊文灿受张献忠降，将张献忠部安置在谷城。方孔炤识其伪，上疏力言招抚之误，未被采纳。孔炤仍坚持己见，练兵秣马，为战守之备。不久，张献忠复叛，熊文灿罢职。兵部尚书傅宗龙建议由方孔炤代熊文灿督师，朝廷不许，而用杨嗣昌。杨嗣昌命方孔炤遣部将杨世恩、罗安邦攻剿罗汝才、登相部，两将深入，在香油坪败绩。杨嗣昌既与方孔炤意见不合，又刻忌方孔炤于张献忠暂降之先见，于是借此劾孔炤下狱，以杨一鹤代之。方孔炤的儿子方以智伏阙为父讼冤，方孔炤才得以减死，谪戍绍兴。后来经人推荐复官，以右佥都御史主管山东、河北屯田。不久，朝廷又命他兼理军务，抵御农民军。命令刚下，李自成已攻陷了北京。孔炤南下归隐，十余年而终。

《全边略记》是方孔炤任兵部职方员外郎时所撰，书成于崇祯元年。兵部职方司主要主管国家的边防图籍，方孔炤曾两次在兵部职方司任职。因第二次赴任时间很短便丁忧归里，《略记》的著撰当在其第一次任职兵部时。

天启年间，明朝已经腐败，国家烽烟四起，战火遍地。蒙古、女直桀骜于北方、东北诸边，农民起义遍于内地，王朝处于风雨飘

寄客貨，一堡以安置市夷交易而退各得其所如趙
入欄口暗門者。以軍法治之鳩其費糧三千一百石
有奇料價二千六百有奇督臣吳崇禮僉曰獨石南
翰赤城東扼鎮安西直馬營實係中殺建堡嚴夷夏
之防。廓如也報可四十六年二月宣撫趙士諤爲接
共請餉曰精銳三千之派謹奉　明旨道臣杜承式
胡思仲薛國用戎臣劉孔胤共簡之前次已挑健丁
三千馬半倍之甲胄稱是。今復募遴部牒每兵三兩
啓行已需萬金而山西大同人各五兩衆口啾啾不

明崇祯刻本《全边略记》书影

1507

摇之中。方孔炤虽职居下僚，但他能保持中国知识分子传统的气节与情操，不同流合污，清醒做人，正直办事。躬亲励职，常"恐人负官"。在同僚多"以舟旋当世为务"的氛围中，他却于公余之暇，出于"仿率旧章，可以为治"的目的，整理部中簿籍、堂稿等资料，记有明一代边事，编成此书，以资借鉴。这是他作为一介书生，立朝廊署，为当世、为后世所做的一件不朽之事，也是他把著述与职守相结合的益世之举，是明末读书人经世致用学风的具体体现。

方孔炤不是史官，不能全面地利用实录等现成的明史资料，《略记》主要靠部中簿籍堂稿档案成书。"据所管窥，恒苦固陋"，成为作者个人的遗憾。但唯其如此，却铸就了该书的特色，即使用了不少时人未曾利用的原始档案，纂辑了许多不见于他书记载的第一手资料，使该书成为一部独具史料价值的明代边防图籍著述。有明一代内忧外患颇多，边防图籍之著述亦颇盛。著名者如魏焕之《九边考》、张雨之《边政考》、郑晓之《四夷考》《北虏考》、严从简之《殊域周咨录》、叶向高之《四夷考》、瞿九思之《万历武功录》等，而以方孔炤之《全边略记》成书最晚，所记年代亦最长，涉及的方面也更广。

该书有明崇祯元年刻本，清朝列为禁书，流传很少。1930年北平图书馆出版铅印本，今亦稀见。1974年台湾广文书局将该书明刻本影印，大陆亦颇难得。本辑据明崇祯刻本整理标点。由于所涉赤城内容分散《宣府略》其中，为确保资料的完整性，故将《全边略记》卷3《宣府略》全文照录。

◎《宣府略》（《全边略记》卷3）

<u>洪武元年</u>[①]，<u>忠武王遇</u>春_常破虏于漠北，即于<u>元之上都</u>设<u>开平卫</u>

---

① 洪武元年，1368年。

守之。置驿，东则凉亭、沈河、赛峰、黄崖，接于大宁、古北，西则桓州、威虏、明安、隰宁，接于独石。独石者，宣德府之东北境也。山川纠纷①，地险而狭，气势完固，素号易守。时高帝勇于北伐，思无宁晷②。颍川侯友德傅平山西还，直攻宣府，逐其将脱列伯，暂以略地。

三年，曹国公文忠李率大师出野狐岭，降其守将，察罕脑儿，擒其平章竹真。次白海之骆驼山，元太尉蛮子、平章沙不（打）〔丁〕、朵儿只八剌等拒战而败。进攻红罗山，杨思祖等降。遂次开平，获元平章上都罕等。四月八日③，元君殂④于应昌府，文忠袭克之，获其嫡孙买的里八剌及后妃诸王、金宝、玉册、大圭、玉斧。元太子遁焉。过中兴，擒元将唐国公，降其众三万。又追太尉蛮子军，禽元平章伯答儿。朔庭⑤遂空。是役也，指挥孙虎战殒于洛马。文忠捷至，百官称贺。上谕中书省曰：元虽夷狄，主国将百年，朕与卿等父祖皆赖其生养。气运兴亡，于朕何与？尔习浮侈⑥之词，岂可令有识者见之？凡北方捷至，曾仕元者不得称贺。乃徙其民于关内。

二十六年，始置万全都司，统卫一十有九，分五路焉。时虏孽王保保多寇秦境，而大军之东出蓟，西出雁门，贲相望于道，故宣府亦少辑。

永乐间定鼎既北，俨然天子自将待边，天寿宬之⑦，锁钥特重，

---

① 纠纷，交错杂乱貌。晋左思《蜀都赋》：“山阜相属，含溪怀谷；岗峦纠纷，触石吐云。”

② 宁晷，安定的时刻。

③ 洪武三年四月八日，1370 年 4 月 4 日。

④ 殂，音 cú。死亡。亦作“徂”。

⑤ 朔庭，犹北庭。指北方异族政权。

⑥ 浮侈，浮华奢侈。华而不实。

⑦ 天寿，山名。在今北京市昌平县北，明代十三个皇帝的陵墓建于此。宬，音 yǐ。倚靠；背靠。

而开平、兴和、东胜为之外边，横五百里，盖其规模弘远矣。

二十年①，命英国公辅张等同六部官议北征馈运②。辅等议分为前后运，前运随大军行，后运稍后之。总者三人，隆平侯信张、尚书李庆、侍郎李昶。车运、驴运各分官领之。领车运者泰宁侯愉陈、都御史王彰及都督、御史、郎中等官三十六人；领驴运者，镇远侯兴祖顾、尚书赵羾等三十五人。后运惟车辆，总督二人：保定侯谟孟、遂安伯瑛陈，副者二十七人。共用驴三十四万头，车十一万七千五百余辆，挽车民二十三万有奇。运粮凡三十七万石。

三月，阿鲁台寇兴和，杀守将王焕。上遂决意亲征，戒誓将士，诹日③启行。驾及鸡鸣山，虏闻之，夜遁。

四月，次龙门、云州，阅兵。顾谓侍臣曰：今从征士皆各简择来，不阅习，何以御敌？兵法，以虞待不虞者胜，又曰设备于已失之后者，非上策。朕慎重不敢忽。

五月辛酉④，端阳，驻跸独石。赐随征宴。乙酉，车驾（渡）[度]偏（头）[岭]⑤，命将士猎于道旁山下。上顾从臣曰：朕非好猎，驰马挥戈，振扬武事，作其骁勇之气耳。丁酉⑥，大阅诸将，曰：兵行犹水，水因地而顺流，兵因敌而作势。水无常（行）[形]⑦，兵无常势。因敌变化取胜者，谓之神。今先使之习熟行阵，猝遇寇，麾之左则左，右则右，前则前，后则后，无往不中节矣。

---

① 永乐二十年，1422 年。

② 馈运，谓输送、运送粮食。

③ 诹日，商量选择吉日。《仪礼·特牲馈食礼》："特牲馈食之礼，不诹日。"郑玄注："诹，谋也。"诹音 zōu，在一起商量事情，询问。

④ 五月辛酉，1422 年 5 月 25 日端午节。

⑤ 明《太宗文皇帝实录》卷 249 作"乙丑，车驾度偏岭"。乙酉为 1422 年 6 月 18 日。乙丑为 5 月 29 日。按偏岭在独石北约四十里坝头附近，部队行军中间没有特殊事件，辛酉至独石，乙丑至偏岭，符合实际。"渡""偏头"均按《实录》改。

⑥ 丁酉，永乐二十年五月未有丁酉日。按明《太宗文皇帝实录》卷 249 作"丁卯"，是也。丁卯，5 月 31 日。

⑦ 据明《太宗文皇帝实录》卷 249 改。

戊辰，观士卒射一小旗，三发皆中，赐牛羊、钞、碗。上曰：赏重则人劝。是日，上亲制平虏之曲，俾将士歌以自励。庚午，召英国公辅张等，令就营中驰射。上亲观之，惟张辅、柳升、陈懋连中，余或半中，孙亨不中，被罚罢其领兵之任。张信托病不至，降充办事官。上谓诸将曰：为将之道，勇智贵兼全。弓马便捷，所向无敌，勇也。计算深远，无所遗失，智也。智勇全而后可以建功业，勇而无智，一卒之能，汝曹勉之。辛未，车驾发隰宁，次西凉亭。西凉亭者，故元往来巡游之所。上望其颓垣遗址，树木郁然。谓侍臣曰：元氏创此，将遗子孙不朽，岂计今日？《书》云：常厥德，保厥位，厥德靡常，九有以亡，可为殷鉴①。因下令禁伐木。癸酉，车驾发西凉［亭］②，次闵安。下令军中，牧放樵采，皆不得出长围之外。时营阵大营居中营，外分驻五军，建左哨、右哨、左掖、右掖以总之。步卒居内，骑卒居外，神机营在骑卒之外。神机营外有长围，各周一十里③。上顾侍臣论用兵之法，因召诸将谕曰：兵法云，多算胜，少算不胜。盖用兵之际，智在勇先，不可忽也。驭众之道，部伍整肃，进退以律。然必将帅抚士卒，如父兄于子弟，则士卒附将帅，亦如手足之捍头目，乃克有济。至于同列，须和。一队当敌，则各队策应。左右前后莫不皆然。譬如舟行遇风，齐力以奋。虽险，靡不获济，尔等勉之。

六月，开平报，虏复攻万全。上召诸将问计，皆曰：宜分兵还击之。上曰：不然，此诈谋也。虏虑大军径捣其巢穴，故为此牵制之术。然其众不多，知大军北行，已丧胆。况敢攻城哉？不足虑。

七月，次杀胡原。前锋获（喋）［谍］者言，阿鲁台闻车驾亲征，大惧，尽弃其马驴牛羊辎重于阔滦海之侧，与其家属远遁。乃

---

① 殷鉴，亦作"殷监"。谓殷人子孙应以夏的灭亡为鉴戒。
② 据明《太宗文皇帝实录》卷249补。
③ 一十里，明《太宗文皇帝实录》卷249作"二十里"。

发兵焚其辎重，收其孳畜①，遂命班师。召诸将谕曰：所以羽翼②阿鲁台为悖逆者，兀良哈之寇也。当还师剪③之。遂简步骑分五道疾进。至屈列儿河，虏众驱牛马车辆西奔，上麾兵进击，斩首数百级，余众溃走。追奔数十里，抵其巢穴，擒斩虏酋数十人，尽收人口牛羊驼马十余万而还。

九月，车驾还京师。

二十一年七月，车驾复北征，次于宣府。时虏中有来降者言，阿鲁台将犯边。上召诸将谕曰：朕当出兵先驻塞外以待之。虏不虞吾兵已出，因而击之，可以成功。遂部分诸将，宁阳侯懋_陈等为先锋。车驾遂次宣府。

九月朔，驾次沙城。虏中阿失帖木儿、古纳台等率妻子来降，言阿鲁台今夏为瓦剌脱（观）[欢]所败，掠其人畜殆尽，部落溃散，无所属。今闻天兵复出，疾走远遁，岂复有南意？授阿失等俱正千户。

十月，驾次上庄堡。鞑靼王子也先土干率众来降。时前锋宁阳侯懋探知虏在饮（水）[马]河④北，为瓦剌所败，追至宿嵬山口，遇也先土干率妻子部属来归。懋引入见，上喜，谓群臣曰：远人来归，宜有以旌异⑤之。乃封为忠勇王，赐姓名金忠。以其甥把牟台为都督，其部属察卜等七人，皆为都指挥，余为指挥、千百户、所镇抚者复数十人。

十一月，驾还京师。赐金忠诰命、铁券、金印、玉带，金百，银四百，纻丝五十，纱、罗、绫各二十，牛百，羊五百，米百，及

---

① 孳畜，造孽的畜生。多用为詈词。

② 羽翼，党羽。《汉书·刘向传》："夫乘权藉势之人，子弟鳞集于朝，羽翼阴附者众。"

③ 剪，割截，杀戮。

④ 据明《太宗文皇帝实录》卷264改。

⑤ 旌异，旌表；褒奖。

第床褥薪刍器用咸备。岁给禄米千石，别赐其妻金银等物各半之。赐把台罕、察卜等，各以等第给之。

二十二年正月甲申①，敕缘边诸将整兵候北征。初，忠勇王金忠来归，屡言阿鲁台弑主虐人，衡天逆命②，数为边患，请发兵讨，愿为先锋自效。上曰：卿言甚善，事须有名。至是，大同、开平守将奏阿鲁台所部侵边，上乃召公侯大臣议，且告以忠勇王之意。群臣皆请从。

四月己酉③，车驾发北京。命宁阳侯懋陈、忠勇王金忠为前锋。

五月，次长乐镇。杨荣、金幼孜侍。上曰：汉高祖过柏人④，虑迫于人。今朕至长乐，思与天下同乐。何时而庶几也。荣等对曰：圣志如此，天必助顺。车驾次清［平］⑤镇，即元应昌路。次清水源，阿鲁台远遁。上召荣、幼孜曰：朕夜梦神人告朕，上帝好生如是者再。是何祥也？岂天意属兹寇乎？荣、幼孜请赦其不臣⑥，班师还。上曰：此朕意也。遂遣中官史力哥往虏中，谕其部落来归。

六月，车驾次答兰木儿河，弥望惟荒尘野草，虏只形不见。先锋陈懋、金忠引兵抵白邙山下，咸无所遇。以粮饷不继，乃命班师。

七月，驾次翠微岗。上御幄殿，谕荣、幼孜曰：东宫⑦历涉年久，政务已熟。军国事悉以付之。朕优游暮年，享安和之福可乎？荣、幼孜对曰：东宫孝友仁厚，天下属心，允称皇上付托。上悦。

---

① 二十二年正月甲申，1424 年 2 月 7 日。

② 衡天逆命，杨荣《北征记》作"违天逆命"。是也。

③ 四月己酉，1424 年 5 月 2 日。

④ 柏人，古地名。在今河北省唐山市西。春秋晋地，战国属赵，汉置县。《史记·张耳陈余列传》："汉八年，上从东垣还，过赵，贯高等乃壁人柏人，要之置厕。上过欲宿，心动，问曰：'县名为何？'曰：'柏人。''柏人者，迫于人也！'不宿而去。"后遂用为皇帝行止戒备的典故。唐李白《枯鱼过河泣》诗："万乘慎出入，柏人以为诫。"

⑤ 据杨荣《北征记》补。

⑥ 不臣，不守臣节，不合臣道。

⑦ 东宫，太子所居之宫；亦指太子。《诗·卫风·硕人》："东宫之妹，邢侯之姨。"毛传："东宫，齐太子也。"孔颖达疏："太子居东宫，因以东宫表太子。"

十六日己丑，次苍崖戍，上不豫①。次日，次榆木川，上大渐②，遗命传位皇太子。十八日辛卯，上崩。

八月，皇太孙至雕鹗堡，遇梓宫③，哭迎，军中始发丧。十日壬子，梓宫至京师。

读史者惵惵④然，谓大宁枕后之割，贻神州忧也。夫岂四驾皇皇，顾虑不及此？扫三卫奠万年，自是反掌⑤喻时间之短暂。间事，而鼎湖遽协，令人遏密⑥抱恨无终穷云。

洪熙初，敕宣府总兵谭广曰：去冬以来，动静无闻，朝廷所遣使亦久不还，此寇竟在何处？顷长安岭指挥塘报⑦，鞑贼五十余抵隰宁者，是何部落？辽东亦奏兀良〔哈〕欲求市马，又哈密近贡硫黄，从前不闻哈密产此物。缘此数端，皆须备猝。慎之慎之。

宣德四年⑧，虏寇西冲山，掠赤城人口。屯挥使方敏率兵追之，尽得所掠，且获贼马而还。上敕论军法于烽堠之疏者。广奏乞神铳分布堡间。上曰：神铳内廷所重，量给以壮军威。至于将士不律，兵器虽多，亦奚⑨以为？勉思⑩良策，以付委畀⑪。广乃审度边堡凡三十九处，处益兵半百。先自北边从怀安西阳河至永宁四海冶山口，凡四十四处，可通人马者，多则百人，少者三五十人，而指挥李璟复请因益之。

---

①　不豫，天子有病的讳称。《逸周书·五权》："维王不豫，于五日召周公旦。"朱右曾校释："天子有疾称不豫。"

②　大渐，谓病危。《列子·力命》："季梁得病，七日大渐。"张湛注："渐，剧也。"

③　梓宫，皇帝、皇后的棺材。

④　惵惵，恐惧貌。

⑤　反掌，犹言转瞬。

⑥　遏密，指帝王等死后停止举乐。为皇帝居丧期间。

⑦　塘报，军事情报。亦指专职传递紧急军情报告的人。

⑧　宣德四年，1429 年。

⑨　奚，副词。表示疑问，相当于"怎么""为什么"。

⑩　勉思，努力深思。

⑪　委畀，托付，委托。畀音 bì，给与。

正统初，户郎中罗通与万全都司议，赤城、云州、雕鹗等堡，地临边境，官军本为守御，而今令之运草，警至何措哉！游击杨洪所领旗军，俱丁多有力，余丁既无别差，乞采秋青，饲秣有备。可之。总兵广奏言，［洗］马林宾①于要冲，而堡宜稍远，以孤山二堡并之。新河、西阳河二堡亦要害，宜摘发万全、怀来二卫以益之。常峪台、齐山台相距远甚，增筑一台。而□军牝马中驹，欲比例换壮马于太仆。瞭军增为两班，共十二人，以节其劳。从之。

九年，敕独石将杨洪、大同帅朱冕与广出境杀贼，或遇瓦剌贡使，宜明谕讨兀良哈之败盟也，免其惊疑。

十年，宣大都御［史］罗亨信言：宣至怀来几二百里，空阔别无所城，酌移保定、美峪合为一城，而东分山道之西名（捧）［棒］捶（谷）［峪］②者，虏每牧于此，宜于榆林驿东增一卫，立一关。又京城抵居（肃）［庸］寥阔无人，乞于中榆河设卫，亦贡路所瞻也。诏榆河如故，余从所请。杨洪既掌大帅，乃奏，宣军一万三千五百余，堡隘一十四处，内白羊六堡似非要地，乞并归于西阳、洗马、孙家、新开、野狐戍之便。柴沟、万全互调非宜，其兵各还本卫操之。至于火器，定许边方自造之便。悉可。迤北瓦剌使臣至宣，致脱脱不花及也先之书于洪。洪以闻。旨：人臣无私交，以礼相敬，折其心则善矣。时洪为虏所惮，故辄自遗贶，意可以啖云。迤北鞑靼阿儿脱台来归，自言居也先帐下，与平章克来若出有衔③，恐见害，故来归。因言，也先谋南侵，强其王脱脱不花王。王止之曰，吾侪④多资大明，何负于汝？天道不可逆，逆之必殃。也先谓：王不为，我将自为，亦足以逞。上命官以南京锦衣卫。初，朝廷亦遣使至瓦剌，瓦剌留之。次年，虏使同至，以为常。贪婪无厌，财币岁

---

① 宾，通"滨"，紧接；临近。
② 据明《英宗睿皇帝实录》卷132改。
③ 衔，恨，怀恨在心。
④ 吾侪，我辈。侪音chái，等辈，同类的人们。

增，又索其贵重者。而我所遣使，阿媚虏意，多许少与。虏遣初百人，复遣三千，而虚冒其饩。会同馆按验①不实者，虏怀衔之。至是，胁诱群胡大举。

十四年七月，也先大举入寇，大同兵失利，边塞城堡多陷没，声息甚急。太监王振不与大臣议，挟天子帅师亲征。百官伏阙上章②恳留，不从。是月十七日③，驾行，太监金英辅郕王居守，文武大臣皆匆匆随行。官军及私属共五十余万人，出居庸关，过怀来，至宣府。连日非风即雨，人情恟恟④，声息愈急。边将井原等败报踵至，随驾文臣连上章留之。振怒，皆令掠阵。未至大同，兵士已乏粮，僵尸满路。寇亦设备，待我深入。至大同，振又欲进兵北行益急，迫胁成国公朱勇膝行⑤听命，户书王佐竟日跪伏草中，惟钦天监正⑥彭德清斥振曰：象纬⑦示警，不可复前。若有疏虞，陷乘舆于草莽，谁执其咎？学士曹鼐曰：臣子固不足惜，主上系天下安危，岂可轻进？振怒詈⑧之曰：倘有此，亦天命也。会暮，有黑云如伞，营雷雨大作，满营人畜惊惧。振恶之。会前军西宁侯瑛宋、武进伯冕朱全军覆没，镇大同中官郭敬密言⑨于振：其势决不可行，振始有回意。明日班师，大同副总兵郭登谓驾宜从紫荆关入，庶保无虞。振不听。

八月既望⑩，我师败绩于土木，上北狩⑪。先数日，师过鸡鸣

_____

① 按验，查验。

② 伏阙，拜伏于宫阙下。多指直接向皇帝上书奏事。上章，向皇帝上书。

③ 正统十四年七月十七日，1449 年 8 月 5 日。

④ 恟恟，喧扰貌。

⑤ 膝行，跪着行走。多表示敬畏。

⑥ 监正，官名。明、清钦天监皆设为长官，明设一人，清设满、汉各一人，俱正五品。又，明朝太仆寺、苑马寺所辖诸牧监，亦各设监正一人，正九品。

⑦ 象纬，象数谶纬。亦指星象经纬，谓日月五星。

⑧ 詈，音 lì，骂，责骂。

⑨ 密言，咒语。

⑩ 既望，周历以每月十五、十六日至廿二、廿三日为既望。后称农历十五日为望，十六日为既望。即 1449 年 9 月 2 日。

⑪ 北狩，皇帝被掳到北方去的婉词。

山，虏追至，遣朱勇率兵五万御之。勇无谋，进军鹞儿岭，虏于山下两翼邀阻夹攻，杀之殆尽。兵尚书邝野请车驾疾驱入关，而严兵为殿。振怒曰：尔竖儒，安知兵事？次日，驾至土木，日尚未晡①，去怀来城二十里，欲入保怀来。振辎重千余辆在后未至，留待之，遂驻土木，傍无水泉。十四日欲行，虏已逼，四面合围，大营不敢动。十五日将午，人马不饮水已二日，渴极，掘井深二丈无水。虏见我营不行，伪退围，遣使持书来通和。召曹鼐草敕与和，遣二通事与虏使偕往。振急传令移营南行，既行未三四里，虏复四面追之，兵士争先奔走，行列大乱，势不能止。虏骑跳阵而入，奋长刀以砍我兵，大呼解甲投刃者不杀。众裸袒相蹈籍死，蔽野塞川，宦侍虎贲②矢被体如猬毛。上与亲兵乘马突围，不得出，虏拥以去。百官死者英国公辅张、尚书邝野、王佐，学士曹鼐、张益而下，数百人。其幸免者，蓬头赤身，逾山坠谷，连日饥饿，幸得达关。骡马二十余万并衣甲器械辎重，尽为胡人所得。十七日，北狩报至，京师大震。是日，皇太后遣使赍黄金珠玉衮龙段帛，驼以八马，诣也先营，请还车驾。时石亨将兵守万全，坐不救乘舆，械系诏狱③，赦出之，使总京营兵马，退虏赎罪焉。

九月，郕王即位，以于谦为兵〔部〕尚书。也先使来，书辞悖谩④。谦泣曰：贼虏不道，气满志得，将有长驱深入之势。迩者各营精锐，尽没于随征，资器罄矣。急遣召募舍余，集民夫，替漕卒⑤，悉隶京营练之。九门之督则委孙镗，分巡之役则选给事王左等。徙郭外民于城内，通、霸仓悉令伍卒关支之。上嘉纳行。先是，内侍喜宁，胡种也，土木之败降也先，告以虚实，遂为乡导。

---

① 晡，音 bū。申时，即午后三点至五点。
② 虎贲，勇士之称。贲，通"奔"。
③ 械系，戴上镣铐，拘禁起来。诏狱，关押钦犯的牢狱。
④ 悖谩，狂悖轻慢。
⑤ 漕卒，运漕粮的士兵。

十月朔，奉上皇入紫荆关，与其可汗脱脱不花来，败我师，杀指挥韩清等，都御孙祥走死。举朝汹汹①。太监金瑛与廷臣问计，侍讲徐珵倡言南迁，于谦疏争曰：京师天下根本，宗庙社稷陵寝在焉，百官万民在焉，一动则大势已去，一步不得离此。瑛是谦言。上榜示，敢言南者，斩。固守之议始决。谦不待诏②，遂焚坝上诸草场，勿资虏也。

初九日，虏长驱至京城西北关外，焚我长、献、景三陵。命石亨军于城北，于谦督之，孙镗军于城西，侍郎江渊参之，皆背城而阵。以交趾旧将王通为都督，与都御史王善守城。时众论战守不一，陈循等言，兵败之余宜固守，且贼乘远来，势必难久，可伏兵归路击之。尚宝司丞③夏瑄陈四策：谓虏乘胜远斗，其锋不可挡，然能野战，短于攻城，且坚壁勿战，使进无所得，退复气沮，然后出奇设伏，诸道奋击破之；一谓虏深入吴地，宜令死士夜袭其营，令各伏内地以待追者；一谓虏既举国入寇，边无所御，宜调边兵之半，入捍京城，内外夹攻，彼将自溃；一谓我军依城为营，进兵死斗，退有所归，宜严号令以坚其志。如以三队为法，前队战退，令中队悉斩以徇，容而不斩者同罪，则士畏法而不畏敌矣。诏趣行其策。虏既抵城下，连日攻城，四散抄掠。亨等与之战，杀伤相当。虏知我有备，少沮。喜宁嗾④也先遣使来议和，索大臣出迎驾。众知其诈，以通政司参议王复为礼部侍郎、中书舍人赵荣为鸿胪寺卿出迎。复等至虏营，露刀夹之，见上皇及也先。也先谓：尔等皆小官，可令胡濙、王直、于谦、石亨、杨善等来。复辞归，上皇谕二人曰：彼无善意，尔等宜急去。二人方回，而虏复纵骑四面摽掠，攻城益急。

---

① 汹汹，骚乱不宁。

② 待诏，等待诏命。

③ 尚宝司丞，官名。明朝尚宝司属官。原定制三人，正六品，佐尚宝司卿掌宝玺、符牌、印章之事。后多为优宠勋贵子弟之职，遂无定员。

④ 嗾，音sǒu。教唆、指使。

石亨挟弓厉声曰：宰相不出计策，莫能及矣。先是，陈循等疏请敕宣府、辽东总兵杨洪、曹义各选劲骑与官军夹击，至是，又请为圣旨榜文数道，谕回回、鞑靼及汉人，有能擒斩也先来献者，赏万金，封国公。复写书作喜宁与司礼太监兴安，云约诱也先入寇，宜乘其孤军合兵剿杀。诏许之。为也先逻卒①所获。既而宣府、辽东兵至，我军大振。石亨与其从子彪等，挺刀持巨斧突入虏阵，所向披靡。管神机营都督范广，以飞枪火箭杀伤甚众。也先连夜遁，复以上皇北去。是月十五日也。脱脱不花闻之，遂不敢入关，亦北遁。

二十二日，遣都督洪、孙镗、范广等率兵二万，击余虏之未去者，遂破虏于固安，逐至关，尽歼之，夺回人口万余。其实胡人不过百余骑，散掠各郡，驱人畜以自拥卫，望之若万众。然犹杀官军数百人，洪子俊几为所杀。俊先守备独石、马营，闻变弃城，而八城皆陷，后谦戮之。兵员外罗通奏记：居庸关之当守也，怀来等大小关可通人马者七，宜各增千人守之。不通马而仅通人者二十有九，宜各增百人。至是，通则守之，俊则逃矣。宣大抚罗亨信乃正逃将之罪，曰：赤城之郑谦、徐福，雕鹗堡之姚瑄咸于七月先贼而弃城，以致怀、永效尤。乞正律以创不忠者，从之。时大臣有奏留边将守京师者，兵科给事中叶盛上言：今日之事，边关为急。往者独石、马营不弃，则六师何以陷土木？紫荆、白羊不破，则虏骑何以薄都城？即此而观，边关不固，则京城虽守，不过仅保九门无事而已，其如陵寝何？其如郊社坛壝何？其如田野之民荼毒何？宜急遣固守宣府、居庸为便，从之。先是，土木既败，边城多陷，宫府孤危，既而朝议复召宣府总兵官率兵入卫京师，人心益皇皇，或欲遂弃其城，众纷然争就道。都御史罗亨信不可，仗剑坐当门拒之，下令曰：敢有出城者，手斩之。众始定。城中老稚欢呼曰：吾属生矣。因设

---

① 逻卒，亦作"逻倅"。巡逻的士兵。

策捍御，督将士誓死以守。虏知有备，不敢攻。北门锁钥，赖以保全，亨信之力也。

景泰元年①，宣储侍郎刘琏上言：顷者边军避虏弃城，咸伏于朝阳门外。乞命昌平侯洪取勘起发，委能者抚之而来。敕亨、洪往宣大哨边。于是洪奏：怀来、永宁、雷站军宜一千人守城，三千人耕种，二千人哨防。二边屯丁，为贼所惊，废其耕获，亟可招徕之。

八月二日②，都御史杨善等至虏营，也先遂设宴为上皇饯。初八日，上皇驾起，也先率头目罗拜而别，伯颜以兵护行。十一日，至宣野狐岭，伯颜等恸哭，曰：帝去矣，何时得相见？命五百骑送至京。十四日，驾至怀来，将抵居庸，礼部始得旨集议迎复仪注③，戎政④条上防变之略。十五日，上皇至唐家岭，遣使回京，诏谕避位，免群臣迎。十六日，百官迎于安定门。上皇自东安门入至南宫，大赦天下，宴瓦剌使于奉天门。翼日，上皇宴之南宫，升赏瓦剌使人有差。刘定之曰：己巳中秋之狩，庚午中秋之还，亘古所无。（幹）〔斡〕旋乾坤，何其神速哉！王鏊曰：是时郕王监国⑤，不欲急君，边人曰中国有主，虏抱空质而负不义于天下，所以汲汲怀归，盖合郑公孙申之谋也。兵书谦奏：贼寇稍退，所在粮储缺然。请敕山西附运于大同，敕龙门遗运于宣府。或发价以时籴，或减商中以米数。下户部议：宣地价平如旧，同地商盐每引减米豆一斗，即得其平。报可。

十月，朱谦误报警至，已而察之，乃也先使臣也。于是降旨责之，曰：贡使之来尚不能审，况大寇猝至，岂能复料强然耶？姑宥

① 景泰元年，1450 年。
② 八月二日，1450 年 9 月 7 日。
③ 仪注，制度；仪节。
④ 戎政，军政；军旅之事。
⑤ 监国，君主因故不能亲政，由权臣或近亲摄政。

1520

尔愆①，其务哨实。都督董斌瞭见境外猫峪烟火，引兵还府，降敕责之。

年来独石、洗马诸处仓储毁八万，朝廷既责守者罪，复遣户部张勋赴口外筹之。或拨之屯，或移之食，或藏之地，期绝于弃毁之策。

四月，独石城门为虏所烧，即敕石彪率军三千驰之。锦衣毕旺率旗余一万运刍付之，各赐一金一布。时虏仅百骑人，而内廷留心如此。然边帅每多冒焉。偶鞑骑五人，夺粮于洗马（营）［林］，其一堕马，为仓丁所擒，而督斌辄称出口遇虏战，擒之。巡抚刘琏暴其伪，斌自输而宥之。尚书石璞言：口外赤城、雕鹗、（季）［李］庄三堡池城，鼎足最要，往年守将擅弃之，而（季）［李］庄尚有旧粮五万石。诏总兵洪委官更代之，而赏三堡新戍之卒各三百文。都御李秉曰：军册之有妻者，注曰家小，其父母兄弟而无妻者，则以只身减其廪，似应核实之，使其亲属有赖。边之有墩也，为其远苦也。近乃有边墩腹墩，劳逸已分，而月饩均一，岂称事哉？军家属之给布也，半布半花，乃遇布贵花贱，则怨憎起于道。永乐间夷马之来，会官辨验，其不堪者，令于境外草地牧放。正统以后，附城驻牧，开其地利窥伺之心，而额刍分给于夷马，又易涸之源也。户部议，两淮盐商召于宣府，纳豆及草。豆每引六斗五升，草每引三十束。一月纳限不次支盐，从之。时北虏以剽掠男妇易粮米，朝议大口米一石，小口米五斗，虏不从。都御史李秉曰：是重物而轻人也，每口与米一石。总兵官以为碍例，秉曰：何忍使吾赤子为夷？专擅之咎，吾任之。悉与如数。后闻，帝以秉为能。先是，独石、马营等八城，遇虏失守，残毁未复，议者欲弃之。于谦曰：弃之则不但宣府、怀来难守，京师不免动摇。乃荐都督孙安，授以方略，

---

① 愆，音 qiān。罪过，过失。

命叶盛赞其军。盛至，列其利害，仍为八条以进，次第行之。与安率兵度龙门关，且战且守，八城完复如旧。盛又请官钱五千两，买牛千余头，摘戍卒不任战者，俾事耕稼，税课余粮于官。凡军中买马、除器、劳功、恤贫诸费，皆于是乎取给。盛在独石五年，边人赖之。参将杨信奏，瓦剌先遣察占二千余人贡矣，也先续又遣百五十人，又朵颜卫朵罗干遣反搭儿七名入境，又遣阿力九名过怀，通好为名，心诚诡也。

五年，参将夏忠奏，万全附郭①膏腴地，可派屯田军余耕垦，纳子粒于官。下部议行丈量，以清占种者。参政叶盛出境，巡禽达贼十二人，械于法司，则泰宁民也。至是，泰宁督革干帖木儿贡马求赎，而盛已上首功矣。谏臣具弹文，上报曰：盛等振或遐方，姑置之。其人已安置，不必求还。

成化元年②，抚臣叶盛申奏，先年原买官牛五千有奇，已多死者，今以余粮补之，分为一千八百余具，年虽有旱，亦颇收成。往年乏马，括之贫军。今缺马二千六百，而所买反千余，则官府不烦督责之劳，军伍不知偿追之苦。此皆公田买犊之明效。然立法非难，守法为难。上曰：法既良矣，允宜遵行。

五年，敕宣府选兵三千，赴游击将军许宁，而都御郑宁欲挑之独石。独石参将李刚争之：独石孤悬绝漠，东西延袤六百余里，控宣屏怀，去胡咫尺。况地苦寒，士卒多逃内地就食者。宜壮外以卫内，未闻撤唇而补齿也。兵部以闻。诏调还其军，且搜补其逃亡者。宣龙门草场五十七万四余束火，有司获纵火者，于法司拟弃市，藉其家赀抵之，不足，则于监守者取之。榜示各边为惩。

十年，都御史郑宁奏，虏已远遁，请还京军一万，而留其三千。总兵赵胜亦以为全师匮饷，量留三千可也。上曰：虏息果定，来闻

---

① 附郭，近城的地方；郊外。
② 成化元年，1465 年。

处画。分守万全参将周贤奏，所属士马数少，以警调发他兵，徒费饷而不能久。今选所属舍余千人，膂力①过人者多矣。乞听支粮月一石，器甲界之，上下有备。诏可。

十二年，独石将李刚言：北虏之藉朵颜为乡导也，乌合②之势，外附内疑。觇其聚寇，预施反间，故为朵颜密约之辞，布于虏所必经之地，诱今入境，反相攻，携贰其心，分散其党。部议，怀远以仁，伐叛以义，不用他道，以幸成功。兵家所慎，莫密于间。窃恐机事先露，勿堕其奸。抚院殷谦奏，万全右卫西至虞台岭，东至黄土坡悉虏冲，而怀安顺圣川屏障漠然，则土墙易筑也。宣衮一千八百余里，而客兵多无固志。乞以河南班卒，永实于万全，而怀来军匠向年取入京中充发，可请发回。然部议竟不与以河南之卒，即军匠，占役久矣，起送实难。其掣肘类如此。

十四年，独石〔守〕备绳律奏，虏之入瞭远墩也，躬率与战，歼贼数人。久之，参将李刚遭挫于贼，亡卒损马。太监弓胜前亦扶同奏之。既而曰：虏止千骑，而刚等虚张至万，以致此败。宜治其罪。既荷恩贷，乃以实闻。总兵周玉塘报：参将吴俨、少监崔荣出山泉墩，围贼中。而逸归者亦云，亦思马因等与小王子连兵而至。上敕汪直径率轻骑合剿之。直至怀来，奏房骑千余入境，而太监廖亨亦奏新开之失机，武勇等戴罪自赎。俨、荣之追贼于赤把都也，为虏所遮，据山而困。游军刘宁逗留不进，而守备张澄亟援之，围解其二。至夜，俨、荣溃围而北遁。上乃犒澄等羊酒，而逮俨、荣罪。时汪直、王越乞班师，兵部复为之请。上悉不允。

十九年，宣抚秦纮报：贼六千蹂躏西河内地田禾，周玉与臣遇击，斩首九级。是役虽折首无几，而虏自大同得利，长驱顺圣大掠，而纮能躬冒矢石，与玉犄角，贼乃夺气去。纮又报：房骑驻新宁口

---

① 膂力，体力。
② 乌合，形容人群没有严密组织而临时凑合，如群乌暂时聚合。

肆掠，与张澄等分三部而追之，至常梁，我驻南山，虏阵于北山，斩级五，乃奔。总兵玉报：贼深入顺圣分抄，乃会大同士马分截之。刘宁驻古城，玉等驻定安，丁铭驻大柳，李雄驻漫流，都广驻东井而军焉。雄战于赵石，广败其骑于五岔，伏发，得首五十级。上赏奏捷人一衣，钞千贯。

二十二年，巡抚李岳奏，朵颜以报事为名，乞求盐米，入春以来，三十余次。请钤其头目。上曰：虏称报边，不必阻之，暗备之而已。宣之有团种屯粮也，旧制，沿边官地，听军协力垦之，以所收租于官库，易银买马，边军赖之。厥后余尚书子俊改充边储，止给三千为马价，士多逃者。至是，户部请以团种尽给买马。诏可。

弘治十年①，户侍刘大夏奉整理边储之命，复奏曰：宣府地险积寡，已于东城置仓数十，未有以实之。而顺圣川肥饶，屯团之外，尚多私占。请令抚按清之。其承佃者，每分额外，量与余田，勿令过二十亩。其清归之亩，约科粮三升，草一斤。东西二城并蔚州屯料俱纳于新仓。如不足，则万全于农隙自运之。如不足，则储价籴之。若怀来城，尤宜置廒预蓄，不得他借。从之。大夏将行，尚书周经谓曰：北边粮草，半属京中贵人子弟经营。公素不与此辈合，此行恐不免刚以取祸。大夏曰：处天下事，以理不以势；定天下事，在近不在远。俟至彼图之。既至，召边上父老日夕讲究，遂得其要领。一日，揭榜通衢，云某仓粮缺几千石，每石给官价若干。封圻内外官民客商之家，但愿告报者，米自十石以上，草自百束以上，俱准告，虽中贵子弟不禁也。不两月，公有余积，民有余财。大夏寻以病乞归，边人歌思之。

十三年，虏频年多蹂大同，自六月后散入宣西阳河诸处，堡兵拒之，被伤而去。都御史雍泰疏，有功者百六十八人，请给赏励，

---

① 弘治十年，1497 年。

从之。

十四年，太监苗逵檄召宣大，选逻卒二百五十人赴绥，侦火筛之造筏东渡者。总兵张俊持之不可。逵劾俊违节①，下部覆：延之地利夷险，非宣人所谙。俊议是也。上宥之。

十八年，虏大举寇宣，营于牛心、黑柳，长阔二十余里。都御李进、都督张俊分兵御之。李稽军新开口，白玉军万全右，张雄军新河口，黄镇、穆荣军柴沟，合万五千人。既而虏由新开入，各相拒于虞台。军为所诱而援不至，大帅俊坠马伤足，力疾持三日粮，乃解泰围。稽亦溃围而出，雄、荣阻山涧中，遇害。是役也，死者二千余，伤者如之，所掠不可胜计。说者谓乙丑之祸，几与己巳等也。时虏至城下，出怀中饼及麻布冠示人，曰：此何物也？盖私谍入长安，知国有大故，开禁之失讯如此。命太监苗逵、保国公晖朱、都御史史琳、太监张林、都督李俊、神英、陈雄、张澄各领京军二万人以往，户侍王俨往督粮储。兵部上赏格以示能杀贼者，乡丁斩首五级升所镇抚，其辎重充赏不问。更募土著之愿效者，人给三金及马器，特编一伍，事宁归农者听。报可。给事中尚衡言，命将出师，复以朱晖、史琳。此两人者，尝两总宣、榆兵事，未见尺寸。边人闻此，叹为无人。况虏奸于行间，非昔者比，器仗架梁之法，以夺于国中者，仿于国中，善侦虚实，无有不先者矣。部佥谓主几八万，客已二万，果能推诚仗义，未必不效。于是，仍敕逵等励气以须。

正德元年②，王俨乃至宣，勘其平衍故屯之地，为京僧陈乞者十余处，乞宜清核，仍给于屯。其官军折色，当因地远近通为三等，然后轻重得平。诏如议。

六年，虏寇龙门右，监丞赵英、指挥王继战而死，赠荫有加。

---

① 违节，违背制度、法规。

② 正德元年，1506 年。

七年，流贼刘六之起霸州也，京师戒严。近臣密献计者，京军不习战阵，宜调宣大边军各三千入卫，而遣京卫如数戍边，更番如例。内阁东阳李等力辩，以为不可，乃陈十不便状。上以内降传旨取之，游击江彬因而得宠。时宣兵已调千人赴征，戍河间。已，又调三千入卫。部议仍以京操者还守宣，而停延绥之募发以护大同。上命咸宁侯仇钺统六千人以往。

九年，虏入顺圣，游击张勋、田琦、廉彪战死。顷之，四万入宣西海子，令总制侍郎丛兰兼调大同游奇兵待之。时小王子连营分寇天城、怀安，丛兰告急。命太监张永提督之，白玉挂印，发京营二万人。太监张忠凡参随各四五百人，诏赏之，人给二金，司计者莫之敢抗。禁旅未出，辇下坐耗已十余万矣。虏之犯宁武者直入白羊口、浮图峪，而五万骑自宣新开而入。白玉等领兵潜击之，使人于田家炊饭，置药其中，更设伏置礧①于天城、阳和间。虏多掠食中毒，被伏而殒者甚众，凡斩首五十。捷闻，张永等撤师还营，其调戍者暂罢之。

十一年，虏人白羊，报甚喝。诸谒陵者还自昌平，老幼扶携，相迫于道。守关者获间谍一人，僧法顺者，具得猴儿李所诱南侵意，云：李者，即指挥李怀也，败降于虏，称为平章，号令诸部落，最强盛。兵部乃颁重赏世袭之令以购之，而执其子勇家属，安置于湖。乃命都督刘晖、太监张忠统桂勇西官厅千人，人赏二金、二布，继命左都彭泽提两路，率京兵六千人以防。泽乃请曰：臣昔中州、西川讨贼，纪功则有科道，摧锋陷阵则有总兵，非臣所独理也。今虏势较流贼既悬，今臣一出，生提六千未练之卒，亘两路千数百里之远，当十数万之贼，寥寥两参将何能济？诏如所请，以成国公辅朱总戎焉。抚臣王纯塘报：虏多至六万，大帅潘浩御之贾湾而败，众

---

① 礧，古代守城用的石头，从城上推下打击攻城的人。

寡不敌，且以自劾。兵书王琼驳之；纯初自谓宣不烦发兵，及遭充斥，顾婴城而回护其状，应俟事宁勘处。

十二年秋，车驾出居庸，至怀来，及宣一带游猎。大学士廷和杨等屡请回銮以安众心，举正统为鉴，不听。时江彬挟上自恣①，始诱为西北之行。既幸宣，遂营建镇国府第。时时夜出，见高门即驰入，召其妇女。于是富民厚赂彬，争以求免。久之，樵苏②不继，至毁屋庐焉。上幸大同，复过宣，遂迎春于宣府，岁暮还京。

十三年，车驾复幸宣府，行宫已成，糜费亿计。更辇豹房③所贮诸玩及巡游所收妇女实其中。上乐甚，称之曰吾家。盖彬怙宠④，计诸幸臣不得近云。

十五年，虏驻把儿墩、朵峦觜、牛心山，几三十里。部议都督郤永、参将杨玉、都督朱洪各军昌、黄间，仍令宣城伯鏊卫、南宁伯良毛各营千人于白羊，而在京之十一营各选三千，听太监孙和以时调。

嘉靖五年⑤，虏从大同及宣，都督傅铎御之而遁。上敕奖之。

六年，虏犯宣中路水地庄，参将王经领援，力战死之。三月，复寇大白杨，参将关山战死。御史杜民表以闻，因劾巡抚周金、太监王玳、总兵傅铎、副总〔兵〕时陈诸失事状。上以一月连丧两师，切责戴罪，仍命起侍郎冯清，提京军以往。而周金请缓京军，惟调辽东、延绥二枝足矣。诏令清即领其事。值宣米价翔贵，大军苦之。守者酌给折色，石增七钱，军大哗⑥，共诣侍郎清，谆谩侵辱。清许之曰：本折兼支，其可？众乃稍定。户部曰，军容暴肆，非专在粮。

---

① 自恣，放纵自己，不受约束。
② 樵苏，砍柴刈草。指日常生计。
③ 豹房，明武宗在宫禁中建造的淫乐场所。
④ 怙宠，倚仗恩宠。《后汉书·朱晖传》："恃势怙宠之辈，渔食百姓。"
⑤ 嘉靖五年，1526 年。
⑥ 大哗，谓群情愤激，纷纷议论。

往甘肃、大同之噪可戒也。领军嫌隙互生，授意犯乱，岂为体国恤耶？上乃申命其律。

七年，虏五万入大白杨。大□赵瑛、副帅时陈，拒于鸡鸣山，魏祥、刘越、郝镇、李彬、任凤皆集。虏遁。上首功一十级，上嘉其功。冬，滴水堡军郭春、小蔡旺等之为乱也，都御史刘源清遣捕之，不密，春等觉，遂烧草积二万余，而驱堡人登城拒捕，伤官兵甚众。副帅刘渊执旗，散其胁从，春等四人自刭，小蔡旺等十余人就擒，缚送法司，以放火例枭之。刘抚以叛闻，而法司不太深也。诸卒初愤其负主所诉，环甲不服。官司虑生变，为逐其负主。春等益横，殴击烧荒士较，伪号大王、天师云。御史李宗枢条上屯事，曰：宣大二屯宜查清，占者追夺，换鬻者改正，坍压者拨补，给由验对。力贫则上帖于官，别召种之。宣之顺圣东、西二城荒熟地，共三万三千四百余顷，团种之军因官之选补于各卫也，往来无常，所赋遂淆。乃预拨月饷，大失耕守之意。管屯之所，未宜更调。诏如议。

十六年，虏入掠张家口，指挥赵镗死之。

十九年，宣抚楚书言，虏住沙洼，请调绥游以备。上谕其勿轻调。已而虏三骑突入，挥金王勋易之，追之而陷，官卒二百余人俱被杀。

秋七月，虏骑数万入万全右卫，大帅白郁与战于宣中，败之。其分入者副帅云冒败之。虏涉桑乾河，半渡值雨，官军急击，又大败之，斩首百六级。部言宣自都、勋丧失以来，日坐不振，是捷近所未有也。上嘉之，各进秩，赍士有差。

二十三年，宣抚王仪言：五路北则龙门许冲，中则大白杨，西则膳房、新开河、洗马林诸为要，请得选良家趫健敢死者，以三千聚本城，以一千聚万全之右，以一千聚独石之垒。仍缮械挑骑，而拔旧将李彬、童旸、江瀚、张点，令部署之。克捷者重其赏以三百金，超其三级，而逊懦者法无赦。得所请。

三月。龙门之寇五百骑来，大帅邵永、副帅崔天爵令滴水之刘环前后夹击之盘道，得级十五，及阳口，得级二十有七。虏复驰碻春，乔永取其级九。部以捷闻。赐敕奖励，总督翟鹏等各晋阶。王仪又虑独石之险远，可将松、君二堡修成为声援，且田极腴，我所当复，于此乘势兴之。报可。部发余盐例一万五千金予之。

十月，虏从把儿河抵顺圣川，军于浮图峪。于是紫荆戒严。上大怒，逮总督翟鹏于狱。

二十四年，总督翁万达奏，虏酋吉宁答及俺答等先犯阳和，继侵膳房，不得逞而迅行，必寇中、北二路。给事中李文进奏报：宣、大二边侵饷数多，乞治诸臣之罪，内原任尚书樊继祖十三人、郎中杨锐三十六人、挥司马世彪一百二十人。得旨，樊继祖、楚书为民，余夺降有差。万达奏，顷岁虏犯多由宣大之界以入，自同之阳和至宣之红土台，计一百三十八里，中有铁里、鹁鸽、瓦窑，悉贼路也。白磨口从东北逾崖六十里，至于马头儿，抵宣西之阳和界，如此则李信屯之兵亦可并成两镇，共享其利矣。部议，铁里、鹁鸽之间，旧有二边一道，可以扼塞诸途，何为舍此大边十余里之墙而不为，弃二边百余里之险而不守，乃复重筑百三十余里之劳？凿山开道，工力相去，岂不百哉！上曰：守臣躬所相计，必与遥度者殊，其如万达议。万达又报曰：臣惟修边为守边也，如不可守，修之何庸？新平北故有墙十里，筑在山巅，不可用汲。其鹁鸽阻绝冈崖，咫尺千里，是以臣欲改筑于麓，为易守故。非圣明独断，几摇矣。上曰：从中改请，几坏乃事。于是委总兵周尚文统之。大同、阳和、门山口一百三十八里，为堡七，为墩一百五十有四，宣府西阳河六十四里，为台十，削坡斩崖五十里，工止五十日。向估三十万，省其一分。御史勘实之。周尚文乃奏，东自宣府西阳河起，由天城、阳和、左、右、平、威、井、朔，至山西丫角止，计筑墙六百五十余里，收进虏占地土四万余顷，召军一万五千，分给耕种，资其养赡焉。诏曰：军佃永不报科，九边著为令。

先是，蓟抚郭宗皋报独石有大虏焉，既而无其耗。及七月，虏犯龙门，参将董麒不报督府，而辄率所部剿之，斩三十余级。其明日，陈勋死于阵，吴阳战二日乃归。麒与坐营谷泰先还，遇郭都、王浩于青沙，告以虏且去，罢归。总督万达劾之。下部议，因责蓟州诪张诪①之报，而董麒、谷泰不救勋、阳之战，而遏都、浩之援，各治之。

十一月，户部请发年例六十万，于宣、大三关籴粮，为秋防计。上曰：屡年大破常格，倍出不赀，耗蠹行查，迁延不报。且勿发。已而册到，准五十二万予之。万达奏曰：宣正游奇兵四营，营各三千，分屯要害，立法周矣。近者抚臣仪帅臣永拔其精锐五千，别立战锋五营，而统之以废将，遂致各营耗惫②。及遇寨旗，复谓亲兵自挟，反驱诸路兵为前蔽，士皆解体。且坐营李塘，前愆未赎，失律随之，所宜问。上曰：新立五营，变乱兵制，即令革罢。万达更报秋防，曰：设险有常道，所贵因乎形势；用兵无定术，所贵酌乎时势。山西起保德州黄河岸，逶迤而东，历偏关，抵老营堡尽境，实二百五十四里。大同起西路丫角山，逶迤而北，东历中北二路，抵东阳之镇口台，实六百四十七里。宣府起西路四阳河，逶迤而东，北历中北二路，抵东路之永宁、四海冶，实一千二十三里。共一千九百余里，皆逼临胡虏，险在外者，所谓极边也。山西（堡老营）[老营堡] 转南而东，历宁武、雁门、北楼，至平刑关尽境，约八百里。又转南而东，为保定之界，历龙泉、倒马、紫荆之吴王口、神箭岭、浮图峪，至沿河口，约一千七百余里；北为顺天之界，历高崖、白羊，至居庸关，约一百八十余里。共一千五十余里，皆峻山

① 诪，惊惧貌。
② 耗惫，亏损疲惫。

层冈，险在内者，所谓次边也。外边之地，有险夷迂直，总而较之，则大同最称难守，次宣府，次山西之偏、老。分而言之，则大同之最难者，北路，而宣府之最难者，北路也。山西偏头关以西五十里，恃河为险，偏关以东之百有四里，则略与大同之西路同焉。内边可通大举，惟紫荆、宁、雁、倒马、龙泉、平刑诸关隘。迩年以来，大虏屡寇山西，必自大同入，侵犯紫荆，必宣府入，未有不经外边而能入内边者。唇齿户堂之喻，盖以是耳。毡裘①之族，鸷忿②雄捷，出于风气，以骑射为本业，专于技，而无待之教，战斗之事，人人能也。而我事隶于群牧，业分于四民，百一为兵，劳于训习，习且弗专，故多弗精也。彼聚寡为众，乘时而攻，我散众为寡，画地而守。攻无定势，所贪嗜，疾驰而逐之，飘忽如风雷。守有定形，遇贼必赍粮，负甲而随之，瞻顾而狼狈。彼去文字，简号令，进无所驱，退无所慑；而我则议论多端，号令多门，退进由人，上下牵制。令并力以守要，益兵以防秋，事势所必然矣。山西之旧发四千五百御于大同者，所以保三关也，初无分地摆守之议。顷因虏越同入西，遂误以同不足恃，乃独筑宁、雁以东，至平刑墙八百里，掣同之班以守之？继增太原七游，及募丁金壮之众已六万人，所谓财匮于兵溢，力分于备烦者也。宣亦创于虏，尽调专于西、中，而北路空竭，复征之于辽、陕。此五六枝者，以百四十万计费既不赀，难于持久，并守之策，所以为善经也。守堡者各有分地，不必参错征发为劳。秋高虏逞，若复泥往规，散处城堡，临时动调，近数十里，远或百里，仓卒合营，首尾不应，则摆边之当预也。山川之险，险与虏共，垣堑之险，险为我专。我恃其所专，而夺其所共，则修役之当缜也。夫出塞袭击，试兵习攻之术也。虏牧于边，未窥我塞

---

① 毡裘，指古代北方游牧民族以皮毛制成的衣服。借指我国古代北方游牧民族或其君长。

② 鸷忿，强烈忿恨。

者，将卒各得择奇，捣其辎重，所谓小战之利，大战之始也。上俱如拟行。

二十六年，万达定全支间支之规，酌兵粮道里之远近而约之，曰：宣三十万有奇，同五十三万有奇，山西二十四万有奇，著为令。宣抚孙锦奏报，夷情踵至，乞于年例之外发帑以支。户部执奏，自二十年来，宣大饷独倍他所，续请帑藏已百二十万。边臣例外求增，非所敢知。上乃令万达、锦各自陈状，诫之曰：边臣恣为侵渔①，无体国节财之意，其各夺俸②。

二十八年正月间，大同侦虏酋俺答等纠众，将由去秋旧路寇宣府。总督翁万达以宣府总兵赵卿尪懦③，恐不能当虏，疏请预调同帅周尚文代卿。至二月，贼果以数万骑犯滴水崖，指挥董旸、江瀚、唐臣、张淮等俱战死。虏遂南下，驻隆庆石河，游骑分窥，东及永宁，南及岔道、灰岭、柳沟、大小红门诸口。游击王钺、袁正遇虏于隆庆州桥南，与战却之，士气稍振。虏移营向南，周尚文提大同兵万骑至，南路将田琦率骑千余来附，与遇于曹家庄，搏战竟日，相持未决。次日，复殊死战，斩酋首四，搴其旗，贼气顿沮。会万达督西路将姜应熊等，自怀来顺风鼓噪，扬尘而东。虏不测，以为有大兵至，结营东遁。宣帅新任赵国张闻警驰关，至岔道，简孙勇兵千余，迎贼于大滹沱，败之。遂与尚文等分道追贼，复击败之。虏狼狈夜遁。于是万达以捷闻，因言：虏狃④于去秋得利，知宣将不足忌，非时大举，垂涎关南，其气甚恶。幸侦报早闻，先期征发，一时诸将能奋死抗彼方张，使不得南瞰居庸，西下洪、蔚，扶死宵奔。而尚文功犹称奇绝。至于慢令偾师，避灾择便诸臣，则罪有不可逭者。臣谨究竟其得失之故，列上始末，惟皇上赏罚之。上曰：

---

① 侵渔，侵夺，从中侵吞牟利。
② 夺俸，官吏因过失而被罚扣其俸禄。
③ 尪懦，尪音 wāng，古同"尪"。尪懦，懦弱。
④ 狃，音 niǔ。贪图。

尚文加太保兼太傅，万达晋尚书，翰、旸、臣、淮先赏三十两，恤录其家。孙锦罢，欧阳安等法司讯治。辅臣嵩荫一子。曩者五堡之变，有旨曰：内阁臣及兵部科纪功官，不得以军功叙录，著为令。居无何，分宜蒙首褒焉。

先是，二月，虏拥众寇宣，束书矢端，射入我营，及还我掳人，仍乞贡。二年来，虏意切。万达具战款利害以告，屡降严语。至是，万达不敢匿塞外情，而上仍谓边臣不能隔阻，辄乃渎告①。然虏耻贡事不遂，又以前使者被杀，故但归掠，射书如此。累入得利，习我弱，词桀骜②，有要挟意，非复数年前遣婉状矣。迨秋，虏果复来，明年，遂犯阙下③，一一如其所言。翁万达奏曰：今日形便重宣大以数警也。往年虞山西，近时虞京后，何者？虏情不常也。往年急太原，内边之修，外边之筑，今时急隆、永，则皇陵之后、神京之外，其所以培植根本，虑者可惮劳哉？虏患犹水，设守犹堤，诸堤悉成，则渐成隙漏，诸堤未备，则先注空虚。乃今则已注宣之隆、永矣。以二路边计之，东路起四海冶南墩，而西至永则界尽，北路起滴水崖，而北而东而南至龙门城则界尽，为边凡千七百里，而二路马步官军防秋摆边者仅得二万有奇，乃复守南山三百四十里之边，兵分备疏。虏溃外防，则隆庆、永宁之间仓皇骚动。南山诸口山梁多可漫走，我力不御，则畿辅内地不免震惊。

九月，虏三万入河楞，掠万全左，总督郭宗皋御之。贼引而东，未行散掠。兵书翁万达策之曰：虏若从镇城出深井掠顺圣、蔚州，则总督麾下足相待，又南而紫荆亦已有备。若从出鸡鸣，趋新旧保安，逼沿河，图为南下，则宣北、东二路方与金字河、长水与贼相持，不得离次。而南山隘怯可虞，第闻督府已摘劲兵，由间道远出

---

① 渎告，轻率告说。
② 桀骜，凶悍倔强。
③ 阙下，宫阙之下。借指帝王所居的宫廷。借指京城。

贼前，以截东向，而扼关南，似为得策。总兵赵国忠与虏相持于岭堡，西将赵臣尾之，同帅陈凤、裨将林椿、焦浑、张腾合追至鹞儿，力战，会大风雪，虏退还营。次日，复战之，出境。

二十九年，虏纠诸部大举，至独石，遂驻金字河。官军拒之两河口，不得入，遂犯蓟，直都下。

三十一年，抚刘玺言：自开互市，大同寇盗不为衰止，而宣府宴然。今乘其效顺之机，抚之易耳。请无拘臣以一年两次，期络绎开市，羁縻虏情，于国计甚便。部覆，玺议可行，但原价无过五万，马无过五千。若能守此，虽一年数市，亦当听之。报可。初，虏守我约，不之绝，近益骄，方市于张家口，越日而肆掠。巡按蔡朴请罢之。上曰：边市悉禁，敢有效逆建言者，斩。虏犯青山，游击孙邦、丁碧战却之，各被重创。寻又犯深井，副总郭都没于阵。御史劾奏大帅吴鼎，得旨，主将发军门取死罪状，剿虏立功。赐都祠祭。

三十五年，虏犯黄王梁，游击张紘率陈徭、缪策等迎战，死之。

三十六年，寇犯马尾梁，参将祁勉追之，陷伏中，姚登云、戴昇皆死。部议，夺大帅李贤俸。宣府边外属夷，日求内徙，抚臣议处之于宁远堡中，事久不决。总督尚书杨博以此为皆边境安危，所宜亟处，但大同祸已燃眉，当救一时之急，宣、蓟患在厝薪，当图万全之计。乃建议请罢杯来参将刘环、四海冶守备韩鉴，而于独石城中选有勇谋、为众所推如尚表者，不拘见任废弃，委之守城，功成一体升赏。其蓟镇入卫兵，俱听宣大督抚官便宜调遣，先发后闻，与本镇互相应援。仍多设戍兵于怀、隆，为居庸南山之蔽。属夷来降者，但厚其赏给，不得纵之入内，以启乱华之阶。上俱从之。

三十八年，虏犯东、西二城，凡十日，会久雨，乃分道自丁零①引去。

----

① 丁零，古民族名。又称"丁令""丁灵"。汉时为匈奴属国，游牧于我国北部和西北部广大地区。

四十二年，户部奏，宣府四十年所上计簿，中间侵亏湿烂①之数以千万计，而往岁新收籍内，未见一追偿②者。奸商百计蠹其中，官司多不能发，已发者复不能追，弊将何纪？得严旨，于是督江东、抚杨巍条议主客盈缩事宜。主兵之费，自十八年以前岁用年例京运、淮、芦盐引、河东盐价，各省民运及岁征屯地圈种之数，其本色二十八万八千一百七十八石有奇，草二十二万七千三百七十束有奇，折色八十二万六千五百七十九两有奇。迨三十年来，或以新募军马而增，或以岁用不敷而补盐，或以增减刍粮③，而加征运脚，遂至多三十二万三千二百余两。臣等详察弊源，十九年以前，军马未必盈于八万之额，时且岁丰年登，民运交至，盐引复皆报中，故虽有虏患，犹足济用。三十年以上，边地之丰啬靡常，民屯之逋欠④日甚，盐引之报中渐少，而军数且日加于往，非新增之衰益于其间，其势必不能给。客兵守墙，烦费不赀，而出塞尤甚。一岁之支，至有四五十万以上者。夫惟预发召买，则出纳渐入准绳矣。

八月，虏酋黄台吉帅轻骑自洗马林突入，散掠田禾。暗庄堡总江汝栋，以锐卒二百按伏堡中，不知其为黄台吉也，出而搏之。黄酋骤骑直前，我兵奋挺击之，堕马，俛获之矣，为其部众致死夺之去。我兵得其盔刀而还，阵亡二十人，虏亦有伤者。诏擢汝栋三级，赏十金，阵亡者各袭其子二级。是役也，黄酋重伤昏冥，越日乃苏，自是，惧不敢犯边者数年。

隆庆元年⑤，总督王之诰奏，南山之合河口，一切山险皆属蓟，而宣皆断冈平麓，虽设联墩，不为固。其地乏水，戍者苦之。请以步千人助蓟，使蓟得宣兵，宣得蓟险。蓟督刘焘报曰：蓟部署已定，

---

① 湿烂，谓潮湿霉烂。

② 追偿，追索使偿还。

③ 刍粮，粮草。多指供军队用的饲料和粮食。

④ 逋欠，拖欠；短少。拖欠的赋税钱粮。

⑤ 隆庆元年，1567 年。

不俟增兵。且联墩已成之业，宣不当辄弃。部主裛议。因覆议南山战守之策，曰：蓟自白羊、长峪、横岭、镇边、合河，延袤八十里，宣自帮水、沙岭、瑞云、大石、板塔、庙湾，至合河，延袤亦八十里，皆南山之险也。蓟募三千，统以参将，宣募一千隶之。诏允行。王之诰以宣大招回掳者，宣帅马芳、同帅孙吴等功，故事总兵以七百人，参将四百人，守把二百人者，各升一级。各如所叙。

二年，总兵马芳出独石二百里，袭虏于长海子，败之。虏追及于鞍山，芳又败之。前后擒斩八十余，马称是。上赍荫芳。总督宣大陈其学，条上南山事宜，其略言：岔道以东，自青石顶至四海冶、火焰山，宜乘春筑台于柳沟诸处，水口浚横一道，壕外设石（左木右囷），（左木右囷）外建大石墩以分杀水势。其张家等口并修之，道路禁军民毋入山樵采。岔道以西，自青山顶至合河口，为墩台一百九十有七，宜及时修补之。大山口迤东一道，为暗门者六，咫尺居庸，宜严加讥察①。因荐参将李官②之能。其议悉允。抚臣冀练言，河、淮以南，岁以四百万供京，河、淮以北，岁以八百万供边。额虽有定，而酌赢缩，调缓急，法靡定也。请于内地举常平劝借法，无事而能砥京，庶有事而不桂玉③。至于诸塞，则慎按伏，罢老弱，预召买，时支放，优商贾，通主客，量本折，因时顺人而伸缩更易之。臣所计九边士七十万，可用三十万以乘障，四十万以列陈，必择其敢力战深入之士，勾于户，募于市，以渐实伍，庶可以安。

四年，御史燕儒宦奏记：国家建都幽、蓟，内设重关，外联四镇，周且密矣。四镇中宣府为京师北门，而群丑盘据户外，朝阳鞭于朔漠，暮飞矢于居庸，视诸镇为最急。延、永之壤，南山之麓，陵寝倚焉。先年翁万达以东北二路边垣几七百里，兵少力分，拟于

---

① 讥察，稽察盘查。
② 李官，古代的法官。李，通"理"。
③ 桂玉，桂玉之地。指京师。

东路镇南墩与蓟镇所属火焰墩接界，塞其中空，自北而西，历四海冶一带，共修外边一道，又自永宁墩至陆台子墩，创修内垣一道，与北路新墙联而为一。经营二载，功始告成，千万世利也。嘉靖中叶，边帅失人，虏多深入。当事者苟且缓诛，创为并守南山之说，而内塞渐废。顾遗迹雉堞①，屹然犹存，所颓坏者十之二三。少加修筑，而于左掖龙门卫扬、许二冲、右掖龙门所、滴水崖一带厚为之备，近蔽延、永，远护陵京，策之得者。或曰已守南山，何用此边为哉？不知南山接连居庸，去陵寝仅一舍②，冈峦涧谷，盘互交错，无可驻足。而怀、延、永、保沃壤平原，皆在其外。虏若委辔③长驱，结营于怀、永间，分兵肆掠，宣府诸城自溃，我兵蹋蹰④山中，自成土崩⑤。此弃宣府而无益于京师也。北路山谷逼侧⑥，砂石穷塉，虏无所利，益垂涎延、永，将冒险内逞。数年版筑⑦日举，大边已可据，复成内边，则如金城玉垒，环绕陵京，虏逡巡⑧于崎岖，攻之不隳，掠无所获，力倦谋衰，岂能抵黑峪，跃龙门，窥长安之岭哉？此固南山而保独石，信不诬⑨也。从之。

闰二月，虏酋黄台吉遣兵掠车夷革固等帐房，夷众以去。革固者，不知始所从来，嘉靖间始流宣边外，与史夷杂处，宣因抚之为外藩。然非故属夷，亦往往为黄台吉所掠。至是，抚臣吴兑奏言：革固种落，不过千余人，其去留无足为我轻重，业已使人诘问黄酋，

---

① 雉堞，城上短墙。泛指城墙。
② 一舍，古以三十里为一舍。《左传·僖公二十八年》："退三舍辟之"晋杜预注："一舍三十里。"
③ 委辔，脱缰。《管子·法法》："故赦者，犇马之委辔。"尹知章注："必致覆佚也。"
④ 蹋蹰，音 jú jí。滞留不进；徘徊不前。
⑤ 土崩，比喻崩溃破败，无法收拾。
⑥ 逼侧，犹狭窄。
⑦ 版筑，指土墙之类的工事或围墙。
⑧ 逡巡，徘徊不进；滞留。
⑨ 不诬，不妄；不假。明文征明《题李西台千文》："今观此书，信不诬也。"

令其遣还。但与史夷势同唇齿，革固被掠，则史夷亦恐见侵。请于近边闲旷之处，令筑小堡二三，以安插之，俾藏老弱，其壮丁听于近边驻牧。部议报可。刘良弼又言：抚虏与贿虏异。虏诚心效顺，吾因而字之，曰抚；虏扣关呼索，吾苟且应之，以祈免祸，曰贿。不察顺逆，不衡是非，使人眩于名实，则恐今日抚虏之资，为他日贿虏之计，甚者借启衅之言，掩养乱之罪，其势积衰，为害滋大。请假边臣便宜，度诚伪，审事机，顺则抚之，逆则拒之。或东西侵，即奋力擒斩，无得奏闻。虽小有损失，无得重治。但不令将官偾事①，以致损威。此议战之大略也。夫宣大为京师藩，而独石为宣屏，龙门、赤城一带，又独石咽喉，猝有警，难于应。非预积糗粮②，何以拒守？臣谓独石、马营八城宜蓄一岁储，以守为战。中东西南四路宜蓄数月储，以战为守。此议守之大略也。

五年，把汉那吉既还，誓保塞于云中。俺答为其弟（昆都哈力）[昆都力哈]③请封，授以都督，续市于张家口，巡抚孟重临其盟。

六年，老把都以病，贡与市，皆不至。边吏疑之，曰：把都与土蛮婚媾久，今或背盟，行且舍宣大而图蓟辽，或舍蓟辽而图宣大，皆不可知。亡何，（昆都哈力）[昆都力哈]、吉能东山各病殁，酋妇一克哈屯、猛可真疑为汉人魇死其夫，而俺答遂失左右手矣。

万历元年④，青把都偕永邵卜既续贡，抚臣吴兑请晋青酋以都督。时土蛮大肆于东边，御史孙综奏记：老把都妻若子，为三卫奸夷所诱，疑我毒其夫，而永邵卜小酋偶死，其疑亦与酋妇同。深虑青酋数往俺答营，夫岂不能约束其子若侄哉！而阴纵两酋为乱，缪

① 偾事，败事。
② 糗粮，干粮。
③ 昆都力哈（1510～1572年），明朝蒙古右翼永谢布万户喀喇沁部领主，达延汗之孙，巴尔斯博罗特之第四子，衮必里克墨尔根、俺答汗的弟弟，又作老把都、巴都儿、巴雅斯哈勒昆都楞。
④ 万历元年，1573年。

为恭敬，挟我厚施①，不可长也。

三年，张居正论边事，曰：昨巡抚张学颜，报称达贼二十余万谋犯辽东。臣即面奏，暑月非虏骑狂逞之时。今据蓟镇总兵戚继光，揭称诸酋已散。及臣使人于宣府，密探西虏青把都动静，则本酋在巢住牧，未尝东行。夫兵家之要，必知彼己，审虚实，而后可以待敌。今无端听一诳传之言，与风声鹤唳何异？万一彼尝以虚声恐我，使我疲于奔命，久之懈弛不备，然后卒然而至是，在彼反得多方以误之之术，而在我顾犯不知彼己之戒。失事必由于此。兵部以居中调度为职，一闻奏报，遂尔张皇②，事已之后，寂无一语，谓足以了本兵之事，不可也。

四年，打剌明安兔猎至膳房堡盗边，副帅贾国忠使问顺义王，罚治之如法。青酋与属夷讨孙卜赖有隙，因其婿长昂以报之。卜赖遂降，连年治兵独石外边，请加市马数与顺义王埒。督军门吴兑折之曰：尔岁得称金吾将军③足矣。

七年，御史安九域奏，互市之初，虏马在上谷不及二千，今已增至二万六千矣。青、永贪甚，吾上谷其曷能支。

九年，部夷银定倘不浪逐水草于马营，掳我松树堡卒。裨将曹禄见为贡夷，不加兵。旦日，诸夷复猎独石，满五大、磕气拥众入大东沟，总兵董一元遣通士④尾之，捕磕气尹兔赖，系之狱。都御史张佳胤诮让⑤虏王，绝满五大贡市，使马应时驰虏营。俺答伏过，遂除其酋长所犯名。酋有脱脱者曰，此吾等为之，今免段奈台吉官，愿罚脱脱马牛一百六十余。总督郑洛会奏，复其官，与贡市，兵书梁梦龙覆其事，贼夷免死，付之以夷法。其托托儿等赏之。

---

① 厚施，谓以丰厚的财物给人。
② 遂尔，于是乎。张皇，张大；壮大。
③ 金吾将军，古代官名。掌管宫中及京城昼夜巡警之事。
④ 通士，通达事理的人。
⑤ 诮让，责问。

十三年，猛可真盗边，总督张佳胤遣路将李如梗问青酋，青酋傲而应之。佳胤决策行剿，谨斥堠①，明烟燧。久之，闭关。诸夷咸困，怨青酋，乃与长昂妇东桂款塞上，请除罪，而顺义王因求增卜失兔市赏焉。哈不慎屡寇辽，不利而悔，乃遣插汉我不艮，牵马牛羊赴张家口告罪。总督郑洛曰：恰②酋敢于哃喝，亡道，今不躬匍塞，而遣众要挟，托名讲赏。且犯辽罪重矣，非羊牛所可赎。益闭关不许。哈酋闻之，猎云川③两河口，入镇安，伤卤百余人而去。守备李春不之敌也。洛与抚萧大亨，羽檄征兵于龙门所，裨将李迎恩等兵出北栅，刘葵监其军。至旧庄，遇哈酋，噍之，而陈师独石。哈酋遣海左右来款，我折以诈。与战数合，追八十里，虏退败，走大沙窝三间房，乃丐白洪大黄台吉长子求款。于是哈酋、青酋、七庆酋、白酋各还所卤百六十六人，因道镇安之役，以讲赏也，而李守备误以为乱，多遭杀戮，乞太师哀矜之。总督洛请于上，命御史徐申验问，檄通官羊羔儿等，布告诸犯者，必罚治，哈酋如法，然后可。顺义王率诸酋长，遣五磕气，会长昂，亦遣陶拜来，皆冒雨暑，待命境上。洛亲临独石，数其负约，辩折之。唯唯叩头。哈酋罚橐驼十、马牛羊千，大书番汉文字，誓天誓质，乃许诺。诸虏大喜。兵书张学颜核其状，诏赏乞庆等金币，其哈不慎贡市与复。

十四年，青把都复治器，纵诸部那诡至独石城，摆言大卜落等至张家口。顷之，复罢。上谷卒出边樵苏④，道逢段奈台吉部夷，我兵执而僇之，磔其尸以殉。郑洛乃条对，以为此道上行夷也，我士卒何与？直欲以明威，此太过。且恐异时此酋，将率众寇扰，亡已也。

十五年，侍御孙愈贤疏：迩者青、永诸酋，市马无定数，通事、

---

① 斥堠，侦察；候望。
② 恰，疑为"哈"。
③ 云川，当为"云州"。
④ 樵苏，砍柴刈草。

牧夷官因缘为奸。今宜著为令，<u>上谷</u>二万匹，<u>云中</u>一万匹，毋得逾溢，耗我军实也。下<u>郑洛</u>议：其部落<u>打剌明安</u>等繁且衍，仓卒损减，虑召之尤。遂寝其说。

十六年，<u>段奈〔台〕吉</u>复寇<u>白杨堡</u>，略男妇马卒三百有奇。新平将管一方匿其事，为给谏<u>张希皋</u>所按论，免其官。顷之，<u>扯力克</u>及<u>青把都</u>罚橐驼牛羊三百，辄悔过。兵书<u>王一鹗</u>复请与<u>段奈〔台〕吉</u>之旧职，而赍<u>青酋</u>以金币。

三十七年，巡按<u>吴亮</u>奏记：<u>宣大</u>自款贡来三十余年，敉宁①阜修，缮恳阒然，而未可恃也。臣踌躇其间，<u>白言</u>之赏曰宜革，<u>顺义</u>之赏曰宜停，<u>卜酋</u>伦序当立。保结已投，<u>素囊</u>屡肆阻挠，不谐婚媾②，非欲争立为王也，不过借娘子之名，攘虏王之颁耳。额虽无溢，费实不赀。一年停封，一年冒赏，彼何所忌，而拥戴<u>卜酋</u>肯归命乎？<u>中国</u>虽不籍虏之封，不问虏之家，而封不成，局不结，已伤大体，尤酿隐忧。我何所恃而<u>素囊</u>使用命？阳请求而阳宣谕，暗加赏而明剥军，白头之表文可以屡上，则钦赐之玉印，终夷于草介也。酋妇之主款，许以全赏，则敕封之王子竟同于赘疣③也。制曰：毖饬哉。

四十年，蓟督<u>薛三才</u>、巡抚<u>吴崇礼</u>之请复贡赏也，去秋西虏<u>哑拜</u>犯墙子南水谷，已停其赏，一旦憬然悔罪，献卤倍罚，戎心亦戢，准令开复市于<u>宣</u>。可之。

五月，<u>宣大</u>督<u>涂宗浚</u>，报嗣封之礼成，拜敕受赏者<u>卜失兔</u>、<u>五路</u>、<u>素囊</u>、<u>把汉比妓儿</u>、<u>〔兀〕慎</u>、<u>摆腰</u>、<u>猛克</u>、<u>耳六</u>、<u>把儿慢</u>也。西僧者哀乞，盖朝儿计喇麻也。地则晾马台得胜市也。汉大吏则<u>宗浚</u>、宣抚<u>石昆玉</u>、同抚<u>汪可受</u>。群晏于<u>清朔楼</u>，鼓吹大纛④，以前龙亭，虏王欢若雷，四叩头者至三。盖<u>卜失兔</u>序应嗣封，而<u>素囊</u>阴据

① 敉宁，抚定；安定。
② 婚媾，婚姻；嫁娶。
③ 赘疣，指附生于体外的肉瘤。喻多余无用之物。
④ 大纛，军中或仪仗队的大旗。纛音dào，古代军队里的大旗。

忠顺之遗财，横抢卜酋之毳幕。臣等重申款约，复睹中国之威仪矣。卜失兔封忠顺王，把汉比妓儿封忠义夫人，各给狮绉有差。御史刘廷元以为支吾而释担也。宗浚复奏曰：自五路台吉物故，而后卜、素二酋相争未决，丁未迄争，天阻其嗣封五岁矣。宰生台吉五路弟，聪明恭顺，谕令纠诸部而解其纷。盖纠部以钤素，树疑以制卜，外相合以尊中国，内相离以批其腹。此密机也。

四十四年七月，巡抚汪道亨奏，卜石兔来自海子，初八日，与满冠正娘子挂撒袋合婚。夫卜、素相持已四年所矣，实利茫然。今役也，欲借明暗之兵威助其一臂，故不难自河西突如其来，结合东部。遂遣通夷谍之。

四十五年三月，巡按周师旦奏，宣独石堡虽称开平卫，其实非也。开平，老上都，去边三百六十里。自阳武侯禄薛尽弃以界虏，改画独石一隅，悬入虏地，如撑孤拳。属夷互市，直闯入城，盘桓数百。臣方虑其奸人囊橐之，而骋其游魂，煽忧大也。访之，果得范雄、李英密据为奥，禁铁恣驮之罔忌，中情外输。擒二奸，而城中空犬羊之迹矣。道臣薛国用商之，宜筑二堡于关之外，每市期至，则启关而整备之，一堡以居寄客货，一堡以安置市夷，交易而退，各得其所。如擅入栅口暗门者，以军法治之。鸠其费，粮三千一百石有奇，料价二千六百有奇。督臣吴崇礼金曰：独石南翰赤城，东扼镇安，西直马营，实系中毂，建堡严夷夏之防，廓如也。报可。

四十六年二月，宣抚赵士谔为援兵请饷，曰：精锐三千之派，谨奉明旨。道臣杜承式、胡思仲、薛国用，戎臣刘孔胤共简之。前次已挑健丁三千，马半倍之，甲盾称是。今复募选部牒，每兵三两，启行已需万金。而山西、大同人各五两，众口呶呶，不得其平，岂能无哗？且素酋聚众，未尝忘我东鄙，打利诸酋贪饵摇尾，见东事而攘野心。新饷一日不至，则旧粮一日不除。旧粮未除，则新军不补，累吾宣矣。总督吴崇礼以虏情闻，曰：献岁虏王来归化寺，素囊持其寺钥，王子怒而回巢。自去年秋七月，卜失兔移帐于白海子，与满冠正娘子合婚，今骤来而骤去，两酋之言未决，款贡亦无期。互牵羁市，虽其家事，亦边鄙所得预也。

四十七年四月，援辽调宣兵前后五千，其饷人六钱，安家未裕也。时三路丧师，军心大惶，聚谋放炮，同号于抚道之门，宁死于宣，不愿填河西锋刃也。道则杜承式，抚则赵士谔，慰谕解之，加其行粮。兵部乃劾奏领兵大帅刘孔胤，逗留激变，请以军律从事。有旨，锦衣逮孔胤究之。别选能帅领其兵。

天启二年①七月，永邵卜之不赴边久矣，近扳汉卜儿素之地，复移幕于兴和，约纳西素，勾连哈喇慎，而挨生台吉等，暗伏二万骑于白沙城。裨将黑云龙、裴应魁侦之，宣抚王之臣为具塘报。

六年十月，毛酋乞炭挟赏而犯滴水之火烧庄，参将张承宪战死。

七年五月，把汉哈喇慎之地租，旧属于察汉儿。以讲人口相隙者。满五素幼时，受养于察汉，今长矣，率部落归其父世把都儿，而察汉不悦也，向白言曰：我欲得满五素，并其部落矣。张家口顾有如许王子耶？于是，白言传调宣、蓟诸部备之，而哈喇慎家众酋皆从奢儿城，移于亦地都，而青把都等亦侦察汉犯独石，未知谁仇也，乞火炮五百人为卫。察汉儿者，即虎墩兔憨也，拥十万临诸酋。诸酋求助于我，我应之则逢虎之螫锋，勿应则弃哈之蚕食，非计也。兵部议：阳詟之而阴障之。卒亦无哗。

职方氏②论曰：上谷之患委矣。宣障在兴和、开平，乃大宁弃则援失，徙卫独石，蹙国盖三百里，是以宣险委虏也。蓟障在南山、黄花之间，而虏间从龙门、滴水而入，则蓟、宣两守臣左辟逊谢③，是以宣内险委蓟也。虏从东、西顺圣川而入，邑人不诚，是又以宣

---

① 天启二年，1622年。

② 职方氏，周代官名。掌天下地图与四方职贡。

③ 左辟，避让于道左，以示谦让。逊谢，道歉谢罪。谦让辞谢。

内险委紫荆也。开平王元上都设卫开平，时置驿通道，太宗尝曰灭残虏，惟守此。夫守此而红螺、白云以北与辽声相望，丰洲青山以南，大同大边益远斥堠，与唐东受降城接，岂不固哉！尝读叶文庄盛著《独石八城诗叙》曰：上都西邮剧道，词臣才士往来皆有诗。然其地南弃，而不治，故经居庸者，以出关为口外，过长安岭者，又以北至八城为口外，孤垂狄境，为特甚。文庄之修独石，肃愍于谦之知人善任使也。镇分五路，冲警屡至，三卫所伺，切于四海冶，虏未能径下长安岭，则独石屹如也。昔贤之论长峪、镇边两城之幕军补之，浮图、箭岭之防重之，茂山京操之士留之，李信屯之界堡筑之，亦既已见诸行事矣。其如地狭废耕也。何哉？宣德时仡运之策，董以帅，役以卒，虽转三百里不告匮。景泰以后，取诸民力，民亦劳止。岁例之外，复行招籴募粟，斯乃可久。奈何荒壤没于势佃，支折违其农时，传烽甘泉，始画刍饪，败乃公事矣。尝稽储牒，独弘治中可支六七年，何其丰亨，亦称敢战。夷陵至今，而援辽之役噪始宣伍，上剥下焉故也。宣变未有伤于土木者，睿皇①复辟，顾赏阉振，建之祠，谪其追劾者，乃至从难群英，死于胡尘之下，如英国辅、大司马野而下数百簪裾②，未及其裔，令人望雕鹗、鸡鸣之地，重歔欷③矣。边墙之难，惟上谷与榆林。上谷多碛，而榆林多沙，然犹可具畚也。上谷陶冶既弗胜，垒其石，则复于隍。

---

① 睿皇，指明英宗朱祁镇。
② 簪裾，古代显贵者的服饰。借指显贵。
③ 歔欷，悲泣；抽噎；叹息。

16.《北游录》

【题解】　《北游录》9卷，清谈迁撰。分纪程、纪邮、纪咏、纪闻各二卷，纪文一卷。《北游录》是记述谈迁于顺治十年癸巳（1653年）到顺治十三年丙申这两年半在北京期间的经历见闻和他写的一些诗文。

谈迁写《北游录》的原因很简单，为了完成他的史著《国榷》而搜集史料、记录他的见闻感受并寄托他的思想。顺治十年谈迁从风景秀丽的南方水乡，风尘仆仆地来到这黄沙满天"时塞口鼻"的北国。在北京城，谈迁不仅奔走于达官贵人之间，而且还走访明季遗老、太监、门人。由于他执着的信念和赤诚的爱国热忱，使降清大臣吴伟业、曹溶、霍鲁斋等人深受感动，他们主动帮助谈迁审阅《国榷》原稿，纠正错误，补充有关资料，介绍借书门径，过从频繁。经过两年多的辛勤工作，谈迁获得了大量的充实和订正《国榷》的资料，并把这次燕京之行的亲身经历撰成《北游录》一书，他说："余决计归矣，担簦而往，亦担簦而回，篚中录本殆数千纸，余之北游幸哉！余之北游幸哉！"

《北游录》成书后，由于谈迁的地位低微，没有加以印刻，只有《北游录》的手抄本流传。1960年4月，中华书局把《北游录》作为《清代史料笔记丛刊》进行出版。本辑据中华书局1960年4月第一版，1997年12月北京第3次印刷《北游录》辑录有关赤城内容。

◎芍药。宣府赤城卫。春时芍药满山谷。土人摘其芽。或鲜食。或干食。以和牲俎。味佳甚。枚乘七发所谓芍药之酱也。隆庆州岁贡芍药二百斤。永宁县岁贡百斤。并充药物。

大同山阴县辛寨南山麓龙王祠前。芍药一丛。每岁开花十五朵。色各不同。昔有一僧折其一。将以供佛。随萎。复至其处。则原茎复开一花如旧。人惊其神异。不敢攀折。虽无药栏。牛马不敢践。《山阴县志》。(《纪闻上》，第 315 页)

◎赤城。昌平州西居庸关外三百里。至赤城。始见屠宰席。多木器。去赤城卫十二里汤泉。周二亩。沸涌可燖鸡。良久辄糜。常堕大牛。肤溃死。(《纪闻上》，第 315 页)

◎郭应忠。戊子四月。先是。宣府赤城材官郭应忠。所善防守秦人张某。以女字其子。张氏家赀厚。欲女还秦。应忠不许。曰。吾无子。待女而瞑。若去后复来可也。婿挈女夜遁。为门卒所执。婿泣别。约来迎。誓不他娶。女足不出阃。既久之。应忠欲另遣其女。伪婿书以遗女。令应忠读之。读至不复来更嫁。女大失望。立痫疾。日狂走市中。亡何。应忠亦痫疾。服先朝衣冠跨屋脊。云城隍神来也。其家各两防之。四月某夜。应忠忽舞刀。云杀一狐妇。夺刀几中背。自窦逸出。应忠竟斩其女。提首呼市中曰。我杀狐矣。守备遣卒缚之。入门则宿疾脱然。大哭其女曰。我杀狐。非女也。守备以呈兵使者。俱素知其人。置不问。应忠殡女柩。陈卧侧。日扣木鱼诵经焉。初。城中夜闻噪声。不解其自。第三夕。有应忠之事。(《纪闻下》，第 354 页)

17.《读史方舆纪要》

【题解】 《读史方舆纪要》（以下简称《纪要》）是明末清初学者顾祖禹撰写的一部历史地理名著。顾祖禹，字景范，江苏无锡人，生于明崇祯四年（1631年），卒于清康熙三十一年（1692年），终年62岁。

"方舆"即我们通常所说的"地理"。作者何以为该书取名《读史方舆纪要》？顾氏在《凡例》中说："地道静而有恒，故曰方；博而职载，故曰舆。然其高下险夷，刚柔燥湿之繁变，不胜书也；人事之废兴损益圮筑穿塞之不齐，不胜书也；名号屡更，新旧错出，事会滋多，昨无今有，故详不胜详者，莫过于方舆。是书以古今之方舆，衷之于史，即以古今之史，质之于方舆。史其方舆之乡导呼？方舆其史之图籍呼？苟无当于史，史之所以载，不尽合于方舆者，不敢滥登也，故曰《读史方舆纪要》。"可见《纪要》是一部"以史为主，以志证之"，揉和历史与地理于一体的历史地理著作。全书凡130卷，其中《历代州域形势》9卷，《二直隶十三布政司》114卷，《川渎》6卷、《分野》1卷，另附《舆图要览》4卷，煌煌近300万字。

顾氏生逢明清交替之际，其父顾柔谦是一位心怀亡国之痛的爱国学者，临终遗言痛感明室重臣不知地理形势关切国家之要害，致使大好河山拱手让人。遵循其父遗训，顾祖禹立志写成一部经世致用的舆地著作，即后来成书的《读史方舆纪要》。"凡吾所以为此书，亦重望夫世之先知之也。不先知之，而惘然无所适从者，任天下之事，举宗庙社稷之重，一旦束手而畀之他人，此先君子所为愤痛呼号，扼腕以至于死也。"（《总叙》三）道出了自己撰写《纪要》

官堡萬曆十六年修築周二里有奇堡雖距邊稍遠
而往來絡繹爲應援要地已上五堡俱下北路管轄
玆衆頗別部常駐此其北有萬松溝亦
外地也又有蔣家莊在所北舊爲兵衝　李家莊在所東北嘉靖二十八年寇犯滴水崖大同
帥周尚文馳救遇之于李家莊敗却之邊防

長安嶺堡宏治三年增置守禦千戶所萬曆中分屬下北路邊防考獨石馬營一帶地雖懸遠而寇不能徑下
者以長安嶺爲之阻也其地東西跨嶺中通線道旁邏氏居庸而外此爲重關之險領也
有東山廟等堡今省　像改今名周五里有奇

八峰高聳中有石宝又堡北十里有漯布泉○雙尖山在堡北十里有雙峰並峙又石盤山在所東南二十五里
一里有龍潭山有澡布泉　堡西南二里有馬鞍山東南里許有松山志云堡城南有鳳凰山堡北
治本名槍竿嶺或曰桑乾嶺之譌也永樂中改今名嘉靖二十七
年散由獨石迤長安嶺掠隆永卽此又有李老嶺在堡北三十里　鷹窩山泉爲池可給居八又洪贊井在
堡西洪贊山下并　長安嶺堡卽堡西
甚深汲之不竭

鵰鶚堡司東百七十里元雲州之雕窠站明初置浩嶺驛永樂中增置鵰鶚堡二十八年北征還次稿大川大
下北路堡當北路之中爲往來要道境成化八年降慶四年增修周二里有奇萬曆十八年分屬
內有滿水潭起龍溝等處省屬部駐牧　堡北二十五里明初以此名驛上有枳數百株鬱然蒼秀
　餘仍隆冬不凍　南河在堡南自堡西北之剪兒峪狗兒村合　浩門嶺○碧落崖在堡東四十里亦名滴水崖石崖滴水去地百
　又東有香爐峰　流至此東南流入密雲境之白河　大海陀潭堡東三十里在大海陀崖谷閶
衝接　境也　堡南盖與懷來
也

赤城堡司東北二百里其地有古赤城相傳蚩尤所居後魏主珪登國二年廣甯逡如赤城神瑞二年復如
赤城志以爲卽此城也五代晉天福六年遣使如契丹見契丹主德光于赤城元爲雲州之赤城站明
初置雲門驛宣德五年築城置戍正統間詔沒景泰初復嘉靖三十三年俺答入犯大　赤城山堡東五
掠而去萬曆二十四年增修城周三里有奇近邊有玉石溝等衝邊外野雞川省部落也　里又堡西北四十
多赤志云古赤城在北山坐擁高險最得形勝蓋卽此山矣○青羊塞山在堡西南十五里又堡西北七十三里又有玉石溝
里有劉不老山北六十里有偏頭山西北七十里有野雞山以山多雞也志云堡西七十三里又有玉石溝

《读史方舆纪要》书影

的动机与目的：警示世人应首先了解地理天险对于国家之重要，不要等遭到外来侵略时，尚无所知之，结果是扼腕叹息，国破家亡。以此"昭示来兹"，免遭外敌之辱。

《纪要》的写作前后花费了顾祖禹整个后半生30余年的时间。从顺治十六年（1659年）起，潜心着手编撰巨著《纪要》。康熙十三年，南方"三藩"起兵反清，顾祖禹只身入闽，参与耿精忠幕府。"三藩"事败后，他悄然北归，应聘在昆山徐乾学家坐馆，饱览徐氏"传是楼"丰富藏书，继续编撰、修改《纪要》。康熙十九年得以完成，而在以后的十几年中，顾氏并没有放弃对书稿的修改润色。康熙二十五年，昆山学者徐乾学于太湖包山（今洞庭山）下设志局修《大清一统志》，延聘顾祖禹、阎若璩、胡渭等名家作为辅修，使顾氏不仅有机会博览群书，还得以与当时地理名家砥砺学术，纵谈古今，为其进一步完善《纪要》奠定了良好的基础。《一统志》成书后，顾氏继续致力于《纪要》的修改工作，留下了20世纪20年代杭州抱经堂主朱遂翔在绍兴收得的有作者多处朱笔修改的《纪要》稿本。

《纪要》首次刻印于康熙五年，其书名为《二十一史方舆纪要》，此当据顾氏早年的72卷稿本所刻，是顾祖禹生前的惟一刻本，与后来的敷文阁130卷本相比，内容相去甚远。顾氏去世之后，子孙后代家境穷困，无力将全书刊刻印行，故一时无刻本问世。但因为该书博大精深，名声远扬，各地求书之人云集无锡，不惜以重金求抄一部，导致《纪要》又出现多种抄本。嘉庆十六年（1811年），四川龙万育在成都以敷文阁名义将全书刻印发行，即"敷文阁本"。该刻本是刻本中的第一个足本，不但将正文130卷全部刻印，而且附录了四卷本《舆图要览》。以后又有不同的刻本问世，从传世看大约有20几种。1984年，施和金先生遍访全国各大图书馆，查清了《纪要》一书目前国内图书馆的收藏情况，并对现存的各种版本进行了对照研究，选取具有代表性的不同版本进行对勘通校，于2005年由中华书局正式出版点校本《纪要》。该本是目前出版的最新版本，也是各种版本中最为精审的版本。

本辑据光绪二十七年图书集成书局铅印本《读史方舆纪要》辑录有关赤城内容。

◎又 弃开平，

史略：宣德三年，议者以大宁既弃，开平悬远难守，因城独石，徙置开平卫于此今卫属宣（抚）[府]镇。弃地三百余里，遂失滦河、龙冈之险，滦河，在旧开平卫南，下流经永平府境入海。见直隶大川。龙冈即旧卫北三里之卧龙山。而边陲斗绝矣。

迨土木告变，土木堡，在宣府镇怀来卫西二十五里。四海震惊，非少保之忠勤，社稷几于不守。

史略：英宗在位，屡兴大兵，南北骚动。正统六年大发兵讨麓川叛酋，平之。八年再叛，复遣兵进讨，并进破缅甸。是年又分兵五道出塞，讨三卫。十二年浙东贼叶宗留反，明年福建贼邓茂七反，而麓川酋仍伺间出没。又湖广、贵州群苗皆叛，所在遣兵扑剿，远近骚动。麓川，今为陇川宣抚司，与缅甸俱属云南。正统十四年，瓦剌乜先[1]犯大同境，时北部分道入寇，脱脱不花犯辽东，阿剌犯宣府围赤城，乜先寇大同至猫儿庄。赤城，今宣（府）[府]镇赤城堡。猫儿庄，在大同府北百二十里。太监王振劝上亲征，出居庸，历怀来、宣府至大同，兵氛[2]甚恶，乃班师。大同帅郭登请上从紫荆关入，关在易州西，见前。振不听。还至宣府，敌自后追袭，遣将拒战，

---

[1] 乜先，乜音 niè，姓。宋邓名世《古今姓氏书辩证》卷26："乜，蕃隆，今秦陇间有之。"乜姓起源，一种说法即明时有人曾把"也先"误写作"乜先"，也先的子孙与汉人融合，改姓为乜姓，故《山左诗集》载："山东之乜，系也先后所在。"也先，蒙古族，绰罗斯·脱欢之子。简称也先，清朝时期译作额森，第二十八代蒙古大汗，也是相当于明朝中叶时蒙古瓦剌部的领袖，向明朝朝贡被封为敬顺王，同时被脱脱不花封为太师，在他统治期间，瓦剌达到极盛。

[2] 氛，古代谓预示吉凶征兆的云气。也单指凶气。《汉书·元帝纪》："百姓悉苦，靡所错射。是以氛邪岁增，侵犯太阳。"颜师古注："氛，恶气也。"

皆败没。次土木，人马疲渴，而铁骑四合，死伤无算，上为也先所得，遂诣塞外，京师震骇。百官遵太后命，奉郕王摄政，寻即位。于谦掌机务，收辑①丧亡，经理捍御。也先以送上皇还京为名，过大同至广昌，<u>蔚州属县</u>。破紫荆关，抵京城西北，于谦督石亨等营城外，奋击败之，也先复奉上皇遁去。时郭登固守大同，罗亨信固守宣府，京师恃为肩背。谦又于天寿山、<u>在顺天府昌平州东北十八里，陵寝莫焉。</u>居庸关及涿州、通州、易州、保定、真定<u>涿州、通州属顺天府，易州属保定府</u>。皆屯宿重兵，卫畿辅，而自辽、蓟以至甘肃，中间边关堡塞皆得人戍守，敌入寇辄败去，于是国势大振。也先遣使求和，不许。敌知中国有备，而挟上皇为空质②，奸谋遂消。上皇旋自北还，宗社奠安，谦一人力也。郑氏曰："于公受命于倥偬③之际，是时东至辽东，西至陕西，皆敌骑充斥，浙、闽贼党犹未尽平，而黄萧养复聚众作乱，攻逼广州，南蛮、西番亦相率蠢动。公内固京师，外筹九服④，开镇临清以控漕渠，收复独石八城堡以壮畿甸⑤，任良牧而贵州辑宁，择大帅而粤东荡定，未几强敌款塞⑥，群盗消亡，由指麾⑦条画，动中机宜故也。"（卷9《历代州域形势九明》，第70页）

◎万全都指挥使司，东至延庆州四海治三百三十里，南至山西广昌千户所四百五十里，西南至山西大同府四百三十里，北至长峪口四十里。自司治至京师三百五十里。

《禹贡》冀州之域，春秋、战国皆为燕地，秦为上谷郡地，两汉

① 收辑，招集整顿；收复安抚。
② 空质，没有作用的人质。
③ 倥偬，音 kǒng zǒng。困苦窘迫。《楚辞·刘向＜九叹·思古＞》："悲余生之无欢兮，愁倥偬于山陆。"王逸注："倥偬，犹困苦也。"
④ 九服，指全国各地区。
⑤ 畿甸，指京城地区。泛指京城郊外的地方。
⑥ 款塞，叩塞门。谓外族前来通好。《史记·太史公自序》："海外殊俗，重译款塞。"裴骃集解引应劭曰："款，叩也。皆叩塞门来服从也。"
⑦ 指麾，指挥亦作"指麾"。

因之。晋为广宁郡及上谷郡地，后魏因之。高齐置长宁、永丰二郡，兼置北燕州，后周亦属燕州。隋初郡废，大业初州废。唐属妫州，光启中始置武州于此，《新唐书》河东道有武州，领文德一县。《唐纪》："大顺初，幽州帅李匡威之子仁宗为武州刺史，将兵侵河东，为河东将李仁信所杀。"盖武州幽州镇所表置，李克用并幽州始属河东，寻复为刘仁恭所据。寻改毅州。后唐复曰武州。明宗时仍曰毅州，潞王从珂又改为武州。石晋初入于契丹，改曰归化州，亦曰雄武军。后又为德州。金天眷初改宣德州，属大同府，大定七年①又改宣化州。明年复曰宣德州。元初为宣宁州，寻改为山东路总管府，中统四年②改宣德府，属上都路。至元三年③改顺宁府，以地震更名。明洪武四年④府废，诏尽徙其民于居庸关内，遂虚其地。二十六年改置万全都指挥使司，领卫十五，守御千户所三，堡五。其蔚州、延庆左、永宁、保安四卫，广昌、美峪二千户所，散建于各州县，而属于万全都指挥使司。

司南屏京师，后控沙漠，左扼居庸之险，右拥云中之固，弹压上游，居然⑤都会。后汉末刘虞牧幽州，开上谷外市之利，通渔阳盐铁之饶，境内以殷庶。唐乾宁初李克用侵幽、燕，拔武州，进围新州，而李匡筹败亡。朱梁乾化三年⑥，晋将李嗣源攻刘守光，分兵徇山后八州皆下之，进取武州，而守光穷蹙矣。其后金人由此以逼燕、云，蒙古再攻宣德，蚕食山北，遂并山南。盖万全不守则藩垣单外，而蓟门之祸所不免也。明初开平、兴和列戍相望，此犹为内地，自兴和移，开平弃，锁钥由是特重，张皇于平日，捍御于临时，此阃外之职矣。《边防考》："居庸者，京师之门户，宣府又居庸藩卫

---

① 大定七年，1167 年。
② 中统四年，1263 年。
③ 至元三年，1337 年。蒙古—元有两"至元"年号，因地震改宣德为顺宁为后至元。
④ 洪武四年，1371 年。
⑤ 居然，犹安然。形容平安，安稳。
⑥ 乾化三年，913 年。

也。"其地山川纠纷，号为险塞，且分屯置军，倍于他镇，气势完固，庶几易守，独是粮援易竭，输挽宜先，陆运由居庸抵镇城，事属已试，舟运从卢沟出保安，其或未之讲也。《边略》"宣府边墙，东起昌平延庆州界之火焰山，西屹山西大同境之平远堡，延衷千三百余里。计其险隘，如西路之万全右卫、张家口、西阳河，北路之独石、青泉、马营、中路之葛峪、青边，东路之四海冶诸处，俱极冲要，而独石尤为咽喉重地"云。（卷18《直隶九》，第 26 页）

◎兴和守御千户所（卷18《直隶九》，第 27 页）

○炭山，司西百二十里。滦水源于此。《辽史》："归化州有炭山，谓之陉头，契丹尝游猎于此。有凉殿，承天皇后纳凉所也。山东北三十里有新凉殿，为景宗纳凉处，惟松棚数陉而已。"山有断云岭，极高峻。宋咸平六年①，高阳关将王继忠为契丹所获，见契丹主隆绪于炭山，即此。或以为后魏滑盐县地也。《五代史》："契丹阿保机告其部落，请帅汉人居古汉城，别为一部。"欧阳修曰："汉城在炭山东南滦河上，有盐铁之利，乃后魏滑盐县。其地可植五谷，阿保机率汉人耕种，为治城郭邑屋廛市，如幽州制度，汉人安之。"宋白曰："汉城在檀州西北五百五十里，城北有龙门山，山北有炭山，炭山西即是契丹、室韦二界相连之地，其地在滦河上源，西有盐泊之利，即后魏滑盐县也。"按：滑盐本汉县，属渔阳郡，《后魏志》不载滑盐县，宋氏误矣。今大宁以东皆汉北平、辽西二郡地，地肥饶，宜五谷，有盐泺、盐场，所谓汉城，亦概言之耳。

◎保安右卫（卷18《直隶九》，第 29 页）

○御夷镇城，在卫西北，所谓濡源之地也。后魏初，拓跋禄官分其国为三部，一居上谷之北、濡源之西，自统之。魏主焘始置御夷镇于濡源西北，为六镇之一，即此。《水经注》："密云戍在御夷镇东南九十里，鲍丘水径其西。"似镇与密云境相近。贾耽曰："密云去御夷镇几九百里，道元②时六镇已陷没，岂传闻之

---

① 咸平六年，1003 年。
② 道元，指《水经注》作者郦道元。

误欤？抑纪载之讹欤？"

◎延庆右卫（卷18《直隶九》，第30页）

○广边城，在卫北。唐置广边镇，亦曰广边军。五代梁乾化三年，晋将李嗣源略刘守光山北地，克武州。燕将元行钦攻武州，嗣源驰救，行钦引却，追至广边军，行钦败降。《唐会要》："怀戎县北有广边军，故白云城也。"宋白曰："军在妫州北百三十里，近雕窠村。"盖即今之雕鹗堡。○宁武城，在卫西，唐所置宁武军也。乾符五年①李克用作乱，据大同，侵幽州境，进击宁武军。宋白曰："云州东取宁武、妫州路，至幽州七百里。"又怀柔城，亦在卫西。《唐志》"先天初于妫、蔚州界置怀柔军"，即此城也。又有长城，在卫北九十里。《唐史》："开元中张说所筑。"

○螺山，卫北十余里。……○大海陀山，卫东北三十里。高百仞，下有龙潭。又《括地志》云："怀戎县东南有羹颉山，汉高祖封兄子信为羹颉侯，盖取此以名。"

◎开平卫，司东北三百里。又东北至故开平卫四百里，东南至龙门卫百七十五里。（卷18《直隶九》，第30～31页）

汉上谷郡地，唐为妫州地，契丹属奉圣州，金因之。元为云州地，明宣德五年②始移置开平卫于此。

卫孤悬绝塞，最称冲要。明初大宁未弃，兴和未移，旧开平气势联络，为我藩辅。谋之不臧③，始患开平隔远，且虞独石虚糜④矣。《边防考》："宣镇三面皆边，汛守⑤特重，而独石尤为全镇咽喉。其地挺出山后，入犯宣、蓟，往往出没于此。"土木之变，议者欲弃独石不守，于忠肃曰："弃之不独宣、大、怀来难守，即京师不

---

① 乾符五年，878年。
② 宣德五年，1430年。
③ 不臧，臧音zāng。不善，不良。
④ 虚糜，白白地损耗、浪费。
⑤ 汛守，指汛地防守岗位。

免动摇。"于是命将出龙门，克复旧境，寇始不敢为患。时科臣①叶盛亦曰："独石、马营不弃，则六师何以陷土木？紫荆、白羊不破，则朔骑何以薄都城？"盖以独石城为藩篱重地也。**盖京师之肩背在宣镇，而宣镇之肩背在独石也。**

○**独石城**，今卫治。本元云州之独石地，明初为戍守之所，宣德中移置开平卫于此，孤悬北路，称为绝塞。正统末陷于也先，景泰三年②恢复，屡次增筑，万历十年③复加修治，城周六里有奇，上北路参将驻此。旧分边东起靖胡堡，西止中路龙门关，沿长七百余里。寻改东面牧马堡属下北路，西面金家庄属中路。所辖大边五百一十四里有奇，二边一百八十六里，而本卫所辖大边百六十三里，二边百三里。有柳河墩等冲。口外旧开平、明沙湾一带，皆部长④驻牧。

○**东山**，卫东三十里。极高峻。上有墩台，可瞭三百余里。志云：卫东北十里有总高山，登之远见辽海。又有东胜山，在卫东五里。卫东南十里有崆峒山。○**毡帽山**，在卫西北十里。圆耸卓立，远望如帽，因名。下有毡帽川。又有常宁山，在卫西十里。

○**白庙儿山**，在卫东北境。边人谓之三间房，土名插汉根儿，乃蓟、宣通路。滦河经其北。东去密云县白马关四百五十里。或以为即白山也。《汉纪》："建武二十一年⑤，乌桓屡寇代郡以东，其居上谷塞外白山者尤强，命马援将三千骑击之，无功而还。"

○**偏岭**，卫北四十五里。或曰即天岭也。胡峤《陷番记》："自归化州行三日登天岭，岭东西连亘，有路北下，四顾冥然，黄云白草，不可穷极。契丹谓曰辞乡岭。陷虏者至此，辄南望恸哭而去。"盖讹"偏"为"天"也。成祖北征，自独石度偏岭，至开平之隰宁驿是也。又**独石**，在今城南。一石屹立平地，上广数楹。有独石神庙，城因以名。

○**韭菜川**，在卫东。源出东山，流经卫南，与毡帽山水合，南流至赤城堡

---

① 科臣，指科道官。
② 景泰三年，1452 年。
③ 万历十年，1582 年。
④ 部长，古代少数民族的部落首领。
⑤ 建武二十一年，45 年。

为东河之上源。○独石水，在卫南。流经云州堡合于龙门川。

○清泉堡，在卫东北边外。山下有清泉涌出，绕堡东，因名。景泰四年创筑，隆庆五年①、万历十五年增修，周二里有奇。地虽孤悬，四塞颇险，正北至栅口不过三里。口外有大松林、双水海子，皆外境也，防御最切。

○半壁店堡，在卫南。堡在平川，其东西两面皆山，壁立道傍，因名。旧本民堡，嘉靖三十七年敌由独石、深井、镇门等墩入犯猫儿峪，道路为梗，因改为官堡，设防于此。隆庆元年、万历十一年增修，周一里有奇。虽在边内，而当南北往来之冲，实独石嗓喉处也。

○猫儿峪堡，在半壁店堡南，云州所北。道出开平者，此为中路。与伴壁店同时修筑，周一里有奇。东北控大川，当清泉口之冲。正统以前，敌往往由此长驱，北困独石，南陷云州；此堡设而东栅口恃此障蔽，兵氛稍息。已上三堡，俱上北路管辖。

○凉亭驿。卫东北百里。明初所置八驿之一也。太宗北征，尝驻跸于此。宣德中朵颜入犯独石，守将杨洪遮击之于凉亭驿，又追败之于白塔儿、三岔口，其地俱在今边外。

◎龙门卫，司东北百二十里。西北至开平卫百七十五里，南至延庆州一百八十里。（卷18《直隶九》，第31页）

汉上谷郡地。唐末属新州，契丹属奉圣州，金属弘州，寻属德兴府。元属云州。明初废。宣德六年始置龙门卫。

卫为镇城肘腋，道路四通，防维或疏，则所在皆荆棘矣，东面之防卫为最切也。

○龙门废县，今卫治。唐末置龙门县，属新州。契丹属奉圣州。金仍曰龙门县，寻属德兴府，明昌二年②又改属宣德州。元废县为龙门镇，属宣德县。至元二十八年③复置望云县于此，属云州。明初州、县俱废，宣德中置今卫。正统

---

① 隆庆五年，1571 年。
② 明昌二年，1191 年。
③ 至元二十八年，1291 年。

末为敌所陷，景泰中收复，嘉靖中复毁于兵。隆庆二年修筑，周四里有奇。城依山为险，有制虏、石门等墩台为最冲。边外太子城、大小庄窝，皆部落环聚处也。《边防考》："卫城为宣镇门庭，寇若突犯，则雕窠、龙门所、小白阳、长安岭诸处皆骚动矣，防卫不可不御也。"

　　○**大松山**，卫西十里。上有古松盘曲，因名。宋天禧四年①，契丹主隆绪如鸳鸯泺，遂猎于松山，即此。明永乐中北征，驻跸于此。又塔沟山，在卫西十五里。一名双塔山。两峰极高，各有浮图，元至元中建。又娘子山，在卫西二十里。山高耸而无险恶之势，因名。○红石山，在卫东五里。以石色红润而名。又双峰山，在卫北二十里。两峰相向，高出众山。

　　○**洗马岭**，在卫北。太宗北征，次龙门，获北寇遗马二十余匹于洗马岭，即此处也。又剪子峪，在卫东二十里。其形如剪。一名大岭山。

　　○**红山水**，在卫东。源出红石山，东北流经云州所合于龙门川。又样田河，在卫南二十里。源出独石塞外，流经此，又东北合于红山水。○娘子泉，在娘子山下。泉水溢出，势甚浩瀚，可资灌溉。正统十四年②竭，后渐溢出，为民利。

　　○**三岔口堡**，在卫东。东北抵赤城，南通雕鹗，西达卫城，为行旅三岐之路，因名。本民堡。嘉靖二十八年③始议筑城置戍，万历十七年④增筑，周一里有奇。旧属下北路，今改属中路，盖堡界中、北两路间也。志云：卫东南三十里有羊城，元人市易处。

　　○**金家庄堡**。卫西北七十里。成化二年⑤筑，正德十三年⑥、万历四年增修，周二里有奇。堡跨据高阜，南北两山夹峙，最为险要。有镇边墩，为极冲。堡北十五里为静盘道、进远墩，皆寇门也，捍御尤切。《边防考》："龙门卫及二堡，俱中路参将管辖。"

---

① 天禧四年，1020 年。
② 正统十四年，1449 年。
③ 嘉靖二十八年，1549 年。
④ 万历十七年，1589 年。
⑤ 成化二年，1466 年。
⑥ 正德十三年，1518 年。

◎**龙门守御千户所**，司东北二百四十里。本元云州之东庄地，宣德六年①筑城，建所于此。隆庆四年②增筑，周四里有奇。万历十八年以北路地势隔远，添设下北路，参将驻此，分管大边长一百六十里，二边九十一里。边外有白草、瓦房诸处，为敌兵往来之冲。而本所辖大边八十五里，二边五十三里。墩台则平镇等处，其极冲也。边外白塔儿、瀼水塘一带，即其长驻牧。（卷18《直隶九》，第31~32页）

○**西高山**，所西五十里。山高耸，登其巅可以远望。又北高山，在卫北二十里。亦峻拔，经夏冰雪常存。○**鹰窠山**，在所东南四里。志云：所西南十里有鹰嘴山，以形似名也。又聚阳山，在所东南三十里。

○**黑峪山**，所南十里。峪中有仙鹤洞，洞最深。又有燕窝石，窝内可容数十人。○**龙王嵯**，在所西北八里，嵯峨高耸，云出则雨至。又磨盘嵯，在所西十里，亦以形似名。

○**白河**，在所东。《蓟门考》："滴水崖之水悬崖而下者，即白河之上源。又东有白河堡、镇河墩，皆白河所经也。又清水河，在所城南。流合于白河。"

○**牧马堡**，在所北。故牧场也。弘治十年③创筑，嘉靖二十五年、万历十五年增筑，周一里有奇。北距永宁口二十里，为最冲。口外地名七峰嵯，即部长驻牧。寇由永宁口下青扬犯本堡，则龙门、云州皆骚动矣，捍御不可不早。

○**滴水崖堡**，在所东。北据悬崖，崖水瀑布而下，因名。弘治八年筑，隆庆三年增修，周三里有奇。东去大边二十里，即蓟门古北口之后也。堡山径错杂，距守为难。边外大石墙、庆阳口等处皆为外境。而盘道口等墩悉通大举。议者欲自盘道墩迄永宁县靖胡堡之大卫口修墙堑崖，创为重险，俾北路之兵由此入卫南山，东路之兵由此出援独石，庶为得策云。

○**宁远堡**，在滴水崖东。旧为朵颜易马市口，景泰以后敌骑屡由此入犯，嘉靖二十八年筑堡于此，四十五年增筑，周二里有奇。东去盘道口边十五里，最为冲要。

---

① 宣德六年，1431年。
② 隆庆四年，1570年。
③ 弘治十年，1497年。

○<u>长伸地堡</u>，在宁远东北。旧为<u>朵颜</u>所窃据，<u>万历</u>七年①收复，十年筑堡戍守，周一里有奇。边墩有<u>镇安台</u>等冲。口外<u>乱泉寺</u>一带部长驻牧。堡北有<u>巡简寺</u>②，其扼险处也。

○<u>样田堡</u>，在所东南。旧名<u>鸡田</u>，民堡也，<u>嘉靖</u>三十七年始改为官堡。<u>万历</u>十六年修筑，周二里有奇。堡虽距边稍远，而往来络绎，为应援要地。已上五堡，俱下<u>北路</u>管辖。

○<u>李家庄</u>。在所东北。<u>嘉靖</u>二十八年，寇犯<u>滴水崖</u>，<u>大同</u>帅<u>周尚文</u>驰救，遇之于<u>李家庄</u>，败却之。《边防考》："<u>朵颜</u>别部常驻此。其北有<u>万松沟</u>，亦夷地也。又有<u>蒋家庄</u>，在所北，旧为要冲。"

◎<u>长安岭堡</u>，司东北百四十里。元为<u>怀来</u>、<u>龙门</u>二县地。明初置<u>丰峪驿</u>。<u>永乐</u>九年③筑城置堡，改今名。周五里有奇。<u>弘治</u>三年增置守御千户所，<u>万历</u>中分属下<u>北路</u>。《边防考》："<u>独石</u>、<u>马营</u>一带，地虽悬远，而寇不能径下者，以<u>长安岭</u>为之阻也。其地东西跨岭，中通线道，旁径逼仄，<u>居庸</u>而外，此为重关之险。岭北有<u>东山庙</u>等堡，今皆残破，而<u>东</u>、<u>西斗子营</u>、<u>施家冲</u>等地，悉为诸部错据，未可恃险而忘备。"（卷 18《直隶九》，第 32 页）

○<u>八仙山</u>，堡西二里。八峰高耸，中有石室。又堡西南二里有<u>马鞍山</u>，东南里许有<u>松山</u>。志云：堡城南有<u>凤凰山</u>。堡西一里有<u>龙潭山</u>，有瀑布泉。○<u>双尖山</u>在堡北十里，有双峰并峙。又<u>石盘山</u>在所东南二十五里。

○<u>长安岭</u>，即堡治。本名<u>枪竿岭</u>，或曰<u>桑乾岭</u>之讹也，<u>永乐</u>中改今名。<u>嘉靖</u>二十七年④敌由<u>独石</u>逾<u>长安岭</u>掠<u>隆</u>、<u>永</u>，即此。又有<u>李老峪</u>，在堡北三十里。

○<u>鹰窝山泉</u>。堡西北三里。引入堡中，汇而为池，可给居人。又<u>洪赞井</u>，在堡西<u>洪赞山</u>下。井甚深，汲之不竭。

---

① 万历七年，1579 年。

② 巡简寺，明杨时宁《宣大山西三镇图说·长伸地堡图说》作"堡北巡检寺"，今名仍巡检寺，为赤城县后城镇巡检寺村。

③ 永乐九年，1411 年。

④ 嘉靖二十七年，1548 年。

◎雕鹗堡，司东百七十里。元云州之雕窠站，明初置浩岭驿，永乐中增置雕鹗堡。二十八年①北征，还次榆木川，大渐，太孙奉迎于雕鹗堡。宣德六年②筑城置戍，成化八年③、隆庆四年④增修，周二里有奇。万历十八年⑤分属下北路。堡当北路之中，为往来要道，境内有清水潭、起龙沟等处，皆属部驻牧。（卷18《直隶九》，第32页）

○浩门岭，堡北二十五里。明初以此名驿。上有松数百株，郁然苍秀。○碧落崖，在堡东四十里，亦名滴水崖，石崖滴水，去地百余仞，隆冬不冻。又东有香炉峰。

○南河，在堡南。自堡西北之剪儿峪、狗儿村合流至此，东南流入密云北境之白河。

○大海陀潭。堡东三十里。在大海陀崖谷间，有泉下汇为潭。堡南盖与怀来卫接境也。

◎赤城堡，司东北二百里。其地有古赤城，相传蚩尤所居。后魏主珪登国二年⑥，幸广宁，遂如赤城。神瑞二年⑦复如赤城。志以为即此城也。五代晋天福六年⑧，遣使如契丹，见契丹主德光于赤城。元为云州之赤城站。明初置云门驿，宣德五年筑城置戍。正统间陷没，景泰初恢复。嘉靖三十三年⑨俺答入犯，大掠而去。万历二十四年增修，城周三里有奇。近边有玉石沟等冲。边外野鸡川，皆属吏部落也。（卷18《直隶九》，第32页）

○赤城山，堡东五里。山石多赤。志云：古赤城在北山，坐据高险，最得

---

① 按《明太宗实录》："（永乐二十二年八月）己酉，龙舆次雕鹗，皇太孙至御营哭迎军中，始发丧，六军号恸，声彻天地。"《纪要》作"二十八年"误。永乐二十二年，1424年。

② 宣德六年，1431年。
③ 成化八年，1472年。
④ 隆庆四年，1570年。
⑤ 万历十八年，1590年。
⑥ 登国二年，387年。
⑦ 神瑞二年，415年。
⑧ 天福六年，941年。
⑨ 嘉靖三十三年，1554年。

形胜，盖即此山矣。○青羊塞山，在堡西南十五里。又堡西北四十里有刘不老山，北六十里有偏头山。西北七十里有野鸡山，以山多雉也。志云：堡西七十三里又有玉石沟山，迫近大边，为扼要之地。

○东河，在堡东。自独石、云州东南流经古北口，为通州白河上源。○西河，在堡西五里。又西十里有温泉，流合焉，东流分为二：一从西北入城，一从城南流合于东河。宋咸平三年①，契丹主隆绪如赤城，浴于汤泉。或曰即温泉也。一云堡西南六十里有赤城汤，自龙门山根涌出，北流成池。其水暴热，傍有冷泉，相传此为汤泉云。

○镇宁堡。在堡西北四十里，当赤城、马营二边之冲。弘治十一年筑，万历十五年增修，周二里有奇。堡去边密迩，惟东面邻山，西南北皆平地，距东西二栅口不过十余里。有擒胡等边墩，为最冲。边外光头嵯、小庄窠、野鸡川等处皆通大举，悉为其长驻牧。《边防考》："赤城、镇宁，俱属上北路管辖。"

◎云州堡，司东北二百十里。本望云川地，契丹常为游猎之所。辽主贤初建潜邸②于此，其后号为御庄，寻置望云县，属奉圣州。金因之。元置云州治焉，至元二年③，废县存州。明初改置云州驿，宣德五年于河西大路筑城置戍。正统末为敌所陷，景泰初收复。五年增置新军千户所。隆庆二年④展筑堡城，周三里有奇。堡当南北通衢，堡北五里曰龙门口，岐路西直马营，东北直独石、镇安，为冲要之处。（卷18《直隶九》，第32~33页）

○白城，堡东北百里。金世宗雍纳凉之所也。又章宗璟生于此。又有黑城，在白城西南九十里。○长城，在堡北。《地志》："望云县有古长城。"

○龙门山，堡东北五里。两山石壁对峙，高数百尺，望之若门。塞外诸水皆出此，亦曰龙门峡。《辽志》："龙门县有龙门山，徼外诸河及沙漠潦水⑤皆经其下，雨则俄顷⑥水逾十仞，晴则清浅可涉，塞北控扼之冲也。"宋宝元初契丹

① 咸平三年，1000年。
② 潜邸，指皇帝即位前的住所。
③ 至元二年，1265年。
④ 隆庆二年，1568年。
⑤ 潦水，雨后的积水。
⑥ 俄顷，片刻；一会儿。

主宗真如龙门山，即此。又有东猫儿峪，在龙门峡北十里。○金阁山，在堡西南十五里。有游仙峪、长春洞，称名胜云。志云：堡东北四十里有棋盘山，峰峦高峻，人罕能陟。其顶平夷，因名。又拂云堆，在堡北四里。又北里许有舍身崖。

○滦河，堡北六十里。自宣府西境之炭山东北流经此，入废桓州界。《一统志》："滦河发源炭山，乱泉四注，合为此河。"详见大川滦河。

○龙门川，堡东北五里。合独石、红山二水，从龙门峡南流，下流合于白河。

○金莲川，堡东北百里。川产黄花，状若芙蕖①，因名。金主雍大定六年②至望云，将如金莲川，不果。十二年如金莲川纳凉，后数至焉。元主忽必烈为诸王时，总治漠南，开府金莲川，即此地也。

○鸳鸯泊，堡西北百余里，周八十里，其水停积不流，自辽、金以来为飞放③之所。宋宣和四年④，金人自泽州袭辽主于鸳鸯泺，辽主走云中。五年女真完颜昱至儒州，寻至鸳鸯泺，即此。泽州，今大宁废惠州也。

○镇安堡，在金莲川东。成化八年筑，正德六年、万历十五年增修，周二里有奇。堡重峦叠嶂，四面皆山，东逼两河口，径通边外。山岭高峻，朔骑乘之而下，势若建瓴⑤，凡入内地，堡辄被困，且两河口外林木丛杂，侦瞭尤难。其三间屋、轴舻湾诸处，俱部长驻牧，防御不易。《边防考》："云州、镇安二堡，俱上北路管辖。嘉靖二十七年寇入宣、大塞，督臣翁万达策其必趣镇安堡，遣将赵卿备之。敌佯攻独石，卿违命驰援，彼遂趣长安岭，掠隆庆、永宁堡，盖控扼要地矣。"

○牙头寨。在堡北。元置，今废。明初华云龙出云州，袭破元兵于牙头砦，即此地也。

---

① 芙蕖，亦作"芙渠"。荷花的别名。《尔雅·释草》："荷，芙渠。其茎茄，其叶蕸，其本蔤，其华菡萏，其实莲，其根藕，其中的，的中薏。"郭璞注："（芙渠）别名芙蓉，江东呼荷。"

② 大定六年，1166年。

③ 飞放，纵鹰隼捕猎。

④ 宣和四年，1122年。

⑤ 建瓴，语本《史记·高祖本纪》："譬犹居高屋之上建瓴水也。"建瓴，即"建瓴水"之省，谓倾倒瓶中之水，形容居高临下、难以阻挡的形势。

◎**马营堡**，司东北二百六十八里。元为云州之**大猫儿峪**，宣德七年创筑，正统八年①增修。十四年陷于外，景泰初收复。隆庆初增修，周六里有奇。分管**大边**百七十余里，**二边**四十里有奇。其**威远**等墩，为最冲。边外**三道沟**等处即部长驻牧。《边防考》："马营与**独石**、**长安岭**为宣府北路之险。"**叶盛**言："马营、独石不弃，则六师何以陷**土木**?"是也。（卷18《**直隶九**》，第33页）

○**冠帽山**，在堡城西北隅。志云：堡两角枕山，而西面更为险隘，然三面平川，敌登山俯瞰，城中患无遁形，守御为艰也。志云：堡北二里有**纱帽山**，即**冠帽山**矣。○**崔**②**山**，在堡东二里。上多桧柏，一望森然。俗名**东山**。又堡东五十里有**雷山**，山高峻，下多积雪坚冰。

○**红山**，堡东南二十里。山高险，石色多赤。下有红泉，东流合大河入**龙门峡**。又**桦岭**，在堡北五十里。以多产桦木而名。又**苍崖**，在堡南二十里。上有飞泉。

○**滦河**，在堡南③。自**宣府**流入境，与**云州堡**分界。正统十四年，敌围**马营**三日，据河断流，营中无水遂陷。○**神泉**，在堡北三里。池方一亩，其水迸出，转流成河，东流合于**滦河**。

○**松树堡**，在马营之西。嘉靖二十五年④筑，万历二年⑤增修，周一里有奇。堡一望平川，无险可倚，距**二边**营**盘道梁栅口**不过十里。近堡有**孤山**、**双沟**、**磨天岭**等处，俱兵冲也。

○**君子堡**，在马营西北。宣德初置，五年毁于敌，嘉靖二十五年修治，万历八年增修，周一里有奇。堡山坡漫衍，北距**大边镇远**、**镇门**、**盘道**等口不过二十里，而**得胜墩**为最冲。又距**二边西栅口**不过五里，宽敞易于突犯。敌若从此逼**马营堡**，其首冲也。

○**仓上堡**。在马营东南。旧为蓄聚之所，因名。嘉靖三十七年创筑，隆庆六年⑥、万历十六年增修，周不及一里。四面皆鸟道相通，贼从**马营**犯**云州**，此其首冲也。自**马营**以下诸堡，俱属**上北路**管辖。

---

① 正统八年，1443年。
② 崔，音hè，古通"鹤"。又音hú，极高。又音què，（崔然）心志高。
③ 按滦河不在县界，《纪要》："滦河，在（马营）堡南。"存疑。
④ 嘉靖二十五年，1546年。
⑤ 万历二年，1574年。
⑥ 隆庆六年，1572年。

18. 康熙《畿辅通志》

【题解】　古代国都周围之地称为"畿辅"或"京畿"。北京在元、明、清三代均为国都，又地居当时直隶省（今河北省）之中，故那时的河北之地称之为"畿辅"。记载一省范围的地方志书，在明代称为"省志"或"通志"，到清代则通称为"通志"。因此，在清代编修的河北省志，称之为《畿辅通志》。

自元、明以来，一省行政长官主持编修本省通志已成传统。今河北之地，在明代大部地区归属北直隶。当时的北直隶不是一个有行政管辖机构的独立行省，而是直隶于六部，因而也就不可能由地方长官主持编修这一区域的通志。直隶这一特殊身份，导致明代没有通志。到了清代，清王朝极其重视方志的修纂，成绩斐然。我国现存的8700余种志书中，仅有清一代占5000余种，成为我国封建时代方志纂修全盛时期。康熙十一年（1672年），保和殿大学士卫周祚上疏直隶各省编修通志，总发翰林院，汇为《大清一统志》之建议被皇帝采纳，康熙帝遂下诏各省编修通志，要求各省督抚延聘宿儒名贤，接续古今，收天下山川形势，户口丁徭，地备钱粮，风俗人物，疆围险要，汇集成秩，旨在为编修《大清一统志》在材料上做好必要准备。为此，规定省志成式，以顺治、康熙年间贾汉复所修河南、陕西二省通志志例为准。清代首部直隶省志——《畿辅通志》即在此背景下编纂成书，因其书为康熙年间编修，后人一般称为康熙版《畿辅通志》或康熙志。

康熙版《畿辅通志》于康熙十一年开始议修，康熙十九年正月，于成龙升任直隶巡抚伊始，正式开编。延聘翰林院侍读郭棻总纂其事，未久，于成龙调任江南江西总督，康熙二十一年，格尔古德任

龍門所城

元地雲州

明宣德六年築城建所屬萬全都指揮使司景泰四年分隸宣府北路萬曆十八年改隸宣府下北路

皇清順治六年省牧馬樣田二堡併於龍門所改隸宣府上北路　堡無編戶

滴水崖堡

明弘治九年監堡隸宣府北路萬曆十八年分隸宣府下北路

皇清順治六年省長伸地寧遠二堡併於滴水崖堡改隸宣府上北路　堡無編戶

龍門衞

康熙《畿辅通志》书影

直隶巡抚，同年四月《畿辅通志》即完成，历时 1 年又 10 个月。凡
46 卷。记载的直隶辖区约相当今北京市、天津市、河北省地及河南
省南乐、内黄、濬县、滑县、清丰、开州、长垣以及山东东明等县
地；当时磁州、承德州等地未入直隶版图。凡八府一镇。各篇时间
断限起讫不一，上限最早始于黄帝之时，下限最晚止于康熙十九年，
即康熙志开编之年。康熙二十二年刊刻。

对于河北第一部《通志》——康熙《畿辅通志》，受其后雍正
版《畿辅通志》指责该书"以数阅月成书，搜集讨论未能详确"的
评价影响，该志为后世所轻，乾隆时修《四库全书》未予著录，也
未有再版。康熙志修纂时间之短，从体例到资料方面都多所欠缺，
而稗官小说却多，但作为历史上首部直隶省综合性通志，其首创之
功实不可没。从总体内容上看，保存了许多古代特别是明至清康熙
以前有关直隶各种地情资料，其价值也是不可抹灭的。权衡其长短，
仍不失为一部价值不菲的志书。为此，有必要清除历史上长期形成
对该志认识的偏见，而应在我国古籍宝库中给它以应有地位，以发
挥其应有作用。

本辑据康熙二十二年刻本《畿辅通志》辑录有关赤城内容。标
题后所标页码为古籍中缝处所标页码。

◎建置沿革（卷 2《建置沿革》，第 82～95 页）
○宣府
《禹贡》冀州之域。
虞十二州，属幽。
夏、商仍属冀。
周职方属幽北境。

为燕地，赧王时燕置上谷郡，至燕王喜八年①，割山后地与赵相易。

秦并天下分为三十六郡，地仍为上谷郡。

汉高帝分上谷郡地为涿郡，武帝元封初分天下为十三部，郡属幽州部。

东汉建武十五年②，复为上谷郡。献帝建安十八年③，省幽、并为一，地复属冀。

魏复分幽、并，地属幽。

晋太康元年④，分郡地置上谷、广宁二郡。

后魏合上谷、广宁为东燕州。

北齐改东燕州为北燕州，置长宁、永丰二郡。

隋开皇七年⑤，省北燕州，以诸县属涿郡。

唐升文德为武州，改北燕州为妫州，改汲鹿为新州，改广宁为儒州，属河东道。会昌间置山北八军，武州曰雄武，新州曰武定，妫州曰清平，儒州曰缙阳，长宁曰横野，蔚州曰忠顺，其彰国、顺义二军属应朔。天祐十一年，武、新、妫、儒陷于契丹，改武为归化州，妫为可汗州，新为奉圣州，余仍旧。次年，晋王存勖复取之。

后唐清泰三年⑥，河东节度使石敬瑭割山后诸州赂契丹。开泰八年⑦，分归化地置德州，置北安州兴化军，置弘州博宁军。重熙五年⑧，置兴州中兴军。

金改弘州博宁军为保宁，寻废军存州，改归化州为宣化州，省

---

① 燕王喜八年，前247年。
② 建武十五年，39年。
③ 建安十八年，213年。
④ 太康元年，280年。
⑤ 开皇七年，587年。
⑥ 后唐清泰三年，936年。
⑦ 开泰八年，1019年。
⑧ 重熙五年，1036年。

德州，以所属县来属。明昌三年①，升柔远县为抚州镇宁军，仍置昌州，并宝山县来属。六年，置桓州威远军，隶德兴府。

元改宣化州为宣宁州，置山东路总管府，升桓州为开平府，名上都路。中统初改宣宁州为宣德府，属上都路。至元中以地震复改名顺宁府，改奉圣州为保安州。

明洪武二年②，置开平卫，兴和、怀来守御所。三年，徙其民居庸关，诸郡县俱废，遣将卒更番戍守，名宣德，曰宣府。二十六年，置宣府前、左、右三卫于宣德，置万全左右二卫于宣平，置怀安卫于怀安废县，竝开平、怀来、兴和卫所隶北平都指挥使司。永乐十一年③，置隆庆州及永宁县。十二年，置保安卫于废州，置美峪守御所于美峪。十三年，复置保安州，移卫治于州北二十里漯家站；置永宁卫；附县郭置保安右卫，治顺圣东城。十六年，改怀来所为卫，革北平都指挥使司，诸卫所直隶京师。二十年，弃兴和，徙其守御所附宣府。宣德五年④，置万全都指挥使司，徙居庸关、隆庆右卫附怀来，隆庆左卫附永宁，割大同之蔚州卫及广昌所来属，弃开平徙其卫治独石。六年，置龙门卫于废县，置龙门守御所于废县之东庄。景泰四年⑤置云州守御所于废州，五年置北路分守，十年置西路分守，二十年置南路分守。嘉靖元年⑥，置中路分守。万历十八年⑦置下北路分守。

皇清顺治三年⑧，裁中路并下北路。十年，裁宣府左、右卫及兴和所并于前卫。十六年，裁延庆右卫并于怀来卫，裁延庆左卫并于

---

① 明昌三年，1192 年。

② 洪武二年，1369 年。

③ 永乐十一年，1413 年。

④ 宣德五年，1430 年。

⑤ 景泰四年，1453 年。

⑥ 嘉靖元年，1522 年。

⑦ 万历十八年，1590 年。

⑧ 顺治三年，1646 年。

永宁卫，裁永宁县并于延庆州。康熙七年①，裁万全都司并于宣府前卫，余因之。

○宣府沿革表

	总部	郡国 直隶州附	卫堡
唐虞	冀、幽		
夏	冀		
商	冀		
周	幽		
	燕、晋、赵		
	无终春秋		
	燕、赵、 中山战国		
秦		上谷郡	
		代郡	代、广昌
汉	幽州部	涿郡	沮阳、泉上、潘、军都、居庸、雒督、彝舆、宁、涿鹿、且居、茹、女祁、下落、祯陵
		代郡	代、广昌、阳原
东汉	幽、冀	上谷郡	沮阳、泉上、潘、军都、居庸、雒督、彝舆、宁、广宁、涿鹿、且居、茹、女祁、下落、祯陵
		代郡	代、广昌、阳原
三国魏	幽州部	上谷郡	
		代郡	代郡
晋	幽州部	上谷郡	沮阳、居庸
		广宁郡	下落、涿鹿、潘

---

① 康熙七年，1668 年。

续表

	总部	郡国 直隶州附	卫堡
南北朝 北魏		东燕州 安塞军	文德、长宁
		灵丘郡	蔚
北齐		北燕州 安塞军	文德、怀戎
		长宁郡	长宁
		永丰郡	永丰
后周		灵丘郡	蔚
隋		涿郡	怀戎
		上谷郡	蜚狐
唐	河东道	武州雄武军	文德
		新州武定军	永兴、矾（石）[山]、龙门、怀安
		妫州清平军	怀戎
		儒州缙阳军	缙山
		长宁横野军	长宁
		蔚州忠顺军	安定
辽		归化州	文德、沮阳、龙门
		可汗州	怀来
		奉圣州	永兴、矾山、龙门、怀安
		儒州	缙山
		北安州 兴化军	利民、望云
		弘州博宁军	永宁、顺圣
		兴州中兴军	兴安

续表

	总部	郡国 直隶州附	卫堡
		蔚州忠顺军	安定、蜚狐
		德兴府	永兴
		保宁州	襄阴、顺圣
		宣化州	宣德、柔远、宣平、怀安、龙门、威宁、天成、阳门、灵仙、蜚狐
		奉圣州	望云
		兴州	宜兴
		昌州	宝山
		镇州抚宁军	柔远、集宁、丰利、威宁
		桓州威远军	清塞
元	上都路	宣德州	文德、宣平、顺圣、灵化、蜚狐、柔远
		保安州	永兴
		松州	松山
		云州	望云
		龙庆州	缙山、怀来
		弘州	□□
		兴州	宜兴
		开平府	清塞、怀安、□云
明	北平都 指挥使司	宣府	开平卫、兴和所、怀来卫、宣府前卫、宣府左卫、宣府右卫、万全左卫、万全右卫、怀安卫

续表

	总部	郡国 直隶州附	卫堡
明	万全都 指挥使司	宣府	开平卫、兴和所、怀来卫、宣府前卫、宣府左卫、宣府右卫、万全左卫、万全右卫、怀安卫、怀安右卫、永宁卫、蔚州卫、广昌所、龙门卫、龙门所
		东路	怀来卫、保安卫、永宁卫、柳沟堡、周四沟、四海冶、矾山堡、土木堡
		北路	赤城、开平卫、云州堡、马营堡、镇宁堡、镇安堡、滴水崖、龙门卫
		下北路	龙门所、长伸地、宁远堡、样田堡、雕鹗堡、长安岭
		中路	葛峪堡、大白阳、小白阳、常峪堡、青边堡、羊房堡、赵川堡、隆门关
		西路	万全右卫、万全左卫、怀安卫、柴沟堡、洗马林、西阳河、新开口、新河口、膳房堡、李信屯、来远堡、宁远站、渡口堡
		南路	顺圣西城、顺圣东城、蔚州卫、广昌所、深井堡
		延庆州	永宁
		保安州	
皇清	直隶	宣府镇城	宣府前卫、深井堡
		东路	怀来、怀安、永宁、柳沟、靖安、周四沟、四海冶、矾山、土木、榆林
		上北路	赤城、独石、云州、马营、镇宁、镇安、龙门所、滴水崖
		下北路	龙门卫、葛峪、赵川、雕鹗、长安岭
		西路	张家口、万全右卫、万全左卫、膳房、新河口、柴沟、洗马林、西阳河、怀安卫、来远
		南路	顺圣西城、顺圣东城、蔚州城、广昌城、桃花堡、黑石岭
		延庆州	
		保安州	

○赤城堡

上古，《地里志》：古诸侯蚩尤①所都之地。辽，属北安州兴化军②。金，属桓州威远军③。元，属上都路开平府。明，宣德间置堡，隶宣府北路。皇清隶宣府上北路。堡无编户。

○独石城

唐，属新州。辽，属北安州兴化军。金，属桓州威远军④。元，属上都路开平府。明，洪武二年⑤置开平卫，宣德五年⑥弃开平徙其卫治独石，仍名开平卫，属万全都指挥使司。景泰四年⑦分隶宣府北路。皇清隶宣府上北路。堡无编户。

○云州堡

古，望云川地。辽，开泰中置望云县，属兴化军⑧。金，属奉圣州。元，置云州，属上都路开平府。明，初置云州驿，宣德间置堡，隶宣府北路。皇清顺治六年⑨省伴壁店、猫儿［峪?］二堡，并于云州，隶宣府上北路。堡无编户。

○马营堡

元，震州地。明，宣德七年置堡，建哨马营，隶宣府北路。皇清顺治十八年，省松树、君子二堡并于马营堡，隶宣府上北路。堡无编户。

---

① 蚩尤，说中的古代九黎族首领。以金作兵器，与黄帝战于涿鹿，失败被杀。但古籍所载，说法不一。

② 辽时赤城属奉圣州武定军，康熙志存疑。

③ 金初，赤城仍属奉圣州，金大安元年（1209 年）奉圣州升为德兴府，赤城仍隶之。康熙志存疑。

④ 辽金，独石城建置沿革应与赤城堡同，康熙志存疑。

⑤ 洪武二年，1369 年。

⑥ 宣德五年，1430 年。

⑦ 景泰四年，1453 年。

⑧ 望云县为辽景宗置，康熙志"开泰中置"，开泰为圣宗，故康熙志误。望云县属奉圣州武定军，康熙志"属兴化军"误。

⑨ 顺治六年，1649 年。

○镇宁堡

明，置堡隶宣府北路。皇清隶宣府上北路。堡无编户。

○镇安堡

明，置堡隶宣府北路。皇清顺治六年，省青泉堡并于镇安堡，隶宣府上北路。堡无编户。

○龙门所城

元，云州地。明，宣德六年，筑城建所，属万全都指挥使司。景泰四年，分隶宣府北路。万历十八年，改隶宣府下北路。皇清顺治六年，省牧马、样田二堡并于龙门所，改隶宣府上北路。堡无编户。

○滴水崖堡

明，弘治九年①置堡，隶宣府北路。万历十八年②，分隶宣府下北路。皇清顺治六年，省长伸地、宁远二堡并于滴水崖堡，改隶宣府上北路。堡无编户。

○龙门卫

唐，龙门县，属新州。辽，属归化州③。金，属宣化州④。元，省入宣平县⑤。明，宣德六年，置龙门卫，属万全都指挥使司。宣德四年，分隶宣府北路。万历十八年，改隶宣府中路。皇清顺治六年，省金家庄、三岔口、隆门关三堡并于龙门卫。十三年，裁中路并隶宣府下北路。卫无编户。

○雕鹗堡

元，云州地。明，宣德六年置堡，隶宣府北路。万历十八年，分隶宣府下北路。皇清因之。堡无编户。

---

① 弘治九年，1496 年。
② 万历十八年，1590 年。
③ 龙门辽时属奉圣州，康熙志"属归化州"，误。
④ 龙门金先属奉圣州，后属宣德州，康熙志"属宣化州"，误。
⑤ 龙门元省龙门县入宣德县，康熙志"入宣平县"，误。

○长安岭堡

元，名枪杆岭。明，初置丰峪驿，永乐九年置堡，嘉靖元年①分隶宣府中路。皇清改隶宣府下北路。堡无编户。

◎疆域形势（卷3《疆域形势》）

○疆域

上下北路。东至靖安，西至张家口，南至土木，北至边墙。由开平卫至镇城三百里，东西广一百九十里，南北袤二百一十五里。赤城、独石城、开平卫治（北）［此?］。云州堡、马营堡、镇宁堡、镇安堡、龙门所、滴水崖堡、以上属上北路，俱分兵戍守。龙门卫、葛峪堡、赵川堡、雕鹗堡、长安岭堡。以上属下北路，俱分兵戍守。

○形势

前望京师，后控大漠，左扼居庸之险，右拥云中之固。《明一统志》。蜚狐②、紫荆控其南，长城、独石枕其北，居庸屹险于左，云中结固于右，群山叠嶂，盘据错峙，诚足以拱卫京师，弹压边徼。镇旧志。

上下北路。重山突出，俯垂北荒，镇似虎形，路当虎首，背负层巘，坐拥边城，当西北两路之冲，为全镇唇齿之地。

◎山川（卷4《山川关津桥梁附》，第59~66页）

○赤城山，在赤城堡东五里，山石多赤，故名。

○野鸡山，在赤城堡西北七十里，多雉，故名。

○偏岭山，在旧开平正北四十里。

○卧龙山，在旧开平城北三里，元上都北枕龙冈，即此山也。

○南岬山，在旧开平城南四十里。

---

① 嘉靖元年，1522年。

② 蜚狐，即"飞狐"。蜚音fēi，古同"飞"。

○簪缨山，在独石城东三十里，上有墩可瞭三百里。

○星山，在独石城南里许，平地一石屹然，特起构有亭庙，一名丈夫石。

○崆峒山，在独石城南十里。

○总高山，在独石城东北十里，眺见辽海。

○龙门山，在云州堡东北五里许，两山对峙如门，塞外诸水出其下，故又名龙门峡。

○金阁山，在云州堡西南十五里，元人建崇真观于此，前有游仙峪。

○棋盘山，在云州堡东北四十里，山峰高峻，人鲜能到，尝有仙弈于此，今方石棋局尚存。

○鹤山，在马营堡东二里，旧多松桧，有鹤来栖。

○雷山，在马营堡东五十里，上有庙基，虽大雨雪址地，一点不存，每春遥祭祈省风霾。

○聚阳山，在龙门所西北十五里，嵯峨高耸，岩有空透明，六月间云从此出则雨。

○燕窝山，在龙门所南十里，黑峪有石形如燕窝，可容数十人。

○双塔山，在龙门卫西十五里，两峰相向，各有浮图，即塔沟山。

○双峰山，在龙门卫北二十里，两峰相向。

○红石山，在龙门卫东五里，上产红石，可供玩好。

○大松山，在龙门卫四十里①，上有古松一株，盘曲如盖，明成祖曾驻跸于此。

○龙潭山，在长安岭堡西一里，有瀑布泉。

○松山，在长安岭堡东南里许。

○八仙山，在长安岭堡西二里，岭顶高耸者凡八，中石室深二丈，阔七尺。

---

① 按清《龙门县志·山川志》大松山条作"城西四十里"。疑"龙门卫"后阙"西"字。

○大翮山，<small>在延庆州北二十五里，上有王次仲庙。次仲弱冠①，变苍颉旧</small>
文为今隶书。蔡邕曰：上谷王次仲变古成隶，终古行焉。或传秦始皇常征仲，不
至，大怒语，槛车②送之，仲化为大鸟飞去，落二翮于此，因以名山。

○小翮山，<small>与大翮山相联，差卑，故名。</small>

○大海陀山，<small>在延庆州西北二十里，高耸万仞，上有龙潭，层峦叠巘，云</small>
出雨随，为妫川八景之一。

○桦岭，<small>在马营堡北五十里，旧产桦木。</small>

○长安岭，<small>即枪竿岭，有石直立如枪竿，故名，又名桑乾岭。</small>

○浩门岭，<small>在雕鹗堡北二十五里，上有松数百株，郁然苍秀。</small>

○大保峪，<small>在独石城西南十五里，内有古墓。</small>

○拂云堆，<small>在云州北四里。</small>

○龙门嵯，<small>在龙门所西北八里，嵯峨高耸，六月间云从此出，则大雨</small>
骤至。

○狮子石，<small>在龙门所东四十里，以形似故名。</small>

○石壁，<small>在旧龙门县，其形似门，徼外③诸水皆于此趋海。</small>

○东河，<small>在赤城，自独石、云州东南流经古北口，为通州白河上源。</small>

○西河，<small>在赤城西，合温泉东流。一从西北入城，一从城外流合东河。</small>

○滦河，<small>在云州北六十里，发源炭山，经古桓州，南流入开平界。</small>

○样田河，<small>在雕鹗堡南二十里，发源独石口外。</small>

○南河，<small>在雕鹗堡南，自剪峪、狗村合流至此，东南流入通州白河。</small>

○毡帽川，<small>在旧开平城西北八里。</small>

○龙门川，<small>在云州堡东北五里，合独石、红山二水，从龙门峡西下。</small>

○望云川，<small>在云州，古望云县治。</small>

――――――――

① 弱冠，古时以男子二十岁为成人，初加冠，因体犹未壮，故称弱冠。《礼记·曲礼
上》："二十曰弱，冠。"孔颖达疏："二十成人，初加冠，体犹未壮，故曰弱也。"后遂称
男子二十岁或二十几岁的年龄为弱冠。

② 槛车，用栅栏封闭的车。用于囚禁犯人或装载猛兽。

③ 徼外，塞外，边外。

〇温泉，在赤城西南十五里，泉穴圆，径五六尺，热如沸汤。旁一小泉，甚清冷。浴之愈疾。国朝康熙十年①，建行宫以备巡幸。又镇城东北六十里赵川堡、镇城西南顺圣废县东二里，俱有温泉。

〇独石泉，在旧开平卫东北，极澄澈，其甘如饴，满而不溢。

〇红泉，在马营堡红山下，东流合大河入龙门峡。

〇神泉，在马营北，池方一亩，浴之可以愈疾。

〇娘子山泉，在龙门卫娘子山下，水势浩瀚，可资灌溉。

〇凉水泉，在龙门卫东南七十里。

〇鹰窝泉，在长安岭西北三里，引流入堡汇而为池，可给居人之用。

〇大海陀潭，在延庆州大海陀山岩谷间有泉，汇而为潭。

〇暖汤。在云州宝济乡，一泉七十二穴。

◎关津桥梁（卷4《山川关津桥梁附》）

〇长源桥，在赤城南门外。

〇顺济桥，在独石城南三里。

〇样河桥。在样田堡后四里。

◎城池（卷5《城池》，第20～21页）

上下北路

〇赤城，古炎帝榆罔氏时，诸侯蚩尤所都也。明宣德间阳武侯薛禄筑，周围三里一百四十八步，高二丈九尺，广二丈二尺，门二：东曰"崇宁"、南曰"大定"，城楼二，角楼四，城铺十四。景泰初都督杨洪重修。万历二十四年②增修。

〇独石城，开平卫治，此出大边三百余里。明宣德元年③，阳武侯薛禄奏

---

① 康熙十年，1671 年。

② 万历二十四年，1596 年。

③ 宣德元年，1426 年。

请，元上都旧开平移治独石，委指挥杜衡修筑，砖石包瓮，周围五里九十二步，高四丈，广二丈五尺，门三：东曰"常胜"、西曰"常宁"、南曰"永安"，城楼四，角楼四，城铺八。嘉靖三十六年①参将刘汉重修。

　　○云州堡，金望云县。明宣德五年，阳武侯薛禄重筑，周围三里一百五十八步，高二丈八尺，广二丈二尺，门二：东曰"镇清"、南曰"景和"，城楼三，角楼四，城铺十七。景泰二年参政叶（胜）[盛]设守御所，委指挥沈礼瓮以砖石。国朝顺治六年②，裁半壁店、猫儿岭二堡并于云州。

　　○马营堡，旧名震州，明宣德七年，阳武侯薛禄筑，周围六里五十步，高二丈七尺，广二丈二尺，门四：东曰"宣文"、西曰"昭武"、南曰"怀仁"、北曰"广义"，城楼四，角楼四，城铺二十四。正统八年③，都督杨洪砖石包修。国朝顺治六年，裁松树、君子二堡并于马营。

　　○镇宁堡，明弘治十一年④筑，门一，万历十一年⑤砖瓮。

　　○镇安堡，明成化八年⑥筑，门一，万历十五年砖瓮。国朝顺治六年，裁清泉堡并于镇安。

　　○龙门所城，明宣德六年筑，周围四里九十步，高二丈六尺，广二丈，门二：南曰"敷化"、北曰"统政"，城楼七，角楼三，敌台八，城铺十五。南一关，高二丈，方一里三十六步，隆庆四年⑦重修。国朝顺治六年，裁牧马、（漾）[样]田二堡并于此。

　　○滴水崖堡，明弘治九年筑，北据悬崖，崖水瀑布而下，因以名堡。周围三里一百二十步，高二丈四尺，广二丈，门二：南曰"望京"、西曰"翊镇"，门楼二，角楼四。嘉靖二十九年重筑。国朝顺治六年，裁长伸地、宁远二堡并于滴水崖。

---

① 嘉靖三十六年，1557 年。
② 顺治六年，1649 年。
③ 正统八年，1443 年。
④ 弘治十一年，1498 年。
⑤ 万历十一年，1583 年。
⑥ 成化八年，1472 年。
⑦ 隆庆四年，1570 年。

○**龙门卫城**，唐龙门县。明宣德六年重筑，周围四里五十三步，高二丈五尺，广二丈，门二：南曰"迎恩"、东曰"广武"，城楼二，角楼四，城铺二十六。南一关砖甃，崇祯九年，浚濠。国朝顺治六年，裁金家庄、三岔口、隆门关三堡并于龙门卫。

○**雕鹗堡**，明永乐年间筑，周围二里一百二十步，高二丈八尺，广二丈，门二：南曰"临流"、西曰"清远"。宣德六年重修，隆庆四年增修。

○**长安岭堡**，明永乐九年①筑，周围五里十三步，高三丈，广二丈，门二：南曰"迎恩"、北曰"拱宸"，城楼四，城铺十三。正统间都督杨洪砖石包修。

◎**学校**书院附（卷6《学校书院附》，第27~31页）

○**开平卫学**，在卫治东。明正统八年②，都督杨洪建。国朝顺治十六年，裁龙门所学，归并本卫。

○**龙门卫学**，旧在卫治东南。明正统初建，十四年毁，景泰中参政叶盛复建，寻又毁，巡抚都御史张锦奏请重建，弘治元年，参将都指挥周贤改建于卫治之东北。

○**独石书院**，在旧开平卫治东南隅，明时建。

○**云州书院**，在云州堡东南。

○**西关书院**。在龙门卫治东南。

---

① 永乐九年，1411 年。
② 正统八年，1443 年。

◎兵制（卷7《兵制》，第16~17页）

○独石口驻防。顺治四年设。章京①二员，笔帖式②二名，满洲兵十二名。俸银户部支领，兵饷口北道给发。

◎公署（卷8《公署》，第18页）

○上北路粮储厅，在赤城南门内，明嘉靖己未③建，原系分巡道署。国朝顺治十一年，巡道既裁，上北路同知具详，督抚移驻于此。

○开平卫，在独石城内，明正统七年④建。

○下北路粮储厅，在龙门卫城内北街，明正德年建。

○龙门卫。在城内西北，明景泰五年⑤建。

◎祠祀寺观附（卷9《祠祀寺观附》，第20~56页）

○武庙，在龙门卫。

○轩辕庙，在独石。

○五岳庙，在云州。

○独石神庙，在开平卫城南独石上，明正统七年建，祀土神。

○义烈祠，在云州，祀守备孙刚、少监谷春等九十余人。明正统十四年建。

○昌平侯祠，在赤城。

○三贤庙，有三：一在独石，一在云州，一在龙门所。

---

① 章京，汉语"将军"的译音。清代用于某些有职守的文武官员，汉名为参领。

② 笔帖式，满语官名。意为办理文书、文件之人。后金天聪五年（1631年）设六部时由"巴克什"改称。为清朝中央各部院衙门、内务府、地方督抚衙门以及八旗驻防将军、都统、副都统衙门内掌管翻译、缮写满汉文书之低极官员，通过"考除""考选""调补"从八旗满蒙、汉军人员内任用。此外，尚有缮本笔帖式、掌稿笔帖式、额外笔帖式等名目。

③ 嘉靖己未，嘉靖三十八年，1559年。

④ 正统七年，1442年。

⑤ 景泰五年，1454年。

〇**水母庙**，有三：一在独石，一在马营，一在长安岭。

〇**二郎庙**，在龙门所。

〇**九天庙**，有二：一在赤城，一在保安州。

〇**温泉神庙**，在赤城西温泉上。明正统六年，因旧重修，祀泉神。

〇**静海寺**，在赤城西南隅，明景泰四年建。

〇**镇疆寺**，在独石城西北隅，明正统七年建。

〇**普济寺**，在龙门（街）［卫？］东北隅，明正统十四年建。国朝康熙十一年二月，钦赐香灯银一百五十两。

〇**灵真观**，在云州城西南十五里金阁山中。元时建，凡三区，俗谓之三长，住有上、中、下之目。其上一区崔巍①，南向为金阁道经藏焉。越中区后与山门遥峙，为三清殿，有径丈大书为"洞天福地"云，三清殿后偏西北为长春洞，一穴径寸许，水迸出前流，入一小坎，旁有大椿，参天荫如广厦。又前流，汇为池围，以朱槛②潺湲有声，澄清可鉴。又前流，则成溪矣。入山五里为游仙峪，循此而西，即观门也。出观门不一里有冢，冢前一坊，大书祁真人蝉脱处，地多榆，其钱大如榛实，有元学士李谦所撰碑文。国朝康熙十一年③二月，钦赐银一百五十两，为修葺资。

〇**朝阳观**。在滴水崖堡外西北三里。明正统七年④建。

◎**古迹**附陵墓（卷10《古迹附陵墓》，第42~61页）

〇**望云县城**，在云州堡境，后唐置，元为云州治。

〇**龙门县城**，即今龙门卫，晋为县。

〇**羊城**，在龙门卫城东南三十里，元人市易处。

〇**长春宫**，在云州西南，建年不可考，契丹国景宗贤曾游幸于此。

〇**景明宫**，在云州北旧桓州城内。

---

① 崔巍，高峻、高大雄伟。
② 朱槛，红色栏杆。
③ 康熙十一年，1672年。
④ 正统七年，1442年。

○<u>太和宫</u>，在<u>云州</u>，<u>金章宗</u>避暑处。

○<u>庆宁宫</u>，在<u>龙门卫</u>，<u>金</u>时建。

○<u>心远堂</u>，在<u>赤城</u>内，<u>明景泰四年</u>①建。

○<u>读书堂</u>，在<u>龙门卫</u>城内东北隅，<u>明</u>时建。

○<u>咏归楼</u>，在<u>赤城汤泉</u>上。

○<u>嘉禾亭</u>，在<u>赤城</u>南三里，<u>明景泰五年</u>建。

○<u>屡丰亭</u>，在<u>马菅堡</u>，<u>明景泰五年</u>建。

○<u>燕然台</u>，在<u>赤城</u>内道署前，纪文武之有功者。<u>明崇祯九年</u>②修。

○<u>御庄</u>，在<u>云州堡</u>，<u>契丹</u>主<u>耶律贤</u>旧居。

○<u>杨洪墓</u>，在<u>独石</u>，<u>洪</u>封<u>昌平侯</u>。

○<u>杨能墓</u>，在<u>独石</u>，<u>能</u>封<u>武强伯</u>。

○<u>张宪墓</u>，在<u>龙门所</u>，<u>宪</u>官参将，死敌，赐祭赠荫，入<u>褒忠祠</u>。

○<u>李琪墓</u>。在<u>龙门卫</u>，<u>琪</u>官户部郎中。

◎风俗（卷13《风俗》，第6页）

○地极高寒，霜雪偏早，农业之暇，聚族讲武，近被学校之化，渐有<u>中州</u>③之风。北路旧志。

◎职官（卷16《职官》，第59页）

○<u>上北路</u>，粮储同知一员。<u>开平卫</u>。守备一员。<u>儒学</u>。教授一员，训导一员。

○<u>下北路</u>。粮储通判一员。<u>龙门卫</u>。守备一员。<u>儒学</u>。教授一员，训导一员。

---

① 景泰四年，1453 年。

② 崇祯九年，1636 年。

③ 中州，指中原地区。

19.《增订广舆记》

【题解】　《增订广舆记》24 卷，是一部十分罕见的清代地理概况书，平江蔡方炳增辑。原为明人陆应阳编纂，编者游历了燕、赵、齐、鲁、河、洛之后，搜访遗编，诹咨掌故，手自衷辑，三易草而成。刻印约在明万历年间。经蔡方炳增补修订，内容较陆氏之《广舆记》更加完备、准确。"广舆"即广阔的疆域，就是全国之意。

蔡方炳（1626 ~ 1709 年），字九霞，号息关，别号息关学者，江苏昆山人，长洲籍。明季诸生。入清，韬晦穷居，所至不过金陵，姑苏，而贤名远近。康熙十八年举博学鸿儒，托病不与试。性嗜学，于理学、政治、典故，多所纂辑。工诗文，兼善行草。著有《耻存斋集》20 卷，《广治平略》正续 44 卷，等生平事迹见《清史列传·文苑传》《清诗记事》等。

《四库总目提要》对该书所述为："国朝蔡方炳撰。……是编因明陆应阳《广舆记》而稍删补之。大抵钞撮《明一统志》，无所考正。自列其父于《人物》中，亦乖体例。懋德不愧于人物，宜待天下后世记之，不可出自方炳。方炳自作家传，亦无不可，特不可载于舆记也。"全书地图皆列于卷首第 1 册，共 19 幅，称之为"广舆图"。第 1 幅乃广舆总图，即"大清统一全国"。其后有"盛京全图""直隶全图"和清初 16 省分图，依次是：江南全图、江西全图等。这一版本的"广舆图"采用传统绘法绘成，既无"计里画方"，也无经纬度。

本辑据清康熙二十五年（1686 年）《增订广舆记》辑录有关赤城内容。标题后页码为古籍中缝处所标页码。

廣輿記

卷之一

漢潘縣唐置北
燕州後改媯州
赤城虫尤所居
世宗納京之
地章宗生此

長安嶺上懸崖之旁有石
石筍突出高丈餘其形類筍
赤城堡温泉
詠歸亭上金世宗建
白城堡金雲州

廣輿記卷之一 終

《增订广舆记》书影

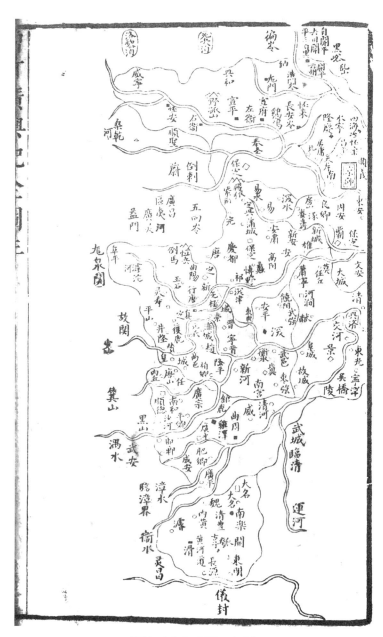

《增订广舆记全图·直隶》

◎延庆州（卷1《直隶·延庆》，第60页）

○山川

大翮山。州城北，昔有王仲者，弱冠变仓颉旧文为今隶书，秦始皇尝征仲，不至，大怒，诏槛车送之，仲化为大鸟飞去，落二翮于此，因名。

◎万全都指挥使司东至四海冶，南界广昌千户所，西界枳儿岭，北至长峪口，自司治至京师三百五十里。（卷1《直隶·万全》，第62～63页）

○建置沿革

《禹贡》冀州之域，天文尾分野。战国属燕；秦属上谷郡；汉属幽州；魏因之，后魏曰文德；唐曰武州，曰毅州；辽曰德州；金曰宣化；元号上都，曰开平，曰宣德。明朝置万全都指挥使司，领卫十一，守御千户所二，堡六：宣府左卫，宣府右卫，宣府前卫，俱附郭。万全左卫，万全右卫，怀安卫，俱宣府城西。保安右卫，怀安卫城内。怀来卫，宣府城东南。隆庆右卫，怀来卫城内。开平卫，宣府城东北。龙门卫；宣府城东。兴和守御千户所，附郭。龙门守御千户所；长安岭堡，雕鹗堡，赤城堡，云州堡，俱宣府城东北。马营堡，四海冶堡。

○形胜

左居庸，右云中，北陲重镇。

○山川

卧龙山，开平卫。

大松山，龙门卫，上有古松。

赤城山，赤城堡，山石俱赤。

龙门山，云州堡，两山对峙如门，塞外诸水出其下，又名龙门峡。

温泉，一在宣府城西南，一在赤城堡西，冬夏可浴。

望云川。云州堡，元云州治此。

○土产

黄鼠。各卫。

○古迹

古长城，怀来卫，唐开元中张说筑。

广边城，怀来卫，唐镇。

石笋，长安岭上悬崖之旁，右石突出，高丈余，其形类笋。

赤城，赤城堡，即蚩尤所居。

咏归亭，赤城堡，温泉上，金世宗建。

白城。云州堡，金世宗纳凉之地，章宗生此。

20. 雍正《畿辅通志》

【题解】 康熙十一年（1672年），为编修《大清一统志》，康熙帝曾多次下诏并檄催处限期纂修通志，以备编修《一统志》之用。然各省通志成书仅10余部，至雍正时，一统志历久未成。雍正六年（1728年）十一月，雍正帝下诏"志书与史传相表时在，其登载一代名宦人物，较之山川……乃称朽盛事。……著各省督抚，将本省通志重加修葺，务期考据详明，采摭精当，既无阙略，亦无冒滥，以成完善之书，如一年未能竣事，或宽至二三年内纂成具奏"。鉴于首部通志——康熙《畿辅通志》讨论未详，不敷实用，因此，在这种背景下，间隔40多年，直隶再次修通志，后人称为雍正《畿辅通志》或雍正志。

雍正七年，直隶督臣唐执玉奉诏延原任辰州府同知田易等数人设局于保定府莲花池，搜罗纂集、详悉考订。其后督臣刘于义、李卫等相继代其任统领志事，翰林院侍读学士陈仪纂修。于雍正十三年告竣，并于是年刊行，历时6年。该志凡120卷，志首有图18幅，全志析分为31门。该志较康熙《畿辅通志》内容更丰富，并对康熙志"订论补轶"，体例也较完备，实用价值较强。初修《大清一统志》有关直隶部分就以此为底本。

雍正《畿辅通志》记载直隶辖区约相当于今北京、天津二市及河北省全境，今河南省、山东省部分县域，统府10、州5、县120。时间断限各篇起止不一，上限最远始于黄帝之时，下限最晚止于雍正十三年，即刊刻之年。

本辑据台湾商务印书馆《景印文渊阁四库全书》第504至第506册史部地理类《畿辅通志》辑录有关赤城内容。

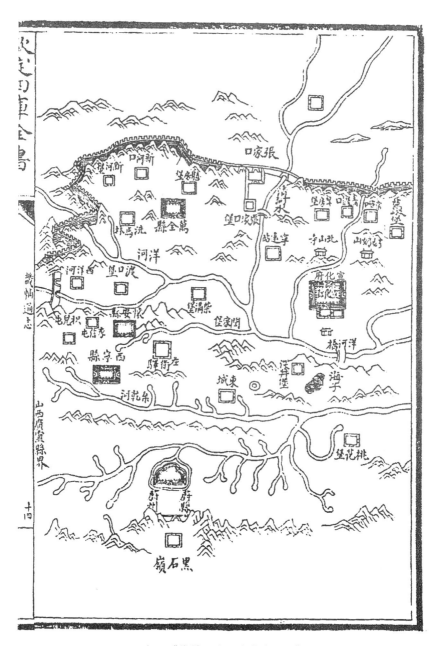

雍正《畿辅通志·宣化府图一》

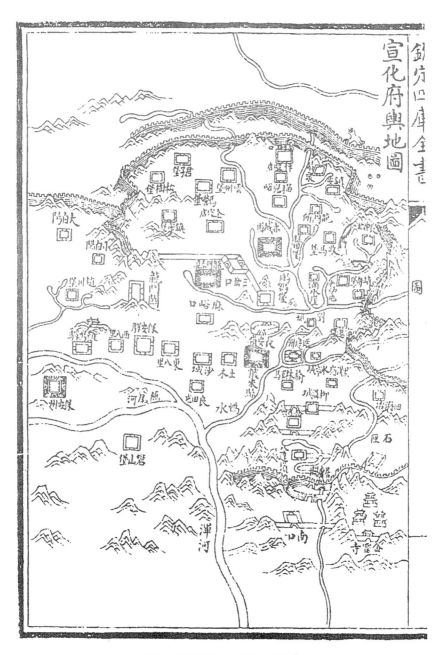

雍正《畿辅通志·宣化府图二》

馬戰兵一十三名守兵五十五名每歲俸餉馬

乾銀一千二百四十六兩三錢五釐六毫米二

百四十四石八斗

赤城堡原設守備一員雍正十年改設都司

都司一員

把總一員

馬戰兵一十三名守兵五十五名每歲俸餉馬

乾銀一千二百五十四兩五錢九分三釐六毫

欽定四庫全書　畿輔通志

雍正《畿辅通志》书影

◎建置沿革（卷14《建置沿革》，第504册）

○明洪武初，府①废。二十六年②，置宣府左、右、前三卫，隶北平都指挥使司。永乐七年③，直隶京师。又置总兵镇此，称宣府镇。宣德五年④，置万全都指挥使司，领宣府左、右、前三卫及万全左、右，隆庆左、右，怀安，永宁，保安，怀来，龙门，开平，蔚州，共一十四卫；云州、永宁等七所；隆庆、保安二州。自洪武至嘉靖，凡置卫所二十有一，城堡三十有三，俱隶万全都司，其隆庆、保安二州，永宁一县抚镇统之。《宣镇志》。本朝初仍曰宣府镇，领宣府前卫及万全左右、怀安、怀来、永宁、龙门、开平、保安、蔚州共十卫，延庆、保安二州。康熙三十二年⑤改置宣化府，领州二县八。雍正六年⑥以山西大同府之蔚州属焉，领州三县八⑦。（第261页）

○赤城县（第261~262页）

本汉上谷郡北境。后魏御彝镇⑧地。唐为妫州地。辽置奉圣州，领望云县。金属德兴府。元中统四年⑨升为云州，于此置赤城站。明初，州废；宣德初，移开平卫于独石，于此置赤城堡。本朝初，其地属宣府镇，曰上北路；康熙三十二年，改置赤城县，以开平卫、龙门所及滴水崖、云州、镇安、马营、镇宁等七堡并入，属宣化府。

○龙门县（第262页）

汉置女祁县，属上谷郡，为东部都尉治。后汉省。唐末置龙门

---

① 指顺宁府。

② 洪武二十六年，1393年。

③ 永乐七年，1409年。

④ 宣德五年，1430年。

⑤ 康熙三十二年，1693年。

⑥ 雍正六年，1728年。

⑦ 该条为宣化府建置沿革。

⑧ 御彝镇，本名"御夷镇"，其"彝"字，清初书籍，每避"胡""虏""夷""狄"等字。以"夷"为"彝"。

⑨ 中统四年，1263年。

县，属新州。辽属奉圣州。金初，属弘州，后属德兴府，明昌三年①又改属宣德州。元至元二年②，废为镇，属宣德县；至元二十八年，改置望云县，属云州。明初，州县俱废；宣德六年，置龙门卫，属万全都指挥使司；嘉靖元年③，分为中路。本朝初，属宣府镇；顺治六年④，改曰下北路；康熙三十二年，复置龙门县，以葛峪、赵川、雕鹗、长安岭四堡并入，属宣化府，兼设龙门路都司于此，辖葛峪、长安岭二堡。

◎形胜疆域（卷15《形胜疆域·形胜》，第504册，第289页）

○蜚狐⑤、紫荆控其南，长城、独石枕其北，居庸屹险于左，云中结固于右，群山叠嶂，盘踞峙列，足以拱卫京师，而弹压边徼⑥。旧镇志。

○重山突出，俯垂北荒⑦。相传以为地形类虎，此为虎首。赤城县旧《上北路志》。

○独石诸城，外为边境之藩篱，内为京师之屏蔽。明于谦《边境疏》。

○背负层巘⑧，坐拥边城，当西北两路之冲，为全镇唇齿之地。旧《下北路志》，以上二条俱龙门县。

---

① 明昌三年，1192 年。

② 至元二年，1265 年。

③ 嘉靖元年，1522 年。

④ 顺治六年，1649 年。

⑤ 蜚狐，指飞狐，"飞"一作"蜚"。要隘名。即今河北蔚县东南恒山峡谷口之北口。两崖峭立，一线微通，迤逦蜿蜒，百有余里，古代为河北平原与北方边郡间交通要路飞狐道的咽喉。楚汉之际，郦食其请刘邦"距飞狐之口"，即此。

⑥ 弹压，控制；制服；镇压。边徼，犹边境。《梁书·萧藻传》："时天下草创，边徼未安。"

⑦ 北荒，指北方少数民族所居的广大地区。

⑧ 层巘，重叠的山峰。巘音 yǎn，大山上的小山。

◎疆域（卷16《形胜疆域·疆域》，第504册）

○宣化府（第315页）

在京师西北三百四十里。东二百一十五里至边界，西一百四十五里至山西大同府边界，南二百一十里至保定府涞水县界，北六十五里至张家口边界，东南二百五十里至顺天府昌平州界，西南一百五十里至山西大同府天镇县界，东北三百一十里至独石口边界，西北一百六十里至边界。东西广三百六十里，南北袤①二百一十五里。

○赤城县（第316页）

在府东北一百七十里。东四十五里至边界，西三十里至龙门县界，南二十里至龙门县界，北一百里至边界，东南九十里至延庆州界，西南十里至龙门县界，东北五十七里至边界，西北五十五里至边界。东西广七十五里，南北袤一百二十里。

○龙门县（第316页）

在府东少北一百一十里。东七十里至赤城县界，西一百二十里至万全县界，南七十里至保安州界，北三十里至边界，东南一百七十里至怀来县治，西南七十里至宣化县界，东北五十里至赤城县界，西北二十五里至边界。东西广一百九十里，南北袤一百里。

◎山（卷20《山川·山》，第504册）

○赤城山，赤城县东二里，山石多赤，古赤城在其上。

○鹰窝山，赤城县东，龙门所东南四里，又有鹰觜山在所西南四里。

○聚阳山，赤城县东，龙门所东南三十里，元人开冶处。

○孔宠山，赤城县东，龙门所南十五里，崖有孔六七尺，透明，有笔架峰。

---

① 袤，长度，特指南北距离的长度。《说文·衣部》："袤，南北曰袤，东西曰广"。

○西高山，赤城县东，龙门所西二里，又有北高山在所北二十里。

○青羊寨山，赤城县西南十五里。

○偏头山，赤城县西北十五里。（以上第 397 页）

○野鸡山，赤城县西北七十里，多雉，故名。

○鹤山，赤城县西北，马营堡东二里，俗名东山，上多松桧，有鹤栖止。

○雷山，赤城县西北，马营堡东五十里，上有雷神庙。

○红山，赤城县西北，马营堡东南二十里，山势高险，石色多赤，下有红泉，东流合大河，入龙门峡。

○苍崖山，赤城县西北，马营堡南二十里，上有飞泉。

○纱帽山，一名冠帽山。赤城县西北，马营堡北二十里。

○金阁山，赤城县北，云州堡西南十五里，元建崇贞观、长春洞于此，前有游仙峪，又有琼泉在长春洞前。

○龙门山，赤城县北，云州堡东北五里。沽水南出峡，岸有二城，世谓之独固门，以其藉险凭固，易为依据，兼壁升耸，疏通若门，故得是名。《水经注》。龙门县有龙门山，石壁对峙，高数百尺，望之若门，徼外诸河及沙漠潦水皆于此趋海，实塞北控扼之冲要也。《辽史·地理志》。龙门山，又名龙门峡，龙门川经此南下。又保安州亦有龙门山，去府城三十里。《宣府志》。

○卧龙山，赤城县北三里，元上都北枕龙冈即此。

○东山，赤城县北，独石城东三十里。

○簪缨山，赤城县独石城东三十里，俗呼毡帽山。

○崆峒山，赤城县独石城东南十里。

○棋盘山，赤城县独石城南四十里。山峰高峻，人迹鲜到，相传有仙奕于此，今石局尚存。《畿辅旧志》。

○南屏山，赤城县独石城南四十里。

○偏岭山，赤城县独石城北四十五里，或曰即天岭。《胡峤记》云：自归化州行三日登天岭，岭东西连亘，有路北下，盖讹"天"为"偏"也。

○总高山，赤城县独石城东北十里，登眺即见辽海。（以上第398页）

○刘不老山，赤城县东北十里，相传有刘姓者修炼于此，因名。

○红石山，龙门县东五里，上产红石，可供玩好。（以上第399页）

○拂云山，龙门县东，雕鹗堡北百步。

○松山，龙门县长安堡东南里许。

○石盘山，龙门县长安堡东南二十五里。

○龙潭山，龙门县长安堡西一里，有瀑布泉，里许八峰高耸，为八仙山。

○西山，龙门县西。重熙六年夏，猎龙门县西。《辽史·圣宗纪》。

○大松山，龙门县西。山在卫西十里，上有古松盘曲，因名。《明统志》。在县西北四十里。《册说》。

○双塔山，一名塔沟山。龙门县西十五里，两峰相峙，上各有浮图，元至元中所建。

○娘子山，龙门县西二十里，极高耸而无险恶之势。迤南有龙门山，极高峻，明置龙门关于此。

○椴树山，龙门县西北。大白阳堡南四里，上有古椴树。《宣府志》。赵川堡西北二十四里。《册说》。

○青山，龙门县西北。在青边口北八里，色比群山独青，又石嵯山在口北十余里，《册说》谓之石崖山。《宣府志》。

○鳌头山，龙门县西北。在羊房堡西北十五里，上有巨石突出，高广数十百丈。《宣府志》。

○双峰山，龙门县北二十里，两峰相向，高出众山。（以上第

400 页)

○<u>大海陀山</u>，<u>怀来</u>县东北三十里，高百仞许，下有<u>龙潭</u>。（第401 页）

○<u>大翮山</u>，_{一名}<u>佛峪山</u>。<u>延庆州</u>西北。<u>阳沟水</u>径<u>大翮</u>、<u>小翮</u>山南，高峦截云，层陵断雾，双阜共秀，竞举群峰之上。郡人<u>王次仲</u>变苍颉旧文为隶书，<u>秦始皇</u>奇而召之，三征不至。<u>始皇</u>怒令槛车送之，<u>次仲</u>化为大鸟翻飞而去，落二翮于斯山，故其峰峦有<u>大翮</u>、<u>小翮</u>之名。《<u>魏·土地记</u>》曰：<u>沮阳城</u>东北六十里有<u>大翮</u>、<u>小翮</u>山，其山在县西北二十里，峰举四十里，上有庙，即<u>次仲</u>庙也。《<u>水经注</u>》。<u>怀戎</u>有<u>大</u>、<u>小翮</u>山。《<u>隋书·地理志</u>》。<u>大翮</u>山在<u>延庆州</u>北二十五里，相连者为<u>小翮山</u>，差卑。《<u>明统志</u>》。有<u>佛峪山</u>，在州西北三十里，下有温泉，盖即<u>大翮山</u>也。《<u>册说</u>》。（第 403 页）

○<u>黄土岭</u>，<u>赤城县</u>北十五里。

○<u>浩门岭</u>，<u>龙门县</u>东，<u>雕鹗堡</u>北二十五里。<u>明</u>初以此名驿，上有古松数百株，郁然苍秀。

○<u>长安岭</u>，_{一名}<u>桑乾岭</u>。<u>龙门县</u>东南，本名<u>枪竿岭</u>，<u>明</u>永乐中改名，今有堡。

○<u>洗马岭</u>，<u>龙门县</u>北。（以上第 405 页）

○<u>南岩</u>，<u>龙门县</u>南二里。

○<u>苍岩</u>，<u>赤城县</u>西北，<u>马营堡</u>西南二十五里，上有飞泉。

○<u>望国岩</u>，<u>赤城县</u>北，<u>望云川</u>东北，下有<u>担子洼</u>。

○<u>舍身岩</u>，<u>赤城县</u>北，<u>云州堡</u>北五里。（以上第 406 页）

○<u>碧落岩</u>，在<u>龙门县</u>东，<u>雕鹗堡</u>东四十里，石岩滴水，去地百余仞[①]，隆冬不冻。

○<u>雕鹗岩</u>，<u>龙门县</u>东，<u>雕鹗堡</u>西一里。

---

　　① 仞，古代计量单位。八尺为一仞。一说七尺为一仞。也有以五尺六寸或四尺为一仞的。

○磨盘嵯，赤城县东，龙门所西十里，以形似名。

○龙王嵯，赤城县东，龙门所西北八里，嵯峨高耸，夏月云从此出，则大雨。又有木龙王嵯，在滴水崖堡南十五里。

○太保峪，赤城县北，独石城西南十五里。内有古墓、石羊，盖前有官太保者葬此，故名。

○黑峪，赤城县东，龙门所南十里。有仙鹤峪最深，常有鹤栖宿。又有燕窝石，形如燕窝，可容数十人。

○东猫儿峪，赤城县龙门峡北十里。

○剪子峪，一名大岭山。龙门县东三十里，其形如剪。

○李老峪，龙门县东南，长安堡北十里。又狮子峪在堡北三十里，有石如狮。（以上第 407 页）

○独石，赤城县北，独石城南一里。大谷水流径独石北界，其石孤生，不因河而自峙。《水经注》。在〔开？〕平城南，一石屹起平地，上有构屋。《宣镇志》。（第 408 页）

◎川（卷 24《山川·川》，第 504 册）

○沽河，在赤城县东，其源有二，皆自塞外流入。一曰独石水，由独石口径独石城西，为西河；一曰红山水，由红石山径独石城东，为东河，俱流至城南而合。又南径龙门山下，名龙门川。又南径云（川）〔州〕堡东。又南径县东门外。又南径龙门所南，曰扬田河。又南与阳乐河合，为南河。又东南经滴水崖堡南，亦曰白河。又南径延庆州静安堡。又东至东河口，由边外达顺天府密云县之石塘岭关，此通州白河之上源也。

沽河出御彝镇西北九十里丹花岭下，东南流，大谷水注之。水发镇北大谷溪，西南流，径独石北界。又南，九泉水注之，水导北川，左右翼注，八川共成一水，故有九泉之称。其水南流，至独石注大谷水。大谷水又南流径独石西，又南径御彝镇城西。又东南

（光）［尖］谷水注之，水源出镇城东北（光）［尖］溪，西南流径镇城东，又西南流注大谷水，乱流南注沽水。又南出峡，岸有二城，世谓之独固门。又南，左合乾溪水，水引北川西南径一故亭东，又西南注沽水。沽水又西南径赤城东，故河有赤城之号。又东南与鹊谷水合，又东南合高峰水，水出高峰戍东南，西南流，又屈而东南，入沽水。沽水又西南流出山，径渔阳县故城西。《水经注》。

独石水，在开平卫南，源出东山红山水；在开平卫东，源出红石山，俱径云州堡，入龙门川。《方舆纪要》。

龙门川，在云州堡东，合独石、红山之水，从龙门峡南下，故名。《明一统志》。

杨田河，经龙门所城南二十里。《宣镇志》。

赤城堡之东河，由独石、云州东南流，即通州白河之上源也。《名胜志》。

滴水崖之水，悬崖而下者，即白河上源。又东有白河堡镇河墩，皆白河所经也。《蓟门考》。

白河，自滴水东南流，绕静安堡之西、南、东三面，又东北至东河口，仍出边外。《延庆州志》。（第 525 ~ 526 页）

○汤泉河，在赤城县西，源出西山，东流至城西南，合水泉河，又东合东河。其水泉河源出赤城县西北二堡子，南流而入汤泉。

按《明统志》：有赤城汤，在宣府镇城东一百四十里，自龙门镇北乡赤城寺侧山根涌出，暴热而流，傍有冷泉，随人浴之，皆可愈疾，此即今汤泉河也。（第 526 页）

○阳乐河，在龙门县南，东流至赤城县界，入沽河，即古阳乐水也。

阳乐水出且居县，东北流径大翩山、小翩山北，历女（祈）［祁］县故城南。世谓之横水，又谓之阳曲河。又东南径一故亭，又东，左与旧卤水合，水出西北山，东南流径旧卤城北，又东南流注阳乐水。阳乐水又东南径旁狼山南，又东南径温泉东。又径赤城西，屈径其城南，东南入赤城河。《水经注》。

按：今龙门县有龙门河，源出县西娘子山，东南流，径县南二里，又东径雕鹗堡西南，即《水经注》所云横水也。又有南河，源出县南狗儿村东北，流至堡西南七里，合龙门河，即《水经注》所云旧卤水也。龙门、南河合，而东径堡南统谓之南河。又东至赤城县界，合（枯）［沽］河，即《水经注》所云阳乐水，东南入赤城河者也。（第 526～527 页）

〇韭菜川，在赤城县北。川在开平卫城东，发源东山，流经卫城南，与毡帽山水合。《县志》。（第 529 页）

〇望云川，在赤城县北。（第 529 页）

〇柳河川，在龙门县西，一名柳沟。（第 530 页）

〇大海沱潭，在龙门县雕鹗堡东三十里。大海沱峰峪间有泉，下汇为潭，祷雨辄应。

〇龙潭，在龙门县西，赵川堡东北十三里。潭水涌出南流一里，沙淤。又怀来县西北四十里亦有龙潭。

〇东庄泉，在赤城县东，龙门所东二里。又有凉水泉，在所东南七十里。

〇神泉，在赤城县西北，马营堡北三里。池方一亩，其水迸出转流成河，浴之愈疾。

〇独石泉，在赤城县北，独石城东北隅。水极澄澈，其甘如饴，满而不溢。

〇鹰窝泉，在龙门县东南，长安堡西北三里。引流入堡中，汇而为池，可给居人。

〇娘子山泉，在龙门县西娘子山下，泉水溢出势甚浩瀚，可资灌溉。明正统十四年竭，后涌出如旧。（以上第 531 页）

〇暖汤，在赤城县北云州堡宝济乡。一处出泉，凡七十二眼。

（第 532 页）

〇鏊底汤，在龙门县西，赵川堡东南八里。汤在宣府镇东六十里，冬夏水溢，望之热气氤氲，病者浴之立愈。《明统志》。（第 532 页）

◎城池（卷 25《城池》，第 504 册，第 574 页）

〇赤城县城，古炎帝榆罔氏时，诸侯蚩尤所都也。明宣德间，阳武侯薛禄筑为城堡，周围三里一百四十八步，高二丈九尺，广二丈二尺，门二。景泰初，都督杨洪重修。万历二十四年①增修。

〇龙门县城，明宣德六年②建，隆庆二年③甃以砖，周围四里五十六步，高二丈五尺，东南二门。崇祯九年④，从举人窦维辂条议浚城濠。

◎公署（卷 27《公署》，第 504 册，第 612 页）

〇赤城县署，旧为开平卫署，康熙三十二年，直隶巡抚郭世隆奏改宣化等卫为州、县，改为县署。

典史廨，在县治内。

云州驿，在县西北。

〇龙门县署，在城东北隅，正德间建，旧为下北路粮储公署，康熙三十二年改为县署。

典史廨，在城东南隅，旧系卫经历廨，裁后守备移驻，今改为尉廨。

---

① 万历二十四年，1596 年。
② 宣德六年，1431 年。
③ 隆庆二年，1568 年。
④ 崇祯九年，1636 年。

◎学校（卷28《学校》，第504册）

○赤城县学，在县治东，旧系社学，明景泰五年①建。本朝康熙三十二年②置县，即以社学为县学，而开平卫学并裁入焉。（第649页）

○龙门县学，旧在卫治东南，明正统元年③建，十四年毁。景泰中参政叶盛复建，寻又废，巡抚都御史张锦奏请重建。弘治元年④，参将都指挥周贤改建于卫治之东北。本朝康熙三十二年，改卫学为县学。（第649页）

○入学额数（第654~656页）

顺治四年⑤，定入学分大学、中学、小学。大学取四十名，中学取三十名，小学取二十名。十五年，入学大府取二十名，大州县取十五名，小学取四五名。十六年，定顺天府儒童入学取二十五名，宛平、大兴二县各取二十名，又怀来卫、永宁卫学归并延庆州，保安卫学归并保安州，龙门所学归并开平（州）〔卫〕，昌平卫学归并昌平州，俱取州县官廪保结⑥，不必另立卫册。

康熙九年⑦，定各直省府学二十名，大州县学十五名，中学十二名，小学七名或八名。二十六年，题准怀来、永宁、保安三卫仍各取童生八名，令各州兼摄。三十三年，定宣化府学生员酌拨二名以足数，宣化、怀安二县作大学定额十五名，怀来、万全、蔚三县作中学定额十二名，西宁、龙门、赤城三县作小学定额八名，武生亦随文生额取。五十四年，以直隶人文日盛，增广学额。除顺天府学，

---

① 景泰五年，1454年。

② 康熙三十二年，1693年。

③ 正统元年，1436年。

④ 弘治元年，1488年。

⑤ 顺治四年，1647年。

⑥ 保结，指官吏应选或童生科举应考时证明其身分、情况的凭证。如担保应试童生身家清白，没有冒籍、匿丧等。

⑦ 康熙九年，1670年。

大兴、宛平县学，无庸增加，其余府学各增三名，共取二十三名。州、县、卫大学各增三名，共取十八名。中学各增三名，共取十五名。小学各增二名，共取十名。六十一年十一月，恩诏直隶各省大学加取七名，中学加取五名，小学加取三名。

雍正元年①，直省各府学遵恩诏内大学例加取七名。二年，上谕我圣祖仁皇帝寿考作人②，六十年来，山陬海澨③，莫不家弦户诵。直省应试童子，有垂老不获一衿④者。其令督抚会同学臣查明，实在人文最盛之州县，题请小学改为中学，中学改为大学，大学照府学额取录。遵旨。题定顺天府大兴、宛平照三大学例，俱加七名，各取进二十五名。文安、通州……长垣等十七州县向系大学，今照府学额各取二十三名。蓟州、卢龙……万全、蔚县、衡水、安平、鸡泽、成安、清河、魏县、南乐等二十三州县卫所向系中学，今改为大学，各取十八名。香河……内邱等十六县向系小学，今改为中学，各取十五名。又蔚州向系中学，今改为大学，取进十八名。其余州、县仍照原额。

直省各学廪生，顺治四年定府学四十名，州学三十名，县学二十名，卫学十名。增广生额数同。商籍入学，顺治十一年定直隶附河间府照大学考取，拨入府学充附肄业。

别籍寓学，顺治元年题准设寓学于京师，远方士子游学者，取的当保结，准附顺天府学一体考试，又设廪额十名，照县学例充贡。二年题准寓学诸生，本年乡试准分监生中额三名，嗣后俱发回本省。如父母坟墓向在北方，即系土著。学臣察核果真，许令入籍，一体

---

① 雍正元年，1723 年。

② 寿考作人，寿考，年高；长寿。《诗·大雅·棫朴》："周王寿考，遐不作人。"郑玄笺："文王是时九十余矣，故云寿考。"孔颖达疏："作人者，变旧造新之辞。"后因称任用和造就人才为"作人"。

③ 山陬海澨，山隅和海边。泛指荒远的地方。陬音 zōu，隅，角落。澨音 shì，水边地，涯岸。

④ 一衿，一半。古衣交领成双，故以"一衿"指一半。

应试。

京卫武童，雍正二年定额取一百名应考者，多系九府倩代①顶冒，教授不能尽识，嗣后将此百名额数分派九府。大兴、宛平二县，各取十五名，保定、河间、大名三府各取十名，正定府取二十名，宣化、永平、顺德、广平四府各取五名，俱就本籍考试。令州县查明，廪保识认，真正卫籍，出具印结送考，学臣于取进后，移拨京卫武学督率，遇岁考时，亦令京学教官起送②。

◎义学（卷29《义学》，第504册）

○赤城县义学（第672页）

一在县署东，一在云州堡，一在独石堡。已③上俱旧设。

一在滴水崖堡，雍正七年建。

○龙门县义学（第672页）

一在城内，一在雕鹗堡，一在长安岭，一在赵川堡。已上俱旧设。

一在葛峪堡，一在龙门关。俱雍正七年建。

○书院（第679页）

独石书院，在旧开平卫治东南隅。

云州书院，在云州堡东隅。

西关书院，在龙门卫治东南。

◎户口（卷30《户口》，第504册）

○辽（第687页）

奉圣州永兴县户八千，矾山县户三千，龙门县户四千，望云县

---

① 倩代，请人代替。

② 起送，举荐；推荐前往。

③ 已，古同"以"。

户一千。归化州文德县户一万。可汗州怀来县户三千，儒州缙山县户五千。蔚州灵仙县户二万，定安县户一万。按：《辽·地理志》所属直隶三分之一其户数视宋、金俱不及，而视元则稍过之，盖有辽极盛之数也。

◎田赋（卷33《田赋》，第504册，第729页）

○九年①，恩免直隶起运地粮四十万两。又免易州恭建万年吉地，补还圈用民地本年钱粮三百五十五两一钱一分三厘零。又免满城、完县、灵寿、邢台、沙河、南和、任县、赤城等八县，被旱被雹地亩钱粮三千一百六十七两九钱五分零。

◎仓厫②（卷35《仓厫》，第504册）

○赤城县（第748页）

广备仓，十间，明宣德五年③建。

独石城广积仓，三间，在县东北，明正统元年④建。

独石口新仓，康熙二十年⑤建。

马营堡广盈仓，在县西北，八间，明宣德五年建。

云（川）[州]堡仓，在县北。

镇宁堡仓，六间，在县西北，明弘治十年⑥建。

镇安堡仓，二间，在县东北，明成化八年⑦建。

龙门所仓，八间，在县东，明宣德七年建。

滴水崖仓，八间，在县东，明弘治八年建。

---

① 雍正九年，1731 年。
② 仓厫，储藏粮食的处所。
③ 宣德五年，1430 年。
④ 正统元年，1436 年。
⑤ 康熙二十年，1681 年。
⑥ 弘治十年，1497 年。
⑦ 成化八年，1472 年。

○龙门县（第 748~749 页）

广盈仓，在县西北隅，明宣德五年建。

备荒仓，明成化间建，今圮。

金家庄堡仓，明成化年间建，今圮。

龙门关堡仓，明宣德年间建，今圮。

三岔口堡仓，今圮。

雕鹗堡仓，宣德五年建。

备荒仓，明成化十年建，今圮。

长安岭仓，在城西北隅，景泰三年①建。

赵川堡保安仓，明宣德三年建，今圮。

大白阳堡仓，明宣德五年建，今圮。

小白阳堡仓，明宣德五年建，今圮。

葛峪堡仓，明成化元年建。

常峪口堡仓，明宣德年间建，今圮。

青边口堡仓，明宣德年间建，今圮。

羊房堡仓，明成化元年建，今圮。

◎兵制（卷 38《兵制》，第 504 册）

○独石口（第 831~832 页）

镶黄、正白、镶红三旗。防尉三员。原设二员，康熙二十三年增二员，五十年以一员移驻千家店。甲兵一百名，每岁应支银二千四百四十八两，米石在宣属屯粮内支给。

◎兵制（卷 39《兵制》，第 504 册）

○宣化镇。辖张家口协，蔚州路、独石路、龙门路、怀来路、永宁路五

---

① 景泰三年，1452 年。

营。原昌平营、石匣营亦归管辖，康熙二十九年①改属古北镇。（第 867 页）

〇独石口。原设参将一员，雍正十年②改设副将，辖云州堡、赤城堡、镇安堡、龙门所、滴水崖五营，十二年十二拨共增设马兵二十四名、步兵三十六名。（第 872 页）

副将一员，

中军都司一员，雍正十年增设。

守备一员，

千总二员，雍正十年增设。

援兵营把总一员，

把总三员，雍正十年增设。

新旧马战兵二百二十名、步兵二百七十六名、守兵一百三十九名、台兵二十七名，每岁俸饷、马干、米折等银一万九千一百二十三两一钱五分六厘八毫，米七百二十七石二斗。

〇云州堡。原设把总一员，康熙三十二年裁。（第 872 ~ 873 页）

守备一员，

马战兵一十三名、守兵五十五名，每岁俸饷、马干银一千二百四十六两三钱五厘六毫，米二百四十四石八斗。

〇赤城堡。原设守备一员，雍正十年改设都司。（第 873 页）

都司一员，

把总一员，

马战兵一十三名、守兵五十五名，每岁俸饷、马干银一千三百五十四两五钱九分三厘六毫，米二百四十四石八斗。

〇镇安堡（第 873 页）

守备一员，

马战兵一十七名、守兵七十六名、台兵三十名，每岁俸饷、马

---

① 康熙二十九年，1690 年。
② 雍正十年，1732 年。

干银一千九百九十七两五钱五厘六毫，米四百四十二石八斗。

〇<u>龙门所</u>。原设参将一员，顺治九年①裁，辖<u>镇宁堡</u>。（第 873 页）

守备一员，

马战兵一十七名、守兵七十五名、台兵四十名，每岁俸饷、马干银二千一百五两五钱五厘六毫，米四百七十五石二斗。

〇<u>镇宁堡</u>（第 873 页）

把总一员，

新增马兵二十名、步兵三十名、旧守兵二十四名、台兵十名，每岁俸饷、马干、米折等银二千四十一两六钱，米一百二十二石四斗。

〇<u>滴水崖</u>。原设守备一员，雍正十年改设都司，辖<u>马营</u>、<u>松树</u>、<u>君子</u>三堡。（第 873 页）

都司一员，

马战兵一十八名、守兵七十三名、台兵二十五名，每岁俸饷、马干银一千九百八十六两九钱九分三厘六毫，米四百一十七石六斗。

〇<u>马营堡</u>（第 873 ~ 874 页）

千总一员，雍正十年增设。

马战兵二十三名、步兵三十五名、旧守兵二十二名，每岁俸饷、马干银二千一百八十二两八钱，米七十九石二斗。

〇<u>松树堡</u>（第 874 页）

千总一员，雍正十年增设。

新增马兵二十二名、步兵三十三名、旧台兵十三名，每岁俸饷、马干、米折等银一千九百八十一两二钱，米四十六石八斗。

〇<u>君子堡</u>（第 874 页）

把总一员，雍正十年增设。

---

① 顺治九年，1652 年。

新增马兵十五名、步兵二十二名、旧台兵十三名，每岁俸饷、马干、米折等银一千三百九十六两八钱，米四十六石八斗。

〇<u>独石口理事同知所辖</u><small>雍正十二年增设。</small>（第 874 页）

千总一员，

把总一员，

新增马兵四十名，每岁俸饷、马干、米折等银一千六百六十三两二钱。

〇<u>龙门路</u>。<small>原设葛峪堡参将一员，<u>顺治</u>十三年改设都司，移驻于此。<u>雍正</u>十年改设游击，十二年复裁游击，改设都司。增设马兵八名、步兵十二名，裁马兵七十三名、步兵一百九名。</small>（第 874 页）

都司一员，

守备一员，

把总一员，

新旧马战兵四十八名、步兵二十三名、守兵一百三十二名、台兵一十七名，每岁俸饷、马干、米折等银四千五百二十三两二钱九分九厘二毫，米六百五十五石二斗。

〇<u>雕鹗堡</u>（第 875 页）

把总一员，

守兵二十名，每岁俸饷、马干银二百九十七两六钱，米七十二石。

〇<u>长安岭</u>。<small>雍正十二年增设马兵八名、步兵十三名。</small>（第 875 页）

都司一员，<small>原设守备，<u>雍正</u>十年改设都司。</small>

把总一员，<small><u>康熙</u>三十二年裁，<u>雍正</u>十二年复设。</small>

新旧马战兵二十名、步兵十三名、守兵六十七名，每岁俸饷、马干银二千一百二十九两七钱九分三厘六毫，米二百八十四石四斗。

◎关隘（卷41《关隘》，第 504 册）

○独石口，在赤城县东北一百里，其南十里为独石城，本元云州之独石地。明初建城，周六里有奇，门三。宣德五年①移开平卫于此。景泰三年②设上北路，参将驻此。本朝康熙三十二年并卫于赤城县，仍设参将驻防，亦曰独石路。口外为太仆寺牧厂、察哈尔游牧处及阿霸垓诸旗分地。（第915页）

○龙门所，在赤城县东三十里，本元云州之东庄地。明宣德六年设千户所，筑堡，周四里有奇，门二。万历十八年③设下北路，参将驻此。本朝顺治九年裁参将，设守备驻此。（第916页）

○滴水崖堡，在赤城县东八十里，明弘治八年④筑，周三里有奇，东去大边二十里，即密云县古北口之后也。本朝设守备于此，其东为宁远堡，又东北为长伸地堡，又东南为牧马堡、（漾）［样］田堡，皆明所筑，今废。（第917页）

○镇宁堡，在赤城县西北三里，明弘治十一年筑，周二里有奇，旧设守备。本朝康熙元年改设把总。（第917页）

○马营堡，在赤城县西北六十里，元为云州之大猫儿峪。明宣德七年筑堡，隆庆中增修，周六里有奇，门四，为镇守要地。本朝设把总驻此，其西为松树堡，又西北为君子堡，其东南为仓上堡，亦皆明时所筑。（第917页）

○云州堡，在赤城县北三十里，本元云州地。明洪武初废州置驿，宣德五年筑城置戍，景泰五年增设千户所，后又设上北路，参将驻此。本朝改设守备，城周三里有奇，门二。其北二十里为猫儿峪堡，又二十里为半壁店堡，俱明嘉靖间筑，今废。（第917页）

○镇安堡，在赤城县东北五十里，明成化八年⑤筑，周二里有

① 宣德五年，1430 年。
② 景泰三年，1452 年。
③ 万历十八年，1590 年。
④ 弘治八年，1495 年。
⑤ 成化八年，1472 年。

奇。本朝设守备驻此。又清泉堡在县东北,《方舆纪要》:"山下有清泉涌出,绕堡而东,因名"。今废。(第918页)

〇雕鹗堡,在龙门县东四十五里,本元云州之雕窠站。明初置浩岭驿;永乐中改雕鹗堡,筑城置戍,隆庆四年增修,周二里有奇。本朝设把总驻守。《方舆纪要》:"堡当北路之中为往来要道"。(第918页)

〇长安岭堡,在龙门县东南九十里,明初置丰峪驿,永乐九年①筑城置戍,改今名,弘治二年增置守御千户所。本朝设守备驻此,城周五里有奇。《边防考》:"堡地东西跨岭,中通一线,旁径逼仄,居庸而外,此为重关之险"。(第918页)

〇龙门关堡,在龙门县西二十五里,明宣德三年筑,万历十三年增修,周二里有奇,关门在堡东五里。又三岔口堡在县东十五里,金家庄堡在县西北七十里,三堡皆本朝顺治八年省。(第918页)

◎津梁 (卷42《津梁》,第504册,第947页)
〇长源桥,在赤城县南门外。
〇样田河桥,在赤城县东南,(漾)[样]田堡北四里。
〇顺济桥,在赤城县东北,独石城南三里。

◎驿站铺司附 (卷43《驿站铺司附》,第505册)
〇宣化府 (第24~25页)

榆林、土木、鸡鸣、宣化、深井、万全、怀安、长安、雕鹗、赵(州)[川]、龙门、云州、赤城、东城、西城、蔚县一十六驿,递夫、马等项原额工料并马匹草折银一万二千九百二十四两,料豆一万一千五百九十二石,月米二千八百八十三石六斗,麦麸三千三

---

① 永乐九年,1411年。

百一十二石。

康熙二十九年十一月，榆林、土木、鸡鸣、万全、怀安五驿新增夫马工料银六千零三十两四钱三分，又榆林、土木、鸡鸣、宣化、万全、怀安六驿新增银五千七百零八两九钱一分三厘。三十四年十一月，榆林、土木、鸡鸣、宣化、怀安、万全、长安、雕鹗、云州、赤城十驿续增夫马工料银一万九百九十四两六钱，又长安、雕鹗、云州、赤城四驿续增银二千一百一十六两二钱七分七厘。雍正八年裁新增续增杂支银一百八十八两四钱二分，又旧额项下改归军站马一百一十三匹，马夫五十六名半，草折工食等项银二千一百九十七两八钱，料豆二千八百四十七石六斗，月米二百零三石四斗，麦麸八百一十三石六斗。又蔚州于雍正六年四月二十六日改归直隶，其裁存递马夫工料并官支共银一百六十七两。雍正十一年，榆林、土木、鸡鸣、宣化四驿共增添马二十三匹，马夫一十一名半，草折工食等项银四百五十五两四钱，料豆五百七十九石六斗，月米四十一石四斗，麦麸一百六十五石六斗。雍正十二年，实存工料等银三万六千一十两四钱，料豆九千三百二十四石，月米一千七百二十一石六斗，麦麸二千六百六十四石。旧有张家口驿在万全。

○赤城县（第 26 页）

云州驿，在县北三十里，明洪武初置，次冲。现存马四十二匹，夫三十九名半，扛轿夫二十一名，马牌子一名，铡草喂马夫四名，共银二千一百五十五两二钱，料豆五百五十四石四斗，月米一百三十五石，麦麸一百五十八石四斗，遇闰按月加增，驿丞掌之。

赤城驿，在县治东北，明永乐中置云门驿，宣德五年改今名，次冲。现存马四十四匹，夫四十一名，扛轿夫二十名，马牌子一名，铡草喂马夫四名，共银二千二百两八钱，料豆六百零四石八斗，月米一百三十三石二斗，麦麸一百七十二石八斗，遇闰按月加增，驿丞掌之。

○龙门县（第 26~27 页）

长安驿，在县东南九十里，明洪武初置丰峪驿，永乐九年改今名，次冲。现存马四十二匹，夫四十名，扛轿夫二十五名，马牌子一名，铡草喂马夫四名，共银二千二百二十一两二钱，料豆五百五十四石四斗，月米一百四十七石六斗，麦麸一百五十八石四斗，遇闰按月加增，驿丞掌之。

雕鹗驿，在县东四十五里，明洪武初置浩岭驿，永乐中改今名，次冲。现存马四十三匹，夫四十名半，扛轿夫二十一名，马牌子一名，铡草喂马夫四名，共银二千一百九十二两，料豆五百七十九石六斗，月米一百三十五石，麦麸一百六十五石六斗，遇闰按月加增，驿丞掌之。

龙门城递，在县西二十五里，僻递。现存马四匹，夫二名，共银五十二两八钱，料豆一百石八斗，月米七石二斗，麦麸二十八石八斗，遇闰按月加增，知县掌之。

赵（州）［川］堡递，在县西五十里，僻递。现存马四匹，夫二名，共银五十二两八钱，料豆一百石八斗，月米七石二斗，麦麸二十八石八斗，遇闰按月加增，知县掌之。

◎铺司附（卷 44《铺司附》，第 505 册，第 44 页）

○赤城县，城东北为致字铺，南为出字铺，西为恤字铺、礼字铺。东南为龙（山）［门?］所，又南为陆字铺、姻字铺，西北为任字铺。北为云州堡友字铺，又堡南为孝字铺。额设铺司兵十名，每年共支银六十两。

○龙门县，城东北为东方铺、射字铺，西为御字铺，东为仁字铺。东为雕鹗堡铺，南为行字铺、数字铺，堡北为文字铺，东南为长安堡铺，南为教字铺、信字铺。额设铺司兵十四名，每年共支银八十四两。

◎河渠（卷45《河渠》，第505册，第50页）

○白河，即北运河也，亦曰潞河。《方舆纪要》：白河源出宣化府龙门县东，滴水崖东流入密云县之石塘岭，过县西入通州界。其支流亦从石塘岭过怀柔县西，顺义县东，入通州东境合焉。

◎陵墓（卷48《陵墓》，第505册，第114页）

○杨洪墓，在赤城县北。旧开平卫相近有洪从子武强伯杨能墓。

○王本墓，在赤城县，明嘉靖间指挥同知死事。

○张宪墓，在赤城县龙门所，参将死事。

◎祠祀（卷50《祠祀》，第505册，第145～146页）

○五岳庙，在赤城县云州堡。

○水母庙，一在独石，一在马营，一在长安岭。

○温泉神庙，在赤城西温泉上，明正统六年重修。

○独石神庙，在赤城县北，独石城南，明正统七年建，祀土神。

○武庙，在龙门县城内。

○三贤祠，有三：一在独石，一在云州，一在龙门。

○义烈祠，在赤城县北云州堡，祀守备孙刚、少监谷春等九十余人。明正统十四年①建，叶盛有记。

◎寺观（卷51《寺观》，第505册，第188～190页）

○观音寺，在龙门县。

○普济寺，在龙门县东北隅，明正统十四年建，本朝康熙十一年二月钦赐香灯银两。

○静海寺，在赤城县西南隅，明景泰四年②建。

---

① 正统十四年，1449年。

② 景泰四年，1453年。

○瑞云寺，在赤城县西海冶堡①。

○镇疆寺，在赤城县独石城西北隅，明正统七年建。

○灵真观，在赤城县云州城西南十五里金阁山中，元时建。出观门不一里有冢，冢前一坊大书祁真人蝉脱处，有元学士李谦碑记。本朝康熙十一年二月赐金修葺。

○朝阳观，在赤城县滴水崖堡西北三里，明正统七年建。

◎古迹（卷54《古迹》，第505册，第260~264页）

○古赤城，今赤城县治。《水经注》：沽水径赤城东，赵建武年并州刺史王霸，败于燕，尝退保此城。余详《建置卷》。

○云州故城，在赤城县北，辽置县，元省，明初废，今为云州堡。

○女祁故城，在龙门县东，汉县，为东部都尉治，后汉省，元改置望云县。《水经注》："阳乐水径女祁县故城南"。

○御彝镇城，在赤城县东北，后魏太和中置，为六镇之一。《水经注》："大谷水南径御彝镇城西"。

○羊城，在龙门县东南三十里，元人市易处。

○长春宫，在赤城县北，辽建，景宗尝游此。

○庆宁宫，在龙门县界，金行宫。

○景明宫，在云州北。

○太和宫，在云州，金章宗避暑处。

○心远堂，在赤城县内，明景泰年建。

○咏归楼，在赤城汤泉上。

○燕然台，在赤城道署前，明崇祯年修。

○歇马台，在赤城龙门所东五十里口外。

---

① 按清《赤城县志》："瑞云寺，在汤泉，宣德五年建"。汤泉在赤城县西，并未有"海冶堡"。明永宁卫有"四海冶堡"，清属延庆州，亦不在赤城县内。疑为误。

○嘉禾亭，在赤城县南三里，明景泰年建。

○屡丰亭，在赤城县马营堡，明景泰年建。

○秋林亭，在赤城县溜云山下，盛暑涌水成冰，辽人建亭于侧[1]。

○崖禾亭，在赤城县盘崖洞口，峭壁万仞，一木为桥，经久不朽，辽人建亭于侧[2]。

◎风俗（卷 55《风俗》，第 505 册，第 286 页）

○地极高寒，霜雪偏早。农业之暇，聚族讲武，近被学校之化，渐有中州之风。北路旧志。

○士厚重朴鲁[3]，无浇漓[4]之习。民性刚直强悍，逼于饥寒，盗窃亦不概见。《赤城县志》。

◎土产（卷 57《土产·石属》，第 505 册）

○礞石（第 315 页）

龙门县出。

◎职官（卷 60《职官》，第 505 册）

○本朝

赤城县（第 428 页）

知县一员，县丞一员，儒学教谕一员，典史一员，云州驿丞一员。

龙门县（第 429 页）

知县一员，儒学、教谕一员，典史一员，长安驿丞一员，雕鹗

---

① 检《赤城县志》及相关典籍赤城县未有溜云山，亦未有秋林亭之名，疑为讹传。

② 崖禾亭，仅雍正《畿辅通志》载，其他典籍未载。

③ 朴鲁，朴实鲁钝。有时用为自称谦词。

④ 浇漓，亦作"浇醨"。浮薄不厚。多用于指社会风气。

驿丞一员。

◎进士（卷63《选举·进士》，第505册）
○康熙乙丑科陆肯堂榜（第498页）

黑天池，赤城人，守道。

◎举人（卷64《选举·举人》，第505册）
○景泰庚午科（第522页）

林春。龙门人。

○成化丁酉科（第530页）

魏清。龙门人。

○正德丙子科（第542页）

魏廷义。龙门人。

○正德己卯科（第543页）

李琪。龙门人。

◎举人（卷65《选举·举人》，第505册）
○嘉靖戊子科（第547页）

钱鲲。龙门人。

○嘉靖丁酉科（第549页）

裴璜。龙门人。

○万历乙酉科（第564页）

周职迁。龙门人。

○崇祯癸酉科（第579页）

窦维辂。龙门人。

◎举人（卷66《选举·举人》，第505册）

○康熙丁巳科（第 596 页）

胡维桢。龙门人。

○康熙戊午科（第 597 页）

陈覆谊。龙门人。

○康熙壬午科（第 605 页）

黑天池，赤城人。

胡以济。龙门人。

◎名宦（卷70《名宦》，第 505 册）

○明

谷春，京兆人。都知监，与指挥使孙刚同守永宁。正统十四年，敌陷独石、马营，刚力战死。春方率所部来援，闻之，奋曰："人孰无死，死沙场乃为忠义鬼，吾从刚地下矣。"遂自缢死。事闻赠祭，如刚例。刚，宣府镇前卫人，另载《忠节》。（第 695 页）

周贤，宣府人，开平参将。景泰五年，陕西有警，诏贤率所部援之战没，予赠荫①。详见《忠节》。（第 695 页）

刘海，开平人。嘉靖初为马营参将，遇敌奋击，与旗牌宫张宣俱死之。事闻，予赠荫，仍肖像褒忠祠。详见《忠节》。（第 696 页）

刘传，蔚州人。嘉靖中守备赤城。敌犯马营，传率所部百余骑赴援，被围，力战中攒矢死，诏褒邑人，建祠肖像祀之。事详《忠节》。（第 696 页）

原阙。龙门所人。天启初任独石参将，黄台掠力战死。事闻，赐祭荫，敕祀褒忠祠。（第 696 页）

① 赠荫，古代朝廷对已死有功人员的子孙授以官爵。

◎名臣（卷73《名臣》，第505册）

○明（第781～782页）

朱谦，开平人。宣德中累迁左都督①，佩镇朔将军印。正统间，边骑数入，谦大小二十余战，皆以奇成功，封抚宁伯。卒，赠侯。子永袭爵，有威望，中外倚重，卒，赠宣平王，谥武毅。

杨洪。开平人。累功左都督，镇宣府。洪起行伍，每临阵跃马，为诸将先敌畏之，呼为"杨王"。土木之变，景帝召洪入卫，洪与石亨败敌于西郊，又败之固安，论功封昌平侯。卒，赠颖国公，谥武襄。从子信，以力战累官都督同知②，佩印，镇延绥，延绥有印自信始，成化初封彰武伯。信善射，人争以小由基名之。信弟能亦敢战陷坚，累功左都督佩镇朔将军印。敌相戒，无入宣境，呼曰"小杨王"，封武强伯。

◎政事（卷75《政事》，第505册）

○明（第829页）

王轼。开平卫人，弘治进士。正德初，历工部员外，出监遵化铁厂，乞减岁办数，以宽民力，诏从之。嘉靖时，巡抚四川，讨平芒部陇政。迁户部侍郎，出核勋戚③庄田，请如周制，计品秩，以定多寡，别亲疏，以加约损，于是兼并

---

① 左都督，官名。北魏置为统兵武臣，位在大都督之下。西魏亦置。元末朱元璋置为大都督府副长官，正二品。吴元年（1367年）更定官制，改置为大都督府长官，正一品。明洪武十三年（1380年）改大都督府为五军都督府，遂置为各府长官。永乐元年（1403年）设北京留守行后军都督府，后再改行在五军都督府，十八年置南北两京五军都督府，均置为长官。并充任各省、镇镇守总兵官、副总兵。遇大征讨，则挂将军、大将军、前将军、副将军印，统兵出征，回师交印。任各府掌印及佥书者，均有公、侯、伯勋爵者。

② 都督同知，官名。元末朱元璋于大都督府置，又称同知都督。初一人，从二品。吴元年改从一品。隶都督府。洪武十三年改设五军都督府，均置。永乐元年所设北京留守行后军都督府及后设行在五军都督府亦置。恩功寄禄无定员。

③ 勋戚，有功勋的皇亲国戚。

者，悉归之。官终<u>南京</u>兵部尚书①。

◎忠节（卷77《忠节义烈附》，第505册）
○<u>明</u>（第860~861页）

孙刚，<u>宣府前卫</u>人。以功迁都指挥使②，守备<u>永宁</u>。<u>正统</u>十四年，寇犯<u>独石</u>，守臣<u>杨俊</u>弃城遁，<u>刚</u>率兵往援，遇敌数万骑猝至，<u>刚</u>大呼陷阵而死。都知监<u>谷春</u>，卫指挥<u>向通</u>、<u>王敬</u>、<u>张澄</u>同死之。事闻，赐祭荫，建义烈祠〔祀〕之。

周贤，字<u>思齐</u>，<u>宣府前卫</u>人。袭父荫为指挥百户，累迁都督佥事③，镇守<u>开平</u>。<u>景泰</u>五年，<u>陕西</u>有警，诏<u>贤</u>率所部援之，至<u>野马涧</u>力战六日，斩馘无算，寻复战于<u>安边营</u>，援兵不至，遂死于阵。事闻，赠都督同知，荫一子指挥佥事，入名宦。

刘传，<u>蔚州</u>人，守备<u>赤城</u>。<u>嘉靖庚寅</u>④，敌犯<u>马营</u>，<u>传</u>率百余骑赴援，直前拼战，敌围之数重，<u>传</u>令士卒下马步战，<u>传</u>引满四射，矢无虚发，最后杀其一长敌，咬指引去，而<u>传</u>亦身被重创，中矢如猬，甲裳尽赤，比撤围而卒，诏加褒

---

① 兵部尚书，官名。魏晋南北朝置五兵尚书、七兵尚书，掌军事枢务，十六国后燕、西秦、北凉所置则称兵部尚书，为尚书省兵部曹长官。明太祖洪武十三年（1380年）罢中书省，遂直隶皇帝，管理军政，职权颇重，置一员。景泰中增设一员，协理部事，天顺初罢。或令协理京营戎政。又常特派出征，为总督军务大臣。初为正三品，洪武十三年改正二品，建文改正一品，永乐复改正二品。清朝顺治元年（1644年）改承政置，满、汉各一员，职权较明为轻。总督例加此衔。初满员正一品，汉员正二品，顺治十六年改皆正二品，康熙六年（1677年）复旧，九年复改皆正二品，雍正八年（1730年）皆升从一品。光绪三十二年（1906年）兵部改名陆军部，遂废。

② 都指挥使，官名。五代始用作统兵将领之称，《资治通鉴》后梁均王乾化四年"吴都指挥使柴再用、米志诚帅诸将讨之"胡三省注："此都指挥使尽统诸将，非一都之指挥使。"宋代相沿，殿前司、侍卫亲军马步军司和各军均设都指挥使。元置都指挥使司，设都指挥使、副都指挥使等官。明沿其称，于各省置都指挥使司，简称都司，设都指挥使一人，为地方最高军事长官，隶属京师的五军都督府。此外，京卫及外卫均置指挥使司，设指挥使以下各官。

③ 都督佥事，官名。元末朱元璋于大都督府置，一人，又称佥都督，从三品。吴元年（1367年）升从二品。洪武十二年再升正二品。十三年改都督府为五军都督府，分置，恩功寄禄，无定员。凡有公、侯、伯爵者，可与左、右都督、都督同知分任掌印、佥书以掌府事。或任总兵，副总兵镇守，或挂印出征。

④ 嘉靖庚寅，嘉靖九年，1530年。

录①。赤城士卒建祠有像祀之，入名宦。

刘海，开平人。都御史刘源清见其貌伟之，选为管军百夫长，呼前诫曰："若有奇状，当贵否？亦为忠义士，毋碌碌为也。"嘉靖庚寅，为马营参将，遇敌万余骑从山谷中突出，海与旗牌官百户张宣等度曰："我辈今必不脱，惟有死可以报国。"遂犯阵各殊死战，敌合围射之，皆死。敌分海尸三段，愤宣勇，鷙剖腹取胆去。源清闻之曰："吾固知海忠义也，即不贵，此死有余荣矣。"奏请赠荫，仍肖像襄忠祠，入名宦。

张承宪，龙门所人。有气节，娴文艺，历任独石参将。天启三年②，黄台吉遣部茂吉达驻牧龙门边外入掠，承宪不及，介胄疾驰与战，伏酋四起，力战死。事闻，赐祭荫，祀襄忠祠，入名宦。

刘汉臣。赤城人。崇祯时从龙门所参将，杀敌有功，以把总管夷汉兵以年老归后副将杨德泽援辽，聘随征战败，及子国登、孙科俱殁于阵。

○本朝（第861页）

张文衡。赤城人。顺治初，知青州府。擒闯贼余党赵应元等，山东遂平，寻调守淮安，迁徽宁道，剿灭土寇，民赖安堵，后升甘肃巡抚都御史③，值徊寇米喇印之变，督家丁御战中攒矢死，尸僵立不仆。事闻，赠右都御史，荫一子。

◎卓行④（卷81《卓行》，第505册）

○明（第914页）

王全，开平卫人。父卒，哀毁甚，穴地墓傍以居，躬伐薪陶甓，誓完父墓，其母兄往视，则相见哭，妻来供饘粥则避云。

---

① 褒录，奖进录用。
② 天启三年，1623年。
③ 都御史，官名。明朝都察院长官。洪武十四年（1381年）罢御史台置都察院，设左、右都御史各一人，俱正二品。掌纠劾百官，辨明冤枉，提督各道监察御史，为天子耳目风纪之司。后有以尚书，侍郎等官加都御史或副都御史、佥都御史衔，出为总督、提督、巡抚者，其职多为总理一方军务，但终明之世皆系京官出差性质，非为正式的地方长官。清朝都察院只以左都御史为院长，设满、汉各一员，从一品，而以右都御史定为总督的加衔。
④ 卓行，高尚的品行。《汉书·霍去病传》："取食于敌，卓行殊远而粮不绝。"颜师古注："卓亦远意。"

张荣。龙门所人。幼而丧母，哀毁如成人，事继母姚，言动无乖忤，姚色稍不豫，荣即自悲酸，姚亦和容以待，视之不啻①如己出②。父殁未窆③，邻失火将延其家，荣倾赀求人舁棺而号曰："天乎？何酷我父"，若此，倏④风反火息，赀亦不损，人以为孝感云。

◎列女（卷90《列女》，第506册）
○明（第151页）

池宽妻陈氏。宣化府赤城人。少有容色，尤精女红⑤，年十六归⑥宽。正统己巳⑦，也先兵入，宽随父信率所操练兵往援马营，遗陈居室。敌攻云州城，陷。陈义不受辱，先将夫女弟及子女共九人缢死，乃从容自缢。景泰初，事闻，诏旌表⑧，立祠祀之。

○本朝

饶绍德妻朱氏，赤城人。夫为江西浮梁令，甲寅⑨耿逆之变⑩，兵民皆叛，贼势猖獗，氏与夫对面投缳，夫被救苏，氏已气绝。康熙二十七年旌表。

---

① 不啻，无异于，如同。

② 己出，亲生子女。

③ 窆，音 biǎn。下葬。

④ 倏，极快地，忽然。

⑤ 女红，同"女功"，也作女工，红音 gōng。旧时指女子所做纺织、缝纫、刺绣等工作和这些工作的成品。《汉书·景帝纪》："雕文刻镂，伤农事者也；锦绣纂组，害女红者也。"颜师古注："红读曰功。"

⑥ 归，古代称女子出嫁。《说文·止部》："归，女嫁也。"孔颖达疏："女人生有外成之义，以夫为家，故谓嫁曰归也。"

⑦ 正统己巳，正统十四年，1449 年。

⑧ 旌表，指官府颁赐用以表彰的牌坊或匾额。

⑨ 甲寅，指康熙十三年，1674 年。

⑩ 耿逆之变，康熙十二年清廷下诏撤"三藩"，耿精忠反，自称总统兵马大将军，蓄发恢复衣冠，与吴三桂合兵入江西，被清军镇压，遂降，康熙二十一年正月，三藩之乱彻底平息，康熙帝即诏将耿精忠凌迟处死。其弟耿昭忠，曾授和硕额驸（即亲王驸马），封太子少师，官至二品，为皇帝近臣，恐受其兄耿精忠的牵连，每每向皇帝表示自己忠心耿耿。康熙十年借康熙派他来赤城温泉修建行宫的机会，题写"洗心"二字，命新安胡之浚代为书丹刻碑，立于温泉之畔，今碑刻保存完好。耿昭忠借此表达的是自己的忠心，要洗掉的是康熙的疑心。

（第 156 页）

程守荣妻王氏，龙门人。年二十二，夫亡。家素贫，卖衣妆殡殓，抚三月孤，教之入泮①，苦节三十一年。雍正十年旌表。（第 158 页）

韩玊②妻杨氏，龙门人。年二十四，夫亡。姑老生事③死葬，竭尽心力抚五岁孤④成立，守节历四十年。雍正十年旌表。（第 158 页）

王宠妻沙氏，龙门人。年二十三，夫亡。家贫，勤女工以养姑，抚四月孤成立，小叔无倚，抚之如子，守节三十二年。雍正十一年旌表。（第 158 页）

范可章妻郭氏。龙门人。年二十八，夫病。祈天愿以身代夫，故矢志守节，勤力女工抚子入泮，年七十二岁卒。雍正十一年旌表。（第 158 页）

◎诗（卷 118《诗·五言古·七言古》，第 506 册）
○李老峪⑤　黄潛（第 787 页）

缘崖一迳微，入峪⑥双崦窄。密林日易曛，况乃云雨积。行人望烟火，客舍依山色。家僮为张灯，野老频⑦避席。未觉风俗殊，祗⑧惊关河隔。严程不可缓，子规勿劝客。

○桑乾岭　陈孚（第 805～806 页）

昔闻桑乾名，今日登桑乾。桑乾是否不必问，但觉两耳天风寒。大峰小峰屹相向，空际嵯岈一千丈。燕云回首夕阳间，长川历历平于掌。人家如蛎粘石壁，白土堆檐高半尺。门外毡车风雨来，平地轰轰惊霹雳。汉唐百战场，绿草今满碛。野夫耕田间，犹有旧铁戟。

---

① 泮，指泮宫。古代诸侯举行乡射所设的学宫，西南为水，东北为墙，一半有水，一半无水。后世地方（如府、州、县）所设学宫也称泮。
② 玊，音 sù。有疵点的玉。
③ 生事，古代始丧之礼。谓人死后葬前以生人之礼供奉之。
④ 孤，幼年死去父亲或父母双亡。
⑤ 黄潜《文献集》诗题作"李老谷"。以下诗词注释详见本辑《别集类》。
⑥ 峪，黄潜《文献集》作"谷"。
⑦ 频，黄潜《文献集》作"烦"。
⑧ 祗，黄潜《文献集》作"祗"。

道傍谁欤三叹息，古袍古帽江南客。

　　○次长安岭　金幼孜（第 806 页）

　　凉气萧萧吹大旗，营门日落云回驰。客子悲歌中夜发，将军玉管无时吹。月华满地乱蛩语，河汉横空归雁迟，试向高丘望京阙，北斗渐回南斗移。

　　◎诗（卷 119《诗·七言律》，第 506 册）
　　○长安岭晴日①　叶盛　（第 828～829 页）

　　星垂箕尾洞天开，况是晴云捧日来。直北关山同淑气，向南花木②自春台。且看使者③乘槎去，又报蕃王进马回。几度闲登最高处，分明楼阁见蓬莱。

---

　　①　诗题，叶盛《菉竹堂稿》作"长安晴日"，为"口外八诗"之一，诗前有序，每诗题均为四字。
　　②　花木，叶盛《菉竹堂稿》作"花鸟"。
　　③　且看使者，叶盛《菉竹堂稿》作"才看使"，脱"者"字。

21. 乾隆《口北三厅志》

【题解】 《口北三厅志》16卷，金志章著，黄可润增修。金志章，字道园，又字绘卣，别号江声。浙江钱塘人，是杭州城内"南屏诗社"的活跃成员。雍正元年举人，乾隆五年（1740年）由内阁侍读改调直隶口北道，很快就与宣化府知府王者辅相识，二人在编修志书上志趣相投。

口北三厅是指张家口、独石口、多伦诺尔三个直隶理事同知厅，分区管理汉民与蒙古人的民事纠纷等事宜，口北道恰好管辖宣化府和口北三厅。经商定王者辅筹划编修《宣化府志》，金志章则筹备《口北三厅志》。金志章很快搜集整理了《口北三厅志》资料，并写成稿本。三年后金志章离任口北道，王芥园接任，但金志章离任后《口北三厅志》稿本一直带在身边。

乾隆二十年，宣化县新任知县黄可润到任。黄可润（1708~1764年），字泽夫，福建龙溪县壶屿人，乾隆四年进士。他长期在直隶省各地任知县，是干实事，重文化的勤勉官员。在无极县任知县期间，主持修纂《无极县志》。此时，宣化府知府张志奇、口北道道台良卿，以及升任直隶总督的方观承，把补修《宣化府志》的任务交给了黄可润，在补修《宣化府志》的同时，又把金志章的《口北三厅志》旧稿，增补和勘正了大量资料，于乾隆二十五年编撰完成《口北三厅志》，并刻印成书。《口北三厅志》与《宣化府志》均为黄可润增修完成，故二志有姊妹书之称。

《口北三厅志》内容丰富详实，编排调理严谨，由于记载了大量蒙古的史料，国内外的影响远在《宣化府志》之上。是志虽非专志张家口厅或独石口厅，但亦非口北道志，而是口北三厅的合志。其内容依类分厅而述，互不统属。除卷四有分巡口北道外，再无任何关于口北道内容。其中"疆域""风俗""物产""台站""潘卫"等类目的设置都具开创性。

本辑据 2007 年重印清刻本《口北三厅志》辑录独石口厅全部内容。标题后所标页码，为原古籍中缝处所标页码。

口北三厅志　卷之一

西北一百五十里至云头坝与正黄旗察哈尔交界

东西广三百五十里南北袤一百二十里

东南至宣化府六十里至

京师四百二十里

独石口理事同知所属

东二百九十里至大西沟与土城子交界

西七十五里至好来沟与多伦诺尔交界

南三百七十里至珍珠泉与延庆州交界

北五十里至东石柱子与多伦诺尔交界

东南三百一十里至黄土梁与热河交界

《口北三厅志》书影

◎序（第 1～3 页）

三厅古无志也，三厅古未始有厅也。盖长城为古边腹之限，起临洮，迄辽海，万有余里，而在宣境者千余里，居天下之脊，长遮绝域，以绕京师。自古在昔有藩垣①之喻，有门户之喻，有人身项背之喻。顾古出居庸则为边，而由宣北出来远堡诸口则为大边。内边今宣郡，古幽并上谷地。外边今三厅，古幽、并荒服②，上谷、代郡州县错壤。宋、元开平、兴和、大宁在焉。边有内外也，长城亦有内外。城之限于外者，宣以西接大同之阳河，亘野狐、独石，东迄永宁，是为外防。城之限于内者，西连宁雁，亘飞狐、倒马、紫荆、白羊，东迄居庸，是为内防。深堑危垣，崇崖绝壑，联堞百万，未尝有寻丈之间，外垣与内垣同。秦汉以来，随其国势代有营缮。外塞不能守，而守之外垣者有之。内塞亦不能守，而守之内垣者有之。夫既不能有其土地，即不能有其人民，有其政事，而纪载又无论已。

本朝受命，奄有北国张家口、独石口及开平之多伦诺尔设理事厅三，以听蒙古、民人交涉之事。张家、独石二口坝内，治其土田，职其粮赋。多伦诺尔商贾荟萃之所，平市价、榷物税，咸置兵、设邮、立仓库、固监狱，体制渐与内郡同。可润来尹宣邑，适郡志毁于火，因续刊之。三厅毗于宣，其事通。宫保③制府桐城方公，发前口北道钱唐金副使所创《三厅志》，畁④增校而梓以传焉。

---

① 藩垣，藩篱和垣墙。泛指屏障。语本《诗·大雅·板》："价人维藩，大师维垣。"毛传："藩，屏也。垣，墙也。"

② 荒服，古"五服"之一。称离京师二千到二千五百里的边远地方。亦泛指边远地区。《书·禹贡》："五百里荒服。"孔传："要服外之五百里，言荒又简略。"

③ 宫保，太子太保、少保的通称。明代习惯上尊称太子太保为宫保，清代则用以称太子少保。

④ 畁，音 bì。给；给以。

粤①稽《禹贡》之纪：九州也，厥②土之佳，惟黑坟③；厥草木之佳，惟夭、惟乔、惟繇、惟条④；厥贡，惟羽毛、齿革、熊罴、狐狸、织皮。今三厅虽禹迹不及，而土质肥美，色黑而脉坟。开平东北木石之峡，良干巨材，辇于宣郡，浮于滦河，以达于三辅⑤。草繁而祁⑥，黝而泽，伏兽没轮。驼、马、牛、羊之牧其地者，瘠可使肥，疴可使愈，痌可使夷，革可使㲀⑦。天闲⑧上厩以及王公大人之所畜，夏放秋归，陵阿泉池，或降或饮，无不孔阜孔硕⑨焉。而各部所产牝牡之群，岁以千万计。齐、鲁、楚、豫、吴、越、闽、广之备驰驱，壮军旅者，舍三厅之野，无以求其良。羔羊、狐狸之皮取为裘裳，博硕肥腯⑩之牲可以荐羞⑪。复有鹰、隼、雕、鹘、鱼、盐，以及石青、草蓝、楂梨、芝囷之英，随地而出，应候而生。

盖其地极寒，寒则气凝，气凝则不觳⑫。其地极圹，圹则气达，

---

① 稽，助词。用于句首。表示审慎的语气。《史记·周本纪》："我南望三涂，北望岳鄙，顾詹有河，粤詹雒伊，毋远天室。"张守节正义："粤者，审慎之辞也。"《汉书翟义传》："粤其闻日，宗室之俊有四百人，民献仪九万夫，予敢以终于此谋继嗣图功。"颜师古注："粤，发语辞也。"

② 厥，代词。相当于"其"。

③ 黑坟，色黑而坟起。谓土地肥沃。《书·禹贡》："厥土黑坟，厥草惟繇。"毛传："色黑而坟起。"

④ 夭，草木茂盛美丽。乔，高耸。多用以形容树木。《书·禹贡》："厥草惟夭，厥木惟乔。"孔传："乔，高也。"繇，草木茂盛貌。《书·禹贡》："厥草惟繇，厥木惟条。"孔传："繇，茂；条，长也。"条，长。《书·禹贡》："厥草惟繇，厥木惟条。"孔传："条，长也。"孔颖达疏："繇是茂之貌，条是长之体，言草茂而木长也。"

⑤ 三辅，西汉治理京畿地区的三个职官的合称。亦指其所辖地区。泛称京城附近地区为三辅。

⑥ 祁，大；盛。《诗·小雅·吉日》："瞻彼中原，其祁孔有。"毛传："祁，大也。"

⑦ 㲀，音 rǒng。鸟兽细软而茂密的毛。

⑧ 天闲，皇帝养马的地方。

⑨ 孔阜，很高大。孔硕，硕大。

⑩ 博硕肥腯，肥壮。多指六畜肥壮。

⑪ 荐羞，指进献美味的食品。

⑫ 觳，音 què。瘠薄。

气达则物无疵疠①。呜呼！此三厅之所隶，不独有裨于宣郡，有裨于京师，实有裨于十五国之民生国计，而不可以荒徼②视之，听其无征者也。其于人也亦然，古之游宦斯地者，名臣学士铭功画策，抚事感时，往往见于遗篇。而豪杰不择地而生，穷巇寒带之伦，材武雄略，史不胜纪。俗虽悍而难驯。

今国家仁育义正，法制纲维③，四十九部畏威怀德，杀人、伤人、鼠窃、雀角④之狱，一卒呼之立至下于吏，无不俯首唯命。其尊君亲上之风，怀仁慕义之诚，采其大端⑤，皆可登风俗之书。

夫载笔之道，史不能详，则辅之以志，志不能详，则证之以史。北部兴灭递嬗⑥，干戈相寻，既无有司之执简，唯按以柱下之所藏，而考据于《北史》及辽、金、元之《史》为多，建置异而疆土不殊，部落分而裔类则一。著其代以烛其事，由北代之录，证以南朝之纪，至近世州邑、关镇之旁载，名山、石室之留贻，可志者渐备，搜而传之。

今之志，后之史所资也。且由后视前，以今之周行四达，视昔之乘塞守陴⑦；以今之载芟载柞⑧，视昔之衽革荷戈；以今之列市置司，视昔之设场互市；以今之文告、风声倾心逖听，视昔之征吟⑨离赋，牢骚不平；一二文学之士，载笔从容，乃能勒成书于黄沙白草之中。

---

① 疵疠，灾害疫病；灾变。

② 荒徼，荒远的边域。

③ 纲维，总纲和四维。比喻法度。

④ 雀角，指狱讼；争吵。

⑤ 大端，主要的端绪。《礼记·礼运》："故欲恶者，心之大端也。"孔颖达疏："端谓头绪。"谓事情的主要方面。

⑥ 递嬗，依次更替；逐步演变。

⑦ 乘塞，守卫边疆要塞。守陴，守城；守卫。

⑧ 载芟载柞，芟音 shān，割除杂草；柞，音 zé，砍伐树木。载……载……，连词，又……又……。

⑨ 征吟，征夫的歌。

盖天下之文明久矣。论世者谓外塞之重轻，视乎建都之远近。汉、唐都关中，故临洮以外之塞为重。本朝都燕京，故宣大以外之塞为重。今即是志绅绎①之，乘天之时，因地之利，制物之宜，穹庐数千里，引弓十万辈，来享来王。昔以之为守者，今皆为我守，无所谓塞也，无所谓边也，即无所谓内外轻重也。呜呼！此无形之长城也。

乾隆二十有三年岁次戊寅

赐进士出身宣化县令闽漳黄可润谨撰

◎制敕②（卷之首《制敕志》）

○谕内大臣苏尔达等（第4页）

噶尔丹来至克鲁伦，又劫掠喀尔喀，今或乘雪前来为寇，亦未可知。所发备兵，宜前往张家口、独石口等地方备之。着议政大臣，领侍卫内大臣，八旗满洲、蒙古、汉军都统集议。康熙三十年正月。

○世宗宪皇帝御制善因寺碑文（第16页）

康熙三十五年三月丁卯③，上出独石口，遣户部侍郎阿尔拜致祭独石口山川之神。文曰："惟神峙临边塞，襟带朔方，峰坚高深，灵爽④夙著。朕兹亲莅边外，扫除寇氛⑤，特遣专官，用申禋祀⑥。惟神默佑，迅奏肤功。尚飨⑦！"

◎建置（卷1《地舆志疆域附》）

---

① 绅绎，引出端绪。引申为阐述。绅音 chōu。

② 制敕，皇帝的诏令。

③ 康熙三十五年三月丁卯，1696 年 4 月 12 日。

④ 灵爽，指精气。自然界的云气。指神灵，神明。中心，内心。

⑤ 寇氛，敌人的气焰。

⑥ 禋祀，音 yīn sì。古代祭天的一种礼仪。先燔柴升烟再加牲体或玉帛于柴上焚烧。意为让天帝嗅味以享祭。

⑦ 尚飨，希望死者（该指神灵）享用祭品。多用作祭文的结语。

○前汉（第1~3页）

上谷、代二郡北境直匈奴左王居及单于庭。……又案：《匈奴传》云："汉弃斗辟县之造阳"。师古曰："斗，绝也。县之斗曲入匈奴界者，其中造阳也。"然"燕长城"注以造阳为上谷。今宣郡①全有汉上谷地。所谓斗曲入匈奴界者，惟今独石之形势为然。但汉已置为郡县，而《传》谓之弃。又上谷北境，本汉塞上地，而《传》谓之匈奴界者，据《传》赞云："弃造阳之北九百里"。则所谓弃者，特其北境，非并此斗辟者弃之也。又据侯应云："北边塞外，单于依阻其中"。盖北部盗边，时居塞上，上谷外疆，反若为其所有者，故以匈奴界言之，其实皆汉地耳。但秦筑长城自临洮至辽东，燕筑长城自造阳至襄平，今辽东地。皆今内三关②之长城。后人因燕长城起自造阳，遂以今宣郡塞垣当之，不知宣郡塞垣未尝至辽东。其至辽东者，则仍居庸以东之长城耳。盖居庸本隶上谷，故亦以上谷言。至于宣郡之城，则实创于元魏③，《魏·本纪》所谓"筑长城于长川之南，自赤城至五原者"，是也。若汉则未尝有城，未有城而仍得保其斗辟之造阳，并其北九百里之地，亦未尝弃之。为匈奴界者，据侯应④之《论上谷》云："北边塞至辽东，外有阴山，东西千余里。孝武⑤斥夺此地，建塞徼⑥、起亭隧⑦、筑外城、设屯戍守之，然后边境得用少安"。又云"幕北⑧地平，少草木，多

---

① 宣郡，指宣化府地。

② 内三关，明代时以现今河北省境内沿内长城一路的居庸关、紫荆关、倒马关三关为"内三关"。

③ 元魏，北魏（386~557年），鲜卑族拓跋珪建立的封建王朝，是南北朝时期北朝第一个朝代，又称拓跋魏、元魏。

④ 侯应，西汉郎中官，边疆人。以《侯应论罢边十不可》而闻名于史书。

⑤ 孝武，即汉武帝刘彻，西汉皇帝，杰出的政治家。汉景帝之子。在位54年（前141~前87年），建立了西汉王朝最辉煌的功业之一。

⑥ 塞徼，音 sāi jiǎo。障塞，要塞。

⑦ 亭隧，古代筑在边境上的烽火亭，用作侦伺和举火报警。

⑧ 幕北，幕，通"漠"。古代泛指蒙古大沙漠以北地区。

大沙，<u>匈奴</u>来寇，少所蔽隐，从塞以南迳深山谷，往来差难"云云。其所云"边塞至<u>辽东</u>千余里"者，<u>上谷</u>、<u>代</u>地在焉。<u>汉</u>无边城，而曰"筑外城"者，盖以营堡、郡县城言之。以在<u>秦</u>长城之外，故谓之外。至其言边境也，惟曰"塞南""幕北"，则塞与幕界，所谓塞徼、亭隧，且尽合幕南之地而守之矣。或有以塞南为今关南者，不知关南道路坦夷，何"迳深"及"往来差难"之有？夫以<u>汉</u>之备边严密如此，而或以为弃<u>造阳</u>，或以为弃<u>造阳</u>之北九百里，不亦诬乎？且据《传》言"<u>蒙恬</u>收<u>河南</u>地"，又言"<u>蒙恬</u>所夺<u>河南</u>地"。夫曰收，是还其故有之辞，至谓之夺，则竟以为<u>匈奴</u>地而我攘之。<u>侯应</u>"斥夺"之说亦然。史之不足训，大概如此。要之，幕南本<u>汉</u>地，<u>匈奴</u>依阻^①，亦非常居。《传》云"直<u>上谷</u>"，"直<u>代</u>、<u>云中</u>"，则<u>匈奴</u>自有居。可知今<u>口北三厅</u>所治，即<u>造阳</u>以北之地，其所管辖且极之幕北矣，故以<u>上谷</u>、<u>代</u>北境断之。

○元魏（第5页）

为<u>柔元</u>、<u>怀荒</u>、<u>御彝</u>三镇地。……案：《魏书·帝纪》："<u>太祖泰常八年</u>^②，筑长城于<u>长川</u>之南，自<u>赤城</u>西至<u>五原</u>，延袤^③二千里"。此即今<u>宣郡</u>边垣之旧址也。又"<u>世祖太平真君七年</u>^④，筑畿上塞围^⑤，起<u>上谷</u>，至于<u>河</u>，广袤皆千里"，则又以方千里之围，为长城之外廓，今漠南遗址犹有存者。据《注》六镇置于<u>恒</u>、<u>燕</u>、<u>朔</u>三州塞下。又据《水经》："<u>濡水</u>从塞外来，东南过<u>辽西</u><u>令支县</u>北"。

---

① 依阻，凭借；仗恃。

② 泰常八年，423年。

③ 延袤，绵亘；绵延伸展。袤音 mào，泛指长度。

④ 太平真君七年，446年。

⑤ 畿上塞围，北魏为防备北方草原上的柔然族和契丹族，以及南方的其他割据政权的进攻，先后筑起两道长城，即北长城和南长城。南长城又名"畿上塞围"，所谓"塞围"，是比长城低薄些的土墙，用以补长城之不足。修筑於太武帝太平真君七年，东起上谷，西至于河。

《注》云："濡水，出御彝镇①东南，西北迳御彝故城北"。濡水即今滦水，滦水源出塞外黑龙山，在今开平界中，则御彝与《注》所引怀朔、柔元、武川皆在塞外。由此推之，则六镇皆在塞外，东起御彝，西尽怀朔，柔元②居宣大之中，怀荒又居御彝、柔元之中，可知矣。三镇在宣塞之外，则即在塞围之内。所谓东西不过千里者，以塞之地约之也。或云抚冥又在东，不见所据。又案：《水经注》以赤城之旧卤城为御彝镇，谓元魏所置，则自开平至赤城，皆镇地也。

〇国朝③（第 13 ~ 14 页）

坝内为农田，坝外为察哈尔东翼四旗、西翼正黄半旗游牧地，三厅治之，隶口北道。……该臣等查得本年二月内，据提督④路振扬，以多伦诺尔地方应于独石口官兵内派千总一员、兵八十名前往驻防等因⑤，具奏⑥。经臣等议得：多伦诺尔地方尚属宁辑⑦，既有张家口理事同知管理巡察，其拨兵

---

① 清朝是中国历史上由少数民族（满族）建立并统治全国的封建王朝，"夷"是汉人称少数民族的蔑称，为清代所避讳。清朝为了维持华夷无别论，使清朝统治者和汉族大众站在同一立场，以此来掩盖满族少数民族的的地位。雍正帝曾下诏："朕览本朝人刊写书籍，凡遇'胡''虏''夷''狄'等字，每作空白，又或改易形声，如以'夷'为'彝'、以'虏'为'卤'之类，殊不可解。揣其意盖为本朝忌讳避之，以明其敬慎，不知此固背理犯义，不敬之甚者也。……删改'夷''虏'诸字。以避忌讳。将以此为臣子之尊敬君父乎。不知即此一念。已犯大不敬之罪矣。嗣后临文作字、及刊刻书籍。如仍蹈前辙。将此等字样、空白及更换者。照大不敬律治罪"（《清实录雍正朝实录》卷130）。清高宗弘历亦于乾隆四十二年十一月十四日谕四库馆臣曰："前日披览四库全书馆所进《宗泽集》，内将'夷'字改写'彝'字，'狄'字改字'敌'字，昨阅《杨继盛集》，内改写亦然，而此两集中又有不改者，殊不可解。除此二书改正外，他书有似此者，并著一体查明改正。并谕该馆臣嗣后务悉心详校，毋再轻率干咎。"故以"彝"代"夷"。

② 元古同"玄"，清代避康熙皇帝（玄烨）名讳，以"元"代"玄"。今称"柔玄"。

③ 国朝，旧时称本朝为国朝。该指清朝。

④ 提督，职官名。明代设置，以勋戚大臣或太监充任。清代沿用，掌各省军政、统辖诸镇，为各道、省最高级的武官。

⑤ 等因，旧时公文用语。常用于叙述上级官署的令文结束时。但叙述平行机关及地位在上的不相隶属机关的来文，为表示尊敬，也间有使用。

⑥ 具奏，备文上奏。

⑦ 宁辑，安定和睦。

前往驻防之处，应无庸①议。等因奏准行文在案②。今我皇上以胡土克图③移住多伦诺尔地方，蒙古、民人④前往彼处者更多，必须严缉盗贼，所降谕旨甚是。彼处若不设立专司官兵，则不无盗窃、斗殴等事。查独石口与多伦诺尔相近，业已添设官兵。今请于独石口副将属下拨派绿旗兵四十名，或守备或千总一员，给与一年口粮，于多伦诺尔地方盖造营房，令此官兵前往驻扎，严缉盗贼，一年更换一次。至多伦诺尔地方，与镶白、正蓝察哈尔旗地接壤，应添此二旗各派兵十名、章京⑤一员，前往多伦诺尔严缉盗贼，着该总管酌量令其轮班行走。又臣查得：多伦诺尔系张家口理事同知白石所属地方，但张家口与多伦诺尔相距五百余里，前往稽察，诚恐鞭长莫及。查独石口驿站员外郎关宁事务颇简，且与多伦诺尔相近，请将关宁兼同知衔，令伊不时前往多伦诺尔巡察，严缉盗贼，办理中外事务，其缉盗之蒙古、绿旗官兵，着关宁管辖，如有应报事件，申文报部可也。为此谨奏请旨等因，于雍正十年七月十四日具奏。奉旨：这事依议。着派大门侍卫二员，往多伦诺尔地方驻扎，不必管事，令其照看胡土克图，半年一换。钦此。

又理藩院咨称：查从前议政，以张家口同知白石系直隶所属，将盖造衙署、设立书吏⑥、皂役等事，交与该督料理。其同知关防，由该部铸造给关防，拨给书吏、皂役、仵作⑦在案。今多伦诺尔亦系直隶所属地方，应行文该督，令将员外郎兼理事同知⑧关宁，盖造衙署，并设立书吏、皂役、仵作，及一切应得之处，俱照

---

① 庸，需要。

② 在案，常用公文词语。指已经录入案卷，可资备查。

③ 胡土克图，蒙古语 xutugtu 的译音。清王朝授于藏族及蒙古族喇嘛教大活佛的称号。也称呼图克图。意为"明心见性，生死自主"，谓能知前生后世，不堕轮回，生死自如，死后仍然转世再来。亦称为"活佛"。

④ 民人，清代"旗人"称汉族人为"民人"。

⑤ 章京，满语官名。源自汉语"将军"一词。清人入关前多用于武官，如牛录章京（佐领）等。后不限于称武官，如军机处之军机章京等，为协助堂官处理文书等事之文职官。此外，清政府派驻新疆各地的参赞大臣、帮办大臣下属有印房章京，蒙古各旗札萨克下属有管旗章京、副章京等。

⑥ 书吏，清内外各官署吏员总称，在朝廷各机构者称部办。秉承主官意旨，承办公事。属雇员性质往往父子师徒相传为业。

⑦ 仵作，旧时官府中检验命案死尸的人；法医。仵音 wǔ。

⑧ 理事同知，官名。清朝同知之一种，为厅之长官，掌厅事。清制，直隶厅或厅之长官，分设理事同知、理事通判、抚民同知及抚民通判。属同知者，正五品；属通判者，正六品。

同知白石之例分给外，其兼理同知员外郎关宁既有管理驿站事务关防①，其请添设同知关防之处，应毋庸议可也。雍正十二年九月兵部为遵旨议奏事。该臣等议得，直隶总督李卫奏称：张家口理事同知管理口外东西两翼八旗地方，经征西四旗入官地租银两，承审口内宣属十一州县旗民互讼命盗等案，职掌綦②重。但口外八旗，东自千家店，西至土默特边界，一千六百余里，该同知耳目难周，鞭长莫及。虽所辖有千、把总一员，现准移驻口外，并新设有笔帖式③一员协帮，而地远村零，犹恐未能遍察。且口内多系旗民④杂处，讼案滋繁，同知又兼办军需，顾此失彼，每至稽延⑤未结。查东西四旗，独石口设有管站员外郎一员，兼管多伦诺尔命盗等案，仍由张家口同知审转，官职相等，未免不便。该员关宁，人甚勤干，请即以之兼管独石口理事同知。再于张家口外东四旗之太平庄添设把总一员，黑河川添设千总一员，各带兵二十名巡查，俱令该同知率领，经管口外东翼正白、镶白、正蓝、镶黄四旗逃盗人命匪类等案，及口内延庆、怀来、龙门、赤城四州县一切旗民互讼命盗等案。其独石口外站务及多伦诺尔命盗等案，仍旧令该同知管理。至口外西翼四旗正黄、正红、镶红、镶蓝四旗，及口内蔚州、怀安、万全、宣化、保安、西宁、蔚县七州县，仍留与张家口同知，率领前准移驻之千、把，并新添之笔帖式，催征西四旗地租银两，照旧经管内外一切案件，庶无疏漏等语。应如所请。将西翼正黄、正红、镶红、镶蓝四旗地租银，仍令该同知率领前准移驻之千、把，并新添设之笔帖式，照旧催征，仍经管内外一切事务。张家口理事同知管辖之独石口地方，既设有管站员外郎一员，其所管之多伦诺尔命盗等案，仍由张家口同知审转，未免不便，应如该督所请，令现任管站之员外郎关宁兼管独石口理事同知。再于张家口外之丁庄子湾，准其添设把总一员，黑河川添设千总一员，各带马兵二十名巡察。俱令该同知率领所添弁兵⑥，即于议裁弁

---

①　关防，印信的一种，始于明初。明太祖为防止作弊，用半印，以便拼合验对。后发展成长方形、阔边朱文的关防。清代，正规职官用正方形官印称"印"。临时派遣的官员用长方形的官印称"关防"。

②　綦，音qí。非常，很。

③　笔帖式，满语官名。清入关前称有学问的人为"巴克什"，天聪五年（1631年）改为"笔帖式"，意为办理文件、文书的人。

④　旗民，旗人与汉人。

⑤　稽延，久留拖延。

⑥　弁兵，清代低级武官及兵丁的总称。

兵内拨给。经管口外东翼<u>正白</u>、<u>镶白</u>、<u>正蓝</u>、<u>镶黄</u>四旗逃盗人命匪类等案，及口内<u>延庆</u>、<u>怀来</u>、<u>龙门</u>、<u>赤城</u>四州县一切旗民互讼人命等案，其<u>独石口</u>站务及<u>多伦诺尔</u>命盗等案，仍照旧令该同知管理。至西翼<u>正黄</u>、<u>正红</u>、<u>镶红</u>、<u>镶蓝</u>四旗，及口内<u>蔚州</u>、<u>怀安</u>、<u>万全</u>、<u>宣化</u>、<u>保安</u>、<u>西宁</u>、<u>蔚县</u>等七州县，仍留与<u>张家口</u>同知管辖等因。又疏称：<u>张家口</u>外垦种地亩，虽经臣奏请，改<u>山西</u><u>广昌县</u>归并<u>直隶</u>案内议于<u>山西省</u>划理，但口外地方辽阔，即使分归<u>山西</u>，尚有多余。且内地<u>延庆</u>等州县事件，亦须分员管理。<u>张家口</u>同知原设千、把各一员，催粮马兵二十名，今请兼缉口外逃盗，原兵不敷，亦应添给马兵二十名，归于千、把带领，巡察奸匪，庶边口内外，均有专责等语，亦应如所请。<u>张家口</u>同知原设千、把总各一员，马兵二十名之外，准其添给马兵二十名，以资巡察，所添马兵即于所裁马兵内拨给。等因具题①。本月初六日奉旨：依议。钦此②。

　　○附疆域四至

　　<u>独石口</u>理事同知所属，东二百九十里至<u>大西沟</u>，与<u>土城子</u>交界。西七十五里至<u>好来沟</u>，与<u>多伦诺尔</u>交界。南三百七十里至<u>珍珠泉</u>，与<u>延庆州</u>交界。北五十里至<u>东石柱子</u>，与<u>多伦诺尔</u>交界。东南三百一十里至<u>黄土梁</u>，与<u>热河</u>交界。东北七十里至<u>老漳沟</u>，与<u>多伦诺尔</u>交界。西南七十五里至<u>龙门沟</u>，与<u>张家口</u>交界。西北八十里至<u>王爱卜落北沟口</u>，与<u>多伦诺尔</u>交界。东西广四百二十里，南北衮五百四十里。西南至<u>宣化府</u>二百五十里，南至<u>京师</u>四百五十里。

　　◎山川（卷2《山川志》）

　　○<u>独石口</u>（第16～26页）

　　<u>黑龙山</u>，<u>独石口</u>东北一百里。案：<u>黑龙山</u>西南，即<u>上都河</u>源所自出，折而北流，古名<u>濡水</u>，今之<u>滦河</u>是也。宋<u>欧阳修</u>所谓<u>炭山</u>者，盖指此。考其地，当是<u>辽</u>之<u>北安州</u>及<u>檀州</u>、<u>儒州</u>界上，其去<u>归化州</u>

---

① 具题，题本上奏。指申报朝廷的题本。

② 钦此，钦，意为敬。钦此，意即恭敬地引文至此。其专用于引述皇帝谕旨之后，表示引文结束。故钦此二字实际上亦起到现代标点中句号与后引号的作用。与"等因""等情""等由"相比，只不过"钦此"仅用于皇帝的语言、旨意之后而已。

远矣。故知炭山之说，非也。

卯镇山，独石口东一百八十里，山势穹窿高耸，上有古寺遗址，铁釜①犹存。

黑牛山，独石口东南一百十里。

狗牙山，《一统志》："上都牧厂南，独石口西北二十七里，土人名多克新喀喇诺海山。"

富谷山，《一统志》："上都牧厂西南，独石口东北一百三十三里，土人名巴颜坤兔。"

野狐山，《一统志》："上都牧厂西南，独石口西北九十五里，土人名乌纳格忒。"

白鹿山，《一统志》："上都牧厂西南，独石口北一百里，土人名蒙虎图山。"

南山，《辽史·游幸表》："统和十二年②，猎于黑河之南山。"

青阳山，独石口东南二百里，千峰攒立，险峻异常。

贺洛图山，《一统志》："上都牧厂东，独石口东北五十一里。"

帽子山，独石口东南三百二十里。

盘羊山，《一统志》："上都牧厂东，独石口东北一百里，土人名乌尔虎吉图。"

偏岭山，《畿辅通志》："独石口城北四十五里"。《赤城县志》："偏岭山，或曰即天岭。胡峤《记》云：自归化州行三日登天岭，岭东西连亘，有路北下。盖讹天为偏也"。《元史·本纪》："至顺元年③，大驾将还，敕上都兵马司官二员率兵士，由偏岭至明安巡逻，以防盗贼。"

聚阳山，龙门所塘子口东二十里，有炼丹台。元时置银冶于此，

---

① 釜，古炊器。敛口圆底，或有二耳。其用于鬲，置于灶，上置甑以蒸煮。盛行于汉代。有铁制的，也有铜或陶制的。

② 辽圣宗耶律隆绪年号，994 年。

③ 至顺元年，1330 年。

详古迹。

他贲拖落海山，《一统志》："上都牧厂西南，独石口西北一百十五里。"

太保山，黑河之东，辽时置黑河州于此。

香炉山，独石口东南一百八十里，山产铅、锡，奉文封禁。

青羊山，独石口东一百里，土名兴阳沟，旧有铅矿，今封禁。

大石墙山，独石口南一百九十里，山产石炭。

大石门山，独石口西南三十里，丁庄子湾西北十五里，山有石洞如门，故名。

小石门山，大石门山西南二十里，山下一石通明，大如洞口，故亦有石门之名。

沙岭，独石口西南八十里，与张家口界。

椴木岭，独石口东栅子边外五里。

千松岭，独石口东一百九十里，与热河土城子界。

思乡岭，独石口东南。

摩天岭，独石口东南千家店东三十八里。

平安岭，独石口东南滴水崖堡口东一百五十里。

小十盘岭，独石口东南□里。

黄土岭，独石口东南三百一十里。

花盆岭，独石口南二百五十里，土人掘地得石盆，不知何代所遗，遂以名村及其岭焉。

莱树岭，独石口东南一百八十里，山有廾①洞，封禁开采。

仓米道岭，独石口东南三百二十里。

伊克岭，《一统志》："上都牧厂东南，独石口东北九十五里。"

铁幡竿岭，《一统志》："上都牧厂南界，独石口北十三里，土

---

① 廾，音 gǒng。两手捧物。今作"拱"。

人呼为麻克图岭。"

格勒莫多岭，《一统志》："上都牧厂东南，独石口东北一百二十三里。"

乌鸦峰，《一统志》："上都牧厂南，独石口东北六十六里，土人名克勒峰。"

凌霄峰，独石口西北，隰宁废城之南。按金幼孜《北征录》云：自大伯颜山行数十里，地平旷。又行数里，远望如水，近则如积雪，乃是碱地。又行十余里，过凌霄峰，即小伯颜山也。山顶多石，山下荒草无际，北望数十里外，又有平山甚长。次日由哨马路迷入橐驼①山。据此，则是峰疑在张、独二厅交界，坝外太仆寺牧厂境内，其云所见碱地，殆即前之所谓察罕诺尔，今称科多多等五诺尔是与。

喜峰嵯，独石口东南一百三十里，危峰十二，耸峭争高。其下有古城，遗址尚存，疑即辽之黑河州故基也。

红石嵯，独石口南清泉堡口东。

陀罗嵯，镇安堡口外东二里。

半壁店，《宣镇图说》："独石口西南，镇宁堡口北"。

瓦房嵯，《宣镇图说》：滴水崖口东一百里。

七峰嵯，《边垣图》：滴水崖口东南，以七峰环列，故名。

罗圈崖，《续宣镇志》："刘斌堡边外。"

九岭梁，周四沟营盘口东五里。

大水峪，四海冶东二十里，与黄花路界。

阳坡，独石口东南二百九十里，黄花岭北。

大沙窊②，独石口东北七十里。译语：嘉靖时，小王子常居于此，名可可的里速。南与独石、龙门所、滴水崖诸边相望。

孤石，独石口东南一百二十里，村前平地凸起一石，青苍孤立，

---

① 橐驼，橐音 tuó，同"橐"。橐驼，骆驼的别名。
② 窊，音 wā。低，低注。

亭亭独秀。

<u>铛脚石</u>，<u>独石口</u>西北十里，有巨石三面鼎峙①，相去各百余步，如铛脚，故名。俗呼<u>支锅石</u>。

<u>石青洞</u>，<u>独石口</u>南二百九十里，<u>千家店</u>二十里。相传昔时洞产石青，因名。

<u>乳石洞</u>，<u>独石口</u>南二百五十里<u>大石墙山</u>，以洞出钟乳，故名。

<u>天桥洞</u>，<u>独石口</u>东南<u>喜峰嵯</u>东十里，山有石桥，桥下二洞，水流潺湲，自洞中出，土人名为天桥水洞。

<u>麀鹿</u>②口，<u>独石口</u>东七十里，乃<u>黑河</u>三川之阨隘③也。峰峦峭丽，林木丛蔚，上多落叶松，怪石清流，为塞外佳境，土呼为<u>由路口</u>。

<u>金莲川</u>，《一统志》："在<u>独石口</u>北，故<u>桓州</u>地"。《宣镇志》："在<u>云州</u>西北，<u>金世宗</u>纳凉地，产黄花，状若芙蓉而小，因以名川"。《金史·本纪》："<u>大定</u>八年，改<u>曷里浒东川</u>曰<u>金莲川</u>"。余详古迹。案：<u>金莲川</u>，今人呼为<u>金莲花滩</u>，在<u>独石口</u>西北一百二十四里。

<u>白草川</u>，《续宣镇志》：在<u>独石口</u>边外东北。

<u>白河</u>，《一统志》："在<u>上都牧厂</u>东南界，自<u>独石口</u>东南<u>东河口</u>流出边，又东南流入<u>石汤岭</u>"。案：<u>白河</u>出<u>镇安堡</u>口外，东西两山，双源对引，将至边城，合流入口，所谓<u>两河口</u>者是也。西流至<u>云州</u>东南，与<u>龙门川</u>、<u>沽水</u>合，南迳<u>赤城县</u>东，<u>汤泉河</u>自西来注之。东南流迳<u>样田</u>，至<u>龙门所</u>南，与<u>阳乐水</u>合。又东南迳<u>滴水崖堡</u>，<u>长伸地水</u>自北来入之。东至<u>靖安堡</u>东河口，复流出边，折而东北，至<u>莱树甸</u>，与<u>黑河水</u>合，东南流入<u>潮河川</u>，由<u>密云县</u>进口。

<u>里遂黑河</u>，《一统志》："在<u>上都牧厂</u>东南界，土人呼<u>额伯里遂</u>

---

① 鼎峙，指鼎立，三方面并峙。

② 麀鹿，麀音 yōu，母鹿，泛指母兽。麀鹿，指牝（音 pìn，雌性的鸟或兽，与"牡"相对）鹿。

③ 阨隘，狭窄、险要。

黑河。在独石口东南五十里。源出兴安山，东南流至龙潭会白河"。
案：黑河源出独石口东黑龙山南老彰沟，南流迳山神庙，至三道川
折而西，复东南屈流至水磨湾，迳东卯镇花盆岭东，至黑龙潭，与
白河会。北流迳黄土岭，至热河界，会潮河川，东南流入密云县口。

外遂黑河，《一统志》："在牧厂东南界，独石口东南四十五里，
土人名阿禄遂黑河。源出兴安山，北流经齐伦巴尔哈逊城，涸"。

堤头河，《一统志》："在上都牧厂南界，独石口西北二十七里，
土名大蓝兔禄河。源出狗牙山，流入独石口"。案：此即沽水上源
也。《水经注》：沽河出御彝镇西北九十里丹花岭下，东南流，大谷
水注之。按：此则狗牙山，旧丹花岭也。

水泉河，独石口西北十里，平地出泉，东南流入西栅口，至独
石城南与沽水合。

大砦沟河，独石口东北三十里，西南流入独石东栅口，至城南
独石庙，与沽水合，疑即古大谷水也。《水经注》：大谷水发御彝镇
北大谷溪，西南流，迳独石北界。又南九泉水注之。又南迳独石西，
又南迳镇城西，又东南，尖谷水注之，乱流，南注沽水。

金字河，《续宣镇志》："在独石口东北，其水自双水海子
分流。"

天圪力河，源出平安岭洞儿沟，东南流入白河，中产画鱼，小
而肥美。

库勒泊，《一统志》："在上都牧厂南，独石口北八十里。"

清泉淀，清泉堡口外，合黄榆镇北二沟之水，流入边内，堡名
以此，余详古迹。

莲花淀，四海冶口东南，流入大水峪，中产鱼。按：《辽史·游
幸表》："圣宗开泰六年五月①，观渔于莲花泺。"疑此地是也。

---

① 开泰六年，1017年。

珍珠泉，四海冶口东十里，源出平地，方广可半亩许，深六尺余，澄澈见底，清冷异常。其泉觱沸①盘旋，自下而上，如珍珠万琲②，喷散水面，源源不绝。池侧有小渠，分流四注。左右田数百亩，皆借以灌溉焉。

汤泉，龙门所塘子口东十里，黑河北岸，其泉冬夏常温，浴之可以疗疾。泉上有灵泉寺，近山里许，凡水发地皆温，疑亦气使然也。相传辽时建行宫于此，备游幸焉。至今遗砖古础，耕者往往于地中得之。《辽史·游幸表》："兴宗重熙二十一年八月③，幸温汤。九月，射鹿于黑山"。

乱泉，《续宣镇志》："滴水崖口东北二十八里，上有寺，今土人呼为万全寺"。

独石泉，《一统志》："上都牧厂东南，独石口东北九十里，土人名乌可尔齐老泉"。

伊黑大坝泉，《一统志》："上都牧厂东南，独石口东北八十里。"

噶尔达苏台泉，《一统志》："上都牧厂东南，独石口东北七十里。"

讷黑雷泉，《一统志》："上都牧厂东南，独石口东北六十五里。"

纳林泉，《一统志》："上都牧厂东南界，独石口东北四十里。"

龙潭，独石口东南二百四十里，双崖对束，四潭叠注，惊浪雷奔，飞湍激射。黑河三川汇流于此，过莱树甸，与白河合归大水峪入边。

滴水壶，独石口东南三百里，千家店东三十三里，白河之北，

---

① 觱沸，音 bì fèi。泉水涌出的样子。
② 琲，音 bèi。成串的珠子。
③ 重熙二十一年，1052 年。

一山中峙，状若悬空，石洞凌虚，谽谺①独秀，崖端有瀑布，水飞流直下，自洞口喷薄而出，如珠帘倒卷，广可百丈，激响若雷，散沫成雨。其下承以清潭，汇流东注。游者怡目悦心，凄神寒骨，虽匡庐②三叠、雁宕③九龙，未足以方斯奇诡也。第僻处荒裔，人迹罕至，故问津者寡，世无得而称焉。其名为壶，亦由道家方壶洞天④，神仙之境云。

担子洼，在独石口北偏岭下，元时设巡检于此。见《金台集》诗注。

大西沟，独石口东二百九十里，与土城界。

明镜沟，独石口西北二十八里。

黄榆沟，独石口东。

水磨湾，滴水崖口东北，黑河之所经也。

辘轴⑤湾，塘子口东北二十九里。

陶喇湾，独石口北一百五十里镶白旗察哈尔境内，（上）［土］人名陶喇果尔。《明神宗实录》："万历三十五年⑥七月，白言台吉⑦驻陶喇湾，声言大犯，诏边臣备之。"

虹电滩，独石口北二十里。

---

① 谽谺，音 hān xiā。山谷空旷貌。山石险峻貌。犹闪烁。中空貌。是处指中空貌。

② 匡庐，即庐山。传说中有一位姓匡的人在庐山学道成仙，所以庐山原称'匡山'，或'匡庐'。到了宋朝，为了避宋太祖赵匡胤的名讳，而改称'庐山'。

③ 雁宕，即雁荡山。因山顶有湖，芦苇茂密，结草为荡，南归秋雁多宿于此，故名雁荡。位于浙江省温州市东北部海滨，小部在台州市温岭南境。

④ 方壶洞天，方壶，神话传说中的山名。洞天，道教指神仙居住的地方，意思是洞中别有天地，现在借指引人入胜的境地。

⑤ 辘轴，音 lù zhóu。农具名。用以平场圃或碾稻麦的石磙。

⑥ 万历三十五年，1607年。

⑦ 台吉，清对蒙古贵族封爵名。位次辅国公，分四等，自一等台吉至四等台吉，相当于一品官至四品官。惟土默特左翼旗及喀喇沁三旗称塔布囊。台吉，源于汉语皇太子、皇太弟，是蒙古部落首领的一种称呼，一般有黄金家族血统的首领才能称台吉，黄金家族女婿身份的首领称塔布囊。官名，清朝设于内蒙古各旗之职官。称协理台吉。辅助扎萨克管理旗务。

明沙滩，独石口北二十三里。《五边典则》："嘉靖二十八年①正月，谍报寇聚兵明沙滩，将犯独石"。

大碱滩，独石口西北丁庄湾。

小碱滩，独石口西北丁庄湾张麻子井西。

大喇嘛洞，独石口西北丁庄东北四十里。

小喇嘛洞，大喇嘛洞东南十里。

栢木井，龙门所塘子口东南四十里。

张良盘道，《宣镇图说》："独石口西北有张良盘道，去赤城边界四十余里"。

双水海子，《续宣镇志》："在独石口东北"。按：《辽史·本纪》："道宗太康二年②正月，驻跸双泺，即此地也。"

九泉水，独石口北三十里，棠梨沟有泉，九源并发，合流注于堤头河，南入独石口。《水经注》："沽水又南，九泉水注之，水导北川，左右翼注。八川共成一水，故有九源之称，南流至独石，注大谷水。"

白草洼，《续宣镇志》："黑峪口边外十里"。

盆底坑，《续宣镇志》："镇安堡边外二十里"。

◎古迹（卷3《古迹》）

○独石口

黑河州城，《辽史·地理志》："本太保山黑河之地，岩谷险峻，穆宗建城，号黑河州，每岁来幸，射虎障鹰于此。统和八年③，州废"。（第11页）

温泉宫，《辽史·本纪》："重熙二年八月④，幸温泉宫"。案：

---

① 嘉靖二十八年，1549 年。
② 道宗太康二年，辽道宗耶律洪基年号，1076 年。
③ 统和八年，990 年。
④ 重熙二年，辽兴宗耶律宗真年号，1033 年。

今塘子口外黑河川汤泉，土人相传辽时建行宫于此，疑即是也。（第11～12页）

清泉淀，《辽史·圣宗本纪》："统和十八年，驻跸于清泉淀"。案：今清泉堡由此得名。（第12页）

晾马台，在镇安口堡东南，相传为辽齐天后游幸之所。（第12页）

炼丹台，《北中三路志》：在龙门所口外东南聚阳山，相传曾有仙人修炼于此，盖即元人开冶处也。（第13页）

石柱，独石口北四十里，柱高九尺，围七尺，八角。正统元年，[1] 昌平侯杨洪为指挥副使守备开平，破敌于此，勒铭其上。（第14页）

聚阳山银场，《元史·食货志》："至元二十八年[2]，开聚阳山银场。二十九年，遂设云州等处银场提举司"。又《五行志》："大德元年，云州聚阳山等冶言，矿石煽炼（铜）［银］货不出，诏减其课额。"（第14～15页）

◎职官（卷4《职官志》）

○明（第18～19页）

案：明初天下既定，用太史令刘基议，自京师达于郡县，皆置卫立所，分屯设兵，而通以指挥、千户等官领之。惟时开平则有卫，兴和则有所，其设官盖与内地无异也。迨永乐以后，庙谟[3]不远，边计偶疏，兴和既徙于郡城，开平复移于独石，遂使卫所屯守之地，皆为蕃部驻牧之场，匪特割弃境土为可惜也，抑亦使官制、姓氏均不可得而详焉。今惟取洪、永、仁、宣四朝《实录》及《明史·纪

---

① 正统元年，1436年。
② 至元二十八年，1291年。
③ 庙谟，朝廷的谋略。

·传》所载国初诸臣备御斯地者，录而志之，以备职官之阙云尔。

开平备御①

薛禄，《实录》：永乐二十年②八月，命阳武侯薛禄守开平。洪熙元年③，阳武侯薛禄奏请移开平卫于独石。宣德元年④六月，阳武侯薛禄还自开平。二年五月，命禄佩镇朔大将军印，充总兵官，督饷赴开平。

方敏，《实录》："开平卫指挥同知，宣德五年战死赤城"。

杨洪。《实录》："开平卫千户，累功至都督，封昌平伯，进爵侯"。

〇本朝

独石口理事同知（第21页）

雍正十二年设，管理独石口外东翼正白、镶白、镶黄、正蓝四旗逃匪命盗等案，并口内延庆、怀来、龙门、赤城四州县旗民互讼人命之事。其余同张家口。

关宁，满洲正白旗人，雍正十三年⑤任，乾隆六年⑥内升户部郎中离任。

伍云泰，蒙古镶白旗人，监生，乾隆六年任。

明山保，满洲镶红旗人，翻绎举人，乾隆十四年任。

巴海。满洲镶黄旗人，乾隆十七年任。

独石口同知所属分汛千总统辖东卯镇处委把总一员（第23页）

雍正十二年设，驻札⑦独石口东黑河川喜峰砦，巡查独石口东南一带村庄逃盗、奸匪及催征旗民地亩钱粮，并稽查黑龙山等处禁山矿洞之事。

---

① 宣德五年开平卫徙至独石前，即旧开平职官本辑不录。
② 永乐二十年，1422年。
③ 洪熙元年，1425年。
④ 宣德元年，1426年。
⑤ 雍正十三年，1735年。
⑥ 乾隆六年，1741年。
⑦ 驻札，释义同"驻扎"。意思是驻留扎营。

贾玉，蔚州人，行伍①，雍正十三年任，乾隆四年推升守备离任。

贾登朝，赤城人，行伍，乾隆四年任。

福禄，满洲正黄旗人，乾隆十年任。

玉之贵。宣化人，行伍，乾隆十七年任。

独石口同知所属分汛把总（第23~24页）

雍正十三年设，驻札独石口西丁庄湾，巡查独石口西北一带村庄逃盗、奸匪及催征旗民地亩钱粮之事。

玉之贵，宣化人，行伍，乾隆元年任。

陈旺，赤城人，行伍，乾隆七年任。

姜伟。山西怀仁人，武举，乾隆十九年任。

独石口副都统兼管军台事务（第27页）

乾隆五年设，统辖独石、张家、古北三口驻防满州官兵，兼稽察蒙古魁吞布拉等六军台②钱粮事务。

宝善。满洲正白旗人，乾隆五年任。

乾隆六年裁缺，归并古北口提督兼理。

独石口管驿站部员（第27~28页）

康熙三十二年设，管理独石驿务，并蒙古六台站钱粮事务。

沙洪，满洲镶蓝旗人。

西希纳，满洲正白旗人。

色纳，满洲镶红旗人。

张克丹，满洲镶红旗人。

万柱，镶黄旗人。

吴得利，镶红旗人。

---

① 行伍，旧时军队编制，五人为一伍，五伍为一行。后用"行伍"泛指军队。是处指当兵出身的人。

② 军台，清代设置传递军报的机构。清制，除全国腹地设有相当数量的驿所外，通向沿边地区专司军报的是站、塘、台。

恩太，正白旗人。

多罗代，镶黄旗人。

盛住，正黄旗人。

赫硕色，正红旗人。

艾哈尔哈图，正蓝旗人。

关宁，满洲正白旗人，雍正□年任。

岱通，蒙古镶白旗人，雍正十二年任。

黑色。满洲正白旗人，乾隆三年任。

驻独石口兼管千家店防守（第 28 页）

勒世太，镶红旗人，乾隆五年任。

宝善，镶红旗人，乾隆七年任。

西陵阿。正黄旗人，乾隆九年任。

防御（第 28 页）

伊拉齐，镶黄旗人，乾隆二年任。

五十八，正红旗人，乾隆三年任。

黑保住。镶黄旗人，乾隆十二年任。

骁骑校（第 28 页）

英得利，镶红旗人，乾隆元年任。

富昌，镶黄旗人，乾隆三年任。

达奇纳，正白旗人，乾隆六年任。

二格，正黄旗人，乾隆十四年任。

刘住，镶黄旗人，乾隆十四年任。

禅太。厢蓝旗①人，乾隆二十年任。

笔帖式（第 28 页）

巴哈良，正黄旗人，乾隆二年任。

———————————

① 厢蓝旗，即镶蓝旗。

达禄，镶黄旗人，乾隆四年任。

喀青阿，正黄旗人，乾隆八年任。

德庆，镶黄旗人，乾隆十一年任。

菩萨保，镶黄旗人，乾隆十二年任。

福庆，正黄旗人，乾隆十四年任。

佛保，镶黄旗人，乾隆十八年任。

马尚阿。正黄旗人，乾隆二十年任。

○官署志附仓库营房（第30~31页）

独石口理事同知属。在独石口城内，乾隆七年建。头门三间，仪门一间，大堂五间，左右科房六间，宅门一间，二堂三间，住房三间，厢房二间，照房三间，皂役房二间。

黑河川汛千总署。在独石口东一百三十里喜峰砦，乾隆三年建。大门一间，东、西耳房二间，大堂三间，堂后住房三间，马棚二间。汛守马兵营房一十四间，马棚七间。

东卯镇汛外委把总署。在黑河喜峰砦东南，赁居民房，衙署未建。汛守马兵营房未建。

○仓库（第32页）

独石口理事同知衙门

地粮银库。未建，历年征收地粮银两俱寄贮赤城县库内。

仓。未建，亦无买备谷石。

○坛庙志附寺观（第34页）

独石口

先农坛，在独石口东栅子外，坛制、耤田、祭器、农具与张家口同，乾隆七年建。

泰山庙，在西千家店西北山上。

大悲庙，在千家店。

龙神庙，一在黑龙潭上，一在龙门沟，一在庄科。

汤山庙，苏武庙，在土城子界。

灵泉寺，在龙门所塘子口外十里，雍正二年重修。

万全寺，在滴水崖盘道口外东南十里，旧名乱泉寺，康熙二十年重修。

无碍寺，在滴水崖口外东南，今废。

宝禅寺，在东南。

关帝庙，一在丁庄子湾，一在庄科，一在苇子沟，一在瓦房沟，一在富贵山，一在桦皮甸，一在东卯镇，一在万全寺，一在花盆，一在九岭梁。

胡神庙，在黑达营。

龙母庙，在二道河。

七圣庙，一在西卯镇，一在孤石儿。

山神庙，在花盆。

石佛洞。旧有石佛一尊。

◎经费（卷5《经费志》）

○官俸役食（第2~3页）

独石口理事同知衙门

同知一员，岁支俸银八十两，在于赤城县缺额俸工银内拨领。养廉银八百两，在于直隶布政司存公项下支领。

额设经制书吏六名。例无工食。

步快八名。每名每年工食银六两，以下各役同。

皂隶十二名。

门子二名。

伞扇夫三名。

轿夫四名。

禁卒八名。

贴监皂隶二名。

仵作一名。

以上各役工食均在于赤城县缺额俸工项内坐拨给领。又额设民壮一十八名，每名每年工食银六两。在于保安、万全二州县额征项下坐拨给领。

○兵饷

独石口同知属（第6页）

黑河川汛防千总一员，岁支俸饷银四十八两。

丁庄湾汛防把总一员，岁支俸饷银三十六两。

东卯镇汛防外委把总一员，岁支俸饷银二十四两。

汛守马兵四十名。内外委马兵一名，千总汛兵十四名，把总汛兵十名，外委把总汛兵九名，同知衙门存留兵六名。

以上岁支官俸、兵饷、马干、米折等银共一千六百六十三两二钱，在于直隶藩库支领。

营备马四十四匹，内千、把自备马四匹，营马四十匹。

军器，盔甲四十副，刀四十把，弓四十张，箭一千六百枝。

独石口外孤石儿捕盗蒙古章京一员，属镶黄旗总管统辖。蒙古甲兵十名，岁支官俸兵饷银一百八十两，在于察哈尔总管衙门支领。（第10页）

○囚粮（第11页）

张家口理事同知衙门

监狱每囚一名，日给口粮米一仓升，大制钱五文，地方官先行垫给，于岁底将给过口粮、钱文数目造册题销，于直隶藩库存公项下支领。

独石口理事同知衙门

与张家口监狱例同。

○地粮志（第13~16页）

独石口理事同知属

原赋额。独石口外东四旗一半入官征粮，旧地一千三百二十三顷四十亩九分零，每亩征银一分四厘，除分归张家口地四百七十八顷一十二亩外，共征粮地八百四十五顷二十八亩九分零，应征银一千一百八十三两四钱四厘零。又招民续开地八顷五十六亩二分，每亩征银一分四厘，应征银一十一两九钱八分六厘八毫。全行入官征粮，旧地二十九顷六十八亩八分，每亩征银一分四厘，共应征银四十一两五钱六分三厘二毫。各村庄原丈征粮香火旧地，除分归张家口经征地四十顷六十五亩七分外，实在现种地四十四顷五十七亩七分，每亩征粮银一分四厘，共应征粮银六十二两四钱七厘八毫。又续垦香火地一顷二十七亩，应征银一两七钱七分八厘。又镶黄旗满洲四佐领下历年续垦地七十三顷一亩零，又招民续垦地一顷八十七亩零，每亩征银一分四厘，共应征银一百四两八钱三分零。又怡亲王枪手地四十四顷五十二亩，每亩征银一分四厘，共应征银六十二两三钱二分零。又招民续垦地六十六亩八分，应征银九钱六分零。又暂行入官纳粮旧地一顷五十亩，应征银二两一钱。通共原丈旧地、续垦新地一千九十八顷九亩二分零，每亩征银一分四厘，共应征银一千五百三十七两三钱二分零，内除奉旨恩免独石口驻防旗兵自垦地二十一顷六十五亩，共免银三十二两三钱一分外，实在征粮地一千七十六顷四十四亩二分，共应征地粮银一千五百七两一分零。

乾隆二十年赋额。东四旗入地亩一千一百四十四顷二十七亩九分七厘零，共征银一千六百一两九钱九分一厘零，遇闰，每两加征银三分。又承德州改归独石口管辖，卯镇上、中、下则并籽共地一十三顷四十九亩四厘零，共征银四十八两三钱二分二厘零。又镶黄旗蒙古达兰泰名下入官地五十五顷四十亩，共征银七十七两五钱六分，每年俱征解藩库。

案：张、独二厅征粮地亩，每岁于田禾种齐之时，厅员率所属弁兵，查看青苗多寡，而课额①随之增减，缘山田岁有冲刷，流寓②岁有去留，是以朝廷有查青之特恩，不至田废粮存，摊累别户，故岁额多有不符。

○村窑户口志（第22～23页）

独石口同知属

分驻喜峰砦千总管下，自盆底坑起，东南至大西沟热河界，又自碾子湾起，北至山神庙、丁庄子湾界，共六十三村窑。盆底坑、老牛沟、石门沟、桃园村、湾子里、大白草村、小白草村、蒯家营、新营子、大茨榆村、瓦房沟、苏寺儿、黑达营、杨木栅子、杨树笼子沟、六道沟、槽碾沟、东沟、千松背、高家栅子、九公号、侯家栅子、乔家北沟、富贵山、赵进宝沟、大榆树沟、崔家栅子、官厂沟、乱石窑、台子上、大西沟门、碾子湾、寺儿营、巴图营、塘子里、辽东营、东万贯口、西万贯口、官路房、孤石儿、头道川、河路沟、苇子沟、永宁口、兴阳沟、碓白沟、大景门、小景门、福山村、驼罗砦、马栅子、二道川、太平营、桦树背、槽碾沟、马道口、红石砦、三道川、碾子沟、东西接济沟、甘沟、山神庙。以上村窑，系左翼镶黄旗境内，旗户六十三、民户一千零一十二，通共户一千零七十五，人丁一千七百一十九。

分驻东卯镇外委把总管下，自井儿沟起，南至大塞树、千家店汛界，又自艾河滩起，东至道德坑西沟热河界，共三十二村窑。井儿沟、水磨湾、下碌轴湾、上碌轴湾、中碌轴湾、万全寺、倒代沟、西苇子沟、西卯镇、东卯镇、三块石、三道甸、西长梁、东长梁、大塞树、艾河滩、大石墙、上虎窖、下虎窖、槽碾沟、四坐窝铺、后沟、二止壕沟、二道川、黑牛山、道德坑、阳坡里、北苇子沟、松树沟、大石窑、道德坑东沟、道德坑西沟。以上村窑系左翼镶黄旗境内，旗户三十二、民户六百四十四，通共户六百七十六，人丁一千二百八十三。

分驻丁庄子湾把总管下，自正北沟起，西至哈卜里大坝张家口

---

① 课额，赋税的数额。课，古代的一种赋税。
② 流寓，在异乡日久而定居。

界，又自明嵯儿起，北至东马王庙多伦诺尔界，共八十六村窑。庄科、窑沟、龙门沟、刷子沟、夹墙儿、石槽沟、鹰沟、双盘道、牛家窑、陈家窑、张家窑、正口、黄土梁、威远门、韩家窑、破堡子、漂头窑、缸房窑、南兔儿、罗家营、静边沟、榛子沟、大石门、东水泉、王盖卜落、段家窑、赵家窑、梅力克兔、西梅力克兔、后梅力克兔、好来沟、张麻子井、任家窑、金莲花滩、姚家窑、陈家窑、韩家窑、胡家窑、张家窑、坝头上、马家窑、丁庄子湾、老米沟门口、老米沟、十字梁、王家窑、沙家窑、保安沟门口、保安沟、杨家窑、庞家窑、董家窑、郑家窑、支锅石、庞家窑、田家窑、王家窑、明镜沟、郭家窑、白家窑、棠梨沟、赵家窑、吴家窑、温家窑、小喇嘛洞、大喇嘛洞、虹霓滩、李家窑、高家窑、椴木梁、王家窑、殷家窑、架坡梁、蛇沟砦、段家窑、高家窑、王家窑、要家窑、马厂里、大嵯沟、黄榆沟、虎龙沟、红山嘴、常连沟、干湿河、老彰沟。以上村窑系左翼镶红旗游牧界内，旗户九，民户三百一十九，通共户三百二十八，人丁四百二十七。

分管千家店、延庆州巡检管下，自白河口起，东至摩天岭热河界，又自千家店起，南至珍珠泉黄花路界，共四十七村窑。谷子坊、上马路、烟沟梁、小川、炭窑沟、下马路沟、大石窑、熊洞沟、八道河、六道河、白河口、九岭梁、石槽、石槽梁、黄石砦、上花楼、下花楼、珍珠泉、庙儿梁、杏叶沟、三十六盘、果家沟、山神庙、秋厂、前仓米道、后仓米道、东南天门、红石湾、西千家店、东千家店、白塔儿、多罗湾、奶子山、莱木沟、滴水壶、摩天岭、四潭沟、平台子、首领沟、转山子、花盆镇、牝牛沟、忽拉岭、水磨湾、平安沟楗、哈拉魁、黄土梁。以上村窑系左翼镶黄旗境内，旗户　民户，通共　人丁。

○风俗物产志（第 26～36 页）

风俗

人日，凡正月之日，一鸡、二狗、三豕、四羊、五马、六牛、七日为人，其占，晴为祥，阴为灾。俗煎饼食于庭中，谓之"熏天"。同上①。

---

① 同上，即《辽史·礼仪志》。

独石口外，夷汉错民居，五方杂处。其质愚鲁，其俗鄙野。旗民颇务本力作，外夷以佣工畜牧为名，往往窥伺，乘间窃取牲畜，盖贪利好盗，其天性然也。同知原册。

俗尚龙神。每于播种之时，剧钱祷赛，群聚会饮，醉辄戏谑争殴，往往有至陨命者，此则所当严为申禁者也。原册。

物产

谷之属。黍、稷、粱、粟、麦、黑豆、蚕豆。《群芳谱》：一名胡豆。《太平御览》云：张骞使外国，得胡豆种归，指此也。《本草纲目》云：豆荚状，如老蚕，故名。王桢《农书》谓其蚕时始熟，故名。亦通。豌豆、《群芳谱》：种出西戎，北土尤甚多，百谷之中最为先熟。荞麦、许有壬《圭塘小藁①》：《上都十咏·粗面》云：坡远花全白，霜轻实便黄。杵头麸退墨，砲齿雪流香。玉叶翻盘薄，银丝出漏长。元宵贮膏火，蒸墨笑南乡。自注：南乡荞面黑甚，熟时坚实若瓦石，可代陶盏贮膏火。莜麦、与荞麦别为一种，味涩微苦，《群芳谱》以为即荞麦者，非。燕麦、葫麻、糜子、东墙、《齐民要术》：东墙色青黑，粒似葵，子似蓬草，十一月熟，出幽凉及乌桓地。《魏志》："乌桓地宜东墙，能作白酒"。

蔬之属。白菜、《圭塘小藁》许有壬《上都十咏·白菜》云：土羔新且嫩，筐筥荐纷披。可作青精饭，仍携玉版师。清风牙颊响，真味士夫知。南土称秋末，投箸要及时。菠薐菜、芦菔、《圭塘小藁》《上都十咏》诗：性质宜沙地，栽培属夏畦。熟登甘似芋，生荐脆如梨。老病消凝滞，奇功直品题。故园长尺许，青叶更堪斋。沙芦菔、《北征录》：沙芦菔，根白色，大者茎寸，长二尺许，下支生小者如筋，气味辛辣微苦，食之亦作芦菔气。沙葱、《北征录》：金刚阜地生沙葱，皮赤，气辛臭。葱、韭、许有壬《圭塘小藁·上都十咏·韭花》云：西风吹野韭，花发满沙陀。气校荤蔬媚，功于肉食多。浓香跨姜桂，余味及瓜茄。我欲收其实，归山种涧阿。蒜、芫荽、蕨菜、葵、蔓菁、《广群芳谱》：蒙古人呼其根为沙吉木儿。茄、蘑菇、一名沙菌。许有壬《圭塘小藁

---

① 藁，同"稿"。下同。

·上都十咏·沙菌》云：牛羊膏润足，物产借英华。帐脚骈遮地，钉头怒戴沙。斋厨供玉食，毳索出毡车。莫作垂涎想，家园有莫邪。自注：此物喜生车帐卓歇之地，夏秋则环绕其迹而出。**山葱**、《群芳谱》：茖葱，山葱也。生于山谷，似葱而小，细茎大叶。**水葱**、《丹铅总录》：水葱生于水中，如葱而中空，又名翠管，可为席。**瓠**、**荠**、**马蓝**、**黄花菜**、**地椒**、<u>许有壬</u>《圭塘小藁·上都十咏·地椒》云：冻雨催花紫，风轻散野香。刺沙尖叶细，敷地乱条长。楚客收成裹，奚童撷满筐。行厨供草具，调鼎尔非良。**擘蓝**、《群芳谱》：一名芥蓝，芥属也。叶大于菘，根大于芥苔，苗大于白芥，子大于蔓菁，叶可作靛染帛，胜福青。**榆耳**、出<u>独石口</u>外，能补中气，八月采之，令人不饥。按《蔾床余沈》云：榆肉，榆蕈①也。腴脆无比，大者数勎。**孝文韭**、《本草》：生塞北山谷，状如韭，人多食之，云是<u>魏孝文帝</u>所种。**南瓜**。

果之属。**桃**、**杏**、树木不大，结果小而味涩。**欧李**、《敬业堂诗》注：欧李，一名乌喇奈，子如樱桃而大，味微甘而醉。**榛**、**栗**、**枣**、**山查**②、俗呼为山里红，结果较内地差小，味酸，食之能化积滞。**花红**、**巴榄仁**、皆<u>滦京</u>所产，见元<u>杨允孚</u>诗注。

木之属。**松**、**柏**、**椿**、**榆**、**桦**、《本草》：桦古作（左木右畫）。画工以皮烧烟熏纸，作古画字，故名（左木右畫）。俗省作桦字。《魏书·礼志》：魏先之居幽都也，凿石为祖宗之庙，真君中，遣中书侍郎<u>李敞</u>诣石室，告祭天地，以皇祖先妣配，既祭，斩桦木立之，以置牲体而还，后所立桦木生长成林，其民益神奉之，咸谓魏国感灵祇之应也。《元诗选》<u>袁桷</u>《戏题桦皮》诗：褐裳新脱玉层层，红叶朱蕉谢不能。拟制小冠（左韦右召，疑"韬"）短发，意行云水一枝藤。**柳**、**沙柳**、高不过六尺，围不过五分，有红、黄二色，生于沙滩，如荆棘，然间亦作花扬絮。**椵**、《广群芳谱》：椵木，叶最大，有类团扇，其皮可以当麻，取为鱼网之网，牢固殊常。**荆**、**杆松**、生<u>独石口</u>外<u>黑龙山</u>中，有青杆、红杆二种。《广群芳谱》：一名白松，其（斡）〔干〕直上，枝叶如盘，下枝长，

---

① 蕈，音 xùn。生长在树林里或草地上的某些高等菌类植物，伞状，种类很多，有的可食，有的有毒。

② 查，音 zhā。同"楂"。

以上渐短，远望无异浮图，其体最轻。**落叶松**。生独石口外黑龙山中，其叶比青杆稀少，至冬辄落。《广群芳谱》：落叶松，塞外兴安岭多有之，其皮，蒙古无茶时可以当茶。木性最坚，其刺有毒，入肉即烂，入水即沉，所以木商不取。其干直挺参天，枝叶蔚然，恍若九檐羽盖，以塞北高寒，经秋叶脱，至春复生。圣祖仁皇帝《几暇格物论》：五台及口外兴安岭高寒之地，有树名落叶松，枝干与杉无异，而针亦青葱如盖，惟经霜雪后，则叶尽脱。其木质甚坚，有微毒，斫伐时误入肌肤，骤难平复，根株历久不朽，沉埋水土中则变为石，可供磨砺之需，亦松杉之别种也。

　　花之属。**金莲花**、生独石口外，花瓣似莲，较制钱稍大，作黄金色，味极凉，佐茗，饮之可疗火疾。《广群芳谱》：花色金黄，七瓣环绕其心，一茎数朵，若莲而小。六月盛开，一望遍地，金色烂然，至秋花干而不落，结子如粟米而黑，其叶绿色，瘦尖而长，或五尖或七尖。圣祖仁皇帝御制《岭外金莲盛放可爱》寄调《柳稍青词》①："［万顷金莲］，平临难尽，高眺千盘。珠矗移花，翠翻带月，无暑神仙。俗人莫道轻寒，幽雅处、余香满山。岭外磊落，远方隐者，谁似清闲。"元冯子振《海粟集·咏金莲花》诗："金莲川上富秋光，的皪花枝不着房。只合潘奴微步稳，凌波罗袜寄余芳"。**芍药**、较内地差小，有红、白二种。元杨允孚《滦京杂咏》诗注：内园芍药，迷望直上数尺许，花大如斗。扬州芍药称第一，终不及上京也。又诗自注：草地芍药，初生软美，居人多采食之。**野蔷薇、刺（上艹下麼）**、有红、黄二种。**萱花**、花未开时，岭外土人名为白果肚儿。采食之，味甚美，花半开，土人名为琵琶抽儿，其味稍次，及花既开，则名为黄花菜。**翠雀**、一名蓝雀花。《广群芳谱》：其花如雀，有身、有翼、有尾、有黄心，如两目，或云，即茱萸花也。**山丹**、《群芳谱》：一名红百合，其性与百合同，根同百合，可食，味少苦。**千佛头**、其花未开之时，每朵含叶数十，攒聚一蒂，有紫红者，有淡红者，开时俱作白色，极可爱玩。**凤仙、石竹、金盏**、一名长春花。《宛陵诗集》注：一名醒酒花。**莺粟、转枝莲、土**

---

　　① 柳稍青，词牌名，又名《陇头月》《玉水明沙》《早春怨》《云淡秋空》《雨洗元宵》等。双调四十九字，此调有两体。前后片各三平韵，后片第十二字宜去声。别有一种改用仄声韵。前片三仄韵，后片二仄韵，平仄略异。

人名为粉团花。蜀葵、珍珠花、菊、元杨允孚《滦京杂咏》诗注：紫菊花，惟滦京有之，名公多见题品。青囊花、《五代史》：胡峤自契丹亡归中国云，汤城淀地最温，多异花，一曰青囊，如中国金灯，而色类蓝，可爱。马蹄兰、《广群芳谱》：马蹄兰生平地乱草间，叶剑样，如建兰，其花翠色可爱，秋则结苞成子，塞外尤多。长十八、塞外草花也。元迺贤《金台集·塞上曲》：双鬟小女玉娟娟，自卷毡帘出帐前。忽见一枝长十八，折来簪在帽檐边。金雀花。《北征录》：花似决明，茎似枸杞，有刺，叶圆而末锐，人将取其花食之。

卉之属。蓝、《说文》：染青草也。《尔雅》疏：葳马蓝，今为淀者，是也。案：今四海冶口外珍珠泉左右种蓝尤甚。芜荑、茅、蓬、青蒿、莎、息鸡草、《胡峤记》：塞外有息鸡草，尤美，而本大，马食不过十本而饱。蝎子草、《广群芳谱》："蝎子草，塞外多有之，高四五尺，丛生乱草间，其叶最毒，人误触之，立即红肿，如蝎子所螫，故名。马亦不敢近之，惟驼能食"。按：蝎子草，即（上艹下幸炎）草，一名荨麻。杜工部有《除（上艹下幸炎，音 qián）草》诗。特勒苏草、《广群芳谱》：塞外丛生，葱翠挺拔，经秋霜则变而为白，取之组织为凉帽，光皎异常。薜荔、女萝、凤尾草、其苗初生，即蕨菜也。地椒草、元杨允孚《滦京杂咏》诗注：地椒草，牛羊食之，其肉香肥、苔、蒲、萍、赤芝。《敬业堂诗》注：赤芝产落叶松根。

药之属。黄蓍、产独石口外好来沟。甘草、枸杞、黄芩、白蒺藜、车前、蒲公英、泽泻、蒲黄、木贼、地榆、茱萸、白头翁、芍药、艾、地肤、紫背天葵、夏枯草、牵牛、押不卢。《湛渊集》诗注：漠北有草，名押不卢，食其汁立死，以他药解之即苏。元白斑《续演雅》：草食押不卢，虽死元不死。未见涤肠人，先闻弃篑子。

禽之属。鹰、有青鹰、白鹰二种，八九月间出，人皆捕之。雕、鹘、画眉、鸰、鹳、鹊、山雀、鸦、子规、燕、鸠、鸽、凫、雁、火鸡、《菽园杂记》：火鸡，躯大于鹤，毛羽杂生，好食燃炭。沙鸡、一名突厥雀，产塞外沙土中。《尔雅》：鹦鸠。郭璞注：鹦大如鸽，似雉，鼠脚无后指，岐尾，为鸟憨急，群飞。石鸡、较雉差小，味极肥美。半翅、似竹鸡而小，其性憨急，故又云半痴。白翎雀、形似鹌鹑，长身短足，善学百鸟之音，性驯可畜。《静志居诗话》陈云峤云：白翎雀生于乌桓朔漠之地，雌雄和鸣，自得其乐，世祖因命伶人硕德闾制曲以名之。杨廉夫云：白翎雀能制猛兽，尤善擒鸳鹅。廉夫有二诗咏之，张思廉、王子充、张光弼皆有作。天鹅、《辽史·营卫志》：春捺钵，曰鸭子河泺。皇帝正月上旬起牙帐，约六十日方至，天鹅未至，卓帐冰上，凿冰取鱼，冰泮，乃纵鹰鹘捕鹅雁。晨出暮归，从事弋猎。皇帝每至，侍御皆服墨绿色衣，各备连锤一柄，鹰食一器，刺鹅锥一枚，于泺周围相去各五七步排立。皇帝冠巾，衣时服，系玉束带，于上风望之。有鹅之处举旗，探骑驰报，远泊鸣鼓，鹅惊腾起，左右围骑皆举帜麾之。五坊擎进海东青鹘，拜授皇帝放之。鹘摘鹅坠，势力不加，排立近者，举锥刺鹅，取脑以饲鹘。皇帝得头鹅，荐庙，群臣各献酒果，举乐。更相酬酢，致贺语，皆插鹅毛于首以为乐。赐从人酒，遍散其毛。雉。

兽之属。虎、《辽史·营卫志》：秋捺钵：曰伏虎林。七月中旬，自纳凉处起牙帐，入山射鹿及虎。林在永州西北。尝有虎据林，伤害居民畜牧。景宗领数骑猎焉，虎伏草际，战栗不敢仰视，上舍之，因名。豹、熊、鹿、《辽史·营卫志》：秋捺钵于伏虎林射鹿。每岁车驾至，皇族而下，分布泺水，伺夜将半，鹿饮盐水，猎人吹角效鹿鸣，既集而射之。谓之"舐碱鹿"、又名"呼鹿"。麋、麂、狍、麝、獾、橐驼、马、骡、驴、牛、羊、黄羊、味极肥美，元时以为玉食之奉。《圭塘小藁》许有壬《上京十咏·黄羊》诗云：草美秋先脂，沙平夜不藏。解鞗文豹健，荐炙宰夫忙。有肉须共世，无魂亦似麞。少年非好杀，假尔试穿杨。秋羊、《圭塘小藁·上京十咏·秋羊》诗云：塞上寒风起，庖人急尚供。戎盐春玉碎，肥荜压花重。肉净燕支透，膏凝琥珀浓。年年神御殿，颁馂每沾侬。杨允孚《滦京杂咏》诗注：橘绿羊，或四角，或六角者，谓之迭角羊。迭义未详。以其角之相对，又曰对角。毛角虽奇，香味稍别，故不升之鼎俎。于以见天朝之玉食有差等也。羱羊、一名盘羊，《埤雅》：羱羊善斗，一云状若骡而群行，暑天尘雾在其角上，生草戴行，爱之独寝。狐、兔、狼、狸、獭、鼠、黄鼠、《卤①廷事实》：沙漠之野，地多黄鼠，畜豆谷于其穴，以为食。村民欲得之，则以水灌其穴，遂出，而有获。见其城邑有卖者，去皮，剖腹，甚肥

---

　　①　原为"虏"字，"虏"字为清代所避讳，故改作"卤"。

大。卤人相说，以为珍味。则知苏属国奉使时，妇女掘野鼠，而食之者，正谓此也。《霏雪录》：黄鼠，元时以为玉食之供，人不得取。《居易录·渑水燕谈》云：契丹国产大鼠，曰毗狸，以为殊味，或即此也。《陆氏旧闻》云：畏日，为隙光所射辄死。按：今宣府人有笼盛黄鼠而卖者，并未畏日辄死也。陆氏所记似未确。夜猴、能捕黄鼠。《菽园杂记》：捕黄鼠，必以松尾鼠，一名夜猴儿，能嗅知黄鼠穴，知其有无，有则入，啮其鼻而出，如蜀人养乌鬼以捕鱼也。鼺鼠、土人名为跳兔，形如兔而大，相负而行。时永乐次大甘泉，上令卫士掘沙穴中跳兔，与随行等观之，大如鼠，其头、目、毛、色皆兔，爪足则鼠，尾长，其端有毛，或黑或白，前足短，后足长，行则跳跃，性狡如兔，犬不能获之。案《韩诗外传》：西方有兽，其名曰鼺，前足兔，后足鼠，得甘草必衔以遗邛邛巨虚[1]。将为假足故也。鼢鼠、《尔雅注疏》：地中行者，所谓犁鼠者，即此也。《说文》：地行鼠伯劳所化也。一曰鼹鼠。野马、野骡、猫、犬。

虫之属。蛇、独石口外多有之。蝼蛄、蜥蜴、《敬业堂诗》注：山中蜥蜴，长四寸许，头以下色如翡翠，有纹如鱼鳞，尾作金色，吐气为云。土人呼为云虎。萤、《敬业堂诗》注：塞外流萤极大，光可烛三尺许。蚜坊、蛞蝓、天牛、蜘蛛、虻、蝎、蚁、蝇、闻之走旗人云：蒙古地夏月蝇最毒，嘬人即遗卵肤内，人极畏之。蚊、《北征录》：长乐镇草间多蚊，大者如蜻蜓，拂面嘬（左口右替），拂之不去。蠓蠛、蜂、蝶。

◎台站[2]（卷6《台站志》，第4~5页）

○独石口军台。康熙三十二年[3]设。汉驿一，蒙古台站六，系独石口驿站部员管理。

独石驿。汉驿。在赤城县北九十里，明置开平驿，康熙三十二年改设赤城县县丞管理。三十三年，归并蒙古驿站部员。旧设驿马四

---

① 邛邛巨虚，邛音 qióng。见蛩蛩距虚，蛩音 qióng，蝗虫的别名。传说中的异兽，蛩蛩与距虚为相类似而形影不离的二兽，一说为一兽。

② 台站，称之为军台，是清朝时期设置一种军事防御工事，军事上防守、调度的机构，设置在边疆。

③ 康熙三十二年，1693 年。

十九匹，马扛等夫四十五名。内雍正十三年①，奏准原额部马二十匹，仍归独石驻防拴养，遇差拨济。实存驿马二十九匹，马扛夫四十三名，书手一名，兽医一名，岁支草折银二百八两八钱，豆六百二十六石四斗，工食银五百四十三两九钱，月米一百五十四石八斗，杂支银一百一十六两。每年本色银②于户部领给，本色米豆于赤城、独石二仓领给。

蒙古六驿台站，每台派拨骁骑校二员，笔帖式一员，领催二名，达夫五十家。原定不设工食，康熙三十二年，分给每一家牛、马共五头匹，羊三十只，为永远养赡之用。再每台预备过往差员口粮羊六十只，每只定价银七钱，年终册报理藩院核销，用完给银再备。其各台马匹，定例不支草料，牧放当差，每岁准三成倒毙，除皮脏变价支银六两三钱，买补额设倒马银五百六十七两，报明理藩院，咨总于直隶布政司库拨支，其存留余剩，即为次年正数。

第一台，魁吞布喇克③，额设马五十匹，达夫五十家。内拨正蓝旗察哈尔二十家，厢白旗察哈尔、克西克腾扎萨克二十家。

第二台，厄楞④，额设马五十匹，达夫五十家。系克西克腾扎萨克抽拨。

第三台，厄墨格忒⑤，额设马五十匹，达夫五十家。系阿坝垓扎萨克抽拨。

第四台，魁吞稿儿⑥，额设马五十匹，达夫五十家。内阿坝垓扎萨克抽拨十家，阿霸哈纳尔抽拨四十家。

第五台，西林稿儿⑦，额设马五十匹，达夫五十家。系西蒿齐忒抽拨。

---

① 雍正十三年，1735 年。
② 本色银，清代征收漕米按照米的成色折价，叫本色银。
③ 魁吞布喇克，今张家口市沽源县高山堡乡五十家子村。
④ 厄楞，今内蒙古锡林郭勒盟正蓝旗哈毕日嘎镇（苏木）。
⑤ 厄墨格忒，今锡林郭勒盟阿巴嘎旗查干淖尔镇额默根特。
⑥ 魁吞稿儿，今阿巴嘎旗洪格尔高勒镇（苏木）辉腾高勒嘎查。
⑦ 西林稿儿，今内蒙古锡林郭勒盟锡林浩特市。

第六台，莫敦沙哈图①，额设马五十匹，达夫五十家。系东蒿齐忒抽拨。

以上台站路通多伦诺尔，察哈尔正白旗、镶白、正蓝三旗，蒙古扎萨克八旗乌珠穆秦、阿霸垓、东西蒿齐忒、阿坝哈纳尔等部落，计程一千余里。独石驿至头台一百二十里，头台至二台二百里，其余二台至六台各一百二三十里不等。

◎蕃卫（卷7《蕃卫志》）

○镶黄旗（第3~4页）

……一本旗坝内地方，距张家口外十五里，迤东自乌兰哈达起，东北至独石口外，迤西阿尔撒兰达坝止，有山沟，长一百三十九里，南至边墙，北至达坝，宽二三十里不等。有泉自山沟出，分为细流三处，蒙古呼为古尔板果尔，古尔板，犹华言三道也。西南流百余里至三道河，会为一河。又自乌兰哈达南流入张家口，由古尔板果尔东偏至独石口东南，有山沟，北界自乌鲁尔台达坝起，南至黄土岭止，长二百二十五里。又自黄土岭南三十里，经边墙迤东至大西沟止，广一百四十五里，自喀齐尔西界乌鲁尔台达坝东南六十里有山，名黑龙山，土人呼为黑老山。势极高峻，林木茂密。自乌鲁尔台达坝，有泉南流，至三道店，又东南流四十里，至四滩口河，归入白河，土人呼为黑河川，蒙古呼为绥克。以上皆坝内汉民、蒙古垦种田亩之地。同上。

○附前代部落（第20~24页）

《宣镇图说》万历三十年后。

东路。……下北路。滴水崖堡口外一百里瓦房沟，七庆台吉驻牧，约五千余骑；宁远堡口外一百余里瓦房嵯，七庆台吉驻牧，约

---

① 莫敦沙哈图，今锡林浩特市图古日格苏木。

五千余骑；长伸地堡口外三十余里次榆冲，七庆台吉下部落驻牧，约五千余骑；又庆阳口外，去边四十余里，黄台吉娘子下部落驻牧，约千余骑；龙门所口外一百余里瓦房沟，温布台吉下部落驻牧，约千八百余骑；毛哈气儿去边二百七十余里，锁那等台吉下部落驻牧，约一千五百余骑；长安岭外有东西斗子营、施家冲等地，悉住有史、车部落。

上北路。雕鹗堡外清水潭、起龙沟等地，附彝海塔利等驻牧；又长伸[地] 堡外有乱泉寺，牧马堡外有古城儿、白塔等地，皆为彝①酉驻牧之所。口外哈喇慎为部中大酋，高祖阿喇哈，曾祖昆都仑，称鞑靼王子，故祖黄把都儿承袭，故父白洪大承袭，故今长子打利台吉承袭，亦部中王子，统属节流枝派三十余枝，共约部彝数十万有余，强弱相半，俱在独石口边外地名旧开平等处驻牧，离边二三百里不等。其马营、赤城边外地，名补喇素泰，为汪阿儿害驻牧。中路，边外彝酉顺义、枝留、威兀慎、段柰台吉、男解生黄台吉并彝部二千有余，亦强弱相半，离边二三百里不等。镇安堡边外地名静东林、盆底坑，白言台吉下部落驻牧，离边境二十余里。又东西石虎，白言台吉下部落驻牧，离边一十余里。独石口外地名贾阿苏泰新，称鞑靼王子打利台吉等驻牧，共约部彝一万余骑，离边四百余里。我不根台吉驻牧摆言局儿克，约部彝三千余骑，离边三百余里。卜罗它害、我著台吉等驻牧旧开平城，共约部彝二千余骑，离边三百余里。来洪达赖台吉、石令台吉驻牧克林兔口揩它落海，共约部彝二千余骑，离边三百余里。满五素男喇不台吉等驻牧桓州骓，共约部彝一千余骑，离边二百余里。憨不什台吉驻牧虎素兔，约部彝四千余骑，离边二百余里。来赛台吉、男色令台吉等驻牧虎陆素泰，共约部彝一千余骑，离边三百余里。白言台吉驻牧搜记朵

---

① 原为"夷"，疑为避讳改写"彝"字。

言，约部彝一万余骑，离边三百五十余里。我不根下章兔倘不浪部落驻牧蟒吉都，离边八十余里。满五素男不喇兔台吉驻牧屹塔素，约部彝四千余骑，离边四百余里。哈卜慎男迭可兔台吉等驻牧卜落脑海，共约部彝六千余骑，离边六百余里。满素男本不失等驻牧卜罗计，共约部彝三千余骑，离边五百余里。马营堡口外，地名双山儿，白言台吉下部落驻牧，离边二十余里。又地名夹道沟红山儿，解生黄台吉下部落驻牧，离边二十余里。又地名补喇素太，解生黄台吉并部落二千余骑驻牧，离边二百余里。赤城堡边外，地名汪阿儿亥，解生黄台吉下妥脱儿、倘不浪等驻牧，并部落八百余骑，离边二百余里。又地名榆树湾、龙王堂，解生黄台吉下部落驻牧，离边三十余里。又地名瞭马台，解生黄台吉下部落驻牧，离边六十余里。

中路。边外系白洪大等下拨来散彝守口，离边十余里，其酋首白洪大在独石边外旧开平等处驻牧，有二万余骑，离边二百余里。白洪大左邻，与蓟镇边外驻牧彝酋土蛮台吉等部落相和。仍有威兀慎，乃先故顺义王黄台吉之第三妻也，亦称为三娘子，与忠顺夫人同称，其子乃我著进台吉，即宰生黄台吉，在上西路膳房堡边外兴和城等处驻牧，部下有一万余骑，离边一百余里。宰生黄台吉右邻与大同边外驻牧，彝酋兀慎阿害兔台吉等部落联合。金家庄堡口外草垛山，白洪大下守口北人好成等十七骑驻牧，离边二十里。龙门城边外石顶墩，白洪大下北人羊揹子等十八骑驻牧，离边二十里。又石塘子，白洪大下北人他麻义等十骑驻牧，离边十五里。小白阳堡边外马圈儿，他麻义等十八骑驻牧，离边十五里。赵川堡边外双林墩，白洪大下守口北人他麻义等十骑驻牧，离边五十里。大白阳堡边外柳桥儿，白洪大下守口北人他麻义等十一骑驻牧，离边五十里。葛峪堡边外明嵯儿，白洪大下守口北人他麻义等十一骑驻牧，离边五十里。静边城离边一百里，各部北人往张家口互市俱由此地。

常峪口堡边外静边城，白洪大下守口北人张达子等十二骑驻牧。又一堵墙离边四十里。青边口堡外回回坟，离边十五里，各部彝酋往张家口互市由此。羊房堡边外板山，白洪大下守口北人摆言等四骑驻牧，离边十五里。

◎世纪上（卷9《世纪上》）

○周（第1页）

战国时，赵武灵王变俗戎服①，习骑射，北破林部②、楼烦，自代并阴山下，至高阙③为塞，置云中、雁门、代郡。燕有贤将秦开，为质于敌④，敌甚信之，归而袭破东部⑤，东部却千余里。燕筑长城，自造阳至襄平，置上谷、渔阳、右北平、辽西东郡，以距⑥敌。《前汉书》。

○汉（第2页）

元朔二年⑦，汉弃造阳地，以予敌。《前汉书》。

○晋（第6页）

太元十四年登国三年⑧二月，魏帝幸东赤城。五月，北征库莫奚。

---

① 戎服，按《史记》卷110《匈奴列传第五十》作"胡服"，疑为清代避"胡"字，以"戎"代"胡"。

② 林部即林胡，疑清代避讳"胡"，改写"林胡"为"林部"。"胡"是北语"人"的意思。战国时代，北方游牧民族统称"胡"，其中主要为"林胡"和"楼烦"。林胡，又称林人、儋林，为林中胡人之简称，生活于森林中。"林胡"活动地区正是鄂尔多斯高原东部，包括今伊金霍洛旗、东胜区和准格尔旗及东越黄河到晋北山地森林区。

③ 高阙，阴山山脉在内蒙古巴彦淖尔盟杭锦后旗西北有一缺口，状如门阙，古有此名。

④ 敌，按《史记》卷110《匈奴列传第五十》作"胡"，疑为清代避"胡"字，以"敌"代"胡"。下同。

⑤ 东部，按《史记》卷110《匈奴列传第五十》作"东胡"，疑为清代避"胡"字，以"东部"代"东胡"。下同。

⑥ 距，古同"拒"。

⑦ 元朔二年，前127年。

⑧ 登国三年，388年。按《魏书·太祖本纪》卷2，魏帝幸东赤城时间应为"四月"。

六月，大破之，获其四部，杂畜十余万，渡弱洛水。赏赉将士各有差。七月，库莫奚鸠集①遗散，夜犯行宫，纵骑扑讨，尽杀之。《魏书·帝纪》。

太元十六年_{登国五年}正月，贺染干谋杀其兄讷，讷知之，举兵相攻。魏王珪告于燕，请为向导攻之。二月，燕遣慕容麟将兵击讷，将军兰汗击染干。夏四月，汗破染干于牛川。六月，麟破讷于赤城，禽之，降其部落数万。燕主麟归讷部，徙染干于山中。《两晋·中原史》。

○后魏（第7页）

正光五年②，帝以沃野、怀朔、薄骨律、武川、抚冥、怀荒、御彝诸镇并改为州，其郡县戍名，令准古城邑。诏郦道元持节兼黄门侍郎，与都督李崇筹宜置立，裁减去留，储兵积粟，以为边备。《郦道元传》。

○元

三年春二月③，以兴、松、云三州隶上都。夏四月，免松州、兴州、望云州④新旧差赋，以望云、松山课程隶开平府。五月，自燕至开平立牛驿，给钞市车牛。秋八月，敕（市）［京］师顺州至开平置六驿。冬十一月戊申，升抚州为隆兴府，以昔刺斡脱为总管，割宣德之怀安、天成及威宁、高原隶焉。十二月，割北京、兴州隶开平府。（第19页）

二十九年春二月⑤，兴州之兴安、宜兴两县饥，赈米五千石。桓州至赤城站户告饥，给钞计口赈之。三月，中书省臣言："上都、隆兴等路供亿视他路为甚，宜免今岁公赋。"从之。威宁、昌等州民

---

① 鸠集，聚集；搜集。鸠音 jiū，聚集。
② 正光五年，北魏孝明帝元诩年号，524年。
③ 蒙古世祖中统三年，1262年。
④ 望云州之称有误，时称望云县，或云州，可选其一。
⑤ 元世祖至元二十九年，1292年。

饥，给钞二千锭，赈之。夏六月，升上都兵马司为四品，如大都。冬十月，弛上都酒禁①。十一月，枢密院奏："木八剌上都屯田二年有成，拟增军千人。"从之。《本纪》。（第 23 页）

三年春正月②，罢上都云州、兴和诸金银冶，听民采炼，以十分之三输官③。增置上都留守司判官二员，以汉人为之，专掌刑名。二月，作上都华严寺、八思巴帝师寺及拜住第，役军六千二百人。夏四月，察罕脑儿蒙古军驿户饥，赈之。夏五月，上都利用监［库］火，帝因卫士扑灭之。因语群臣曰："世皇始建宫室，于今安焉？朕嗣登大宝而值此毁，此朕不能图治之故也。"秋七月，兴和路陨霜。八月，车驾南还，驻跸南坡。是夕，御史大夫铁失等谋逆，杀丞相拜住，帝崩于行幄。《本纪》。（第 34 页）

四年春二月④，以尚供总管府及云需总管府隶上都留守司。三月，命亲王八剌失（恩）［里］出镇察罕脑儿。秋七月，云州黑河水溢。《本纪》。（第 35～36 页）

◎世纪中（卷 10《世纪中》）

○明

永乐八年……秋七月丁卯⑤，车驾次开平，宴劳将士。上谓侍臣曰："朕在塞外久素食，非乏肉也，但念士卒艰难，朕虽食，岂能甘味？故宁已之。"戊辰，改开平李陵台驿为威卤驿⑥。壬申，次盘谷镇。癸酉⑦，次独石。壬午，至北京。《实录》。（第 8～9 页）

永乐十一年夏六月，开平备御成安侯郭亮奏："开平地临极边，

---

① 酒禁，古代禁止酿酒、饮酒的法令。
② 英宗至治三年，1323 年。
③ 输官，向官府缴纳。
④ 泰定四年，1327 年。
⑤ 永乐八年七月丁卯，1410 年 8 月 2 日。
⑥ 威卤驿，原为威虏驿，清避讳"虏"字，改为"威卤驿"。
⑦ 永乐八年七月癸酉，1410 年 8 月 8 日。

无邻近卫所可以应援，城中军少，请增兵一千，庶几足用。又失八都之地，其西北当冲要之路，东北离开平二百余里，南抵独石，多有军士屯粮牧养，而无城堡堤防，故前被寇劫掠驿马，宜筑城堡，设官军三百或五百备御，又开平至长安岭各处大站，旧有城堡，年久颓圮未修，及一路炮架官军俱无障蔽，设有警急，无所堤备，宜筑烟墩瞭望。"从之。《实录》。（第 11 页）

三月戊寅①，车驾发北京。辛巳，驻跸鸡鸣山。阿鲁台闻上亲征，遂自兴和夜遁，诸将请急追之。上曰："俟草青马肥，道开平，踰应昌，出其不意，直抵窟穴，破之未晚。"夏四月辛丑②，驻跸龙门。丁未③，驻跸雕鹗，令郡县役民挽运军饷，在塞外者，各复其家一年。乙卯④，驻跸云州，大阅。五月己未，下令各营将士军行之际，不许离队伍十丈，违者并所领头目皆斩。其牧放远离本营者，亦如之。辛酉⑤，驻跸独石。乙丑，猎于偏岭。丙寅，次隰宁，大阅，上亲制《平北三曲》，俾将士歌以自励。《实录》。（第 15～16 页）

永乐二十二年……夏四月己酉⑥，上亲征，发北京。丁卯，车驾次独石。《北征记》。（第 19 页）

宣宗洪熙元年秋七月⑦，阳武侯薛禄奏："雕鹗、赤城、云州、独石诸站，皆在边野，开平老幼亦于此种田，猝有寇至，无城可守。况开平与独石相距五站，城垣不坚，且命使往来，道路荒远，若移开平卫于独石，筑城守备，实为便益。"上曰："开平极边，废置非易，事当徐议。"《宣德实录》。（第 22 页）

---

① 永乐二十年三月戊寅，1422 年 4 月 12 日。
② 永乐二十年四月辛丑，1422 年 5 月 5 日。
③ 永乐二十年四月丁未，1422 年 5 月 11 日。
④ 永乐二十年四月乙卯，1422 年 5 月 19 日。
⑤ 永乐二十年四月辛酉，1422 年 5 月 25 日。
⑥ 永乐二十二年四月己酉，1424 年 5 月 12 日。
⑦ 洪熙元年，1425 年。

宣德元年……夏五月，行在户部主事王良言："开平极边之地，岁运粮给之。而军士戍守者，皆有妻子，粮不足以赡其家。乞简精锐者更番守城，令其妻子入赤城、云州立堡居之。"上览其奏，谓兵部尚书张本曰："更番之说亦良策，亦尝有言宜云州立堡者，宜熟计之。"六月，阳武侯薛禄等还自开平，奏备边五事：其一：兴和、保安右卫及开平一路明安诸堡，常被寇侵掠，今北京宜选将练兵，以备不虞。倘有缓急，即得应援。其二：桓州、威卤①诸堡，正当冲要，而远地势孤，若仍修筑，工费浩繁。开平官军家属众多，月给为难，宜于独石筑城，毡帽山塞关，移至开平卫，于此俾其人自种自食，精选本卫及原调守备官军二千人，分为两番，每番千人，自备粮料，往开平戍守，既免馈送之劳，亦得备御之用。余三条不备载。上令公、侯、大臣议行之。《实录》。（第 23～24 页）

宣德二年……六月，开平备御都指挥唐铭奏："孤城荒远，薪刍并难，猝遇寇至，别无应援，请添拨官军神铳守备"。下其事，太师英国公张辅及文武大臣议，皆以为欲添官军，愈难馈给，宜准阳武侯薛禄前奏，于独石筑城，立开平卫，以开平备御官军家属移于新城，且耕且守。而以开平卫及所调他卫备御官军，选其精壮，分作二班，每班一千余人，更代于开平旧城哨备。新城守备官军不足者，暂于宣府及附近卫分酌量添拨。仍敕薛禄防护粮饷之余，相宜区画，筑城安恤，毕事而归。上命俟秋成后为之。（第 24 页）

宣德五年夏四月，阳武侯薛禄奏："开平岁运粮四万石，人力不齐，请令行在兵部、五（部）〔府〕议其用力多寡，立为定例"。尚书张本等议：自京师至独石，立十一堡，每堡屯军士千人，各具运车，计日半可毕一运，三日则运粮二千石，六十日可运四万石。其粮运至独石新城内，置仓收贮，令开平备御官军，分番于独石搬运，

---

① 卤，原为"虏"字，疑为避讳改写"卤"字。

都督冯兴专领军防护。上从之。仍令武进伯朱冕总督。六月癸酉[①]，初筑独石、云州、赤城、雕鹗城堡完。上命兵部尚书张本往独石，与阳武侯薛禄议守备之方。本还。上所议：请以兵护送开平卫所印信及军士家属，置于独石等城堡，且屯且守，专以马步精兵二千，分为二班，令都督冯兴总之。都指挥唐铭、卞福各领一班，更番往来开平故城哨备。其山海、怀来各卫留守开平官军，悉令还卫。从之。《明会典》：国初，逐寇漠北，即元上都，设开平卫守之。置八驿，东接大宁，西接独石，边境无事。后以大宁畀兀良哈，兴和亦废，开平孤立难守。宣德中，乃移卫于独石。《实录》。（第 25 ~ 26 页）

宣德八年春三月，命宣府总兵官谭广发军士三千七百五十人，支独石粮料三千石，遣指挥朱谦率兵二千防护，往开平。冬十一月，开平哨备都指挥佥事汪贵奏："请如旧设隰宁、明安、威卤、桓州四堡，拨军瞭守"。上语行在兵部曰："开平官军已移入独石城屯戌，留守开平者不过千人。若设四堡，又当增兵，兵多地远，供给良难。其令陈浚熟计，何者为便，具实以闻"。十二月，命大同发军士五千人，宣府发军士七千七百人，支独石仓粮料一万二千七百二十石，运赴开平，仍遣官军护送。参将陈浚奏："独石城临极边，而城中官军乃调开平哨备，乞留三百人守城，别于蔚州等调三百人往开平。"从之。《实录》。（第 26 ~ 27 页）

宣德九年春正月，宣府总兵官谭广奏："昨独石守备参将陈浚奏请留开平官军三百人守独石，而选蔚州卫军以补开平之数。今独石军士已足守备，开平乃孤悬要地，军士久居，熟知寇路，他处调来守逻之军，赖为乡导，若易以蔚州卫军，恐致疏失。乞调蔚州卫军于独石守备，其原守开平者如旧。"从之。《实录》。（第 27 页）

英宗宣德十年夏四月，万全都司都指挥佥事杜衡奏："哨备开平官军道经独石，其行粮遣军护运，路远艰难，欲令哨备官军就于独

① 宣德五年六月癸酉，1430 年 6 月 24 日。

石顺赍，庶免远运之劳。"从之。秋七月，升开平卫指挥佥事杨洪为指挥使，以御寇有功也。寻加游击将军，仍于开平、独石选官军二千余骑，付洪领之。冬十一月，徙开平卫广盈仓于马营堡，仍隶开平卫。《实录》。（第27页）

正统元年夏四月①，命行在工部铸铁蒺藜，分给开平独石。从游击杨洪请也。《实录》。（第28页）

正统二年秋七月，独石守备都指挥杨洪败兀良哈于连三义山口，生擒贼首朵乐帖木儿。冬十二月，复击败兀良哈贼于西凉亭，生擒三人，斩道六级，并获其马、驼、牛羊、器械。上闻，赐敕奖劳。《实录》。（第28页）

正统三年春正月，游击将军杨洪奏："比因北部犯边，臣率兵剿捕，至伯颜山遇敌，奋击，生擒敌首指挥也陵台等四人，余众悉溃。既而，追至宝昌州，又大败之。擒敌首阿答答剌花等五人，众遁去，斩获首级，并孳畜以千计，全师而还。"上闻，升洪为都指挥同知，余升赏各有差。三月，以伯颜山破敌功，升杨洪为都指挥使。秋七月，巡抚宣大卢睿言："开平卫原窖米一万一千石有奇，今卫徙独石，其米宜发军运回备用"。上以边士艰苦，不可重劳，窖米令征哨者就食之。《实录》。（第28页）

正统九年春二月，左参将杨洪等败兀良哈于独石迤西克剌苏之地，俘获孳畜、器械，夺所掳人口而还。上敕洪以牛马给有功官军，仍具将士功次以闻。《实录》。（第29页）

正统十一年秋九月，守备独石左参将杨洪奏："明安迤西鞍子山等处，俱有兀良哈千余骑，往来窥我边境。"上敕沿边诸将严兵备之。《实录》。（第29页）

景泰六年春正月②，独石右参将周贤参政叶盛等击败兀良哈众于

---

① 正统元年，1436年。
② 景泰六年，1455年。

龙王堂西顺路，生擒朵的十二人，斩首五级，获马二十三匹。事闻，赏赉各有差。《实录》。（第30页）

景泰七年春正月，诏朵颜、泰宁等卫，进贡俱从旧路喜峰口验入，仍命独石各边官军谨守关隘，勿令枉道。《实录》：先是，宣府总兵官过兴奏："朵颜等卫远年进贡俱从喜峰口入，近年始从独石，今年又从万全右卫，其实窥瞰虚实，宜禁止之"。故有是命。（第30页）

◎世纪下（卷11《世纪下》）

○明

天顺二年夏五月①，宣府总兵官杨能等奏："顷因北寇在边，已调独石参将周贤、张林，各领所部官军出巡，期会于瓦房嵯，而贤失期，乞执问治罪。"从之。《实录》。（第1页）

成化六年夏六月②，独石、马营守臣奏："朵颜卫酉革干台、伯颜等，意欲西行犯边，见于独石后驻牧。"又奏："羊川等墩瞭见境外寇，或二三千，或七八千，多至万余，及朵颜卫部人，多近边潜住。"上命兵部移文宣府独石、大同、密云镇守等官，各严兵防御。《实录》。（第1页）

孝宗宏治③元年秋八月，北部数寇独石、万全诸处。（六）［兵］部劾奏巡抚宣府李介不能备御之罪。上特宥之。《实录》。（第2~3页）

宏治四年夏六月，录独石口④外羊川墩杀敌功，官军升赏各有差。《实录》。（第3页）

---

① 天顺二年，1458年。

② 成化六年，1470年。

③ 宏治，原为"弘治"，为明孝宗朱祐樘年号，清代为避清高宗爱新觉罗·弘历名讳，改写为"宏治"。弘治元年，1488年。

④ 独石口外，《明孝宗实录》卷52作"古北口"。

嘉靖四十年夏闰五月①，流裔②史大、史二等，斩黄台吉所置监部落孙头目忍克等十余人，以其俘馘③来献。《实录》：先是，宣府龙门所边外有流裔史大、史二等，为黄台吉以兵威略属之，因用为导，以内讧，永宁、龙门之间颇被其害。然黄酋淫虐，凡史氏妻女及所部之妇有色者，多为所渔④，并攘⑤其牛马。由是史氏怨恨不附，累通款⑥边臣，愿内附保塞。边臣疑其诈，令杀卤自效，以立征信。史氏兄弟，乃斩黄酋所署监部夷孙头目忍克等十余人，尽戡其众，以其俘馘来献。守臣以闻。同上⑦。（第15页）

隆庆二年⑧……冬十一月，宣府总兵官马芳率所部参将刘潭等千余人，出独石边外二百里，袭击卤骑于长水海子，败之，还入边，未至，敌追及于鞍子山，复战，又败之。前后擒斩八十余人，夺马四十余匹。事闻，荫赏各有差。《实录》。（第16页）

万历九年夏六月⑨，宣大总督郑雒言："宣府贡夷满五大、青把都部夷银定、倘不浪等藉言，赶牲于独石、马营等堡，射死军民，掳去人畜，请停革本酋贡市，遣使责问。如送还所掠人畜，执献罪夷，姑容贡市。倘执迷不悟，即将满酋一枝市赏⑩通行革绝，该镇严防剿处。"从之。《实录》。（第25页）

万历二十九年秋八月，以大同镇探报夷情，命慎加防御。先是，东部察汉儿遣头目告顺义王、三娘子索宰生小妣妓，不与则用抢杀，约以八月十五日会于白彦珠儿格。顺义王、三娘子驻牧阿喇敖母，令部落将牛羊往匿云州城东西僻处，遣人迎小佛僧，持礼物往遣汉。

① 嘉靖四十年，1561年。
② 原为"夷"字，疑清代避讳，改为"裔"字。
③ 馘，音guó。古代战争中割取敌人的左耳以计数献功。
④ 渔，谋取，夺取不应得的东西。~色（猎取美色）。
⑤ 攘，侵夺，偷窃。
⑥ 通款，向敌人表示真诚，有通好、甚至降服的意思。
⑦ 同上，即《实录》。
⑧ 隆庆二年，1568年。
⑨ 万历九年，1581年。
⑩ 市常，《明神宗实录》卷113作"官职市赏"。

时西部穷饥，恐其合东部阑入①，故宣大督臣以闻于上云。《实录》。
（第 29 页）

熹宗天启元年夏五月②，原任兵部尚书王象乾言："沿边一带诸
部，自辽迄蓟，炒、暖诸酋，种类不一，而虎墩、拱、脑三部，其
最大者也。自蓟迄宣，云赖酋③诸酋，种类不一，而青、白、满大、
素囊四部其最大者也。卜失兔巢穴最远，部落单弱，徒拥顺义之虚
名，了此自易耳"。又言："宣大、山西诸夷部落最为强大，自纳款
以来，率籍保塞为名，互市诸口，移帐杂居。近宣镇七庆、温布等
酋屡瞰龙门，拆墙伺隙，金家庄、四海冶，又蠢蠢思动。素囊挟保
塞之名，卜失兔拥顺义之号，两不相下而相争。近素囊又传调诸夷，
赍四月粮，往汾州滩，移书要挟，为谋叵测，何可不早为之所也。"
《天启实录》。（第 36 页）

崇祯二年④，虎墩兔乞增赏，未遂，纵掠塞外。既而，东附大清
兵，攻龙门。未几，为大清兵所击。（第 38 页）

○本朝

康熙三十五年春二月丙午⑤，上亲征噶尔丹，发京师，出独石
口。夏四月壬寅，至巴颜乌兰，噶尔丹遁。五月戊午，大破之。杀
其妻扎努喀屯，噶尔丹走，死。先是，噶尔丹虽设誓逃遁，侵掠犹未已，
潜遣人窥京师，并摇惑四十八部扎萨克王台吉。上震怒，欲自讨之。大学士王熙
等上疏劝止。上以噶尔丹在乌兰布通败北时，将军大臣信其立誓纵去，已失机
宜，此次非亲征不可。遂统大兵由中路，以领侍卫大臣伯费扬古为抚远大将军，
由西路会剿。三月十一日丁卯，上驻跸独石口外齐伦巴尔哈逊。是日，遣户部侍
郎阿尔拜致祭独石口外山川之神。……六月癸巳⑥，上仍由独石口回銮，至京师。

---

① 阑入，擅自闯入。阑，妄，擅自。
② 天启元年，1621 年。
③ 酋，《明熹宗实录》卷 10 作"奔"。
④ 崇祯二年，1629 年。
⑤ 康熙三十五年二月丙午，1696 年 3 月 22 日。
⑥ 康熙三十五年六月癸巳，1696 年 7 月 7 日。

（第 39～40 页）

雍正九年冬十月①，命侍郎阿山等查丈张家、独石二口外东西两翼招民垦种地亩。（第 41 页）

雍正十年秋七月，分设多伦诺尔理事同知，以独石口驿站员外郎兼管。（第 41～42 页）

雍正十二年秋九月，分设独石口理事同知，管理东翼四旗钱粮、刑名等事，其西翼四旗仍令张家口同知管理。（第 42 页）

雍正十三年冬十月，多伦诺尔专设理事同知，管理稽查贼盗、人命等案，其驿站员外郎仍回独石口管理事。（第 42 页）

◎艺文一（卷12《艺文志一》）

○条陈抚赏战守事宜疏　　明　刘良弼（第 21 页）

国家制卤之全略，战守为先。今日贡市之权宜，恩威最急。臣请得熟陈于前，夫抚卤与贿卤异。卤诚心效顺，吾因而字之，曰抚；卤扣关呼索②，吾苟且应之，以祈免祸，曰贿。不察顺逆，不论是非，使人眩于名实，则恐今日抚卤之资，为他日贿卤之计，甚者，借启衅之言，掩养乱之罪。其势积衰，为害兹大。请假边臣便宜度，裔情之诚伪，审事机之当否，顺则抚之，逆则拒之。倘或东西侵犯，即奋力擒斩，无待奏闻。虽小有损失，无得重治，但不令将官生事，以致损威。此议战之大略也。夫宣府、大同为京师藩篱，而独石为宣府屏蔽，龙门、赤城一带又独石咽喉，猝有寇警，难于应援，非预积糗粮，何以拒守。臣谓独石、马营八城堡宜蓄一岁之储，以守为战。中、东、西、南四路宜蓄数月之储，以战为守。此议守之大略也。臣又闻俺答已款附③，而把都儿且老死，纵令黄台吉跳梁④亦

---

① 雍正九年，1731 年。

② 扣关呼索，扣关同"叩关"，攻打关卡，进犯他国。呼索，呼叫索取。

③ 款附，诚心归附。

④ 跳梁，跳跃。比喻叛乱者猖獗跋扈，蛮横霸道的样子。

终孤立，近又与察罕儿构隙，此正我间时也。诚阴广谍挑之，以成彼外患，又少加裁节，以示牢笼之机权，抚赏可施，而诸凡分外邀求亦量为颁给，布帛可赐，而一切华靡之服用则严为之禁。巡边日渐增加，宜防其入犯，哨粮之减，岁计数万，宜悉令边臣熟计焉。

○请于开平、兴和添驻满兵奏札　清　孙嘉淦（第 27～31 页）

奏为沿边添驻满兵事。乾隆四年，内阁学士雅尔呼达条奏边口添兵一案，经臣委员查议，于山海关设副都统①一员，添满兵六百名，喜峰口添一百名冷口添一百名，罗文峪添六十名，俱归山海关副都统管辖。独石口设副都统一员，添满兵七百名，张家口添一百四十名，古北口添一百名，俱归独石口副都统管辖。八沟设副都统一员，驻防满兵一千六百名。等因具题，经部议覆准行在案。臣此次巡阅边关，亲行相度，山海关为边疆锁钥，宜设大员。八沟为口外要地，宜驻重兵，均应如原议添设官兵。其喜峰口、冷口、罗文峪、古北口、张家口等处，添兵不多，易于区画②，似亦应如原议办理。惟独石口一处，气候甚寒，不宜五谷，重山石田，无可樵采③，故薪米俱贵。山沟之宽，不能一里，加以河流冲刷，不能得建造营房之地。若使强为区处，而驻兵既多，柴米一贵，耕牧无所，实于生计无益。原议设副都统一员，添兵七百名之处，似应暂行停止。臣查独石口外，北行三十余里，即系平原旷野，土木肥腴。再五十余里，为红城子，垣墙犹在，襟山带河，平畴沃衍，远胜于独石口内。再百余里，为开平城，即元之上都也。城广十六里有奇，龙冈秀发，滦水回环，实属形胜之区。计开平、红城之间，可耕之田，不下数万顷。再张家口外，北行七十余里，为兴和城，西行百余里，为新平城。川原甚广，一望无际，土脉之肥，过于开平。计兴和、

---

① 都统，官名。清代设八旗都统，为旗的最高长官。职掌一旗的户口、生产、教养和训练等。

② 区画，筹划，安排。

③ 樵采，樵音 qiáo，柴，散木；打柴。樵采，即砍柴、刈山草、扫树叶等。

新平之间，可耕之田，亦不下数万顷。查有明之初，常遇春逐元兵于漠北，建大宁、开平、兴和三卫，东通辽碣①，西控丰胜，为北边外屏，后渐弃而不守，尚论者有余惜焉。今热河、八沟，皆大宁之旧境，现议添兵驻防，其丰川、东胜境内，归化、绥远诸城，均有重兵弹压。惟开平、兴和境内田畴未垦，弁兵未设，东西声援，似觉间隔。臣详度形势所宜，约计田畴所出，大约开平可驻满兵三千，红城子可驻满兵二千，兴和城可驻三千，新平城可驻二千。若开垦田土，修葺城垣，而广为驻防，沃野千里，控强万骑，左提右挈，其于边防，大有裨益。再国家八旗禁旅，生齿日繁，我皇上圣谋远虑，屡为旗人筹画生计。今幸有此闲旷田亩，若令民人垦种，择其近城之地平方宽衍者，画为公田，其余皆为民田，每垦民田二顷者，必令垦公田一顷。民田以为世业，公田分给旗人，得完租粟，再加之以月给钱粮衣食，自益宽裕，且山场可牧，平原可猎，弓马自益娴习，此实王道自然之富强，旗民永远之长计也。或疑口外聚集多人，恐于蒙古滋扰，诸城左右，皆各旗王公大人牧马之厂，今垦为田，恐旗人有所不便。又或疑天寒霜早，恐其难于收获，山少林木，恐其艰于柴薪。凡此疑难之处，臣皆徧观而细访之。口外之山，绵亘千余里，名曰大坝。凡坝内之田，皆已招民垦种，现征钱粮，此诸城之地，逼近大坝，俱系旗人牧厂，与蒙古无涉，旗厂之外，乃太仆寺游牧之地，游牧之外，乃察哈尔居住之处。察哈尔乃为内扎萨克地方，彼此隔远，无由滋扰。八旗牧厂，所占甚大，多有余闲，可以并省。又游牧之地，方数千里，割其一隅，即可充给，至柴薪稍远，未尝缺乏。且坝内诸山，多有产煤之所，若招民开采，自可足用。臣于三月十三日在独石口，草芽未青，十四日至红城子，青草长大一寸，气候可以春耕。开平城外，陇亩犹存，碾碓尚在，若

---

① 辽碣，辽东和碣石。

非种植，何以有此？兴和地气，较暖于开平，其为可以耕种，必无疑也。臣之愚意，仰恳圣恩，于今年秋间，特简王公大臣，前往开平、兴和诸城境内，查阅各旗放青之马，共有若干，约需牧地若干，将旧日所分牧地通盘计算，可并者并之，可省者省之，可兑给者兑之，务使牧厂之地，与耕种之地，疆界分清，不致混淆。臣于明春，饬地方官招民垦种，遴员前往，经理区画，三年之间，田畴可以尽辟，然后渐次修茸城垣，盖造房屋，通商惠工，约计五年，百物皆备。然后派拨满兵，前往驻防。则凡边之外，皆成乐土，往驻之人，自各便安。天地之气，与人相通。人烟既聚，则天气益暖；天气益暖，则田畴益辟；田畴益辟，则驻防之兵可以陆续增添。然则其所益于九边之防，维八旗之生计者，亿万斯年而未有已也。

◎艺文二（卷 13《艺文志二》）

○弃开平说 明 尹耕① （第 6 ~ 7 页）

按：开平，元之上都也。滦水绕南，龙冈奠北，东连辽碣，西带丰胜，盖形胜之地也。元人以之肇基②，成祖北伐，往来由之。东路有凉亭、枕河、赛峰、黄崖四驿，以接大宁；西路有桓州、威卤、明安、隰宁四驿，以接独石。巨镇隐然，屏我山后，遇有警急，则宣、辽有首尾之援。居常防戍，则京师得封殖之固。夫国家定鼎北平，不患带几之无凭，而患于肩背之失恃。大宁既委三卫，开平复移独石，遂使京师之北，仅存藩篱。漠北游魂藉声黄内，所关岂细故哉！究而论之，则屯田便宜于转输，一劳可以永利。大宁要害于开平，易置亦颇非难。夫五原在丰胜之外，沙碛之间，昔人且犹开

---

① 尹耕（1515 年 ~ ?），明代诗人。字子莘，号朔野，山西蔚州（今张家口蔚县）人。嘉靖十一年进士，官至河南按察司兵备金事。因被人弹劾，遣戍辽东，遂不复用。因他生长边地，通晓疆事，深恨武备废弛，曾作《塞语》十一篇，申明虏害及边防形势，以警告当政者。作诗沉雄有气魄，著有《朔野集》。

② 肇基，开始奠基，初创基业。

渠营田，以规全利。何龙冈之沃，滦水之润，开平独不可田耶？又失开平，则后背虽空，尚有宣府独石之固，失大宁则左肩全弱，宣、辽隔绝矣。故尝为薛禄计曰："开平可田，屯田可也。不可田，则易置大宁可也。"夫刘秉忠诸人皆于开平树艺卜隐①，则开平无不可田之理。开平为元故都，山水明秀，（坏）〔环〕城郭宫阙，而留其民居，以与三卫，则三卫亦无不乐从之理。二策无不可就也。土人称禄驰驱边塞，悉心经营。然禄知谨于封疆之小利，而昧于中外之大防；知惩乎目前之纷扰，而滞乎经世之权变。开平孤远，不易守矣，而北门单弱之不恤；饷道艰难，不易致矣，而屯田开垦之不求；割弃境土三百余里，不之惜矣，而易置三卫之不讲。此所以效成于一时，而祸伏于异日，恩加于近塞，而谋失于远猷②。智者穷源，不能无慨也。

　　○题滦阳胡氏雪溪卷　元　虞集（第 7 页）

去年，予与侍御史马公同被召，出居庸关未尽，东折入马家瓮，望缙山，度龙门百折之水，登色泽岭，过黑谷，至于沙岭乃还。道中奇峰秀石，杂以嘉树、香草，辇道行其中。予二人按辔徐行，相谓颇似越中，但非扁舟耳。适雨过，流潦如奔泉，则亦不甚相远。郭熙《画记》言："画山水，数百里间，必有精神聚处，乃足记，散地不足书"。此曲折有可观，恨不令郭生见之。滦阳胡太祝乃以"雪溪"自号，岂所见与予二人同乎？然滦水未秋冰已坚，寻常已不可舟，况雪时耶？当具溪意云尔。

　　○滦京百咏诗序　明　金幼孜（第 8~9 页）

予尝扈从北征，出居庸，历燕然，道兴和，逾阴山，度碛卤大漠以抵胪朐河。复缘流东行，经阔栾海子，过黑松林，观兵静卤镇。既又南行，百折入淙流浃，望应昌而至滦河。又西行，过乌桓，经

---

　　① 树艺卜隐，树艺，种植。卜，选择。藏匿，不显露。
　　② 远猷，长远的打算；远大的谋略。猷音 yóu，计谋，打算，谋划。

李陵台，趋独石，涉龙门，出李老谷，迤逦纡徐，度枪竿岭，遵怀来而归。往复七阅月，周回数万里。凡山川道路之险夷，风云气候之变化，銮舆早晚之次舍，车服仪卫之严整，甲兵旗旄之雄壮，军旅号令之宣布，祃①师振武之仪容，破敌纳降之威烈，随其所见，辄记而录之。且又时时作为歌诗以述其所怀，虽音韵鄙陋，不足以拟诸古作，然因其言以即其事，亦足以见当时儒臣遭遇之盛者乎。予自幼闻西云杨先生以诗名，今睹其所为《滦京百咏》，则知先生在元时以布衣职供奉，尝载笔属车之后，因得备述当时所见而播诸歌咏者如此。然燕山至滦仅千里，不过为岁时巡幸之所，度先生往来，正当有元君臣恬嬉之日，是以不转瞬间海内分裂，而滦京不守，遂为煨烬②。数十年来，元之故老殆尽，无有能道其事者。独余幸得亲至滦河之上，窃从畸人迁客谘访当日之遗事，犹获闻其一二。登高怀古，览故宫之消歇，睇河山之悠貌，以追忆一代之兴衰，因以著之篇什，固有不胜其感叹者矣。因观先生所著而征以予之所见，敢略述其概以冠诸篇端。然则后之君子，欲求有元两京之故，实与夫一代兴亡盛衰之故，尚于先生之言有征乎。

◎艺文三（卷14《艺文志三》）

○后滦水秋风词　元　柳贯（第9~10页）

界墙洼尾砂如雪，滦河觜头风卷空。泰和未必全盛日，几驿云州避暑宫。

旋卷木皮斟醴酪，半笼羔帽敌风砂。丈夫射猎妇当御，水草肥甘行处家。

山邮纳客供次舍，土屋迎寒催墐藏。砂头蔴姑一寸厚，雨过牛童提满筐。

---

①　祃，音mà。古代行军在军队驻扎的地方举行的祭礼。

②　煨烬，灰烬，燃烧后的残余物。

○上都柳枝词　元　王士熙（第 10 页）

惹雪和烟复带霜，小东门外万条长。君王夜过五花殿，曾与龙驹系紫缰。

偏岭前头树树逢，轻于苍桧短于松。急风卷絮悲游子，永日留阴送去侬。

合门岭上雪凄凄，小树云深望欲迷。何日汶阳寻故里，绿阴阴里听莺啼。

○云州谣　尹耕（第 14～15 页）

黄雾塞，云州川，止有独石无新边。无新边，卤伺便堪怜。小校能迎战，头二刀，臂双箭。西军来，若雷电，汉廷飞将何足羡。

○独石口　本朝　高士奇①（第 22～23 页）

悬崖削千仞，窄径通一线。举鞭指独石，色喜塞门见。昔来春风寒，山骨露峭蒨②。王师有程期，胜概不敢恋。兹还已徂暑③，瞻眺景物变。宿雨收长林，白云横匹练④殷地来，未觉鞍马倦。

○上都道中　元　张养浩（第 30～31 页）

穷沍惟沙漠，昔闻今信然。行人鬓有雪，野店灶无烟。白草牛羊地，黄云雕鹗天。故乡何处是，愁绝晚风前。

○云州秋望　本朝　屈大均（第 40 页）

---

① 高士奇（1645～1704 年），字澹人。钱塘（今浙江杭州）人。监生，善书法、文章，被明珠推荐供奉内廷。先后充任日讲起居注官，詹事府少詹事。甚受康熙帝倚重。屡被参劾，罢官再起。康熙二十八年（1689 年），左都御史郭琇参劾其四大罪状，罢官归乡。康熙四十三年卒。谥文恪。

② 峭蒨，指高耸挺立的山。唐张说《过蜀道山》诗："披林入峭蒨，攀磴陟崖鼋。"鲜明貌。《文选·左思＜招隐诗＞之二》："峭蒨青葱间，竹柏得其真。"李善注："峭蒨，鲜明貌。"

③ 徂暑，《诗·小雅·四月》："四月维夏，六月徂暑。"郑玄笺："徂，犹始也，四月立夏矣，而六月乃始盛暑。"后因以称盛暑。

④ 匹练，白绢。常以形容奔驰的白马、光气、瀑布、水面、云雾等。野花各自媚，灼灼露华泫。铙吹铙吹，即铙歌。军中乐歌。为鼓吹乐的一部。所用乐器有笛、觱篥、箫、笳、铙、鼓等。

白草黄羊外，空闻觺簜威。遥寻苏武庙，不上李陵台。风助群鹰击，云随万马来。关前无数柳，一夜落龙堆。

◎艺文四（卷15《艺文志四》）

○纪行述怀　扈从上京之行　元　宋褧（第12页）

陪扈滦京愧未曾，马瘏儿病苦凌兢。龙门湍息山陉雪，偏岭风凄石濑冰。倏忽雨旸天叵测，迁疏道路事难凭。侍臣争笑冯唐老，不向明时献技能。

○塞下　明　谢榛（第27页）

路出古云州，风沙吹不休。乌鸢下空碛，驼马渡寒流。地旷边声动，天高朔气浮。霜连穷海夕，月照大荒秋。击鼓番王醉，吹箍汉女愁。龙城若复取，侠士几封侯。

○行经独石口外　本朝　查慎行（第47页）

独石西南路最纡，时平关隘失崎岖。滦河源在千山外，流过元朝避暑都。

○和友人雪后行独石口外咏所见　本朝　徐兰（第48页）

明沙滩上雪铺银，天作穹庐覆远人。覆到晚来天亦冷，羲和①鞭出日三轮。近北诸口，独石为最冷，雾晦风冽，则冷气逼天，有如三日并出，相去仅丈许。土人云，若五日并出，状如梅花则更冷。冬月所常见，然则《唐书》载，贞观初突厥五日并出者，非异也。

---

① 羲和，筭唐虞时掌历法之官羲氏及和氏。神话传说中为太阳驾车的人。